張大可 韓兆琦 等 注譯

新譯資治通鑑（七）

漢紀三十六—四十二

三民書局 印行

國家圖書館出版品預行編目資料

新譯資治通鑑(七) / 張大可,韓兆琦等注譯. ——初版一刷. ——臺北市: 三民, 2017
冊; 公分. ——(古籍今注新譯叢書)
ISBN 978-957-14-6225-7 (平裝)
1. 資治通鑑 2. 注釋

610.23 105022866

© 新譯資治通鑑(七)

注譯者	張大可 韓兆琦等
責任編輯	陳榮華
美術設計	李唯綸
發行人	劉振強
著作財產權人	三民書局股份有限公司
發行所	三民書局股份有限公司
	地址 臺北市復興北路386號
	電話 (02)25006600
	郵撥帳號 0009998-5
門市部	(復北店) 臺北市復興北路386號
	(重南店) 臺北市重慶南路一段61號
出版日期	初版一刷 2017年1月
編號	S 034090

行政院新聞局登記證局版臺業字第〇二〇〇號

ISBN 978-957-14-6225-7 (平裝)

http://www.sanmin.com.tw 三民網路書店

新譯資治通鑑　目次

第七冊

卷第四十四

漢紀三十六

起強圉協洽（丁未　西元四七年），盡上章涒灘（庚申　西元六〇年），凡十四年。

【題　解】本卷記事起西元四七年，迄西元六〇年，凡十四年。當光武帝建武二十三年至漢明帝永平三年。這一時期是東漢中興開國兩任皇帝交替之際，由於兩任皇帝的精明強幹，天下已承平二十餘年，政治穩定，國力日益強盛，百姓日漸豐裕。於是光武帝封禪泰山，祭天告成功。明帝繼位，尊禮大儒，興起儒學，修治禮樂。初即位問民疾苦，表彰功臣，既能納諫，亦又偏聽偏信，政治日漸轉入嚴苛。光武帝晚年迷信圖讖，漸生驕侈心，發無名之火迫害功臣馬援，未免小肚雞腸。南匈奴歸附，光武帝不接受北匈奴歸附，分化匈奴，以夷制夷，邊郡安寧，邊民歸還本土。局部地區的蠻夷仍有反叛。馬援高年出征武陵蠻，為國殉難，反遭迫害，實令人可憫。

世祖光武皇帝下

建武二十三年（丁未　西元四七年）

春，正月，南郡蠻❶叛，遣武威將軍劉尚❷討破之。

夏，五月丁卯❸，大司徒❹蔡茂❺薨。

秋，八月丙戌❻，大司空❼杜林❽薨。

九月，辛未❾，以陳留❿太守[1]玉況為大司徒。

冬，十月丙申⓫，以太僕⓬張純⓭為大司空。

武陵⓮蠻精夫⓯相單程⓰等反，遣劉尚發兵萬餘人泝沅水⓱入武谿⓲擊之。尚輕敵深入，蠻乘險邀之⓳，尚一軍悉沒⓴。

初，匈奴單于輿㉑弟右谷蠡王㉒知牙師㉓以次當為左賢王㉔，左賢王次即當為單于。單于欲傳其子，遂殺知牙師。烏珠留單于㉕有子曰比，為右薁鞬日逐王㉖，領南邊八部。比見知牙師死，出怨言曰：「以兄弟言之，右谷蠡王次當立。以子言之，我前單于長子，我當立。」遂內懷猜懼，庭會稀闊㉗。單于疑之，乃遣兩骨都侯㉘監領比所部兵。及單于蒲奴㉙立，比益恨望，密遣漢人郭衡奉匈奴地圖詣西河㉚太守求內附。兩骨都侯頗覺其意，會五月龍祠㉛，勸單于誅比。比弟漸將王㉜在單于帳下，聞之，馳以報比。比遂聚八部兵四五萬人，待兩骨都侯還，欲殺之。骨都侯且㉝到，知其謀，亡去。單于遣萬騎擊之。見比眾盛，不敢進而還。

是歲，鬲侯朱祜㉞薨②。祜為人質直，尚儒學。為將多受降，以克定城邑為本㉟，不存首級之功。又禁制士卒不得虜掠百姓。軍人樂放縱，多以此怨之。

【章旨】以上為第一段，寫光武帝建武二十三年事，南郡、武陵蠻夷反叛，北部匈奴發生爭位內亂。

【注釋】❶南郡蠻　據《後漢書・南蠻傳》，建武二十三年，南郡潳山蠻起事，劉尚討破之，徙其種人七千餘口，置江夏界中，後稱沔中蠻。江夏郡治在今湖北黃岡。南郡，郡名，治所江陵，在今湖北江陵。❷劉尚　人名，東漢朝兩劉尚將軍。此為光武朝劉尚任武威將軍。和帝時有劉尚歷任車騎、征西將軍。❸丁卯　五月初八日。❹大司徒　東漢三公之一，掌民政，建武二十七年（西元五一年）改稱司徒。❺蔡茂　字子禮，河內郡懷縣（在今河南武陟西南）人，西漢哀、平間以儒學顯，歷官博士、議郎、侍中，建武二十年遷為司徒，建武二十三年薨。傳見《後漢書》卷二十六。❻丙戌　八月朔己丑，無丙戌，應為丙辰之誤。丙辰，八月二十八日。❼大司空　東漢三公之一，掌水利及城邑帝陵建築，並監察百官。建武二十七年改稱司空。❽杜林　（？—西元四七年）東漢古文經學家、文字學家。字伯山，扶風茂陵（今陝西興平東北）人，新朝敗，避亂河西。光武中興，徵拜侍御史，官至大司空。傳見《後漢書》卷二十七。❾辛未　九月十三日。❿陳留　郡名，治所陳留，在今河南開封東南。⓫丙申　十月初九日。⓬太僕　東漢九卿之一。掌皇帝車馬。⓭張純　字伯仁，京兆杜陵縣（在今陝西長安東南）人，西漢宣帝時名臣張安世第四代孫，西漢末出仕至列卿，東漢中興，仕光武帝官至大司空。傳見《後漢書》卷三十五。⓮武陵　郡名，治所臨沅，在今湖南常德。⓯精夫　首領稱謂。⓰相單程　人名。⓱沅水　即今湖南沅江，注入洞庭湖。⓲武谿　沅水支流，今名武水，在今湖南瀘溪縣西。⓳邀之　伏擊劉尚軍。⓴一軍悉沒　全軍覆沒。㉑匈奴單于輿　即匈奴呼都而尸道皋若鞮單于（西元一八—四六年在位），呼韓邪單于稽侯狦第六子。㉒右谷蠡王　匈奴官號名，有左、右谷蠡王。谷蠡王位次賢王。㉓知牙師　呼韓邪單于第七子，呼都而尸單于輿之弟，為右谷蠡王。呼韓邪單于死，約諸子以次立，知牙師依次當繼單于輿為單于。匈奴以左賢王為單于後，應立知牙師為左賢王，而單于輿為了傳位於子，於是以其子為左賢王，並殺了知牙師。㉔左賢王　匈奴語稱賢王為屠耆王，有左、右賢王。「屠耆」即「賢」之意。匈奴尚左，單于以下諸王，以左賢王最尊，為單于儲副。㉕烏珠留單于　呼韓邪單于之第四子，西元前八—西元一三年在位。㉖右薁鞬日逐王　匈奴諸王號之一。日逐王比，駐牧匈奴漢南地，領有八部之眾。㉗庭會稀闊　匈奴諸王在歲首正月會於單于庭，日逐王比極少與會，疏遠呼都而尸單于。稀闊，極少。㉘兩骨都侯　即左、右骨都侯，輔佐單于的異姓大臣，位在谷蠡王之下。㉙單于蒲奴　呼都而尸單于輿之次子，烏達鞮侯單于之弟。西元四六年，呼都而尸單于輿死，其子烏達鞮侯單于立。不久，烏達鞮侯單于死，其弟蒲奴立為單于，日逐王比不得立為單于，更加憤恨，內附於漢。㉚西河　郡名，治所平定，在今內蒙古東勝境。東漢永和五年（西元一四〇年）移治離石，在今山西離石。㉛會五月龍祠　匈奴俗，單于每年舉行三次會聚，正月會於單于庭，五月會於龍城，九月會於蹛林。五月大會龍城，祭祀祖先、天地、鬼神。㉜漸將王　匈奴王號之一。㉝且　將要。㉞朱祜　即朱浮（?—西元四八年），東漢開國功臣之一。傳見《後漢書》卷三十三。㉟本　根本，此為第一要務。指朱祜用兵，以攻克平定城邑為首要任務，不以殺人多少來計功。

【校　記】①太守　原無此二字。據章鈺校，十二行本、乙十一行本、孔天胤本皆有此二字，張敦仁《通鑑刊本識誤》同，今據補。②薨　原作「卒」。據章鈺校，十二行本、乙十一行本皆作「薨」，今據改。

【語　譯】世祖光武皇帝下

建武二十三年（丁未　西元四七年）

春，正月，南郡境內蠻夷反叛，派武威將軍劉尚征討，打敗了他們。

夏，五月初八日丁卯，大司徒蔡茂去世。

秋，八月丙戌日，大司空杜林去世。

九月十三日辛未，任命陳留郡太守玉況為大司徒。

冬，十月初九日丙申，任命太僕張純為大司空。

武陵蠻首領相單程等人反叛，派劉尚徵發士兵一萬多人逆沅水而上，進入武谿攻擊他們。劉尚輕敵，深入其地，武陵蠻憑藉險要伏擊他們，劉尚全軍覆沒。

當初，匈奴單于輿的弟弟右谷蠡王知牙師按照次序應當做左賢王，左賢王依次就應當做單于。可是單于興想傳位給自己的兒子，就殺了知牙師。烏珠留單于有個兒子叫比，做右薁鞬日逐王，統領南邊八個部落。比看到知牙師被殺死，口出怨言說：「按兄弟次序來說，右谷蠡王依次當立為單于。按父子次序來說，我是前單于的長子，我應當立為單于。」因此心懷猜疑、恐懼，很少參加單于庭朝會。單于懷疑他，就派左、右骨都侯監領比所率軍隊。等到單于蒲奴繼位，比更加怨恨，祕密派漢人郭衡攜帶匈奴地圖到西河太守處，請求歸附。左、右骨都侯已經察覺到比的意圖，恰好到了五月龍城祭祀大會，就勸蒲奴單于殺比。比的弟弟漸將王在單于帳下任職，聽說此事，馳馬通知比。比於是招集八個部落士兵四、五萬人，等到左、右骨都侯回營時，想殺掉兩人。兩骨都侯快要到時，知道了比的圖謀，逃走了。蒲奴單于派遣一萬騎兵攻擊比。看到比的屬眾多，不敢冒進，就返回去了。

這一年，鬲侯朱祜去世。朱祜為人樸實正直，崇尚儒學。他擔任將軍，接受了許多人的投降，以攻佔平定城邑為根本，不鼓勵以多殺人來立功。另外，朱祜禁止士兵不得搶掠百姓。軍人喜歡恣意放縱，很多士兵因此怨恨他。

二十四年（戊申　西元四八年）

春，正月乙亥❶，赦天下。

匈奴八部大人共議立日逐王比為呼韓邪單于❷，款❸五原塞❹，願永為藩蔽，扞禦北虜。事下公卿❺，議者皆以為：「天下初定，中國空虛，夷狄情偽❻難知，不可許。」五官中郎將❼耿國獨以為：「宜如孝宣故事❽，受之，令東扞鮮卑，北拒匈奴，率厲❾四夷，完復邊郡❿。」帝從之。

秋，七月，武陵蠻寇臨沅⑪，遣謁者⑫李嵩、中山太守馬成⑬討之，不克。馬援⑭請行，帝愍⑮其老，未許。援曰：「臣尚能被甲上馬。」帝令試之。援據鞍顧眄⑯，以示可用。帝笑曰：「矍鑠⑰哉是翁！」遂遣援率中郎將馬武⑱、耿舒⑲等將四萬餘人征五溪⑳。援謂友人杜愔曰：「吾受厚恩，年迫日索㉑，常恐不得死國事。今獲所願，甘心瞑目，但畏長者家兒㉒或在左右，或與從事，殊難得調，介介㉓獨惡㉔是耳。」

冬，十月，匈奴日逐王比自立為南單于，遣使詣闕奉藩稱臣。上以問朗陵侯臧宮㉕。宮曰：「匈奴飢疫分爭，臣願得五千騎以立功。」帝笑曰：「常勝之家，難與慮敵，吾方自思之。」

【章旨】以上為第二段，寫南匈奴歸附東漢，馬援老將出征武陵蠻。

【注釋】❶乙亥　正月十九日。❷比為呼韓邪單于　日逐王比自立為單于，匈奴始分為南北二部，以其祖父呼韓邪單于稽侯狦依漢得安，故襲用舊號，南依於漢。地位鞏固後稱醢落尸逐鞮單于，西元四八—五六年在位。❸款　叩；敲擊。❹五原塞　塞名，在今內蒙古包頭西。❺事下公卿　漢制，軍國大事，下移三公九卿廷議，再奏皇帝裁決，稱事下公卿。此指就南匈奴內附事進行廷議。公卿，「三公九卿」的簡稱，為中央最高級別官員。❻情偽　真假。❼五官中郎將　官名，掌五官郎。漢制，中郎置五官、左、右三將，年五十以上屬五官，其次分屬左、右中郎將。❽宜如孝宣故事　應該依照漢宣帝接受呼韓邪稽侯狦內附的先例，接受呼韓邪單于比的歸附。事見本書〈漢紀〉十九宣帝甘露、黃龍間。故事，先例；舊事。❾率厲　表率；榜樣。厲，通「勵」。❿完復邊郡　恢復沿邊各郡領土的完整。⓫臨沅　縣名，武陵郡治所，故城在今湖南常德。⓬謁

者　官名，掌謁見傳達事宜。光祿勳等官署下均設置。⑬馬成　（？—西元五六年）字君遷。東漢開國功臣之一，封全椒侯。傳見《後漢書》卷二十二。⑭馬援　（西元前一四—西元四九年）字文淵。東漢開國功臣之一，拜伏波將軍，封新息侯。傳見《後漢書》卷二十四。⑮愍　哀憐；擔憂。⑯據鞍顧眄　跨在馬鞍上轉頭四望，表示身體壯健。⑰矍鑠　形容年老的人精神抖擻。⑱馬武　（？—西元六一年）字子張。東漢開國功臣之一，拜捕虜將軍，封楊虛侯。傳見《後漢書》卷二十二。⑲耿舒　東漢開國功臣耿弇之弟。事附《後漢書・耿弇傳》。⑳五溪　武陵境內有五溪，即雄溪（熊溪）、樠溪（朗溪）、酉溪、潕溪（武溪）、辰溪。均是武陵蠻族所居之地。㉑年迫日索　年近垂暮。㉒長者家兒　權貴子弟。㉓介介　耿耿於懷。㉔獨惡　最痛恨。㉕臧宮　（？—西元五八年）字君翁。東漢開國功臣之一，官至左中郎將，封朗陵侯。傳見《後漢書》卷十八。

【語　譯】二十四年（戊申　西元四八年）

春，正月十九日乙亥，大赦天下。

南匈奴八部落首領共同商議擁立日逐王比為呼韓邪單于，到達五原郡塞，表示願意永遠做漢的藩屬屏障，抵禦北匈奴。光武帝把此事下到公卿討論，議者都認為：「天下剛剛平定，國內空虛，夷狄的情況真偽難知，不能答應。」只有五官中郎將耿國認為：「應當仿照孝宣帝時先例，接受比的請求，命令他們東邊抵禦鮮卑，北邊抗擊匈奴，激勵四夷，保全邊郡完整。」光武帝採納了耿國的意見。

秋，七月，武陵蠻侵擾臨沅縣，朝廷派謁者李嵩、中山太守馬成討伐他們，沒有攻克。馬援請求出征，光武帝擔心他年老，不批准。馬援說：「臣還能披甲上馬。」光武帝命令他試一試。馬援騎在馬鞍上顧看自如，以表示自己還可任用。光武帝笑著說：「真是精神矍鑠的老翁！」於是派馬援率中郎將馬武、耿舒等帶領四萬多士兵征討五溪。馬援對友人杜愔說：「我蒙受皇上厚恩，年事已高，時日不多，時常擔心不能以身殉國。如今得償所願，死也甘心，只是擔心那些權貴子弟，有的隨侍我左右，有的擔任要職，很難調和，這是唯一讓我耿耿於懷痛恨的事。」

冬，十月，匈奴日逐王比自立為南單于，派使臣到朝廷，以藩屬對漢稱臣。光武帝以此事問朗陵侯臧宮，臧宮說：「匈奴正面臨饑荒瘟疫，爭亂不休，臣希望能率領五千騎兵出兵立功。」光武帝笑著說：「經常打勝仗的人，很難與之謀劃敵情，我還是自己考慮這件事吧。」

二十五年（己酉　西元四九年）

春，正月，遼東❶徼外❷貊❸人寇邊，太守祭肜❹招降之。肜又以財利撫納鮮卑大都護❺偏何❻，使招致異種，駱驛款塞。肜曰：「審欲立功❼，當歸擊匈奴，斬送頭首，乃信耳。」偏何等即擊匈奴，斬首二千餘級，持頭詣郡。其後歲歲相攻，輒送首級，受賞賜。自是匈奴衰弱，邊無寇警，鮮卑、烏桓並入朝貢。肜為人質厚重毅，撫夷狄以恩信，故皆畏而愛之，得其死力。

南單于遣其弟左賢王莫❽將兵萬餘人擊北單于弟薁鞬左賢王，生獲之。北單于震怖，卻地千餘里。北部薁鞬骨都侯與右骨都侯率眾三萬餘人歸南單于。三月，南單于復遣使詣闕❾貢獻，求使者監護，遣侍子❿，修舊約。

戊申⓫晦，日有食之。

馬援軍至臨鄉⓬，擊破蠻兵，斬獲二千餘人。

初，援嘗有疾，虎賁中郎將⓭梁松⓮來候之，獨拜牀下，援不答。松去後，諸子問曰：「梁伯孫，帝壻，貴重朝廷，公卿已下莫不憚之，大人柰何獨不為禮？」

援曰：「我乃松父友也，雖貴，何得失其序乎！」

援兄子嚴、敦⑮並喜譏議⑯，通輕俠。援前在交阯，還書誡之曰：「吾欲汝曹聞人過失，如聞父母之名⑰，耳可得聞，口不可得言也。好論議人長短，妄是非政法⑱，此吾所大惡⑲也。寧死，不願聞子孫有此行也。龍伯高⑳敦厚周慎，口無擇言㉑，謙約節儉，廉公有威，吾愛之重之，願汝曹效之。杜季良㉒豪俠好義，憂人之憂，樂人之樂，父喪致客，數郡畢至，吾愛之重之，不願汝曹效也。效伯高不得，猶為謹敕之士，所謂刻鵠㉓不成尚類鶩㉔者也；效季良不得，陷為天下輕薄子，所謂畫虎不成反類狗者也。」伯高者，山都㉕長龍述也，季良者，越騎司馬㉖杜保也，皆京兆㉗人。會㉘保仇人上書，訟㉙「保為行浮薄，亂羣惑眾，伏波將軍萬里還書以誡兄子，而梁松、竇固㉚與之交結，將扇其輕偽，敗亂諸夏。」書奏，帝召責松、固，以訟書及援誡書示之。松、固叩頭流血，而得不罪。詔免保官，擢拜龍述為零陵㉛太守。松由是恨援。

及援討武陵蠻，軍次下雋㉜，有兩道可入，從壺頭㉝則路近而水嶮，從充㉞則塗夷而運遠。耿舒欲從充道，援以為棄日費糧，不如進壺頭，搤其喉咽，充賊自破。以事上之，帝從援策。進營壺頭，賊乘高守隘，水疾，船不得上。會暑甚，士卒多疫死，援亦中病，乃穿岸為室以避炎氣。賊每升險鼓譟[35]，援輒曳足[36]以觀之。左右哀其壯意，莫不為之流涕。耿舒與兄好時侯弇[37]書曰：「前舒上書當先擊充，糧雖難運而兵馬得用，軍人數萬，爭欲先奮。今壺頭竟不得進，大眾怫鬱[38]行死[39]，誠可痛惜！前到臨鄉，賊無故自致，若夜擊之，即可殄滅，伏波[40]類西域賈胡，到一處輒止，以是失利。今果疾疫，皆如舒言。」弇得書奏之。帝乃使梁松乘驛責問援，因代監軍。

會援卒，松因是構陷[41]援。帝大怒，追收援新息侯印綬。初，援在交趾[42]，常餌薏苡實[43]，能輕身，勝障氣[44]，軍還，載之一車。及卒後，有上書譖之者，以為前所載還皆明珠文犀[45]，帝益怒。

援妻孥[46]惶懼，不敢以喪還舊塋[47]，稾葬城西[48]。賓客故人，莫敢弔會[49]。嚴與援妻子草索相連，詣闕請罪。帝乃出松書以示之，方知所坐，上書訴冤，前後六上，辭甚哀切。前雲陽[50]令扶風[51]朱勃詣闕上書曰：「竊見故伏波將軍馬援，拔自西州[52]，欽慕聖義，間關險難，觸冒萬死，經營隴、冀[53]，謀如涌泉，勢如轉規[54]，兵動有功，師進輒克。誅鋤先零[55]，飛矢貫脛[56]。出征交趾，與妻子生訣。間復南討[57]，立陷臨鄉，師已有業，未竟而死。吏士雖疫，援不獨存。夫戰或以久而立功，或以速而致敗，深入未必為得，不進未必為非，人情豈樂久屯絕地不生歸哉！惟援得事朝廷二十二年(58)，北出塞漠(59)，南度江海，觸冒害氣，僵死軍事，名滅爵絕，國土(60)不傳。海內不知其過，眾庶未聞其毀。家屬杜門，葬不歸墓，怨隙並興，宗親怖慄(61)，死者不能自列，生者莫為之訟(62)，臣竊傷之！夫明主醲於用賞，約於用刑(63)。高祖嘗與陳平金四萬斤以間楚軍，不問出入所為，豈復疑以錢穀間哉！願下公卿，平(64)援功罪，宜絕宜續，以厭海內之望。」帝意稍解。

初，勃年十二，能誦詩、書，常候援兄況(65)，辭言嫺雅(66)。援裁(67)知書，見之自失。況知其意，乃自酌酒慰援曰：「朱勃小器速成，智盡此耳，卒(68)當從汝稟學，勿畏也。」勃未二十，右扶風請試守渭城宰(69)。及援為將軍封侯，而勃位不過縣令。援後雖貴，常待以舊恩而卑侮之(70)，勃愈身自親(71)。及援遇讒，唯勃能終焉。

【章旨】以上為第三段，寫遼東太守祭肜招降鮮卑，致匈奴衰弱。馬援正直，結怨梁松，年邁出征殉職，反遭陷害。朱勃為其訟冤。

【注釋】❶遼東　郡名，治所襄平，在今遼寧遼陽。❷徼外　塞外。徼，邊境防禦設施。❸貊　北方古族名，又作「貉」。

❹祭肜　（？—西元七三年）字次孫。東漢開國功臣祭遵之堂弟，時任遼東太守。傳附《後漢書》卷二十〈祭遵傳〉。❺大都護　鮮卑首領稱謂。❻偏何　人名。❼審欲立功　真想立功。審，確實；當真。❽莫　左賢王之名，南單于比之弟。❾遣使詣闕　派使者到京師洛陽。闕，宮門、城門前建築，代指京師。❿侍子　質子。古代藩屬國君之子入朝陪侍天子，稱侍子或質子。⓫戊申　三月二十九。⓬臨鄉　鄉名，建武二十六年（西元五〇年）置縣，名沅南縣，縣治在今湖南桃源東沅水南岸。⓭虎賁中郎將　掌虎賁郎。⓮梁松　（？—西元六一年）梁統之子，字伯孫，尚光武帝女舞陰長公主。傳附《後漢書》卷三十四〈梁統傳〉。⓯嚴敦　馬嚴、馬敦，馬援兄馬余之子。二人傳附《後漢書》卷二十四〈馬援傳〉。⓰譏議　論人是非。⓱聞人過失二句　聽到別人的過失，如同聽人呼父母之名一樣深惡痛絕。即不願聞人之過。古人禮俗，稱字不稱名，以示尊重。⓲妄是非政法　輕率地譏刺時政。妄，荒謬，此指輕率、隨便。⓳此吾所大惡　這是我最痛恨的事。惡，厭惡；不喜歡。⓴龍伯高　龍述之字。㉑口無擇言　絕不說讓人挑剔的話。㉒杜季良　杜保之字。㉓刻鵠　畫天鵝。刻，畫。鵠，天鵝。㉔鶩　野鴨。㉕山都　縣名、侯國名，縣治在今湖北穀城縣東南。㉖越騎司馬　武官名，越騎校尉屬官，掌軍政，參謀議。越騎，由才力超群的內附越人組成的宿衛騎兵團。㉗京兆　京兆尹之省稱，為三輔之一。治所在長安城內，即今陝西西安。㉘會　適逢。㉙訟　控告。㉚竇固　（？—西元八八年）字孟孫，東漢扶風平陵（今陝西咸陽西北）人，尚光武帝公主，是明帝時抗擊匈奴的名將。官至衛尉。傳附《後漢書》卷二十三〈竇融傳〉。㉛零陵　郡名，治所泉陵，在今湖南零陵。㉜下雋　縣名，治所在今湖南沅陵東北。㉝壺頭　山名，在下雋境內。㉞充　縣名，縣治在今湖南桑植。㉟鼓譟　擂鼓吶喊。㊱曳足　拖著沉重的腳步，搖搖晃晃地行走。㊲好時侯弇　即東漢開國功臣之一耿弇，最受光武帝寵信的愛將之一，官至大將軍。傳見《後漢書》卷十九。㊳怫鬱　憂悶。此指軍士困於險阻和瘟疫，神情沮喪。㊴行死　即將死去。㊵伏波　西漢名將路博德征南越，號伏波將軍，馬援仰慕其人。建武十七年（西元四一年），馬援南征交趾，亦拜為伏波將軍。㊶構陷　羅織罪狀陷害。㊷交趾　郡名，治所龍編，在今越南河內東北。㊸薏苡實　薏米仁，可入藥。薏苡，俗稱薏米、苡米，或薏米仁。禾木科，果實成橢圓形，仁白色。食薏米，可預防瘟疫。㊹勝障氣　阻止瘴氣侵襲。障，通「瘴」。㊺文犀　有文彩的犀牛角。㊻妻孥　妻及子女。㊼舊塋　祖墳。㊽稾葬域西　草草葬在祖塋西側。稾，草。域，指塋地範圍。㊾莫敢弔會　沒有人敢來弔喪和會葬。㊿雲陽　縣名，縣治在今陝西淳化西北。(51)扶風　右扶風省稱。為漢代三輔之一，治所槐里，在今陝西興平。(52)拔自西州　興起於涼州。西州，指涼州。王莽末，馬援避難涼州，依托隗囂，曾為囂使，奉書洛陽，於是歸漢。(53)經營隴冀　指謀劃策征隗囂。隴，指隴西郡，治所狄道，在今甘肅臨洮。冀，指天水郡冀縣，在今甘肅甘谷。隗囂割據地。(54)勢如轉規　指馬援審

時度勢，行動如圓規一樣靈活。(55)誅鋤先零　建武十一年（西元三五年），馬援為隴西太守，曾大破先零羌。先零，羌種族名，駐牧在青海湖地區。(56)飛矢貫脛　流矢洞穿小腿。(57)南討　指出征南方武陵蠻。(58)援得事朝廷二十二年　馬援於建武四年為隗囂奉書至洛陽朝見光武帝，至建武二十五年殉職武陵，是為二十二年。(59)北出塞漠　指建武二十一年馬援出塞討烏桓事。(60)國土　指封國食邑。(61)宗親怖慄　指馬援宗族恐怖戰慄。(62)訟　分辨；訴冤。(63)醲於用賞二句　對獎賞十分厚重，對處罰十分寬鬆。醲，原指味濃的酒。(64)平　同「評」。(65)常候援兄況　朱勃常去晉見馬援的大哥馬況。馬援有三兄，馬況、馬余、馬員。(66)辭言嫺雅　言辭優雅。(67)裁　通「才」。(68)卒　最終。(69)試守渭城宰　為渭城縣見習縣令。漢制，試守者，一歲轉正。渭城縣舊治在今陝西咸陽東北。(70)卑侮之　賤視並陵辱朱勃。(71)勃愈身自親　朱勃更加親近馬援。

【語譯】二十五年（己酉　西元四九年）

春，正月，遼東郡國境外的貊人侵擾邊境，太守祭彤招降了他們。祭彤又用財貨利益招撫結納鮮卑大都護偏何，讓他招徠異族，絡繹不絕來到邊塞內附。祭彤說：「真想立功的話，應當回去攻打匈奴，斬敵頭顱送來，才可相信你們。」偏何等部就去攻打匈奴，殺了二千多人，拿著頭顱到郡裡。這以後，每年攻擊匈奴，送來頭顱，接受賞賜。從此匈奴衰落，邊境沒有入侵的警報，鮮卑、烏桓都入朝進貢。祭彤為人質樸敦厚，莊重剛毅，用恩信招撫夷狄，所以夷狄都敬畏並愛戴他，願意為他拼死效力。

南匈奴單于派他的弟弟左賢王莫率兵一萬多人攻打北單于的弟弟薁鞬左賢王，活捉了他。北單于驚恐，後退了一千多里。北部薁鞬骨都侯和右骨都侯率領屬眾三萬多人歸附南匈奴單于。三月，南匈奴單于又派使者到朝廷進貢，請求漢朝派使者監護，允許派單于之子當侍子，重新修好以往簽訂的和約。

三月最後一天二十九日戊申，發生日蝕。

馬援軍到達臨鄉，擊敗蠻兵，斬殺、俘獲二千多人。

當初，馬援曾生病，虎賁中郎將梁松來看望他，獨自跪拜在床下，馬援不答禮。梁松走後，眾子問道：「梁伯孫是皇帝的女婿，在朝廷位貴權重，公卿以下大臣沒有不怕他的，大人為何唯獨不禮敬他？」馬援回答：「我是梁松父親的朋友，梁松雖然顯貴，但怎麼可以失去長幼之序呢！」

馬援哥哥的兒子馬嚴、馬敦都喜歡議論批評別人，結交輕浮的游俠。馬援先前在交趾時，回信告誡他們說：「我希望你們聽到別人的過失，就像聽見父母的名字一樣，耳可以聽，但嘴不能說。喜好議論別人的長短，隨便議論時政，這是我最痛恨的事。我寧願死，也不希望聽到子孫有這種行為。龍伯高誠樸寬厚，周全謹慎，說話讓人無可挑剔，謙遜節儉，廉潔公正有威嚴，我喜愛他敬重他，希望你們效仿他。杜季良豪爽俠氣重情義，把別人的憂愁當做自己的憂愁，把別人的快樂當做自己的快樂，父喪時賓客會喪，幾個郡的人都來了，我喜愛他敬重他，但不願你們效仿他。效仿龍伯高不成功，還是一個謹慎自律的人，這就叫畫天鵝不成還像鴨；效仿杜季良不成功，就會淪為天下輕佻淺薄之人，這就叫畫虎不成反像狗。」龍伯高，是山都縣長龍述，杜季良，是越騎司馬杜保，倆人都是京兆人。正巧碰上杜保的仇人上書，控告說「杜保行為輕薄，惑亂百姓，伏波將軍在萬里之外回信來告誡兄長的兒子，然而梁松、竇固卻與他結交，將會助長輕薄虛偽行為，敗壞國家綱紀。」奏書送上，光武帝召見責備梁松、竇固，把控告書和馬援的告誡信給二人看。梁松、竇固磕頭至流血，才得以免罪。詔令罷免杜保的官職，提升龍述為零陵太守。梁松因此怨恨馬援。

等到馬援討伐武陵蠻，軍隊駐紮下雋縣，有兩條路可進入，從壺頭山走則路近但水險，從充縣走則道路平坦而運輸遙遠。耿舒想要走充縣，馬援認為耗時費糧，不如進軍壺頭山，扼住敵人咽喉，充縣的叛賊不攻自破。將這事上報朝廷，光武帝採納了馬援的策略。進軍到壺頭山，敵人居高守險，水流湍急，船不能上行。適逢暑天酷熱，士卒多染瘟疫而死，馬援也得了病，於是就開鑿水岸作為屋室用來躲避暑氣。叛賊每次登上險要之地擊鼓吶喊，馬援就拖著雙腿觀察他們。身邊的人被他的豪壯所感動，沒有不流淚的。耿舒給兄長好時侯耿弇寫信說：「先前我上書說應當先進攻充縣，雖然糧食難運，但兵馬可用，數萬軍人爭先恐後要殺敵。如今走壺頭山竟然不能前進，大家都憂愁染上瘟疫即將死去，真令人痛惜！當初到臨鄉時，叛賊無故自來，如果乘夜攻擊他們，就可以將他們消滅，伏波將軍像西域做買賣的胡人，到一處就停下來，因此失利。如今果然染上瘟疫，都像我預料的那樣。」耿弇收到書信進呈給光武帝。光武帝於是派梁松乘驛車責問馬援，並留下代理監軍。

適逢馬援去世，梁松藉機誣陷馬援。光武帝大怒，收回馬援新息侯的印章綬帶。當初，馬援在交趾，常吃薏苡仁，能使身體輕鬆，抵禦瘴氣。軍隊返回時，載了一車薏苡仁回來。等到馬援死後，有人上書詆毀他，說車裡裝的都是明珠和有文彩的犀牛角，光武帝更加生氣。

馬援的妻兒惶恐，不敢把馬援的棺木運回祖墳安葬，在祖墳西邊草草安葬。賓客舊友，沒有敢去弔祭和會葬的。馬嚴和馬援的妻兒用草繩捆綁連在一起，到皇宮門口請罪。光武帝於是拿出梁松的奏書給他們看，他們才知道因何獲罪，上書訴冤，前後共六次上書，言辭非常悲切。前雲陽縣令扶風人朱勃到闕下上書說：「臣私下認為已故伏波將軍馬援，興起於涼州，欽佩仰慕聖上的德義，歷經艱難險阻，冒著萬死之險，平定隴西、冀州，謀略如湧泉一樣，氣勢如轉動的圓規一樣，兵卒一動就立功，隊伍前進就獲勝。消滅先零，飛箭射穿小腿。出征交趾，與妻兒訣別。近又南征，立即攻陷了臨鄉，軍隊已打下了基礎，沒有完成使命而犧牲。吏士雖然染上瘟疫，馬援也沒有幸存。戰爭，有的因為久戰而建立功勳，有的因為速戰而導致失敗，深入未必就對，不進未必就錯，就人們常情而言，誰喜歡長久屯駐在絕地不生還呢！唯有馬援能夠為朝廷效力二十二年，北出塞外沙漠，南渡江海，冒著瘴氣，死於戰爭，名聲被毀，爵位被除，封土不能承襲。海內不知他的過失，百姓沒有聽說他的敗毀。家屬閉門，墓葬不得歸祖墳，仇怨嫌隙並生，宗族親戚恐懼，死了的人沒法開口自陳，活著的人沒有人替他申冤，我私下傷感於此！英明的君主多加獎賞，少用刑罰。高祖曾經給陳平四萬斤黃金，用以離間楚軍，不問是怎樣支出的，怎麼又會因錢穀方面懷疑他呢！希望能將此事下交公卿，評定馬援的功過，到底是應該削除封爵，還是應該接續繼承，來滿足天下人的願望。」光武帝的怒氣稍稍化解。

當初，朱勃十二歲就能背誦《詩經》、《尚書》，經常看望馬援的兄長馬況，言辭優雅。馬援當時剛讀書，見到他就若有所失。馬況知道他的心思，就親自酌酒安慰馬援說：「朱勃是小器速成，智慧到此為止了，最終還要跟隨你受教學習，不用害怕。」朱勃不到二十歲時，右扶風請他試代理渭城縣令。等到馬援為將封侯，而朱勃的官位未超過縣令。雖然馬援後來尊貴了，常因馬家舊時對朱勃的恩情而對待他，又輕慢侮辱他，但朱勃卻更加親近馬援。等到馬援遭受讒言，只有朱勃能始終維護他。

謁者南陽❶宗均❷監援軍，援既卒，軍士疫死者太半，蠻亦飢困。均乃與諸將議曰：「今道遠士病，不可以戰，欲權❸承制❹降之，何如？」諸將皆伏地莫敢應。均曰：「夫忠臣出竟❺，有可以安國家，專之可也。」乃矯制❻調伏波司馬❼呂种守❽沅陵長，命种奉詔書入虜營，告以恩信，因勒兵隨其後。蠻夷震怖，冬，十月，共斬其大帥而降。於是均入賊營，散其眾，遣歸本郡，為置長吏❾而還，羣蠻遂平。均未至，先自劾矯制之罪。上嘉其功，迎❿，賜以金帛，令過家上冢⓫。

是歲，遼西⓬烏桓大人郝旦等率眾內屬。詔封烏桓渠帥為侯、王、君長者八十一人，使居塞內，布於緣邊諸郡。令招來種人，給其衣食，遂為漢偵候⓭，助擊匈奴、鮮卑。時司徒掾⓮班彪⓯上言：「烏桓天性輕黠⓰，好為寇賊，若久放縱而無總領者，必復掠居人，但委主降掾吏⓱，恐非所能制。臣愚以為宜復置烏桓校尉⓲，誠有益於附集，省國家之邊慮。」帝從之。於是始復置校尉於上谷⓳甯城⓴，開營府，并領鮮卑賞賜、質子，歲時互市焉。

【章　旨】以上為第四段，寫馬援卒後，監軍宗均便宜從事，矯旨招降武陵蠻，安定一方，受到光武帝嘉獎。

【注　釋】❶南陽　郡名，治所宛縣，在今河南南陽。❷宗均　本名宋均，字叔庠，南陽郡安眾縣（今河南南陽西南）人，官至司隸校尉。時為謁者，監馬援軍。傳見《後漢書》卷四十一。❸權　隨機應變，權宜從事。❹承制　稟承皇帝旨意便宜行事。❺竟　通「境」。❻矯制　假託聖旨。此指宗均承制發布的招降令。❼伏波司馬　伏波將軍馬援的司馬官。司馬，將軍、校尉之下所設軍職，專掌領兵軍務。❽守　代理。❾長吏　縣長官輔佐丞、尉，秩四百石至二百石。❿迎　光武帝遣專使出迎宗均。⓫令過家上冢　受朝命而出專方面的大臣，未覆命不得過家。光武帝特詔宗均先過家、拜祖塋，然後覆命，以示褒獎安邊之功，並赦其矯制之罪。⓬遼西　郡名，治所陽樂，在遼寧錦州西北。⓭偵候　偵察敵情的哨探。⓮司徒掾　司徒府屬吏。⓯班彪　（西元三－五四年）東漢史學家，字叔皮，扶風安陵（今陝西咸陽東北）人。傳見《後漢書》卷四十上。⓰輕黠　輕佻狡猾。⓱主降掾吏　當時因事臨時設置的受降官吏。⓲烏桓校尉　護烏桓校尉之省稱。漢武帝始置，防禦烏桓，並管理內附烏桓。⓳上谷　郡名，治所沮陽，在今河北懷來東南。⓴甯城　縣名。

【語　譯】謁者南陽人宗均原是馬援的監軍，馬援已死，軍隊士卒有大半人死於瘟疫，蠻人也飢餓困乏。宗均就和諸將商議說：「如今路遠士兵多病，不能再作戰，我想權宜以皇帝旨意招降他們，怎麼樣？」各位將領都伏地不敢回答。宗均說：「忠臣出境，只要能安定國家，就可專斷行事。」就假託聖旨任命伏波將軍馬援的司馬呂种代理沅陵縣長，命令呂种奉送詔書進入敵營，向他們宣告恩德信義，宗均趁機帶著軍隊尾隨其後。蠻族震驚恐懼，冬，十月，他們殺了首領歸降。於是宗均進入敵營，解散了他們的隊伍，遣返原郡，為他們設立長吏返回，群蠻於是平定。宗均沒到朝廷時，先自我彈劾假託聖旨的罪過。皇上嘉許他的功勞，派專使迎接他，賜給他黃金絲帛，特許他經過家鄉時可以上墳祭告。

這一年，遼西郡烏桓首領郝旦等率領部眾內附。皇帝下詔封烏桓的首領為侯、王、君長的有八十一人，讓他們居住在邊塞之內，分布在沿邊各郡。命令他們招來同族人，供給他們衣食，於是他們就成為漢的偵探，幫助攻擊匈奴、鮮卑。這時，司徒掾班彪上書說：「烏桓人天性輕薄狡猾，喜好做寇賊，如果長久放縱而無人管理，一定會重新掠奪中國居民，只把他們交給臨時設置的受降官員來管理，恐怕難以控制。臣愚見認為應當恢復設置烏桓校尉，這確實有利於招集烏桓人，減輕國家對邊疆的憂慮。」光武帝接受了這個建議。於是開始在上谷郡甯城縣重新設立校尉，建立軍營府第，並兼管對鮮卑的賞賜和質子事宜，每年按時進行雙邊貿易。

二十六年（庚戌　西元五〇年）

正月，詔增百官奉❶，其千石已上，減於西京舊制，六百石已下，增於舊秩。

初作壽陵❷。帝曰：「古者帝王之葬，皆陶人瓦器，木車茅馬，使後世之人不知其處。太宗❸識終始之義❹，景帝能述遵孝道，遭天下反覆❺，而霸陵❻獨完受其福，豈不美哉！今所制地❼不過二三頃，無為[1]山陵陂池，裁令流水而已❽。使迭興❾之後，與丘隴同體。」

詔遣中郎將段彬、副校尉王郁使南匈奴，立其庭，去五原西部塞❿八十里。使者令單于伏拜受詔。單于顧望有頃，乃伏稱臣。拜訖，令譯曉使者曰：「單于新立，誠慙於左右，願使者眾中無相屈折也。」詔聽南單于入居雲中⓫，始置使匈奴中郎將⓬，將兵衛護之。

夏，南單于所獲北虜薁鞬左賢王將其眾及南部五骨都侯⓭，合三萬餘人畔歸，去北庭三百餘里，自立為單于。月餘，日更相攻擊，五骨都侯皆死，左賢王自殺，諸骨都侯子各擁兵自守。

秋，南單于遣子入侍。詔賜單于冠帶、璽綬⑭、車馬、金帛、甲兵、什器⑮，又轉河東⑯米糒⑰二萬五千斛，牛羊三萬六千頭以贍給之。令中郎將將弛刑⑱五十人，隨單于所處，參辭訟，察動靜。單于歲盡輒遣奉奏⑲，送侍子入朝；漢遣謁者送前侍子還單于庭，賜單于及閼氏⑳、左、右賢王以下繒綵㉑合萬匹，歲以為常。於是雲中、五原、朔方㉒、北地㉓、定襄㉔、鴈門㉕、上谷、代㉖八郡民歸於本土㉗。遣謁者分將㉘弛刑補治城郭，發遣邊民在中國㉙者布還諸縣㉚，皆賜以裝錢㉛，轉給糧食。時城郭丘墟，埽地更為㉜，上乃悔前徙之㉝。

冬，南匈奴五骨都侯子復將其眾三千人歸南部，北單于使騎追擊，悉獲其眾。南單于遣兵拒之，逆戰不利。於是復詔單于徙居西河美稷㉞，因使段彬、王郁留西河擁護之，令西河長史歲將騎二千、弛刑五百人助中郎將衛護單于，冬屯夏罷，自後以為常。南單于既居西河，亦列置諸部王，助漢扞戍北地、朔方、五原、雲中、定襄、鴈門、代郡，皆領部眾，為郡縣偵邏㉟耳目。北單于惶恐，頗還所掠[2]漢民，以示善意㊱。鈔兵㊲每到南部㊳下，還過亭候㊴，輒謝曰：「自擊亡虜薁鞬日逐耳，非敢犯漢民也。」

【章　旨】以上為第五段，寫南單于歸附，助東漢抗拒北匈奴，邊郡安寧，邊民各還本土。

【注　釋】❶百官奉　光武帝建武二十六年詔增吏奉。吏奉詳《續漢書‧百官志五》。❷壽陵　漢自文帝始，皇帝預作陵墓，通稱壽陵，取久長之義。皇帝死後入葬，才加陵名。光武帝劉秀墓稱原陵，在今河南孟津西。❸太宗　指漢文帝。❹識終始之義　懂得人生壽考的真義。❺天下反覆　指兩漢之際的動亂。❻霸陵　漢文帝陵。❼制地　佔地範圍、規模。❽無為山陵陂池二句　不要建造山陵陂池，依自然地勢，只求流水就行。❾迭興　指未來的改朝換代。諱東漢之亡。❿五原西部塞　指五原郡西部都尉治田辟，在九原之西。五原，郡名，治所九原，在今內蒙古包頭西。⓫雲中　郡名，治所雲中，在今內蒙古托克托東北。⓬使匈奴中郎將　省稱為匈奴中郎將。管理南匈奴事務。⓭南部五骨都侯　南單于比的舊部五位骨都侯，即韓氏骨都侯、當于骨都侯、呼衍骨都侯、郎氏骨都侯、粟藉骨都侯。⓮璽綬　單于璽為黃金印，繫帶為綠色及紫青色。⓯什器　飲食等生活器具。⓰河東　郡名，治所安邑，在今山西夏縣西北。⓱糒　乾糧，用米麥製作的熟食乾飯。這裡泛指糧食。⓲弛刑　指弛刑徒，除去刑具服勞役的囚犯。⓳遣奉奏　遣使奉國書上奏漢帝。⓴閼氏　單于皇后。㉑繒綵　各種絲織品綾、羅、綢、緞的總稱。㉒朔方　郡名，治所朔方，在今內蒙古鄂托克旗西北。㉓北地　郡名，治所富平，在今寧夏吳忠。㉔定襄　郡名，治所成樂，在今內蒙古和林格爾西北。後移治善無，在今山西右玉。㉕鴈門　郡名，治所陰館，在今山西朔縣東南夏關城。㉖代　郡名，治所高柳，在今山西陽高西北。㉗八郡民歸於本土　緣邊八郡之民避禍匈奴侵擾內徙者，令其還歸本土。㉘將　率領。㉙中國　指中原內地。㉚布還諸縣　分散回到各縣。㉛裝錢　遷徙治裝費，即安家費。㉜掃地更為　掃除廢墟，一切從頭開始。㉝上乃悔前徙之　光武帝於是後悔當初不該強迫邊民撤遷內地。徙民事見本書上卷光武十五年。㉞美稷　西河郡屬縣，南單于庭設此。縣治在今內蒙古準噶爾旗。㉟偵邏　偵探、巡邏。㊱頗還所掠漢民二句　北匈奴不斷釋放所俘虜的漢民，用以表示親善漢朝。㊲鈔兵　閃電式犯邊的突擊隊。㊳南部　南匈奴所居地。㊴亭候　邊郡亭障的巡哨。此句謂返還的北匈奴鈔兵，每經過邊郡亭障，都要向巡哨道歉。

【校　記】[1]為　原無此字。據章鈺校，十二行本、乙十一行本皆有此字，張敦仁《通鑑刊本識誤》同，今據補。[2]掠　據章鈺校，十二行本、乙十一行本皆作「略」。

【語　譯】二十六年（庚戌　西元五〇年）

正月，光武帝下詔增加百官的俸祿，千石以上的，少於西漢時舊制；六百石以下的，多於西漢時舊制。開始建造壽陵。光武帝說：「古代帝王的隨葬品，全是陶人瓦器，木車茅馬，使後代的人找不到埋葬的地方。漢文帝瞭解生命始終的本質，漢景帝能遵循孝道，遭遇天下更替，只有霸陵保持完好，受其福祉，難道不美好嗎！如今規定陵冢的土地不超過二、三頃，不要建造山陵池塘，只要有流水就行。務使朝代更替之後，墳墓仍與山丘同在。」

光武帝下詔派中郎將段彬、副校尉王郁出使南匈奴，建立王庭，離五原郡西部邊塞八十里。使者要求單于伏地跪拜接受詔書。單于左顧右看了一會兒，才伏地稱臣。單于拜畢，讓譯者告訴使者說：「單于剛剛即位，在左右下屬面前實在羞愧，希望使者在眾人面前不要貶損單于。」光武帝下詔允許南單于入塞居住在雲中郡，開始設立使匈奴中郎將，率領軍隊護衛南單于。

夏，南單于先前捕獲的北匈奴薁鞬左賢王率領他的部眾和南部五個骨都侯，共三萬多人反叛，逃回到北方，在距北匈奴單于庭三百多里處自立為單于。一個多月裡，每天互相攻擊，五個骨都侯都死了，左賢王自殺，那些骨都侯的兒子各自擁兵自守。

秋，南匈奴單于派兒子入侍朝廷。光武帝下詔賞賜南匈奴單于頭冠衣服、印璽綬帶、車馬、黃金絲帛、武器、生活用具，又轉運河東郡二萬五千斛米糧、三萬六千頭牛羊供給救助他們。命令中郎將帶領五十個除去刑具的囚徒，隨從單于左右，協助單于處理訴訟案件，觀察單于的動靜。單于年終要派人奉上奏書，送侍子入朝；漢朝派謁者送前一個侍子回單于庭，賞賜單于和閼氏、左、右賢王以下共萬匹彩色絲綢，每年成為慣例。於是雲中、五原、朔方、北地、定襄、雁門、上谷、代八郡的百姓返回故鄉。朝廷派謁者分路帶領除去刑具的囚徒修補建築城郭，遣送遷入中原的邊民回到原籍各縣，都賞給安家費，轉運供給糧食。當時城郭都成了廢墟，一切要從頭開始，光武帝於是後悔當初遷徙邊民到內地。

冬，南匈奴五個骨都侯的兒子又帶領部眾三千人回到南部，北匈奴單于派騎兵追擊，全部俘獲他們的部眾。南匈奴單于派兵抵抗他們，迎戰失利。於是光武帝又下詔讓南匈奴單于遷徙到西河郡美稷縣定居，趁機派段彬、王郁留在西河郡護衛他們，命令西河郡長史每年率領二千騎兵、五百除去刑具的囚徒輔助中郎將護衛單于，冬季屯守，夏季撤回，從此以後成為慣例。南匈奴單于居住西河郡後，也設置諸部王，幫助漢朝守衛北地郡、朔方郡、五原郡、雲中郡、定襄郡、雁門郡、代郡，均統領部眾，為郡縣偵探巡邏充當耳目。北匈奴單于惶恐，放回了許多擄掠的漢民，以表示善意。搶掠的士兵每次到南部附近，返回路過漢朝邊塞亭障時，總是謝罪說：「我們只是攻打逃亡的敵人薁鞬日逐，不敢侵犯漢民。」

二十七年（辛亥　西元五一年）

夏，四月戊午❶，大司徒玉況薨。

五月丁丑❷，詔司徒、司空並去「大」名，改大司馬為太尉。驃騎大將軍行大司馬劉隆❸即日罷，以太僕❹趙憙❺為太尉，大司農❻馮勤❼為司徒。

北匈奴遣使詣武威❽求和親，帝召公卿廷議，不決。皇太子❾言曰：「南單于新附，北虜懼於見伐，故傾耳而聽，爭欲歸義耳。今未能出兵而反交通北虜，臣恐南單于將有二心，北虜降者且不復來矣。」帝然之，告武威太守勿受其使。

朗陵侯臧宮、揚虛侯馬武上書曰：「匈奴貪利，無有禮信，窮則稽首，安則侵盜。虜今人畜疫死，旱蝗赤地，疲困乏[1]力，不當中國一郡。萬里死命，縣❿

在陛下。福不再來⓫，時或易失，豈宜固守文德而墮⓬武事乎！今命將臨塞，厚縣購賞，喻告高句驪、烏桓、鮮卑攻其左，發河西四郡⓭、天水、隴西⓮羌、胡擊其右，如此，北虜之滅，不過數年。臣恐陛下仁恩不忍，謀臣狐疑，令萬世刻石之功不立於聖世。」詔報曰：「黃石公記⓯曰：『柔能制剛，弱能制彊。舍近謀遠者，勞而無功；舍遠謀近者，逸而有終。故曰務廣地者荒⓰，務廣德者彊⓱，有其有者安⓲，貪人有者殘⓳。殘滅之政，雖成必敗。』今國無善政，災變不息，百姓驚惶，人不自保，而復欲遠事邊外乎！孔子曰：『吾恐季孫之憂不在顓臾。』⓴且北狄尚彊，而屯田警備，傳聞之事，恆多失實。誠能舉天下之半以滅大寇，豈非至願！苟非其時，不如息民。」自是諸將莫敢復言兵事者。

上問趙熹以久長之計，熹請遣諸王就國。冬，上始遣魯王興㉑、齊王石㉒就國。

【章旨】以上為第六段，寫光武帝執行分化匈奴的政策，不接受北匈奴歸降。

【注釋】❶戊午　四月二十一日。❷丁丑　五月十一日。❸劉隆　（？—西元五七年）東漢開國功臣之一，先封扶樂鄉侯，定封慎侯。官至驃騎將軍（位次大將軍），代理（行）大司馬職事。傳見《後漢書》卷二十二。❹太僕　九卿之一，掌皇帝車馬。❺趙熹　（西元前四—西元八〇年）東漢初大臣，封節鄉侯。傳見《後漢書》卷二十六。❻大司農　九卿之一，掌國家財政。❼馮勤　（？—西元五六年）東漢初名臣。傳見《後漢書》卷二十六。❽武威　郡名，治所姑臧，在今甘肅武威涼州區。❾皇太子　指光武帝第四子劉莊，建武十九年立為皇太子。❿縣　通「懸」。權衡；衡量。⓫福不再來　語出《左傳》「大福不再」。⓬墮　通「隳」。荒廢；廢棄。⓭河西四郡　即涼州河西走廊四郡，武威、張掖、酒泉、敦煌四郡。⓮天水隴西　兩郡名。天水郡治平襄，在今甘肅通渭西北。隴西郡治狄道，在今甘肅臨洮。⓯黃石公記　兵書名，即西漢張良在下邳圯上所得老父書，已佚。⓰務廣地者荒　致力於開疆拓土的人，將導致荒廢。⓱務廣德者彊　致力發揚光大道德的人會強大。⓲有其有者安　珍惜自己已有的人，得到平安。⓳貪人有者殘　貪圖別人所有的人，將會兇殘。⓴孔子曰二句　引語見《論語·季氏》。顓臾，春秋時魯國的附庸小國（在今山東費縣西北），靠近魯權臣大夫季孫氏之封邑費。季孫氏將討伐顓臾，孔子反對，說：「吾恐季孫之憂，不在顓臾，而在蕭牆之內也。」㉑魯王興　光武帝兄劉縯之次子劉興。㉒齊王石　劉石，劉縯長子劉章之長子，劉縯的嫡長孫。

【校記】①乏　據章鈺校，十二行本、乙十一行本皆作「之」。

【語譯】二十七年（辛亥　西元五一年）

夏，四月二十一日戊午，大司徒玉況去世。

五月十一日丁丑，光武帝下詔把大司徒、大司空的「大」字去掉，改大司馬為太尉。署理大司馬職務的驃騎大將軍劉隆當日罷免，任命太僕趙熹為太尉，大司農馮勤為司徒。

北匈奴單于派遣使者到武威郡請求和親，光武帝召見公卿進行廷議，爭論不決。皇太子進言說：「南單于剛剛歸附，北虜害怕受到漢朝攻伐，所以豎起耳朵傾聽，爭著想要歸附正義。現今我們不能出兵討伐反而與北虜交往，臣擔心南匈奴單于將有貳心，北虜歸降者將不再來了。」光武帝認為有道理，告令武威郡太守不接受北匈奴的使者。

朗陵侯臧宮、揚虛侯馬武上書說：「匈奴貪圖利益，沒有禮儀信義，窮困就磕頭臣服，安定就侵略搶奪。北匈奴現在人畜都死於瘟疫，旱災、蝗災使得土地荒蕪，疲乏困頓，沒有力量，不如中國的一個郡。萬里之外，匈奴的生死，由陛下決定。福不會來兩次，時機有的容易失去，怎麼可以固守文治而放棄軍事呢！現在命令將軍到邊塞，厚加懸賞，曉諭告知高句驪、烏桓、鮮卑攻擊北匈奴左部，徵發河西四郡、天水、隴西的羌人胡人，攻擊北匈奴的右部，這樣的話，北匈奴的滅亡，用不了幾年。臣擔心陛下仁慈恩愛不忍心，謀議的大臣猶疑不定，使得萬代不朽的功業不能立於偉大的時代。」光武帝下詔回答說：「《黃石公記》說：『柔能克剛，弱能克強。捨近圖遠的事，辛勞卻無功；捨遠謀近的事，安逸卻有結果。所以說致力於拓廣土地的人會導致荒廢，致力於推廣德義的人會強大；珍惜自己已有的人得到安定，貪圖別人所有的人變得殘忍。殘滅的政治，即使一時成功，也一定會失敗。』如今國家沒有善政，災異不斷，百姓驚恐，人們不能自保，怎麼還想著立功於遙遠的邊境之外的事情呢！孔子說：『我擔心季孫的憂患不在顓臾。』況且北狄還很強盛，而屯田警備，傳聞的事情，常多不真實。真能拿半個天下去消滅大敵，難道不是朕最大的願望嗎！如果時機未到，不如讓百姓休息。」從此眾將沒有敢再說用兵之事的。

光武帝問趙熹國家長治久安的計策，趙熹建議讓那些諸侯王回到自己的封國。冬，光武帝開始派遣魯王劉興、齊王劉石回到王國。

是歲，帝舅壽張恭侯樊宏❶薨。宏為人謙柔畏慎，每當朝會，輒迎期先到，俯伏待事。所上便宜❷，手自書寫，毀削草本。公朝訪逮，不敢眾對❸。宗族染其化，未嘗犯法。帝甚重之。及病困，遺令薄葬，一無所用。以為棺柩一藏，不宜復見，如有腐敗，傷孝子之心，使與夫人同墳異藏❹。帝善其令，以書示百官，因曰：「今不順壽張侯意，無以彰其德。且吾萬歲之後，欲以為式❺。」

【章旨】以上為第七段，寫光武帝舅樊宏死後薄葬，受到光武帝表彰。

【注釋】❶樊宏　（？—西元五一年）字靡卿，光武帝之舅。傳見《後漢書》卷三十二。❷所上便宜　所上奏利國便民的建言。❸公朝訪逮二句　光武帝在朝會時向樊宏詢問事情，樊宏從不敢當眾回答。漢文帝時，馮唐論將，諫文帝之失。漢文帝怒曰：「公當眾辱我，難道找不到適當的機會嗎？」樊宏深識事君之道而如此。❹同墳異藏　夫妻同葬一個墳墓，但不用同一個墓穴。胡三省注：「古代夫婦合葬，《詩》曰：『穀則異室，死則同穴』是也。」同墓異穴，始於樊宏。❺式　模式；榜樣。

【語　譯】這一年，光武帝的舅舅壽張恭侯樊宏去世。樊宏為人謙虛柔和，戒惕謹慎，每到朝會時，總是早於約定時間先到，謙恭處事。所上奏利國便民的建言，親手書寫，毀掉草稿。朝會被光武帝問及，從不敢當眾回答。宗族受他感染，無人犯法。光武帝很敬重他。等到他病危，遺囑薄葬，不用陪葬品。認為棺柩一經掩埋，不適宜再次見到，如果屍體腐敗，會傷孝子的心，讓人把自己和夫人埋在一個墳墓但不同墓穴。光武帝讚賞他的遺囑，把他的遺書出示百官，就此說：「現在若不順從壽張侯的意思，就不能彰顯他的美德。而且我死後，也要以他為榜樣。」

二十八年（壬子　西元五二年）

春，正月己巳❶，徙魯❷王興為北海王，以魯益東海❸。帝以東海王彊去就有禮❹，故優以大封，食二十九縣，賜虎賁❺、旄頭❻，設鍾虡之樂❼，擬於乘輿❽。

夏，六月丁卯❾，沛太后郭氏❿薨。

初，馬援兄子壻王磐，平阿侯仁之子也。王莽敗，磐擁富貲為游俠，有名江、淮間。後游京師，與諸貴戚友善。援謂姊子曹訓曰：「王氏，廢姓也，子石⓫當屏居自守，而反游京師長者⓬，用氣自行，多所陵折，其敗必也。」後歲餘，磐坐事死，磐子肅復出入王侯邸第。時禁罔尚疏⑬，諸王皆在京師，競脩名譽，招游士。馬援謂司馬呂种曰：「建武之元，名為天下重開，自今以往，海內日當安耳。但憂國家諸子並壯，而舊防未立⑭，若多通賓客，則大獄起矣，卿曹戒慎之。」至是，有上書告肅等受誅之家，為諸王賓客，慮因事生亂。會更始之子壽光侯鯉得幸於沛王⑮，怨劉盆子⑯，結客殺故式侯恭⑰。帝怒，沛王坐繫詔獄，三日乃得出。因詔郡縣收捕諸王賓客，更相牽引，死者以千數。呂种亦與其禍，臨命嘆曰：「馬將軍誠神人也！」

秋，八月戊寅⑱，東海王彊、沛王輔、楚王英、濟南王康、淮陽王延始就國⑲。

上大會羣臣，問誰可傅太子者。羣臣承望上意，皆言太子舅執金吾⑳原鹿侯陰識㉑可。博士㉒張佚正色曰：「今陛下立太子，為陰氏乎，為天下乎？即為陰氏，則陰侯可；為天下，則固宜用天下之賢才！」帝稱善，曰：「欲置傅者，以輔太子也。今博士不難正朕㉓，況太子乎！」即拜佚為太傅，以博士桓榮㉔為少傅，賜以輜車、乘馬。榮大會諸生，陳其車馬、印綬，曰：「今日所蒙，稽古㉕之力也，可不勉哉！」

【章　旨】以上為第八段，寫馬援勸誡親友不要交結權貴以避大獄，不幸言中。光武帝聽從勸諫，為太子擇師傅不用外戚，而用賢士。

【注　釋】❶己巳　建武二十八年正月朔癸巳，是月無己巳。疑己巳為乙巳之誤。乙巳，正月十三日。❷魯　封國名，治所魯縣，在今山東曲阜。❸東海　劉彊封國，治所郯縣，在今山東郯城縣。❹東海王彊去就有禮　劉彊，光武帝長子，郭皇后所生。建武二年立為皇太子。建武十七年，郭皇后廢，劉彊自請退太子位為藩王。建武十九年封東海王。光武帝認為劉彊無過，去（退太子位）就（受封東海王）有禮，故優待以大封國。傳見《後漢書》卷四十二。❺虎賁　指虎賁郎，皇帝身邊的侍衛官。虎賁，勇士之稱。賁，通「奔」。❻旄頭　羽林郎之一種，為皇帝儀仗先驅。❼設鍾虡之樂　陳設編鐘樂器。鍾，編鐘，一種打擊樂器。虡，懸掛鐘磬的木架。❽擬於乘輿　比擬天子之制。乘輿，指代天子。❾丁卯　六月初七日。❿沛太后郭氏　郭皇后被廢，隨第二子沛王劉輔居沛國，故稱沛太后。⓫子石　王磐之字。⓬京師長者　指京師的王侯權貴。⓭禁罔尚疏　禁令法制還很粗疏。⓮舊防未立　舊防，指西漢防止諸侯王坐大，禁止諸王交結遊士、賓客的制度。未立，還沒有確立。⓯沛王　光武帝第二子劉輔，建武十七年封中山王，建武二十年徙封沛王。傳見《後漢書》卷四十二。⓰劉盆子　兩漢之際赤眉軍擁立的皇帝。傳見《後漢書》卷十一。⓱式侯恭　劉盆子兄劉恭，更始帝封為式侯。赤眉破長安殺更始，故更始子劉鯉怨劉盆子兄弟，交結沛王殺劉恭，興起大獄。⓲戊寅　八月十九日。⓳東海王彊句　東海王劉彊、沛王劉輔、楚王劉英、濟南王劉康、淮陽王劉延，皆光武帝之子。就國，諸王離開京師官邸回到封國。⓴執金吾　官名，掌京師皇宮外治安。㉑陰識　（？—西元五九年）外戚，光武帝陰皇后之前母兄。傳見《後漢書》卷三十二。㉒博士　官名，掌通古今備顧用。漢武帝置博士弟子，博士又成為太學教官。㉓不難正朕　不以諫正皇帝為難事。㉔桓榮　（？—西元五九年）精通《歐陽尚書》。官至太常、五更。傳見《後漢書》卷三十七。㉕稽古　研究古書。

【語　譯】二十八年（壬子　西元五二年）

春，正月己巳日，徙封魯王劉興為北海王，割魯國之地擴充東海郡。皇帝因為東海王劉彊進退有禮，所以優待給他大封國，食邑二十九縣，賜給虎賁、旄頭，擺設用木架懸掛的編鐘，比擬天子之制。

夏，六月初七日丁卯，沛太后郭氏去世。

當初，馬援哥哥的女婿王磐，是平阿侯王仁的兒子。王莽失敗，王磐憑藉大量的財富做游俠，在江、淮一帶很有名。後來到京城遊玩，和那些貴戚結交友好。馬援對姐姐的兒子曹訓說：「王氏是敗落家族，子石應該屏客獨居以自保，可王磐反而交遊京城貴戚，任氣獨行，陵辱了許多人，他一定會失敗。」一年多後，王磐因犯罪被殺，王磐的兒子王肅又出入王侯邸第。這時禁令法律還寬疏，眾多諸侯王都在京城，競相沽名釣譽，招攬遊士。馬援對司馬呂种說：「建武之初，號稱國家重新建立，從今以後，海內會日益安定了。只是擔心皇帝幾個兒子都正當壯年，而過去防範諸侯王的制度還沒有恢復，如果過多地交結賓客，就會出現大案，你等要戒備謹慎這件事。」這時，有人上書控告王肅等被誅殺的家族，是諸侯王的賓客，擔心因事生亂。正巧更始帝劉玄的兒子壽光侯劉鯉得到沛王的寵愛，怨恨劉盆子，勾結賓客殺死前式侯劉恭。光武帝十分生氣，沛王受牽連被下了詔獄，三天後才被放出來。於是下詔郡縣逮捕諸侯王的賓客，互相揭發，死者數以千計。呂种也牽連到此禍中，臨刑時感歎說：「馬將軍真是個神人啊！」

秋，八月十九日戊寅，東海王劉彊、沛王劉輔、楚王劉英、濟南王劉康、淮陽王劉延開始離開京師回到自己的封國。

光武帝舉行盛大宴會招待群臣，詢問誰可以教導太子。群臣迎合皇上的意思，都說太子的舅舅執金吾原鹿侯陰識可以。博士張佚嚴肅地說：「現在陛下立太子，是為了陰氏呢，還是為了天下呢？如果是為了陰氏，那麼陰侯可以；如果是為國家，那麼本應該用天下的賢才！」光武帝稱好，說：「要設立傅的本意，是為了輔導太子。現在博士敢於諫正朕，何況是太子呢！」當即任命張佚做太子太傅，任命博士桓榮做少傅，賜予輜車、乘馬。桓榮召集太學生大會，陳列車馬、印章綬帶，說：「今天蒙此殊榮，都是研究古書的功勞，怎能不努力呢！」

北匈奴遣使貢馬及裘，更乞和親❶，并請音樂❷；又求率西域諸國胡客❸ [1] 俱獻見。帝下三府❹議酬答之宜❺。司徒掾班彪曰：「臣聞孝宣皇帝敕邊守尉曰：『匈奴大國，多變詐，交接得其情，則卻敵折衝；應對入其數❻，則反為輕欺。』今北匈奴[2]見南單于來附，懼謀其國，故數乞和親。又遠驅牛馬與漢合市❼，重遣名王，多所貢獻，斯皆外示富彊以相欺誕也。臣見其獻益重，知其國益虛；歸親愈數，為懼愈多。然今既未獲助南，則亦不宜絕北，羈縻❽之義，禮無不答。謂可頗加賞賜，略與所獻相當，報答之辭，令必有適❾。今立稾草并上，曰：『單于❿不忘漢恩，追念先祖舊約⓫，欲修和親，以輔身安國，計議甚高，為單于嘉之！往者匈奴數有乖亂，呼韓邪、郅支⓬自相讎隙，並蒙孝宣皇帝[3]垂恩救護，故各遣侍子稱藩保塞。其後郅支忿戾，自絕皇澤，而呼韓附親，忠孝彌著。及漢滅郅支，遂保國傳嗣，子孫相繼。今南單于攜眾向南，款塞歸命。自以呼韓嫡長，次第當立，而侵奪失職，猜疑相背，數請兵將，歸掃北庭，策謀紛紜，無所不至。惟念斯言不可獨聽，又以北單于比年⓭貢獻，欲修和親，故拒而未許⓮，將以成單于忠孝之義⓯。漢秉威信，總率萬國，日月所照，皆為臣妾。殊俗百蠻，義無親疏，服順者褒賞，畔逆者誅罰，善惡之效，呼韓、郅支是也。今單于欲修和親，款誠已達⓰，何嫌而欲率西域諸國俱來獻見！西域國屬匈奴與屬漢何異！單于數連兵亂，國內虛耗，貢物裁⓱以通禮，何必獻馬裘！今齎⓲雜繒⓳五百匹，弓鞬韇丸一⓴，矢四發㉑，遺單于。又賜獻馬左骨都侯、右谷蠡王㉒雜繒各四百匹，斬馬劍各一。單于前言『先帝時所賜呼韓邪竽、瑟、空侯㉓皆敗，願復裁賜㉔。』念單于國尚未安，方厲武節，以戰攻為務，竽、瑟之用，不如良弓利劍，故未以齎。朕不愛小物，於單于便宜所欲㉕，遺驛以聞。』」帝悉納從之。

【章旨】以上為第九段，寫北匈奴欲修和親，光武帝採納班彪建議，適當應對。

【注釋】❶更乞和親　再次請求和親。北匈奴第一次遣使求和親，見前建武二十七年。❷請音樂　請求賜給中國樂器，表示仰慕漢文化。❸胡客　指西域各國使節。❹三府　太尉、司徒、司空三公府。❺議酬答之宜　討論怎樣應酬答覆北匈奴合適。❻入其數　中其圈套。❼合市　互市貿易。❽羈縻　籠絡控制。❾適　得當。此句指回報國書語言得當。❿單于　指北匈奴單于蒲奴。⓫先祖舊約　指西漢宣、元帝時南匈奴呼韓邪單于稽侯狦與漢和親之約。事見本書宣帝甘露三年。⓬郅支　即北匈奴郅支單于，呼韓邪稽侯狦之兄，遭漢與呼韓邪攻擊，西遷入居康居。漢元帝時為西域都護甘延壽及副校尉陳湯所滅。⓭比年　連年。⓮拒而未許　拒絕南匈奴單于比請兵北伐北匈奴的要求。⓯將以成單于忠孝之義　想要以此成全北匈奴蒲奴單于歸附中國的忠孝之義。⓰款誠已達　誠意已經表達。⓱裁　僅；只。⓲齎　饋贈。⓳雜繒　各種綢緞。⓴弓鞬韇丸一　弓以及收藏弓箭的器具各一件。據胡注，收藏弓的套稱為鞬，收藏箭的套稱為韇。丸，收納整套弓箭的箭套。㉑矢四發　箭四支。㉒又賜獻馬左骨都侯句　同時賞賜貢獻馬匹給中國的左骨都侯和右谷蠡王。㉓竽瑟空侯　皆樂器名。㉔願復裁賜　希望再次酌量賞賜。㉕便宜所欲　指適合想要的器物。

【校記】①客　原誤作「洛」。據章鈺校，十二行本、乙十一行本皆作「客」，熊羅宿《胡刻資治通鑑校字記》同，今據校正。②匈奴　原作「單于」。據章鈺校，十二行本、乙十一行本、孔天胤本皆作「匈奴」，張瑛《通鑑校勘記》同，今據改。③孝宣皇帝　原脫「皇」字。據章鈺校，十二行本、乙十一行本皆有「皇」字，今據補。

【語　譯】北匈奴派遣使者進貢馬匹及裘皮，再次請求和親，並想得到漢朝的樂器；又請求率領西域各國使節一起進貢朝見。光武帝下達三府商議適宜的回覆。司徒掾班彪說：「臣聽說孝宣皇帝敕令邊郡守尉說：『匈奴是大國，善變多詐，交往時如瞭解他們的情況，就能擊退戰勝他們；如果應對時中了他的圈套，就反而會被輕視欺負。』如今北匈奴看見南匈奴單于來歸附，害怕圖謀他的國家，所以屢次請求和親。又從很遠的地方驅趕牛馬與漢人互市貿易，一再派遣有名的部王，進貢很多，這都是對外顯示富強來欺騙虛誇。臣看到他們貢獻越重，知道他的國家越空虛；歸附次數越頻繁，他們的恐懼就越多。但是現在既然沒有幫助南匈奴，也就不宜拒絕北匈奴，籠絡的原則，就禮節來說不能不酬答。臣認為可以稍加賞賜，大致與他們所獻之物相當，答覆的言辭，務必要恰如其分。現在臣擬了一個草稿一併呈上，內容說：『單于不忘漢朝的恩德，追念先祖的舊約，想修好和親，來輔佐自身安定國家，計策很高明，我為單于讚賞這件事！過去匈奴常有叛亂，呼韓邪、郅支互相仇恨，都受到孝宣皇帝施恩救助，所以各自派遣侍子，自稱藩臣，保衛邊塞。後來郅支暴戾，自行斷絕皇帝的恩澤，但呼韓邪內附和親，忠孝更加顯著。等到漢朝消滅郅支，便保全了他的國家，傳嗣其位，子孫相繼。現在南單于率眾前往南邊，叩塞歸順。自認為是呼韓邪嫡長子，按次序當立，卻被侵奪失去職權，受到猜疑背叛，多次請求兵卒將帥，回去掃蕩北單于庭，各種計策謀略，沒有不想到的。朝廷只是想到不可只聽他們一面之辭，又因北單于連年進貢，要修好和親，所以拒絕了他們的要求沒有答應，想要以此成全北匈奴單于的忠孝之義。漢朝秉持威信，統領眾國，日月照耀的地方，都是漢朝的藩屬。不同風俗的所有蠻夷，名義上不論親近疏遠，歸順者就褒賞，叛逆者就誅罰，向善和作惡的例證，就是呼韓邪、郅支。如今單于要修好和親，真誠已經表達，怎麼會嫌棄你不率領西域眾國一起來貢獻朝見呢！西域各國歸屬匈奴與歸屬漢朝有什麼區別呢！單于連年兵亂，國內空虛損耗，貢物只要表達禮儀就行，何必一定進獻馬匹、裘皮！如今贈給各色絲綢五百匹，弓、弓套、箭套及外套各一件，箭四支，送給單于。又賜予獻馬的左骨都侯、右谷蠡王每人各色絲綢四百匹、斬馬劍一把。單于以前說「先帝時賜送呼韓邪的竽、瑟、空侯都壞了，希望再酌量賜給。」考慮到北單于國家還不安定，正在激勵將士士氣，以征戰攻伐為要務，竽、瑟的用處不如良弓利劍，所以沒有帶來送你。朕不吝惜小東西，有單于想要的適用的東西，就派驛使上報。』」光武帝全部採納了班彪的建議。

二十九年（癸丑　西元五三年）

春，二月丁巳朔，日有食之。

三十年（甲寅　西元五四年）

春，二月，車駕東巡。羣臣上言：「即位三十年，宜封禪❶泰山。」詔曰：「即位三十年，百姓怨氣滿腹，『吾誰欺？欺天乎❷！』『曾謂泰山不如林放乎❸！』何事污七十二代之編錄❹！若郡縣遠遣吏上壽，盛稱虛美，必髡❺，令屯田。」於是羣臣不敢復言。

甲子❻，上幸魯、濟南❼。閏月癸丑❽，還宮。○有星孛于紫宮❾。

夏，四月戊子❿，徙左翊王焉⓫為中山王。

五月，大水。

秋，七月丁酉⓬，上行幸魯。冬，十一月丁酉⓭，還宮。

膠東剛侯賈復⓮薨。復從征伐，未嘗喪敗，數與諸將潰圍解急，身被十二創。

帝以復敢深入，希令遠征，而壯其勇節，常自從之⑮，故復少方面之動⑯。諸將每論功伐，復未嘗有言。帝輒曰：「賈君之功，我自知之。」

三十一年（乙卯　西元五五年）

夏，五月，大水。◯癸酉晦，日有食之。◯蝗。

京兆掾第五倫⑰領長安市⑱，公平廉介⑲，市無姦枉。每讀詔書，常歎息曰：「此聖主也，一見決矣⑳！」等輩㉑笑之曰：「爾說將尚不能下，安能動萬乘乎？」倫曰：「未遇知己，道不同故耳。」後舉孝廉，補淮陽王醫工長㉒。

中元元年（丙辰　西元五六年）

春，正月，淮陽王入朝，倫隨官屬得會見。帝問以政事，倫因此酬對，帝大悅。明日，復特召㉓入，與語至夕。帝謂倫曰：「聞卿為吏，篣婦公㉔，不過從兄飯㉕，寧有之邪？」對曰：「臣三娶妻，皆無父。少遭饑亂，實不敢妄過人食。眾人以臣愚蔽，故生是語耳。」帝大笑。以倫為扶夷㉖長，未到官，追拜會稽㉗太守。為政清而有惠，百姓愛之。

上讀河圖會昌符㉘曰：「赤劉之九㉙，會命岱宗㉚。」上感此文，乃詔虎賁中郎將梁松等按索[1]河雒讖文㉛，言九世當封禪者凡三十六事。於是張純等復奏請封禪，上乃許焉。詔有司求元封故事(32)，當用方石再累，玉檢、金泥(33)。上以石功難就，欲因孝武故封石，置玉牒其中。梁松等爭以為不可，乃命石工取完青石(34)，無必五色(35)。

丁卯(36)，車駕東巡。二月己卯(37)，幸魯，進幸泰山。辛卯(38)，晨，燎(39)，祭天於泰山下南方，羣神皆從(40)，用樂如南郊(41)。事畢，至食時(42)，天子御輦登山。日中後，到山上，更衣(43)。晡時(44)，升壇北面，尚書令(45)奉玉牒檢(46)，天子以寸二分璽(47)親封之。訖，太常(48)命騶騎(49)二千餘人發壇上方石(50)，尚書令藏玉牒已，復石覆訖(51)，尚書令以五寸印封石檢。事畢，天子再拜，羣臣稱萬歲，乃復道下。夜半後(52)，上乃到山下，百官明旦乃訖。甲午(53)，禪祭地於梁陰(54)，以高后配(55)，山川羣神從，如元始中北郊故事(56)。

三月戊辰(57)，司空張純(58)薨。

夏，四月癸酉(59)，車駕還宮(60)。己卯(61)，赦天下，改元(62)。〇上行幸長安。五月乙丑(63)，還宮。

六月辛卯(64)，以太僕馮魴(65)為司空。〇乙未(66)，司徒馮勤(67)薨。

京師醴泉湧出(68)，又有赤草(69)生於水崖，郡國頻上甘露(70)。羣臣奏言：「靈物仍降[71]，宜令太史[72]撰集，以傳來世。」帝不納。帝常[2]謙無德，每[3]郡國所上，輒抑[73]而不當，故史官罕得記焉。

秋，郡國三蝗[74]。

冬，十月辛未[75]，以司隸校尉[76]東萊李訢為司徒。○甲申，使司空告祠高廟[77]，上薄太后[78]尊號曰高皇后，配食地祇。遷呂太后廟主于園[79]，四時上祭。

十一月甲子[80]晦，日有食之。

是歲，起明堂[81]、靈臺[82]、辟雍[83]，宣布圖讖於天下。

初，上以赤伏符[84]即帝位，由是信用讖文，多以決定嫌疑。給事中桓譚上疏諫曰：「凡人情忽於見事，而貴於異聞。觀先王之所記述，咸以仁義正道為本，非有奇怪虛誕之事。蓋天道性命，聖人[85]所難言也。自子貢[86]以下，不得而聞，況後世淺儒，能通之乎？今諸巧慧小才[87]、伎數之人[88]，增益圖書[89]，矯稱讖記[90]，以欺惑貪邪[91]，詿誤[92]人主，焉可不抑遠之哉！臣譚伏聞陛下窮折方士黃白之術[93]，甚為明矣，而乃欲聽納讖記，又何誤也！其事雖有時合，譬猶卜數隻偶[94]之類。陛下宜垂明聽，發聖意，屏[95]羣小之曲說[96]，述五經之正義。」疏奏，帝不悅。會議靈臺所處[97]，帝謂譚曰：「吾欲以讖決之，何如？」譚默然，良久曰：

「臣不讀讖。」帝問其故，譚復極言讖之非經[98]。帝大怒，曰：「桓譚非聖無法，將下，斬之！」譚叩頭流血，良久，乃得解，出為六安郡丞[99]。

范曄[100]論曰：「桓譚以不善讖流亡，鄭興[101]以遜辭僅免，賈逵[102]能傅會文致，最差貴顯。世主以此論學，悲哉！」◯逵，扶風人也。

南單于比死，弟左賢王莫立，為丘浮尤鞮單于。帝遣使齎璽書拜授璽綬，賜以衣冠及繒綵，是後遂以為常。

【章旨】以上為第十段，寫光武帝晚年封禪泰山，迷信圖讖，漸生驕侈心。

【注釋】❶封禪　古代帝王在盛世時舉行的祭祀天地的大典。在泰山上築土為壇，報天之功，稱封；在泰山下的梁父山闢地為場，報地之德，稱禪。❷吾誰欺二句　我欺騙誰？難道欺騙上天嗎。引語見《論語・子罕》。孔子生重病，子路讓門衛假扮臣準備喪禮，孔子病癒後，對這一行為很不滿。❸曾謂泰山不如林放乎　難道泰山之神還不如林放懂禮嗎。引語見《論語・八佾》。林放，魯人，曾向孔子請教禮的本質。季孫氏僭越禮制祭祀泰山，孔子提出了這一批評。光武帝在詔書中引用孔子這兩段話，意謂現在尚未達太平盛世，沒有資格封禪。❹七十二代之編錄　相傳古代有七十二位君王上泰山封禪。❺必髡　一定處以髡刑。髡，剃光頭髮之刑。❻甲子　二月十三日。❼魯濟南　兩封國名。魯國治所魯縣，在今山東曲阜；濟南國治所東平陵，在今山東章丘西北。❽癸丑　閏三月初三日。❾有星孛于紫宮　在紫宮星區出現彗星。❿戊子　四月初九日。⓫焉　劉焉，光武帝郭皇后所生少子，後徙封中山王。傳見《後漢書》卷四十二。⓬丁酉　七月己酉朔，無丁酉。應為八月二十日。⓭丁酉　十一月丁未朔，無丁酉，應為十二月二十二日。⓮賈復　（？—西元五五年）東漢初開國功臣之一。傳見《後漢書》卷十七。據《考異》，賈復之死，本傳在建武三十一年，茲從袁宏《後漢紀》。⓯常自從之　經常讓賈復跟隨自己身邊。⓰方面之勳　獨當一面之功。⓱第五倫　字伯魚，京兆長陵（在今陝西咸陽東）人，歷仕光武帝、明帝、章帝三朝，官至司空。

傳見《後漢書》卷四十一。(18)領長安市　兼管長安市場。(19)廉介　廉潔耿直。(20)一見決矣　只要能見聖主光武帝一面，定能得到識拔。(21)等輩　同僚。(22)補淮陽王醫工長　出任淮陽王（光武帝子劉延）掌醫藥的官長。(23)特召　單獨召見。(24)蒡婦公　打岳父。蒡，同「榜」。棰打。(25)不過從兄飯　過訪堂兄，不肯留下吃飯。從兄，堂兄。(26)扶夷　縣名，屬零陵郡，縣治在今湖南邵陽西。(27)會稽　郡名，治所山陰，在今浙江紹興。(28)河圖會昌符　緯書。用預言方式宣揚天命的符命書。(29)赤劉之九　指漢高祖九世孫劉秀。赤劉，謂漢劉姓得火德。(30)會命岱宗　指上泰山封禪。岱，指泰山，為山之尊者，故又稱岱宗。(31)河雒讖文　一種讖緯書名。(32)求元封故事　查考漢武帝元封元年（西元前一一〇年）上泰山封禪的先例。(33)當用方石再累二句　應當用兩塊方石疊放，用玉封緘，金泥密封。據胡注，兩塊方石各方五尺，厚一尺，疊放一起，置於壇中。用玉石製作的祭天地神祇的玉牒書，長一尺三寸，寬五寸，厚五寸，藏在方石中。玉檢和石檢十枚放在方石四周。金泥，用水銀與金屑攪拌的粘泥封口。(34)完青石　整塊的青石。(35)無必五色　不非要五色石。漢武帝所用「方石再累」為五色石，按方位東方青色，南方赤色，西方白色，北方黑色，中央黃色。(36)丁卯　正月二十八日。(37)己卯　二月初十日。(38)辛卯　二月二十二日。(39)燎　燃火祭天。(40)羣神皆從　眾神都跟著一起被祭祀。(41)用樂如南郊　奏樂儀式仿照在京師洛陽南郊祭天禮。(42)食時　早飯之時。(43)更衣　換上祭服。(44)晡時　午後申時，下午三點至五點時分。(45)尚書令　官名，掌官員任免及文書章奏。秩千石。屬少府。(46)玉牒檢　玉牒、玉檢的合稱。(47)寸二分璽　方一寸二分的印璽。(48)太常　官名，九卿之一。掌祭祀禮儀。(49)騶騎　駕御車馬的騎兵。(50)發壇上方石　開啟土壇中扣合的方石。(51)復石覆訖　再把方石扣合好。(52)夜半後　午夜過後。(53)甲午　二月二十五日。(54)梁陰　梁父山北麓。在山東泰安南。(55)高后配　配享西漢高帝皇后呂雉。(56)如元始中北郊故事　仿照漢平帝元始年間在長安北郊祭地的禮儀。(57)戊辰　三月三十日。(58)張純　（？—西元五六年）西漢名臣張安世玄孫，封武始侯。傳見《後漢書》卷三十五。(59)癸酉　四月初五日。(60)還宮　從泰山還洛陽。(61)己卯　四月十一日。(62)改元　更改年號。建武三十二年改元中元。(63)乙丑　五月二十八日。(64)辛卯　六月二十四日。(65)馮魴　（西元前一一—西元八五年）字孝孫，南陽郡湖陽縣（今河南唐河）人，歷仕光武帝、明帝、章帝三朝。封楊邑鄉侯。傳見《後漢書》卷三十三。(66)乙未　六月二十八日。(67)馮勤　（？—西元五六年）字偉伯，魏郡繁陽縣（今河南內黃東北）人，歷官尚書令、大司農、司徒。傳見《後漢書》卷二十六。(68)醴泉湧出　湧出甜水泉。醴，甘甜。(69)赤草　象徵吉祥的朱草。《大戴禮記》說：朱草日生一葉，至十五日，日落一葉，周而復始。(70)甘露　甜美的露水。古人認為天下太平則天降甘露。(71)靈物仍降　祥瑞之物不斷降臨。仍，多次。(72)太史　官名，掌天文星曆，兼司史職。屬太常。(73)抑　壓下來。(74)郡國三蝗　有三個郡國發生蝗災。(75)辛未　十月初六日。(76)司隸校尉官名，掌察舉百官及司隸州（京師等七郡）治安。(77)高廟　西漢開國皇帝高祖劉邦廟。(78)薄太后　高帝妃，漢文帝劉恆之母。(79)遷呂太后廟主于園　把高廟中呂太后的牌位遷至陵園中。(80)甲子　十一月三十日。(81)明堂　古代帝王宣明政教的殿堂。(82)靈臺　帝王觀測天象以知天意的建築。(83)辟雍　太學。(84)赤伏符　圖讖書名，預言劉秀當為天子。事詳本書卷四十建武元年。(85)聖人　指孔子。(86)子貢　孔子弟子。事詳《史記・仲尼弟子列傳》。子貢說：「夫子之文章，可得而聞也，夫子之言性與天道，不可得而聞也。」見《論語・公冶長》。桓譚引以為證，反對圖讖。(87)巧慧小才　有雕蟲小技和小聰明的人。(88)伎數之人　懂得醫方數術的人。(89)增益圖書　增添竄改圖讖符命之書。(90)矯稱讖記　詐稱是讖書。讖書，記載預示吉凶的隱語書。(91)欺惑貪邪　欺騙迷惑貪婪邪惡。(92)詿誤　貽誤。詿，誤；欺騙。(93)黃白之術　方士的煉金術。黃白，指金銀。(94)卜數隻偶　占卜的單數雙數。指偶然相合。(95)屏　排斥。(96)曲說　指圖讖邪說。(97)會議靈臺所處　適逢廷議討論建置靈臺的處所。(98)經　指儒家經典。(99)丞　官名，漢代朝廷及地方各官署均有丞，輔佐長官。桓譚被貶出京為六安郡丞。胡注，六安，本封國名。建武十六年省，為廬江郡屬縣。據此，疑桓譚貶為六安郡丞，應不在此年，《通鑑》因靈臺事，一併書於此年下。(100)范曄　（西元三九八—四四五年）南朝劉宋史學家，字蔚宗，順陽（今河南淅川）人，官至左衛將軍、太子詹事。著《後漢書》紀傳行於世。傳見《宋書》卷六十九。(101)鄭興　東漢經學家，字少贛，河南開封人，官太中大夫。傳見《後漢書》卷三十六。光武帝亦以讖問鄭興，興回答：「臣不為讖。」光武大怒，興隨即說：「臣對於書還有未學習到的，並沒有非議。」光武息怒。事見本書卷四十二建武七年。(102)賈逵　（西元三〇—一〇一年）東漢經學家、天文曆法家，字景伯，扶風平陵（今陝西咸陽西北）人。傳見《後漢書》卷三十六。

【校　記】[1]索　原作「察」。據章鈺校，十二行本、乙十一行本皆作「索」，今據改。[2]常　原作「自」。據章鈺校，十二行本、乙十一行本、孔天胤本皆作「常」，今從改。[3]每　原作「于」。據章鈺校，十二行本、乙十一行本、孔天胤本皆作「每」，熊羅宿《胡刻資治通鑑校字記》同，今從改。

【語　譯】二十九年（癸丑　西元五三年）

春，二月初一日丁巳，發生日蝕。

三十年（甲寅　西元五四年）

春，二月，光武帝到東方巡視。群臣上疏說：「皇帝即位三十年了，應當行泰山封禪之禮。」光武帝下詔說：「即位三十年，百姓怨氣滿腹，『我欺騙誰？難道欺騙上天嗎！』『難道說泰山之神還不如林放嗎！』為何要去玷汙七十二代君王的史記！如果郡縣老遠派遣官吏祝壽，極口稱讚虛假美化，定處以髡刑，讓他去屯田。」於是群臣不敢再說。

二月十三日甲子，皇上巡幸魯、濟南兩封國。閏三月初三日癸丑，返回皇宮。〇紫宮星區出現彗星。

夏，四月初九日戊子，改封左翊王劉焉為中山王。

五月，發洪水。

秋，七月丁酉日，皇上出巡到魯國。冬，十一月丁酉日，返回皇宮。

膠東剛侯賈復去世。賈復跟隨光武帝出征作戰，從沒有打過敗仗，多次和眾將突圍解救危急，身受十二處傷。光武帝因為賈復敢於深入敵境，很少讓他遠征，但讚賞他的勇猛氣節，經常讓他跟在自己身邊，所以賈復少有獨當一面之功。眾將每次論及戰功，賈復都不說話。光武帝總是說：「賈君的功勞，我自己很瞭解。」

三十一年（乙卯　西元五五年）

夏，五月，發洪水。〇最後一天三十日癸酉，發生日蝕。〇發生蝗災。

京兆掾第五倫掌管長安市場，公平廉潔正直，市場上沒有奸邪不正的事情。每次讀詔書，常歎息說：「這是聖明的君主，要有機會見皇上一面，定會得到重用！」同僚譏笑他說：「你遊說一個州將尚且不能說服，怎麼能感動天子呢？」第五倫說：「那是因為沒有遇到知己，道不相同的緣故。」後被舉孝廉，補任淮陽王的醫工長。

中元元年（丙辰　西元五六年）

春，正月，淮陽王進京朝見，第五倫隨著官屬得以在朝會上見到光武帝。光武帝詢問政事，第五倫乘此時回答，光武帝非常滿意。第二天，又單獨召他入宮，和他一直談到黃昏。光武帝對第五倫說：「聽說你做官，笞打岳父，拜訪堂兄，不肯留下吃飯，難道真有這些事嗎？」第五倫回答說：「臣三次娶妻，她們都沒有父親健在。臣小時遭遇饑荒戰亂，實在不敢輕易到別人家吃飯。眾人認為臣愚笨閉塞，所以才這樣說。」

光武帝大笑。任命第五倫做扶夷縣長，還沒到任，改任會稽郡太守。第五倫為政清廉而有恩惠，百姓愛戴他。

皇上讀《河圖會昌符》說：「赤劉之九，會命岱宗。」皇上有感於這些文字，就下詔虎賁中郎將梁松等人查考《河雒讖文》，書上說第九代應當封禪的共三十六件事。於是張純等人再次上奏請求封禪，皇上於是許可了。詔令有關機構查考元封年間舊例，應當用兩塊方石疊放在一起，用玉做的封檢，水銀和黃金和的封泥。皇上認為方石之工很難完成，想使用孝武帝封禪時用過的石頭，把玉牒放在裡面。梁松等人力爭認為不可以，就命石匠取用完整的兩塊青石，不一定非要五色石。

正月二十八日丁卯，光武帝到東方巡視。二月初十日己卯，巡幸魯縣，進而巡幸泰山。二十二日辛卯，早晨，舉行燎祭，在泰山腳下南方祭天，眾神都從祀，奏樂比照南郊祀禮。祭祀完畢，到吃早飯時，光武帝乘車登泰山。中午後，到達山頂，更衣。傍晚申時，登上祭壇，面向北邊，尚書令捧著玉牒、玉檢，光武帝用一寸二分的印璽親自封印。完畢後，太常命令二千多騎士打開壇上的方石，尚書令把玉牒藏好，再蓋好方石，尚書令用五寸的印封蓋石檢。封藏完畢，天子兩次叩拜，群臣口呼萬歲，然後從原路下山。半夜後，皇上才到山下，百官第二天早晨才全部下山。二十五日甲午，在梁父山的北面禪祭地，以高后配享，山川眾神隨同祭祀，比照元始年間北郊祭地舊例。

三月三十日戊辰，司空張純去世。

夏，四月初五日癸酉，光武帝返回皇宮。十一日己卯，赦免天下罪人，更改年號。〇皇上出行巡幸長安。五月二十八日乙丑，返回皇宮。

六月二十四日辛卯，任命太僕馮魴為司空。〇二十八日乙未，司徒馮勤去世。

京城湧出甘泉，水邊又生長出朱草，郡國頻頻獻上甘露。群臣上奏說：「祥瑞之物不斷降臨，應當令太史撰寫記錄，以便流傳後世。」光武帝沒有採納。光武帝常常謙虛自己沒有恩德，郡國每次獻上的祥瑞靈物，總是推辭不受，所以史官很少能夠記載下來。

秋，三個郡國發生蝗災。

冬，十月初六日辛未，任命司隸校尉東萊郡李訢為司徒。〇十九日甲申，命司空祭告高廟，尊稱薄太后為高皇后，配食地神。把高廟中呂太后的牌位遷到陵園中，四季祭祀。

十一月最後一天二十九日甲子，發生日蝕。

這一年，建起明堂、靈臺、辟雍，向天下宣布圖讖。

當初，皇上因《赤伏符》即皇帝位，從此相信和採用讖文，多用讖文決斷有疑慮的事情。給事中桓譚上奏勸諫說：「大凡人之常情忽視常見事物，而重視奇聞異事。觀覽先王所記述的，都是以仁義正道為根本，沒有奇怪虛妄荒誕的事情。天道、性命，是聖人都難以言說的。從子貢以來，沒有誰聽到過，何況後世淺薄的儒生，怎能通曉這些呢！如今那些有雕蟲小技和小聰明的人，以及方伎術數之人，增改圖讖符命之書，謊稱是讖記，用以欺騙迷惑，貪婪為惡，貽誤國君，怎能不壓制疏遠他們呢！臣譚曾恭聽陛下痛斥方士煉金銀之術，極為英明啊，然而卻想接受讖記，又是多麼失誤啊！讖記雖然有時會相合，但猶如占卜單雙數偶中一樣。陛下應當明察視聽，發揚聖明的思想，拒絕那些小人的邪說，講述《五經》的本義。」奏疏呈上，光武帝不高興。時逢討論靈臺建址，光武帝對桓譚說：「我想用讖書來決定此事，怎麼樣？」桓譚沉默，好久才說：「臣不讀讖書。」光武帝問其中緣故，桓譚又極力陳說讖書不是經典。光武帝大怒，說：「桓譚非議聖人，目無法紀，把他帶下去，斬首！」桓譚磕頭至流血，過了好久，才得解脫，貶出京城做六安郡丞。

范曄評論說：「桓譚因非議讖書被放逐，鄭興因謙遜的言辭僅得幸免，賈逵擅長附會粉飾，最為顯貴。國君以此論學問，真悲哀啊！」〇賈逵，是扶風人。

南匈奴單于比死了，弟左賢王莫繼位，就是丘浮尤鞮單于。光武帝派遣使者帶著印璽和詔書，舉行授璽綬儀式，賜給單于衣服、冠冕及彩繒，此後就成了慣例。

二年（丁巳　西元五七年）

春，正月辛未❶，初立北郊❷，祀后土。

二月戊戌❸，帝崩於南宮前殿，年六十二。帝每旦視朝，日昃❹乃罷，數引公卿、郎將講論經理，夜分❺乃寐。皇太子見帝勤勞不怠，承間諫❻曰：「陛下有禹、湯之明，而失黃、老養性之福。願頤愛精神，優游自寧。」帝曰：「我自樂此，不為疲也。」雖以征伐濟大業，及天下既定，乃退功臣而進文吏，明慎政體，總攬權綱，量時度力，舉無過事，故能恢復前烈❼，身致太平。

太尉趙熹典喪事。時經王莽之亂，舊典不存，皇太子與諸王雜止同席❽，藩國官屬出入宮省❾，與百僚無別。熹正色，橫劍殿階，扶下諸王以明尊卑。奏遣謁者將護官屬分止他縣❿，諸王並令就邸⓫，唯得朝晡入臨⓬。整禮儀⓭，嚴門衛，內外肅然。

太子即皇帝位，尊皇后曰皇太后⓮。

山陽王荊哭臨不哀，而作飛書⓯，令蒼頭⓰詐稱大鴻臚郭況⓱書與東海王彊，言其無罪被廢，及郭后黜辱，勸令東歸⓲舉兵以取天下，且曰：「高祖起亭長，陛下興白水⓳，何況於王，陛下長子、故副主⓴哉！當為秋霜，毋為檻羊㉑。人主崩亡，閭閻之伍，尚為盜賊，欲有所望，何況王邪！」彊得書惶怖，即執其使，封書上之。明帝以荊母弟㉒，祕其事㉓。遣荊出止河南宮。

三月丁卯㉔，葬光武皇帝於原陵㉕。

夏，四月丙辰㉖，詔曰：「方今上無天子㉗，下無方伯㉘，若涉淵水而無舟楫。夫萬乘至重而壯者慮輕，實賴有德左右小子㉙。高密侯禹㉚，元功之首，東平王蒼㉛，寬博有謀，其以禹為太傅，蒼為驃騎將軍。」蒼懇辭，帝不許。又詔驃騎將軍置長史，掾史員四十人㉜，位在三公上。蒼嘗薦西曹掾㉝齊國吳良，帝曰：「薦賢助國，宰相之職也。蕭何㉞舉韓信，設壇而拜，不復考試，今以良為議郎㉟。」

初，燒當羌㊱豪滇良㊲擊破先零㊳，奪居其地。滇良卒，子滇吾立，附落轉盛。秋，滇吾與弟滇岸率眾寇隴西，敗太守劉盱於允街㊴，於是守塞諸羌皆叛。詔謁者張鴻領諸郡兵擊之。戰於允吾㊵，鴻軍敗沒。冬，十一月，復遣中郎將竇固監捕虜將軍馬武等二將軍、四萬人討之。

是歲，南單于莫死，弟汗立，為伊伐於慮鞮單于。

【章旨】以上為第十一段，寫光武帝駕崩，明帝繼位，以及羌人反叛。

【注釋】❶辛未　正月初八日。❷初立北郊　始立地壇於北郊。❸戊戌　二月初五日。❹日昃　日過中午漸向西偏時分。❺夜分　半夜。❻承間諫　找機會進諫。❼恢復前烈　恢復前朝的功業。❽雜止同席　一同起居飲食。雜止，混雜居住。❾宮

省　宮禁。❿遣謁者將護官屬句　派謁者把各諸侯王的官屬分別護送居住到其他縣。⓫就邸　令諸侯王回到自己的官邸。邸，諸侯設在京師的公館。⓬朝晡入臨　早晚入宮哭喪。臨，臨哭，喪禮儀式。⓭整禮儀　整頓儀禮。⓮皇太后　皇帝母親稱號，即明帝生母陰麗華。⓯作飛書　寫匿名信。⓰蒼頭　家奴。⓱郭況　光武帝所廢郭皇后弟，東海王劉彊舅父。⓲東歸　東海國治所魯城，即今山東曲阜，在京師之東。東海王劉彊歸國則向東。⓳白水　南陽舂陵縣所屬鄉名，光武帝起兵之所。⓴故副主　過去為皇儲太子。㉑當為秋霜二句　應為秋天嚴霜，肅殺萬物，不要做柵欄裡的綿羊，任人宰割。㉒母弟　同母弟。山陽王劉荊與明帝劉莊同為陰后所生。㉓祕其事　將此事保密。㉔丁卯　二月初五日。㉕原陵　光武帝陵，在今河南孟津西。㉖丙辰　四月二十四日。㉗上無天子　指光武帝崩，上無明天子。㉘下無方伯　下無輔佐重臣。方伯，原指諸侯之長，借指重臣。㉙小子　明帝謙稱。㉚高密侯禹　鄧禹，字仲華，南陽郡新野人，東漢開國功臣之一，封高密侯。傳見《後漢書》卷十六。㉛東平王蒼　明帝劉莊同母弟劉蒼。㉜掾史員四十人　掾屬四十人。三公府掾史數均不到四十人，明帝特批東平王劉蒼可置四十人，以示優寵。㉝西曹掾　掌選任府史的掾史。㉞蕭何　西漢初開國功臣。傳見《漢書》卷三十九。㉟議郎　光祿勳所屬郎官之一，掌顧問應對，秩比六百石。㊱燒當羌　即居於今青海境內湟水流域的西羌。燒當，西漢元帝時的羌豪，使其部強大，故其子孫以燒當為種號。㊲滇良　西漢末燒當羌豪，燒當之玄孫。㊳先零　羌種名，居湟水以南及青海湖西北。㊴允街　縣名，屬金城郡，治所在今甘肅永登南莊浪河西岸。㊵允吾　縣名，金城郡治。縣治在今青海民和。

【語　譯】二年（丁巳　西元五七年）

春，正月初八日辛未，開始在北郊建立地壇，祭祀土地神。

二月初五日戊戌，光武帝在南宮前殿去世，享年六十二歲。光武帝每天早晨臨朝聽政，到黃昏才罷朝，經常召見公卿、郎將討論經學義理，半夜才睡。皇太子劉莊看到光武帝勤勞不懈怠，找機會勸諫說：「陛下有夏禹、商湯的英明，卻失去了黃帝、老子養生的福分。希望您保養愛護精神，悠閒自安。」光武帝說：「我自己喜歡這樣做，不感到疲勞。」光武帝雖然依靠征戰完成大業，但到天下平定以後，就屏退功臣而進用文吏。為政明察審慎，總攬朝政大權，審時度勢，量力而行，舉措沒有過失，因此能夠恢復前代的功業，自己實現了天下太平。

太尉趙熹負責喪事。這時經過王莽之亂，舊的典制都未保存下來，皇太子和各諸侯王一同起居飲食，王國屬官進出宮禁，和百官沒有區別。趙熹神情嚴肅，在殿階橫握劍，將各諸侯王護持下殿，以區別尊卑。奏請派遣謁者護送諸侯王官屬分別居住到其他縣，讓諸王都回到自己的官邸，只有早晚入宮哭喪。整頓禮儀，嚴格宮門警衛，宮廷內外秩序井然。

太子即皇帝位，尊稱皇后為皇太后。

山陽王劉荊哭喪時不哀傷，寫匿名信，命家僕謊稱是大鴻臚郭況寫給東海王劉彊的，說他沒有罪卻被廢掉，以及郭后被黜受辱，勸他東歸封國起兵奪取天下，並且說：「高祖起於亭長，陛下興起自白水鄉，何況東海王，您是陛下的長子、過去的皇儲啊！應當做肅殺萬物的秋霜，不要做關在柵欄裡的羔羊。國君去世，里巷的百姓，尚且做盜賊，打算有所希望，何況是王呢！」劉彊接到信驚慌恐懼，當即抓捕這個使者，密封書信上奏明帝。明帝因為劉荊是同母弟，將此事隱祕下來。命劉荊出居河南宮。

三月初五日丁卯，將光武皇帝葬於原陵。

夏，四月二十四日丙辰，明帝下詔說：「現在上沒有英明天子，下沒有輔佐重臣，就像渡深淵而沒有船槳。皇帝地位至關重要，而年輕的人思慮不周，實在需要依賴有德行的人輔佐我。高密侯鄧禹，為元勳之首，東平王劉蒼，寬厚有謀略，任命鄧禹為太傅，劉蒼為驃騎將軍。」劉蒼懇切推辭，明帝不同意。又下詔令驃騎將軍設置長史，掾史員額四十人，官位在三公之上。劉蒼曾經推薦西曹掾齊國人吳良，明帝說：「推薦賢才輔助國家，是宰相的職責。蕭何舉薦韓信，設壇拜為大將，不再考試，現今任命吳良為議郎。」

當初，燒當羌首領滇良打敗先零羌，奪取他們的土地居住。滇良死後，兒子滇吾繼位，部落逐漸強盛。秋，滇吾和弟弟滇岸率領部眾侵略隴西，在允街擊敗太守劉盱，於是守衛邊塞的各部羌人全都反叛。詔令謁者張鴻率領各郡軍隊攻擊他們。在允吾縣交戰，張鴻全軍覆沒。冬，十一月，又派遣中郎將竇固監領捕虜將軍馬武等兩個將軍，率領四萬人討伐羌人。

這一年，南匈奴單于莫去世，他的弟弟汗繼立，就是伊伐於慮鞮單于。

顯宗孝明皇帝❶上

永平元年（戊午　西元五八年）

春，正月，帝率公卿已下❷朝于原陵，如元會儀❸。乘輿拜神坐，退，坐東廂。侍衛官皆在神坐後，太官❹上食，太常奏樂。郡國上計吏❺以次前，當神軒❻占❼其郡穀價及民所疾苦。是後遂以為常。

夏，五月，高密元侯鄧禹薨。

東海恭王彊病，上遣使者太醫乘驛視疾❽，駱驛不絕。詔沛王輔、濟南王康、淮陽王延詣魯省疾❾。戊寅❿，彊薨。臨終，上書謝恩，言：「身既夭命，孤弱復為皇太后、陛下憂慮，誠悲誠慙！息政⓫，小人也，猥當襲臣後，必非所以全利之也，願還東海郡。今天下新罹大憂⓬，惟陛下加供養皇太后，數進御餐。臣彊困劣，言不能盡意，願並謝諸王，不意永不復相見也。」帝覽書悲慟，從太后出幸津門亭⓭發哀，使大司空持節護喪事⓮，贈送以殊禮。詔楚王英、趙王栩、北海王興及京師親戚皆會葬。帝追惟彊深執謙儉，不欲厚葬以違其意，於是特詔：「遺送之物，務從約省，衣足斂形，茅車瓦器⓯，物減於制⓰，以彰王卓爾獨行之志⓱。」將作大匠⓲留起陵廟。

秋，七月，馬武等擊燒當羌，大破之，餘皆降散。

山陽王荊私迎能為星者⑲，與謀議，冀天下有變。帝聞之，徙封荊廣陵王，遣之國。

遼東太守祭肜使偏何討赤山⑳烏桓，大破之，斬其魁帥，塞外震讋㉑，西自武威，東盡玄菟㉒，皆來內附，野無風塵㉓，乃悉罷緣邊屯兵。

東平王蒼以為中興㉔三十餘年，四方無虞，宜修禮樂，乃與公卿共議定南北郊冠冕、車服制度及光武廟登歌、八佾舞數㉕，上之。○好畤愍侯耿弇薨。

【章旨】以上為第十二段，寫漢明帝初即位，在光武帝陵舉行元會，問民疾苦。東海王劉彊薨。遼東太守祭肜派偏何打敗赤山烏桓。

【注釋】❶顯宗孝明皇帝　東漢第二代皇帝，幼名劉陽，後改名劉莊。光武帝第四子。《伏侯古今注》說：「莊」之字曰「嚴」。西元五八－七五年在位。❷已下　即以下。❸如元會儀　如同元旦朝會禮儀。指明帝朝光武帝陵，使用生時朝會之儀，事死如事生。❹太官　官名，少府屬官，掌皇帝飲食。❺上計吏　各郡國掌管上計的掾。秦漢時地方官年終將境內戶口、賦稅、獄訟、盜賊等情況編造成冊，稱計簿，遣吏上報朝廷，進行考課，稱上計。❻當神軒　面對光武帝神主。❼占　報告所統計的數據。❽上遣使者太醫乘驛視疾　明帝派遣使者、皇家太醫，乘坐驛馬車去探望診治東海王劉彊的疾病。❾詔沛王輔句　下詔沛王劉輔、濟南王劉康、淮陽王劉延前往魯城探望病情。劉輔等都是劉彊的同母弟。❿戊寅　五月二十二日。⓫息政　兒子劉政。息，兒子。⓬大憂　指光武帝崩。⓭津門亭　津門，洛陽城南面西邊第一門，又名津陽門。洛陽城每門均有亭。⓮大司空持節護喪事　大司空持符節督辦喪事。皇帝喪事由大司空主治。明帝特命大司空為藩王劉彊治喪，以示殊禮。⓯茅車瓦器　茅草製作的喪車，隨葬器皿皆為陶器。⓰物減於制　喪葬用物少於正常規定。⓱卓爾獨行之志　特立獨行的志節。⑱將作大匠 官名，掌修建宮室陵寢工程。⑲能為星者 懂天文的占星方士。⑳赤山 烏桓赤山種所居地，在遼東西北數千里，今內蒙古境內。㉑震讋 震驚恐懼。㉒玄菟 郡名，在今遼寧瀋陽、撫順一帶。㉓風塵 借指戰爭。㉔中興 指東漢建立。㉕定南北郊冠冕句 制定南郊祭天、北郊祭地以及祭祀光武廟禮儀所用官帽、車馬、禮服、樂曲等制度。定，制定。八佾，天子用舞樂，要用縱橫皆為八人的樂隊，共六十四人，稱為八佾。

【語　譯】顯宗孝明皇帝上

永平元年（戊午　西元五八年）

春，正月，皇帝率領公卿以下到光武帝原陵上朝，如同元旦朝會禮儀。明帝向光武帝牌位跪拜，禮畢，坐在寢殿東廂。侍衛官都站在牌位後面，太官獻上食物，太常奏響音樂。各郡國上計吏依次上前，向光武帝牌位奏報本郡穀價和百姓的困苦。此後便成為慣例。

夏，五月，高密元侯鄧禹去世。

東海恭王劉彊病重。皇上派使者、太醫乘驛車探望病情，駱驛不絕。皇上下詔沛王劉輔、濟南王劉康、淮陽王劉延到魯城去看望他的病情。五月二十二日戊寅，劉彊去世。臨終前，上書謝恩，說：「我就要死了，遺孤子孫又要讓皇太后、陛下操心，實在悲傷慚愧！兒子劉政還年幼，愧當承襲臣的爵位，這並非是保全他對他好，希望歸還東海郡。如今國家剛遭遇先帝駕崩，希望陛下更好地侍奉皇太后，多進獻膳食。臣劉彊困頓愚笨，言語不能完全表達臣的心意。希望一併感謝各位諸侯王，沒想到永遠不能再相見了。」明帝看了奏書很悲傷，跟隨太后一起出宮到津門亭發喪，派大司空執持符節督辦喪事，贈送特殊的禮儀。詔令楚王劉英、趙王劉栩、北海王劉興以及京城裡的親戚都來參加葬禮。明帝追思劉彊堅持謙遜節儉，不願厚葬違背他的心意，於是特頒詔書：「送葬的物品，務求簡單節省，壽衣能遮住身體就行，使用茅車、瓦器，喪葬用物要少於正常規定，以彰顯東海王卓越獨行的志節。」留下將作大匠建築陵墓廟寢。

秋，七月，馬武等人進攻燒當羌，大敗羌人，餘部有的投降，有的逃散。

山陽王劉荊私下迎來擅長占卜星象的人，和他謀議，希望天下發生變故。皇帝聽說此事，改封劉荊為廣陵王，遣送他回封國。

遼東太守祭肜派偏何討伐赤山烏桓，大敗烏桓，殺了他們的首領，塞外震驚恐懼，西自武威，東到玄菟，都來中國歸附，野外沒有戰爭，於是全部撤除了邊境屯防軍隊。

東平王劉蒼認為東漢建立三十多年了，四方沒有憂患，應修治禮樂，就和公卿共同商議制定南北郊祭禮的冠冕、車服制度，以及光武廟的祭禮歌曲、八佾舞數量，呈給明帝。○好時愍侯耿弇去世。

二年（己未　西元五九年）

春，正月辛未❶，宗祀光武皇帝於明堂❷。帝及公卿列侯始服冠冕❸、玉佩❹以行事。禮畢，登靈臺，望雲物❺。赦天下。

三月，臨辟雍，初行大射禮❻。

冬，十月壬子❼，上幸辟雍，初行養老禮，以李躬為三老，桓榮為五更❽。三老服都紵大袍❾，冠進賢❿，扶玉杖⓫，五更亦如之，不杖。乘輿到辟雍禮殿，御坐東廂，遣使者安車⓬迎三老、五更於太學講堂，天子迎于門屏，交禮⓭。道自阼階⓮，三老升自賓階⓯。至階，天子揖如禮。三老升，東面⓰，三公設几⓱，九卿正履⓲，天子親袒割牲，執醬而饋⓳，執爵而酳⓴，祝鯁㉑在前，祝饐㉒在後。五更南面㉓，三公進供，禮亦如之。禮畢，引桓榮及弟子升堂，上自為下說㉔，諸儒㉕執經問難於前，冠帶縉[1]紳㉖之人圜橋門㉗而觀聽者，蓋億萬計㉘。於是下詔賜榮爵關內侯㉙，三老五更皆以二千石祿養終厥身。賜天下三老㉚酒，人一石，肉四十斤。

上自為太子，受尚書於桓榮。及即帝位，猶尊榮以師禮。嘗幸太常府㉛，令榮坐東面，設几杖㉜，會百官及榮門生數百人，上親自執業㉝。諸生或避位㉞發難㉟，上謙曰：「太師在是。」既罷，悉以太官供具賜太常家㊱。榮每疾病，帝輒遣使者存問，太官、太醫相望於道。及篤，上疏謝恩，讓還爵土。帝幸其家問起居，入街㊲，下車，擁經而前，撫榮垂涕，賜以牀茵㊳、帷帳、刀劍、衣被，良久乃去。自是諸侯、將軍、大夫問疾者，不敢復乘車到門，皆拜牀下。榮卒，帝親自變服㊴臨喪送葬，賜冢塋于首山㊵之陽。子郁當嗣，讓其兄子汎。帝不許，郁乃受封，而悉以租入與之。帝以郁為侍中。

上以中山㊶王焉，郭太后㊷少子，太后㊸尤愛之，故獨留京師。至是始與諸王俱就國，賜以虎賁、官騎，恩寵尤厚，獨得往來京師㊹。帝禮待陰、郭，每事必均，數受賞賜，恩寵俱渥。

甲子㊺，上行幸長安。十一月甲申㊻，遣使者以中牢祠蕭何、霍光㊼。帝過，式其墓[48]。進幸河東。癸卯[49]，還宮。

十二月，護羌校尉竇林坐欺罔及臧罪[50]，下獄死。林者，融[51]之從兄子也。於是竇氏一公、兩侯、三公主、四二千石[52]相與並時，自祖及孫，官府邸第相望京邑，於親戚功臣中莫與為比。及林誅，帝數下詔切責融。融惶恐乞骸骨，詔令歸第養病。

是歲，初迎氣於五郊[53]。

新陽侯陰就[54]子豐尚酈邑公主[55]。公主驕妬，豐殺之，被誅，父母皆自殺。

南單于汗死，單于比之子適立，為醢僮尸逐侯鞮單于。

【章 旨】以上為第十三段，寫明帝宗祀明堂，登靈臺，在辟雍行大射禮，尊禮大儒，興起儒學。

【注 釋】❶辛未 正月十九日。❷宗祀光武皇帝於明堂 在明堂隆重祭祀光武帝。宗，尊。明堂，天子宣明政教之堂。明堂中建有太廟之室，陳列祖宗神主。❸冠冕 皇帝及百官戴的禮帽。皇帝戴通天冠，諸侯王戴遠遊冠；三公列侯戴進賢冠，官帽上有三條豎樑；卿、大夫、尚書、二千石官、博士有兩條豎樑；千石以下的官帽有一條豎樑。祭祀天地明堂時均戴平冕，皇帝有十二支旒穗，三公、九卿、諸侯有七支旒穗。❹玉佩 皇帝佩白玉，公侯佩山玄玉，大夫佩水蒼玉，世子佩瑜玉。❺望雲物 察望天象。❻大射禮 天子舉行的用比賽射箭方法選舉賢士的禮儀，有虎靶、熊靶、豹靶。用於祭禮上。❼壬子 十月初五日。❽以李躬為三老二句 天子以父兄之禮敬養元老，以宣揚孝悌之義。三老、五更各一人，以致仕的重臣擔任。據《禮記・樂記》鄭玄注，三老、五更均精通三德、五事。三德為正直、剛、柔。五事為貌、言、視、聽、思。❾都紵大袍 優質的麻布大袍。❿冠進賢 戴進賢冠。前高七寸，後高三寸，長八寸。⓫玉杖 手杖上端嵌鑲有玉石鳩鳥，用以祝福老人良於進餐。因鳩鳥不噎，取以為象。⑫安車　用蒲草裹輪的車，行走平穩，供老年官吏及貴婦使用。⑬交禮　相對而拜。此指君臣互相行禮。⑭道自阼階　皇帝在東階引導。道，通「導」。阼階，東階。按古禮，賓主升階，賓客自西階登，主人在東階迎見。⑮賓階　西階。⑯東面　面向東而坐。三老升階後，面向主位（東）而坐。⑰三公設几　由三公大臣擺設桌案。⑱九卿正履　由九卿大臣擺正鞋。⑲天子親袒二句　天子親自捲袖袒臂分割祭肉，然後捧醬進獻三老。饋，獻上飲食。⑳酳　以酒漱口。此指敬酒。㉑鯁　魚刺。㉒饐　飯窒饐在喉。㉓五更南面　五更南向而坐。㉔上自為下說　明帝親自對下講經。㉕諸儒　明習《五經》的儒學大師。㉖冠帶縉紳　士大夫之代稱。縉，通「搢」。插。紳，插笏的腰帶，一頭下垂。㉗橋門　辟雍有四個大門，門外有護城河環繞，有橋通門。護城河阻隔閒雜人靠近辟雍。㉘億萬計　誇張之辭。喻環繞辟雍門外護城河橋頭的士大夫聽眾很多。㉙關內侯　二十等爵第十九級爵。五更桓榮為明帝劉莊老師，特賜關內爵。㉚天下三老　東漢郡、國、縣、鄉各級均有三老之官，掌教化。㉛幸太常府　明帝巡幸太常府。幸，天子親臨。時桓榮為太常。㉜設几杖　在桓榮的座前擺桌案手杖。㉝上親自執業　明帝親手拿著經書聽講。執業，執經。㉞避位　離開座位，表示尊敬。㉟發難　請教疑難問題。㊱悉以太官供具賜太常家　明帝臨幸太常府時太官供應的飯食器具，事後全部賞賜給太常桓榮家。㊲入街　車駕進入桓榮所居街巷。㊳牀茵　床褥。㊴變服　換穿喪服。㊵首山　即首陽山，在今河南偃師西北。㊶中山　封國名，治所盧奴，在今河北定州。中山王劉焉，傳見《後漢書》卷四十二。㊷郭太后　中山王太后郭聖通。原光武帝郭皇后，建武十七年被廢，隨少子中山王為王太后。㊸太后　指明帝生母陰麗華。㊹獨得往來京師　諸王就國，回京師要事先請示。中山王蒙特殊恩遇，可隨時進京。㊺甲子　十月十七日。㊻甲申　十一月初七日。㊼霍光　西漢中期名臣。傳見《漢書》卷六十八。㊽式其墓　以手扶軾，向其墓致敬。式，通「軾」。用手撫車前扶手。㊾癸卯　十一月二十六日。㊿竇林坐欺罔及臧罪　當時燒當羌首領滇吾反叛，滇吾弟滇岸來降，竇林上奏滇吾為羌首領。後來滇吾降，竇林又奏為首領。明帝奇怪羌人一種兩首領，按驗非實，是為欺罔。涼州刺史又奏竇林貪汙罪，於是下獄死。(51)融　竇融（西元前一六—西元六二年），字周公，扶風平陵（今陝西咸陽西）人。西漢末割據河西五郡，後歸漢，封安豐侯。傳見《後漢書》卷二十三。(52)於是竇氏一公句　竇融官至大司空，是為公一人。融封安豐侯，弟竇友封為顯親侯，是為兩侯。竇融長子竇穆尚光武女內黃公主，竇友子竇固尚光武女涅陽公主，竇穆子竇勳尚東海王劉彊女沘陽公主，是為三公主。竇友、竇穆先後為城門校尉，竇林護羌校尉，竇固中郎將，是為四二千石。(53)迎氣於五郊　在五郊舉行迎節氣慶典。立春之日，在東郊迎接春天，祭祀青帝句芒，車服皆青，歌〈青陽〉，八佾舞雲翹之舞。立夏之日，在南郊迎接夏天，祭祀赤帝祝融，車服皆赤，歌〈朱明〉，舞如迎春。先立秋十八日，在中央祭壇迎接黃靈神，祭祀黃帝與后土神，車服皆黃，歌〈朱明〉，八佾舞雲翹育命之舞。立秋之日，在西郊迎接秋天，祭祀白帝蓐收，車服皆白，歌〈白藏〉，八佾舞育命之舞。立冬之日，在北郊迎接冬天，祭祀黑帝玄冥，車服皆黑，歌〈玄冥〉，舞如迎秋。(54)陰就 明帝舅，陰太后之弟。(55)酈邑公主 光武帝女。

【校記】[1]縉 據章鈺校，十二行本、乙十一行本皆作「搢」。二字通。

【語譯】二年（己未 西元五九年）

春，正月十九日辛未，在明堂隆重祭祀光武皇帝。明帝和公卿列侯初次戴冠冕、佩玉佩行祭禮。祭禮完畢，明帝登上靈臺，觀察雲氣天象。赦免天下。

三月，明帝駕臨辟雍，首次舉行大射禮。

冬，十月初五日壬子，明帝臨幸辟雍，初次舉行養老禮，任命李躬為三老，桓榮為五更。三老穿著優質的麻布大袍，戴進賢冠，拄玉杖，五更也這樣穿戴，但不拄杖。天子到達辟雍禮殿後，坐在東廂，派遣使者用安車把三老、五更迎接到太學講堂，天子在門與屏之間迎接，相互行禮。明帝從東階引路，三老從西階上去。到了階上，天子按禮作揖。三老上西階後，面向東方，三公擺設几案，九卿擺正鞋子，天子親自挽袖袒臂分割祭肉，然後捧起醬，進獻三老，舉杯向三老敬酒，首先祝福老人吃魚不被魚刺卡住喉嚨，然後祝福老人吃飯不被食物噎住。五更面向南方，三公進獻酒食，禮節和天子對待三老一樣。禮儀完畢，引導桓榮和弟子登上講堂，明帝親自為臣下講說，各位儒學大師拿著經書在前面詰問疑難，圍在辟雍大門外護城橋頭傾聽的士大夫，大概以億萬計。於是下詔賜桓榮關內侯爵，三老、五更都以二千石的俸祿供養終身。賞賜全國三老每人一石酒，四十斤肉。

明帝自從做了太子，跟隨桓榮學習《尚書》。等到即皇帝位，仍用師禮尊敬桓榮。曾臨幸太常府，讓桓榮坐東面，擺設几案、手杖，召集百官和桓榮學生數百人，明帝親自拿著經書。有的學生離開座位提問請教，明帝謙虛地說：「太師在這裡。」結束後，將太官供奉的用品全部賜給太常家。桓榮每次生病，明帝都派使者慰問，太官、太醫絡繹不絕。等到桓榮病重，上書謝恩，辭讓歸還爵位食邑。明帝親自到桓榮家詢問起居，進入街道就下車，拿著經書上前，撫摸桓榮流淚，賜給床褥、帷帳、刀劍、衣被，很久才離開。從此諸侯、將軍、大夫來探視病情的不敢再乘車到門口，都跪拜在床下。桓榮去世，明帝換上喪服親自赴喪送葬，賞賜首陽山南麓作為墓地。桓榮的兒子桓郁應繼承爵位，想讓位給他哥哥的兒子桓汎。明帝不同意，桓郁才接受封爵，但把租稅收入都送給桓汎。明帝任命桓郁為侍中。

明帝因中山王劉焉是郭太后的小兒子，太后特別喜歡他，所以把他單獨留在京城。至此才和各位封王一樣回到自己的封國，賜給他虎賁、官騎，恩寵特別優厚，只有他可以隨意往來京師。明帝禮遇陰太后和郭太后，每件事都平等對待，多次賞賜，恩寵都很豐厚。

十月十七日甲子，明帝出行巡幸長安。十一月初七日甲申，派遣使者用中牢規格祭祀蕭何、霍光。明帝經過他們的墓地，以手扶軾致哀。進而巡幸河東郡。二十六日癸卯，明帝返回皇宮。

十二月，護羌校尉竇林犯欺騙和貪贓罪，被關進監獄處死。竇林，是竇融堂兄的兒子。當時竇氏共有一人為公，兩人封侯，三人娶了公主，四人做了二千石官，從祖父到孫子，在京城的官府宅邸彼此相望，在帝王的親戚和功臣中無人可和竇氏相比。等到竇林被處死，明帝多次下詔嚴厲指責竇融。竇融惶恐地請求辭職，明帝下詔令他回府第養病。

這一年，初次在五郊舉行迎節氣儀式。

新陽侯陰就的兒子陰豐娶酈邑公主。公主驕橫嫉妒，陰豐殺了她，被處死，父母都自殺了。

南匈奴單于汗去世，單于比的兒子適即位，就是醢僮尸逐侯鞮單于。

三年（庚申　西元六〇年）

春，二月甲寅❶，太尉趙憙、司徒李訢免。丙辰❷，以左馮翊郭丹為司徒。

己未❸，以南陽太守虞延為太尉。

甲子❹，立貴人馬氏為皇后❺，皇子炟為太子。后，援之女也，光武時，以選入太子宮，能奉承陰后，傍接同列，禮則脩備❻，上下安之，遂見寵異。及帝即位，為貴人❼。時后前母姊女賈氏亦以選入，生皇子炟。帝以后無子，命養之，謂曰：「人未必當自生子，但患愛養不至耳。」后於是盡心撫育，勞悴過於所生。太子亦孝性淳篤，母子慈愛，始終無纖介❽之間❾。后常以皇嗣未廣，薦達左右❿，若恐不及。後宮有進見者，每加慰納，若數所寵引，輒加[1]隆遇。

及有司奏立長秋宮⓫，帝未有所言。皇太后曰：「馬貴人德冠後宮，即其人也。」后既正位宮闈，愈自謙肅，好讀書。常衣大練⓬，裙不加緣⓭。朔望諸姬主朝請⓮，望見后袍衣疏粗，以為綺縠⓯，就視，乃笑⓰。后曰：「此繒特宜染色，故用之耳。」羣臣奏事有難平者⓱，帝數以試后。后輒分解⓲趣理⓳，各得其情，然未嘗以家私干政事。帝由是寵敬，始終無衰焉。

帝思中興功臣，乃圖畫二十八將於南宮雲臺⓴，以鄧禹為首，次馬成、吳漢、王梁、賈復、陳俊、耿弇、杜茂、寇恂、傅俊、岑彭、堅鐔、馮異、王霸、朱祜、任光、祭遵、李忠、景丹、萬脩、蓋延、邳彤、銚期、劉植、耿純、臧宮、馬武、劉隆，又益以王常、李通、竇融、卓茂，合三十二人。馬援以椒房之親㉑，獨不與焉。

夏，四月辛酉㉒，封皇子建為千乘王，羨為廣平王。

六月丁卯㉓，有星孛於天船北㉔。

帝大起北宮。時天旱，尚書僕射㉕會稽鍾離意㉖詣闕免冠上疏曰：「昔成湯遭旱，以六事自責㉗曰：『政不節邪？使民疾邪？宮室營[2]邪？女謁盛邪？苞苴行邪？讒夫昌邪？』竊見北宮大作，民失農時。自古非苦宮室小狹，但患民不安寧。宜且罷止，以應天心。」帝策詔報曰：「湯引六事，咎在一人。其冠、履，勿謝㉘！」又敕大匠㉙止作諸宮，減省不急㉚。詔因謝公卿百僚，遂應時澍雨㉛。

意薦全椒㉜長劉平㉝，詔徵拜議郎。平在全椒，政有恩惠，民或增貲就賦，或減年從役㉞。刺史㉟、太守㊱行部㊲，獄無繫囚㊳，人自以得所，不知所問㊴，唯班詔書而去。

帝性褊察㊵，好以耳目隱發為明㊶，公卿大臣數被詆毀㊷，近臣尚書以下至見提曳㊸。常以事怒郎藥崧㊹，以杖撞之。崧走入牀下，帝怒甚，疾言曰：「郎出！」

崧乃曰：「天子穆穆，諸侯皇皇[45]。未聞人君，自起撞郎。」帝乃赦之。

是時朝廷莫不悚慄[46]，爭為嚴切，以避誅責[47]；唯鍾離意獨敢諫爭，數封還詔書[48]，臣下過失，輒救解之。會連有變異，上疏曰：「陛下敬畏[3]鬼神，憂恤黎元[49]，而天氣未和，寒暑違節者，咎在羣臣不能宣化治職，而以苛刻為俗。百官無相親之心，吏民無雍雍之志[50]，至於感逆和氣，以致天災。百姓可以德勝[51]，難以力服[52]，鹿鳴之詩[53]必言宴樂者，以人神之心洽，然後天氣和也。願陛下垂聖德，緩刑罰，順時氣，以調陰陽。」帝雖不能時用，然知其至誠，終愛厚之。

秋，八月戊辰[54]，詔改太樂官曰太予，用讖文[55]也。

壬申[56]晦，日有食之。詔曰：「昔楚莊[57]無災，以致戒懼；魯哀[58]禍大，天不降譴。今之動變，儻尚可救，有司勉思厥職，以匡無德。」

冬，十月甲子[59]，車駕從皇太后幸章陵[60]。荊州刺史郭賀，官有殊政，上賜以三公之服，黼黻[61]、冕旒[62]，敕行部去襜帷[63]，使百姓見其容服[64]，以章有德。

戊辰[65]，還自章陵。

是歲，京師及郡國七大水[66]。

莎車王賢以兵威逼奪于窴、大宛、媯塞[67]王國，使其將守之。于窴人殺其將君德，立大人㊳休莫霸為王。賢率諸國兵數萬擊之，大為休莫霸所敗，脫身走還㊴。休莫霸進圍莎車，中流矢㊵死，于窴人復立其兄子廣德為王，廣德使其弟仁攻賢。廣德父先拘在莎車，賢乃歸其父，以女妻之，與之和親。

【章　旨】以上為第十四段，寫明帝冊立馬皇后，表彰開國功臣。為政嚴苛，但亦能納諫。西域莎車國與于窴等國發生戰爭。

【注　釋】❶甲寅　二月初九日。❷丙辰　二月十一日。❸己未　二月十四日。❹甲子　二月十九日。❺馬氏為皇后　顯宗明德馬皇后，章帝劉炟養母。伏波將軍馬援小女。史失其名，稱馬氏。傳見《後漢書》卷十〈皇后紀上〉。❻禮則脩備　禮數周到。❼貴人　嬪妃之稱。位僅次皇后。❽纖介　細微。❾間　隙；隔閡。❿薦達左右　推薦引進宮女給明帝。⓫有司奏立長秋宮　主事官員奏請冊立皇后。長秋宮，皇后所居之宮。⓬常衣大練　常穿粗厚的素色絲綢。⓭裙不加緣　裙子不加邊。⓮朔望諸姬主朝請　每月初一和十五，各位嬪妃和公主入皇后宮請安。⓯綺縠　高級綢緞。⓰就視二句　走到跟前看見是粗綢，就笑起來。⓱難平者　難於決斷的事情。⓲分解　分析。⓳趣理　入情入理。⓴圖畫二十八將於南宮雲臺　把開國功臣二十八將的畫像畫在南宮雲臺上。南宮，洛陽漢宮名。雲臺，南宮中高臺名。仿效西漢宣帝圖畫功臣於麒麟閣故事。東漢雲臺二十八將，與天官二十八宿之數吻合，列名在《後漢書》卷二十二〈馬武傳〉後。㉑椒房之親　指馬援為皇后之父。椒房，皇后所居之房。㉒辛酉　四月十七日。㉓丁卯　六月二十四日。㉔有星孛於天船北　在天船星北，出現彗星。北九星稱天船。㉕尚書僕射　官名，尚書令副手。尚書令不在，則代行職權，掌出納章奏。㉖鍾離意　字子阿，會稽山陰縣（今浙江紹興）人，東漢名臣，仕光武帝、明帝兩朝，官至尚書僕射、魯相。傳見《後漢書》卷四十一。㉗六事自責　《帝王記》載：成湯下罪己書，以六事責備自己。六事見下文。㉘其冠履二句　明帝詔報鍾離意戴上帽子，穿上鞋子，不要謝罪。㉙大匠　將作大匠。㉚減省不急　裁省不急用的開支。㉛遂應時澍雨　於是順應天時降下及時雨。澍，及時雨。㉜全椒　縣名，縣治在今安徽全椒。㉝劉平　字公子，楚郡彭城（今江蘇徐州）人，本名曠，明帝時改為平。王莽時為縣長吏，為官清正廉潔。東漢仕光武、明帝兩朝，官至宗正。傳見《後漢書》卷三十九。㉞民或增貲就賦二句　百姓有的主動多報資產（貲），以達到納稅條件；有的少報自己年齡，繼續為國家服役。㉟刺史　州部行政長官。㊱太守　郡行政長官。㊲行部　巡察轄區（部）。㊳繫囚　羈押待審的囚犯。㊴不知所問　不知糾察什麼。㊵褊察　狹隘苛刻。㊶好以耳目隱發為明　喜歡設耳目揭發百官的隱私，認為這就是聖明。㊷詆毀　誹謗。㊸提曳　擲擊拉扯。㊹藥崧　河內人，時為郎官，後官至南陽太守。傳附《後漢書》卷四十一〈鍾離意傳〉。㊺天子穆穆二句　引自《禮記・曲禮》。穆穆，儀表端莊。皇皇，同「煌煌」。莊重。㊻悚慄　恐懼戰慄。㊼爭為嚴切二句　爭相嚴峻冷酷來逃避誅殺或斥責。㊽數封還詔書　多次把下達的不適宜的詔書封起來退回宮中。這是臣下駁回詔書的形式，非諍諍直臣莫能為。㊾黎元　黎民百姓。㊿吏民無雍雍之志　官民沒有雍容祥和的志向。(51)以德勝　以德服人。(52)以力服　以強力壓服。(53)鹿鳴之詩　《詩經・小雅》篇名，宴群臣嘉賓之詩。詩曰：「呦呦鹿鳴，食野之苹；我有嘉賓，鼓瑟吹笙。」(54)戊辰　八月二十五日。(55)讖文　圖讖《尚書璇璣鈐》之文。其言曰：「有帝漢出，德洽作樂，名予。」明帝據此改「太樂令」為「太予令」。(56)壬申　八月二十九日。(57)楚莊　楚莊王芈侶，春秋時楚國國君，西元前六一三—前五九一年在位。(58)魯哀　魯哀公姬將，春秋時魯國昏君，西元前四九四—前四六八年在位。《春秋感精符》載，魯哀公時禍亂不斷，天以其愚蒙，亦不降災示警，故沒有日蝕。(59)甲子　十月二十二日。(60)章陵　光武建武六年，改舂陵鄉為章陵縣，在今湖北棗陽。光武帝劉秀先祖封於此。(61)黼黻　三公禮服上刺繡的文彩。用黑白兩線繡成的斧形花紋叫黼，用黑青兩線繡成的兩己字相背花紋叫黻。(62)冕旒　戴垂纓的禮帽。三公冠有七條垂纓。(63)襜帷　座車前的簾帳。(64)容服　容貌服飾。(65)戊辰　十月二十六日。(66)京師及郡國七大水　京師洛陽及七個郡國發生大水災。(67)于窴大宛嬀塞　均西域國名。于窴在今新疆南部，王城在西城，在今新疆和田南。大宛在蔥嶺西，王治貴山城，在今中亞卡散賽。嬀塞國，塞種，臨嬀水而居，因以為國名。嬀水，又名烏滸河，即今阿姆河之古稱，流經今土庫曼和烏孜別克兩國，入鹹海。(68)大人　貴族大臣。(69)脫身走還　全軍覆沒，隻身逃還。(70)流矢　亂射的箭。

【校　記】[1]加　據章鈺校，十二行本、乙十一行本、孔天胤本皆作「增」。[2]營　據章鈺校，十二行本、乙十一行本皆作「榮」。按《後漢書》卷四十一〈鍾離意傳〉亦作「榮」。[3]敬畏　據章鈺校，十二行本、乙十一行本二字皆互乙。

【語　譯】三年（庚申　西元六〇年）

春，二月初九日甲寅，太尉趙熹、司徒李訢被免官。十一日丙辰，任命左馮翊郭丹為司徒。十四日己未，任命南陽太守虞延為太尉。

二月十九日甲子，立貴人馬氏為皇后，皇子劉炟為太子。

皇后，是馬援的女兒。光武帝時，被選進太子宮中，能夠侍奉陰皇后，與同輩友善相處，禮儀周全，上下相安，因此受到特別寵愛。等到明帝即位，選為貴人。當初，馬貴人異母姐姐的女兒賈氏也被選入宮，生了皇子劉炟。明帝因為馬皇后沒有兒子，就命馬皇后撫養他。明帝對馬皇后說：「人不一定非要自己生兒子，就怕對他愛撫養育不周到。」馬皇后於是盡心撫育，辛苦勞累超過親生兒子。太子也十分孝順，母慈子愛，始終沒有一點芥蒂。馬皇后常因明帝皇子不多，推薦引見身邊的宮女給明帝，唯恐不及。後宮中有進見的女子，每次都給予慰問接納，如果多次受到寵幸召見，就給予隆重的禮遇。

等到主管官吏奏請立皇后，明帝還沒說什麼。皇太后說：「馬貴人的德行在後宮中最佳，皇后就是她了。」馬皇后正位後宮，更加自謙恭謹，愛好讀書。常常穿著粗厚的素色綢衣，裙子不加邊飾。初一、十五妃嬪和公主來請安，遠望皇后的袍衣寬寬大大，以為是華麗的高級綢緞，走近一看，就笑了。馬皇后說：「這種絲料特別適合染色，所以才用它。」群臣奏事有難於決斷的，明帝多次以此試探馬皇后。馬皇后解析入理，都能說中其原委，然而從未以家中私事干涉政事。明帝因此寵愛敬重她，始終不減。

明帝懷念中興開國功臣，在南宮雲臺畫了二十八個將軍的肖像，以鄧禹為首，依次是馬成、吳漢、王梁、賈復、陳俊、耿弇、杜茂、寇恂、傅俊、岑彭、堅鐔、馮異、王霸、朱祐、任光、祭遵、李忠、景丹、萬脩、蓋延、邳彤、銚期、劉植、耿純、臧宮、馬武、劉隆，又增加了王常、李通、竇融、卓茂，共三十二人。馬援因是皇后的父親，只有他未包括在內。

夏，四月十七日辛酉，冊封皇子劉建為千乘王，劉羨為廣平王。

六月二十四日丁卯，在天船星北，出現彗星。

明帝大規模興建北宮。當時天旱，尚書僕射會稽郡人鍾離意到宮門，脫下官帽上奏說：「從前成湯遭遇旱災，以六件事自責說：『是政務不遵法度嗎？是役使百姓過分嗎？是宮室建得太多嗎？是女人請託太多嗎？是賄賂流行嗎？是進讒的小人太多嗎？』臣個人認為大規模興建北宮，百姓貽誤農時。自古沒有苦於宮室狹窄的，只是擔心百姓不得安寧。應暫停工程，以順應天意。」明帝策書下詔回覆說：「成湯所說的六件事，錯誤全在朕一人。你戴上帽子、穿上鞋子吧，不必謝罪！」又敕令將作大匠停止建造各宮殿，減省不急用的開支。趁此下詔向公卿百官表示歉意，於是按時下了及時雨。

鍾離意推舉全椒縣長劉平，明帝下詔徵召任命為議郎。劉平在全椒縣時，施政有恩惠，百姓中有人主動多報資產以達到繳稅條件，有人降低自己的年齡以便繼續為國家服役。刺史、太守巡查所轄地區，監獄裡沒有囚犯，人人自認為各得其所，刺史、太守不知道要查問什麼事情，只好頒布完詔書就離開。

明帝狹隘苛刻，喜歡設耳目揭發隱私，認為這才是聖明。公卿大臣屢屢被毀謗，近臣尚書以下官吏甚至受到明帝擲擊拉扯。曾經因為一件事生郎官藥崧的氣，用杖敲打他。藥崧逃到床下，明帝非常生氣，厲聲喊：「郎官出來！」藥崧於是說：「天子端莊肅穆，諸侯恭敬莊嚴。沒聽說人君自己用杖打郎官的。」明帝這才赦免了他。

當時朝廷中沒有不擔心害怕的，爭相表現得嚴厲冷酷來躲避誅殺與責罰；只有鍾離意敢於勸諫，多次將詔書封好退回去，臣下犯了過錯，總是盡力解救。正巧連續發生災害怪異，鍾離意上疏說：「陛下敬畏鬼神，憂憐百姓，但天時節氣不和，寒暑違反節令，錯在群臣不能宣揚教化治理政務，卻把嚴厲刻薄作為風俗。百官沒有相愛之心，吏民沒有雍容祥和的志向，以致觸犯祥和之氣，導致天災。百姓可以用恩德感化，難以用強力制服，〈鹿鳴〉這首詩一定在宴會上演唱，是因為人神的心靈融洽，然後天時節氣才調和。希望陛下布施聖德，減緩刑罰，順從時令節氣，以此來調和陰陽。」明帝雖然沒有當即採用，但知道他出自至誠，始終喜愛厚待他。

秋，八月二十五日戊辰，明帝下詔改太樂官為太予官，是採用讖文而改。

八月最後一天二十九日壬申，發生日蝕。明帝下詔說：「從前楚莊王沒有災害，自己也恐懼；魯哀公有大禍，上天卻不加以懲罰。如今發生日蝕，倘若還可以挽救，官吏勉力思考自己的職責，以匡正朕之無德。」

冬，十月二十二日甲子，明帝隨皇太后到章陵。荊州刺史郭賀，為官有突出的政績，皇上賜予他三公禮服，繡有黼黻紋飾，冕旒禮帽，敕令他巡視州部時去掉車帷，讓百姓可以看見他的儀容服飾，以表彰他的美德。二十六日戊辰，明帝從章陵回宮。

這一年，京師洛陽及七個郡國發生大水災。

莎車國王賢用軍隊威脅掠奪于窴、大宛、嬀塞王國，派自己的將領監守他們。于窴國人殺掉莎車將領君德，立貴族休莫霸做王。莎車王賢率領數國幾萬軍隊攻擊于窴，被休莫霸大敗，隻身逃回。休莫霸追擊包圍莎車國，被流箭射死，于窴國人又立他哥哥的兒子廣德做王，廣德派他的弟弟仁攻打莎車王賢。廣德的父親以前被囚禁在莎車國，莎車王賢於是送回他的父親，還把女兒嫁給廣德為妻，與他和親。

【研　析】本卷史事研析三事：一、馬援蒙冤；二、匈奴內訌；三、光武帝迷信圖讖。

一、馬援蒙冤。武陵蠻反叛，馬援請纓出征。光武帝憐惜馬援年老，沒有答應。馬援效法廉頗，騎馬揚威，表示老當益壯，可堪大任。光武帝笑著說：「果然是一個精神抖擻的老頭。」光武帝於是派馬援出征，中郎將馬武、耿舒為副將。耿舒是好畤侯耿弇之弟。耿氏一門在光武帝經營河北時追隨，親愛無比。馬援率軍抵達下雋，下雋在今湖南沅陵東北，臨近武陵蠻叛亂地區。從下雋進入武陵蠻腹地有兩條進軍路線，一是從壺頭山（在今沅陵東）進兵，路近便而沿途兇險，再是從充縣（在今湖南常德境）進兵，路迂遠而平坦。馬援主張從壺頭進軍，出其不意，速戰速決，從充縣進兵，時間拖得太久，軍糧不夠。但從充縣進軍，道路平坦，比較安全。兩種意見，相持不下，同時報告光武帝，由皇帝裁決，光武帝批准了馬援的進軍路線，惹得耿舒老大不高興。天不佑馬援，由於酷暑進軍，北方戰士水土不服，瘟疫突然發生，士兵多病死，大軍喪失了戰鬥能力，只好在沿溪河岸鑿石窟避暑，暫時休養。馬援也身染瘟疫，當敵人來攻，馬援總是拖著病體，掙扎到洞口觀察敵情。耿舒卻寫了一封告狀信託其兄耿弇上呈光武帝，說馬援進兵，不但進軍路線錯誤，還像一個西域小商人，每到一處都要停留，慢吞吞進兵，延誤了戰機，現在瘟疫流行，完全像他所預料的那樣。耿舒把馬援的持重說成是畏敵，顯然是惡意中傷。光武帝得到報告，派梁松前往調查，並擔任監軍官。

梁松，字伯孫，梁統長子。梁統是更始皇帝委任的武威太守，追隨竇融歸附光武帝，封臨鄉侯。梁松託父之福，年少為郎，任虎賁中郎將。馬援曾經患病，梁松登門看望，在馬援病榻前拜見，馬援視梁松為晚輩，又在病中，因此沒有還禮。梁松是皇帝女婿，滿朝文武無不奉承，他認為馬援沒有還禮是看不起他，於是懷恨在心。馬援的姪兒馬嚴、馬敦不守本分，好交結朋友。越騎司馬杜保，作風孟浪，馬援出征，致信馬嚴、馬敦不要與杜保交遊，正好杜保的仇人上書揭發杜保「行為浮躁，妖言惑眾」，並舉出馬援在萬里外寫給姪兒的信來作證。恰好梁松也與杜保交遊。光武帝把控告書和馬援的信交給梁松看，訓斥了梁松。梁松嚇得靈魂出竅，磕頭流血才過了關。梁松對馬援更加恨入骨髓。梁松於是抓住了調查馬援貽誤軍機，導致大軍受困的機會，大作文章，羅織罪狀，報復馬援。光武帝收到報告怒火中燒，立即下詔收回馬援新息侯的印信。這時馬援已死在軍中，為國捐軀。早先，馬援南征交趾時，買了一車預防瘟疫的南方特產薏苡，俗稱薏米，既可入藥，又可當雜糧吃。恰好這時有人出來誣告說馬援征交趾受賄了一車珍珠。這是否是梁松唆使，不得而知。光武帝看了這封誣告狀，更加憤怒，要罪及馬援家屬。馬援妻兒聞訊，如雷貫頂，驚駭萬分，不敢把馬援的棺柩運回祖宗墳墓安葬，只好草草地掩埋在墳地的西側。

馬援妻子和姪兒馬嚴，自己捆綁到宮門請罪。光武帝給了梁松的彈劾狀子，馬援的妻子才知道原委。回家後連續上書六道訴冤，光武帝置之不理。這時馬援的親友故舊沒有一個人出來說話。雲陽縣長扶風人朱勃站出來為馬援辯誣。朱勃是馬援的近鄰，馬援哥哥馬況的朋友，小時讀書比馬援敏捷，馬援吃醋懷恨。馬援尊貴後非常看不起朱勃，朱勃二十多年來還只是一個縣長。朱勃不以為意，仍保持與馬家的親近關係。等到馬援有難，只有一個朱勃出來替他說話。人世間炎涼冷暖，危難關頭，方得彰顯。俗話說，「疾風知勁草，路遙知馬力」，朱勃乃可當此。

光武帝對於功臣，恩德至重，給他們高位，維護他們的平安。偏偏為什麼對馬援如此刻薄呢？馬援處世謹慎，不說人壞話，規勸子姪避免災禍，到頭來卻不能自保。范曄在《後漢書·馬援傳》的評論中認為，在名利場中，旁觀者清，當局者迷。馬援評論別人，與自己沒有利害關係，只講原則，看得準，說理正，而看自己，名利蒙眼說不清了。要站在旁觀者的立場看自己，就差不多了。范曄說的大道理是不錯的，馬援不從流俗而在梁松面前以長輩自居，合於原則，疏了人情，得罪了梁松，連兒子們都看得清楚，馬援心裡也明白，但自己地位尊顯，又是梁松父親梁統的朋友，無意中怠慢了梁松。馬援哪裡盤算到梁松要害他呢！但看不起朱勃，無論人情，還是待人之禮，馬援都是不對的。人無完人，金無足赤，馬援也不例外。

光武帝對待馬援的薄情寡恩，有失常態，范曄對此沒有回答。王夫之《讀通鑑論》認為是馬援自找。王夫之說馬援沒有遵守道家功成名就應身退的原則，有了高官厚祿，年事已高，還要出征，用別人的軍隊替自己撈名利。在王夫之看來，出征就是掠奪，不然為什麼要留戀戎馬一生呢？事實勝於雄辯，馬援掠奪了嗎？買了一車薏米，說成是收受一車珍珠，這是害人者的惡意中傷，光武帝這麼想倒也順理成章，王夫之這麼說只能說他是一個書呆子，甚至是一個醜陋的衛道士，替光武帝開脫。馬援的一生名言是：「男兒要當死於邊野，以馬革裹屍還葬耳。」又說：「丈夫為志，窮當益堅，老當益壯。」馬援說到做到，實踐了自己的人生格言，是何等的思想境界，光武帝偏聽偏信，與馬援相比，只是一個小丈夫。「馬革裹屍」成為千餘年來鼓舞青年捍衛國家，樹立凌雲壯志人生觀的格言成語，注入了炎黃子孫的靈魂。馬援是偉大的，加害馬援的人，指手論足的人，都是渺小的。

馬援時代，人們的思想觀念受宗法制度與專制制度約束，親親至上，各種錯綜複雜的人情關係決定一切。所謂有理講理，無理論大，誰是老大，誰說了算。封建社會，皇權至高無上，皇帝的話就是法律。馬援生性高傲，在無意中得罪了梁松，梁松抓住機會以駙馬之親在皇帝面前打小報告，馬援自然是吃不了兜著走。東漢統治集團高層以南陽豪強為班底，耿弇、竇融、梁統等則是早期追隨光武帝打天下的人，他們盤根錯節，互相維護。馬援半道投主，孤單無援。耿舒毀謗於前，梁松誣陷於後，耿氏、梁氏，加上皇室，聯手加害馬援，誰還敢給馬援施以援手。光武帝發雷霆之怒，正是在親情包圍，加上猜疑心，只好去委屈馬援了。馬援既已身死，光武帝還有何顧忌。一個雄略之主，一旦動怒就要吃人。馬援蒙冤，司空見慣。這正應了一句話：「伴君如伴虎。」馬援撞上了老虎發怒，誰也救不了。

二、匈奴內訌。強大的匈奴在西漢遭到武帝的沉重打擊衰落，分為南北兩部，南匈奴歸附中國，北匈奴遠竄在西域為患。到東漢建立，匈奴的這種格局仍然依舊。匈奴南北兩部對抗，對中國有利。東漢政府只接受南匈奴為歸附，不接受北匈奴的歸附與和親，還挑動兩部相爭，自己坐收漁人之利。漢政府高價收購南匈奴獲得的俘虜，再把俘虜無償地歸還北匈奴。

南匈奴單于欒提比俘獲了北匈奴的左賢王薁鞬。光武帝建武二十六年（西元五〇年）夏季，薁鞬左賢王煽動欒提比舊部五個骨都侯一起反叛欒提比，向北逃離，距南匈奴王庭五百里的地方另立王庭。一個月後，叛逃的匈奴互相殘殺，五個骨都侯全都死了，自稱單于的薁鞬也自殺了。骨都侯的兒子們仍互不服氣，各自擁兵自守，無止無休地互鬥殘殺。叛逃的匈奴原有三萬多人，半年過後只剩下三千人，十分之九的匈奴都死於自己的刀下。這年冬天，剩下的三千匈奴人無法生存，於是南下回歸南匈奴。北匈奴欒提蒲奴派兵追擊，全部俘虜了這三千人。南匈奴單于欒提比派兵救援，被北匈奴打敗，實力也受到損傷。中國得利於匈奴內訌，北方邊疆恢復了寧靜，雲中、五原、朔方、北地、定襄、雁門、上谷、代郡等八個郡流亡在外的郡民，先後回歸本土。東漢政府以夷制夷的政策獲得成功。漢朝使臣到南匈奴王庭，單于欒提比行跪拜禮接受訓書，昔日威風全無。

三、光武帝迷信圖讖。光武帝劉秀曾在王莽天鳳年間到長安向中大夫許子威學習《尚書》，略通大義。王莽末，天下大亂。宛人李通用圖讖遊說劉秀起事。李通說：「劉氏復起，李氏為輔。」劉秀長兄劉伯升，好俠養士，有一身武藝，素志反對王莽，先於劉秀起事，為眾所服，更加堅定了劉秀起事的意志。劉秀一向忠厚，又懂經學，當他起事，穿上將軍服，戴上武士帽，族人大驚，互相轉告說：「老實巴交的劉秀都造反了，世道是要變了。」劉秀起事，穩定了軍心。劉伯升為更始所害，劉秀經營河北，成就了大事。建武元年，劉秀在鄗邑，當時為蕭王，諸將勸進稱尊號。這時從關中來了一個儒生彊華手捧《赤伏符》獻給蕭王劉秀說：「劉秀發兵捕不道，四夷雲集龍鬥野，四七之際火為王。」四七為二十八。從漢高祖到光武帝初起，合二百二十八年。漢高祖劉邦封王在西元前二〇六年，劉秀起兵在王莽地皇三年（西元二二年），正好二百二十八年，即四七之際。漢為火德，故火為王。中元元年（西元五六年），光武帝讀《河圖會昌符》曰：「赤劉之九，會命岱宗。」光武帝劉秀是漢高祖的第九代孫。光武帝十分激動，詔令中郎將梁松等考核《河雒讖文》，找出高皇帝九世孫應當封禪的讖文有三十六條之多。光武帝於是按漢武帝元封元年封禪泰山的禮儀完成了封禪禮。十一月，明堂、靈臺、辟雍落成，光武帝正式宣布圖讖於天下。給事中桓譚上疏反對圖讖，又在靈臺會議時陳說圖讖不是經典。光武帝大怒，要殺桓譚的頭，桓譚求情，磕頭流血，被貶出京，到六安縣做縣丞。太中大夫鄭興也曾反對圖讖。光武帝詢問鄭興：「用圖讖來決斷郊祀的事可以嗎？」鄭興回答：「臣不懂圖讖。」光武帝大怒說：「卿不懂圖讖，是反對嗎？」鄭興說：「臣沒讀過圖讖，不是反對。」鄭興避免了懲罰。鄭興精通《公羊》、《左氏春秋》，不言圖讖，不受重用。賈逵精通《五經》，運用圖讖衍繹經義，完成經學圖讖化，身享高官厚祿。桓譚、鄭興、賈逵三位經學家對待圖讖三種態度，三樣下場。司馬光引用范曄的話批評光武帝說：「君王如此對待學術，豈不可悲。」

卷第四十五

漢紀三十七

起重光作噩（辛酉 西元六一年），盡旃蒙大淵獻（乙亥 西元七五年），凡十五年。

【題解】本卷記事起西元六一年，迄西元七五年，凡十五年。當漢明帝永平四年至永平十八年，囊括了一代明君的風采。漢明帝是東漢光武帝之後最有作為的一代明君，東漢國力達於鼎盛。對外，竇固北伐大破北匈奴，班超建功西域，重新開通了貫通歐亞的絲綢之路。佛教傳入中國，古代東西方文化交流上了一個新臺階。漢明帝不尚浮華，不信祥瑞。為政嚴苛，治楚王英謀反案，興大獄，蒙冤者眾。侍御史寒朗冒死諫諍，被平反者一千餘人。統治集團上層奢靡之風潛滋暗長。竇融子孫縱誕不法，門庭衰落。

顯宗孝明皇帝下

永平四年（辛酉 西元六一年）

春，帝近出觀覽城第❶，欲遂校獵❷河內❸。東平王蒼❹上書諫，帝覽奏，即還宮。

秋，九月戊寅❺，千乘哀王建❻薨，無子，國除。

冬，十月乙卯❼，司徒郭丹❽、司空馮魴免，以河南尹❾沛國❿范遷為司徒，太僕⓫伏恭⓬為司空。恭，湛之兄子也。◯陵鄉侯梁松⓭坐怨望、縣⓮飛書⓯誹謗，下獄死。

初，上為太子，太中大夫⓰鄭興子眾⓱以通經知名，太子⓲及山陽王荊⓳因梁松以縑帛請之。眾曰：「太子儲君，無外交⓴之義。漢有舊防㉑，蕃王㉒不宜私通賓客。」松曰：「長者㉓意，不可逆。」眾曰：「犯禁觸罪，不如守正而死。」遂不往。及松敗，賓客多坐之，唯眾不染於辭㉔。

于窴王廣德將諸國兵三萬人攻莎車㉕，誘莎車王賢殺之，并其國。匈奴發諸國兵圍于窴，廣德請降。匈奴立賢質子不居徵為莎車王，廣德又攻殺之，更立其弟齊黎為莎車王。

東平王蒼自以至親輔政，聲望日重，意不自安，前後累上疏稱：「自漢興以來，宗室子弟無得在公卿位者，乞上驃騎將軍㉖印綬，退就藩國。」辭甚懇切。帝乃許蒼還國，而不聽上將軍印綬。

【章　旨】以上為第一段，寫鄭眾守正，劉蒼自律，不貪權位。

【注　釋】❶城第　洛陽城宅邸。❷校獵　大規模圍獵。古代進行軍事演習的一種形式。❸河內　郡名，治所懷縣，在今河南武陟西南。❹蒼　劉蒼，光武帝劉秀之子，封東平王。傳見《後漢書》卷四十二。❺戊寅　九月十二日。❻建　劉建，明帝劉莊之子，封千乘王，諡曰哀。傳見《後漢書》卷五十。❼乙卯　十月十九日。❽郭丹　（西元前二五－西元六二年）字少卿，南陽穰縣（今河南鄧州東南）人，曾仕更始，更始敗，歸光武，官至司徒。傳見《後漢書》卷二十七。❾河南尹　官名，京師洛陽行政長官。❿沛國　郡國名，治所相縣，在今安徽濉溪縣西。⓫太僕　官名，九卿之一，掌皇帝車輛、馬匹及畜牧事務。⓬伏恭　（西元前六－西元八四年）字叔齊。傳見《後漢書》卷七十九下。據《後漢書》本傳，伏恭為司徒伏湛之兄子。⓭梁松　陵鄉侯梁統之子。事附《後漢書》卷三十四〈梁統傳〉。⓮縣　張貼；懸掛。⓯飛書　匿名書。⓰太中大夫　官名，掌顧問應對。⓱鄭興子眾　鄭興及其子鄭眾，東漢初大儒，父子同傳，見《後漢書》卷三十六。⓲太子　此指漢明帝劉莊。⓳山陽王荊　劉荊，明帝劉莊同母弟，初封山陽公，封爵山陽王，後徙封廣陵王。傳見《後漢書》卷四十二。據《後漢書‧鄭興傳》，太子劉莊及山陽王劉荊延請鄭眾事，在光武建武年間。⓴外交　與宮外官員交結。㉑舊防　以往的禁令。漢制，太子及諸侯王不得與中央官吏交結。㉒蕃王　此指山陽王劉荊。㉓長者　尊貴者。㉔唯眾不染於辭　只有鄭眾，沒有被梁松賓客的供詞所牽連。㉕莎車　與于寘皆西域國名。于寘都西城，在今新疆和田南。莎車都莎車城，即今新疆莎車。兩國交兵事詳《後漢書》卷八十八〈西域傳〉。㉖驃騎將軍　東漢執政大臣多加大將軍、驃騎將軍之職。驃騎將軍官位次於大將軍。

【語　譯】顯宗孝明皇帝下

永平四年（辛酉　西元六一年）

春，漢明帝出宮就近觀看京城宅第，想順便在河內郡行獵。東平王劉蒼上書勸諫，漢明帝看過奏表，馬上回宮。

秋，九月十二日戊寅，千乘哀王劉建去世，沒有兒子，封國被廢除。

冬，十月十九日乙卯，司徒郭丹、司空馮魴被免去職務，任命河南尹沛國人范遷做司徒，太僕伏恭做司空。伏恭，是伏湛哥哥的兒子。〇陵鄉侯梁松犯了怨恨朝廷、張貼匿名告示進行誹謗的罪，被關進牢獄死去。

當初，漢明帝做太子時，太中大夫鄭興的兒子鄭眾以明習經學而著名，太子和山陽王劉荊通過梁松用縑帛為聘禮邀請他。鄭眾回答說：「太子為儲君，沒有與宮外官員交結的道理。漢朝以前有禁令，藩王不宜與賓客私下交往。」梁松說：「貴人的意思，不可違背。」鄭眾回答道：「觸犯禁令而獲罪，不如堅守正道而死。」於是沒有前往。等到梁松倒臺，賓客大多受到牽連獲罪，只有鄭眾沒有受到供詞牽連。

于寘王廣德率領各國軍隊三萬人進攻莎車國，誘騙莎車王賢並殺死了他，兼併了他的國家。匈奴調動各國軍隊包圍于寘，廣德請求投降。匈奴擁立莎車王賢在匈奴當人質的兒子不居徵做莎車王，廣德再次進攻莎車國，殺死了不居徵，改立他的弟弟齊黎為莎車王。

東平王劉蒼自認為是皇室至親輔佐朝政，名聲日益顯赫，心感不安，前後多次上疏說：「自漢建國以來，宗室子弟沒有在公卿職位上的，請求上交驃騎將軍的印綬，回到封國。」言辭異常懇切。漢明帝就准許劉蒼回到封國，但不同意上交將軍印綬。

五年（壬戌　西元六二年）

春，二月庚戌❶[1]，蒼罷歸藩❷。帝以驃騎長史為東平太傅，掾為中大夫，令史為王家郎❸，加賜錢五千萬，布十萬匹。

冬，十月，上行幸鄴❹。是月，還宮。

十一月，北匈奴寇五原❺。十二月，寇雲中❻，南單于擊卻之。

是歲，發遣邊民在內郡者，賜裝錢❼，人二萬。

安豐戴侯竇融❽年老，子孫縱誕，多不法。長子穆尚內黃公主❾，矯稱陰太后❿詔，令六安侯劉盱去婦⓫，以女妻之。盱婦家上書言狀，帝大怒，盡免穆等官。諸竇為郎吏者，皆將家屬歸故郡⓬，獨留融京師，融尋薨。後數歲，穆等復坐事⓭，與子勳、宣皆下獄死。久之，詔還融夫人與小孫⓮一人居雒陽。

【章　旨】以上為第二段，寫竇融子孫縱誕不法，門庭衰落。

【注　釋】❶庚戌　二月十六日。❷歸藩　回到封國。劉蒼所封東平國治無鹽，在今山東東平東。❸帝以驃騎長史三句　長史、掾、令史，驃騎將軍府屬官。東平太傅、中大夫、郎，藩王封國屬官。明帝任命驃騎將軍府各級屬官為東平王藩國屬官，以示對東平王劉蒼的恩寵。❹鄴　縣名，魏郡治所，在今河北臨漳西南。❺五原　郡名，治所九原，在今內蒙古包頭西。❻雲中　郡名，治所雲中，在今內蒙古托克托北。❼裝錢　治辦行裝所需之錢。❽竇融　（西元前一六—西元六二年）字周公，累世為河西官吏。西漢末，竇融割據河西五郡，後歸劉秀，助漢軍攻滅隗囂，封安豐侯，官至大司空。傳見《後漢書》卷二十三。❾內黃公主　光武女，陰皇后所生。❿陰太后　即光武帝陰皇后，名麗華。漢明帝劉莊之母。明帝即位，尊為太后。⓫去婦　休妻。據《後漢書》竇融本傳，竇穆等仗勢縱誕，多不法。以父封在安豐（在今安徽固始東南），地近六安（在今安徽六安），欲使姻戚悉據故六安國，於是矯陰太后詔，令六安侯劉盱休去原妻，以女妻之，遭到劉盱妻娘家人的控告，被免官。⓬歸故郡　遣還原籍。竇融為京兆平陵人，在今陝西咸陽西。竇穆等被免官，遣歸故里，只允許竇融留在京師洛陽。竇穆子竇勳因尚東海王劉彊女沘陽公主，亦蒙恩留京師。⓭復坐事　又犯法獲罪。竇穆回到故里，數年後被告發賄賂地方官，與其子竇宣皆因罪入獄處死。子竇勳，亦受株連死洛陽獄。⓮小孫　年幼的孫子。

【校　記】①庚戌　原無此二字。據章鈺校，十二行本、乙十一行本皆有此二字，今據補。

【語　譯】五年（壬戌　西元六二年）

春，二月十六日庚戌，劉蒼免官回到封國。漢明帝以劉蒼任驃騎將軍時的長史為東平王太傅，掾屬為中大夫，令史為東平王府的郎官，增加賞賜五千萬錢，布十萬匹。

冬，十月，漢明帝巡幸鄴縣。當月回宮。

十一月，北匈奴侵犯五原郡。十二月，侵犯雲中郡，南匈奴單于打退了敵人。

這一年，徵發遣返在內地的邊地百姓，賜給辦理行裝的錢，每人二萬。

安豐戴侯竇融年衰，子孫放縱妄為，多次不守法禁。長子竇穆娶內黃公主為妻，假稱陰太后的詔令，讓六安侯劉盱休了妻子，把自己的女兒嫁給劉盱。劉盱妻子娘家人上書告發這一情況，漢明帝大怒，悉數免去竇穆等人的官職。竇氏家族中有做郎吏的，全都要攜家屬回到故里，只留下竇融在京城，竇融不久去世。幾年後，竇穆等人又犯罪，和兒子竇勳、竇宣都被關進監獄死去。過了很久，漢明帝下詔讓竇融的夫人和一個小孫子回到洛陽居住。

六年（癸亥　西元六三年）

春，二月，王雒山❶出寶鼎，獻之。夏，四月甲子❷，詔曰：「祥瑞之降，以應有德。方今政化多僻❸，何以致茲！易曰：『鼎象三公❹。』豈公卿奉職得其理邪！其賜三公帛五十匹，九卿、二千石半之。先帝詔書，禁人上事言『聖』❺，而間者❻章奏頗多浮詞❼。自今若有過稱虛譽，尚書❽皆宜抑而不省❾，示不為諂子❿蚩⓫也。」

冬，十月，上行幸魯⓬。十二月，還幸陽城⓭。壬午，還宮。

是歲，南單于適⑭死，單于莫⑮之子蘇立，為丘除車林鞮單于。數月，復死，單于適之弟長立⑯，為湖邪尸逐侯鞮單于。

【章旨】以上為第三段，寫漢明帝不尚浮誇，不信祥瑞。

【注釋】❶王雒山　山名，在漢廬江郡。❷甲子　四月初七日。❸僻　邪僻。此指政令教化邪僻不正。❹鼎象三公　疑為與《易經》相關的緯書之辭。鼎有三隻腳，天子有三公輔佐，故云「鼎象三公」。東漢以太尉、司徒、司空為三公。❺先帝詔書二句　光武帝禁人上書歌頌「聖明」事，見《後漢書》卷一〈光武帝紀下〉建武七年。❻間者　近來。❼浮詞　浮誇之詞。❽尚書　東漢尚書，給事宮中出納章奏，長官為尚書令。從光武帝起，「雖置三公，事歸臺閣」，尚書日益權重。❾抑而不省　壓下而不省覽，即不予受理。❿諂子　阿諛諂媚之徒。⓫蚩　嗤笑。⓬魯　縣名，縣治在今曲阜。⓭陽城　縣名，縣治在今河南登封東南。⓮南單于適　即南匈奴汗國醢僮尸逐侯鞮單于，西元五九—六三年在位。⓯單于莫　即南匈奴丘浮尤鞮單于，西元五六—五七年在位。⓰單于適之弟長立　是為南匈奴湖邪尸逐侯鞮單于，西元六三—八五年在位。

【語譯】六年（癸亥　西元六三年）

春，二月，在王雒山出現寶鼎，把寶鼎獻給朝廷。夏，四月初七日甲子，漢明帝下詔說：「祥瑞的降臨，以符應有德行的人。現今政務教化多有乖僻，怎麼會有祥瑞降臨呢！《周易》說：『鼎象徵三公。』難道是公卿奉行職務符應了天理！現在賜給三公五十匹帛，九卿、二千石的官員賞給一半。先皇下過詔書，禁止人們上書稱『聖』，而近來的奏章有很多浮誇之詞。從今以後，如果章奏中有過分溢美的話，尚書都應該壓下，不予審閱，顯示我們不被諂媚之徒所嘲笑。」

冬，十月，漢明帝巡幸魯國。十二月，在返回途中巡幸陽城縣。二十九日壬午，回宮。

這一年，南匈奴單于欒提適去世，單于欒提莫的兒子欒提蘇繼位，這就是丘除車林鞮單于。過了幾個月，欒提蘇也去世了。單于欒提適的弟弟欒提長繼位，這就是湖邪尸逐侯鞮單于。

七年（甲子　西元六四年）

春，正月癸卯❶，皇太后陰氏崩。二月庚申❷，葬光烈皇后❸。

北匈奴猶盛，數寇邊，遣使求合市❹。上冀其交通，不復為寇，許之。

以東海相宗均❺為尚書令。初，均為九江太守，五日一聽事，悉省掾、史❻，閉督郵❼府內，屬縣無事，百姓安業。九江舊多虎暴，常募設檻❽穽❾，而猶多傷害。均下記❿屬縣曰：「夫江、淮之有猛獸，猶北土之有雞豚也。今為民害，咎在殘吏⓫，而勞勤張⓬捕，非憂恤之本也。其務退姦貪，思進忠善，可一去檻穽，除削課制⓭。」其後無復虎患。帝聞均名，故任以樞機。均謂人曰：「國家喜文法⓮、廉吏⓯，以為足以止姦也。然文吏習為欺謾⓰，而廉吏清在一己，無益百姓流亡、盜賊為害也。均欲叩頭爭之，時未可改也，久將自苦之，乃可言耳。」未及言，會遷司隸校尉⓱。後上聞其言，追善之。

【章　旨】以上為第四段，寫循吏宗均為官，重視民生，敢為百姓言事。

【注　釋】❶癸卯　正月二十日。❷庚申　二月初八日。❸光烈皇后　光武帝陰皇后死後之謚。西漢諸后死後皆從帝謚。東漢皇后從陰皇后始，在帝謚之外又加一字，故為「光烈」。《謚法》：「能紹前業曰光；執德遵業曰烈。」❹合市　即互市。當時漢王朝與周邊民族在邊境上指定地點進行雙邊貿易的通稱。❺宗均　（？—西元七六年）又名宋均。傳見《後漢書》卷四十一。❻悉省掾史　全部裁減掾、史屬吏。❼督郵　官名，郡國守相派出監察地方的巡視官。每郡分為數個部。宗均恐督郵滋事擾民，將督郵關在府中，不派到地方上去。❽檻　捕捉猛獸的柵欄。❾穽　捕獸的陷阱。❿下記　頒下訓令。⓫殘吏　殘害百姓的官吏。⓬張　設置。⓭除削課制　除，免除。削，減收。課制，額定的租賦。⓮文法　公文法令之總稱。這裡指精通文法的官吏。⓯廉吏　清廉的官吏。⓰習為欺謾　習為，習慣於。欺謾，欺騙。⓱司隸校尉　官名，糾察百官及京畿地區的官吏。東漢司隸校尉督察河南、河內、河東、弘農及三輔等七郡。

【語譯】七年（甲子　西元六四年）

春，正月二十日癸卯，皇太后陰氏去世。二月初八日庚申，安葬光烈皇后。

北匈奴的勢力仍然強盛，數次侵犯邊地，派使者要求通商。漢明帝希望與其通商後，匈奴不再侵犯邊地，就同意了。

任命東海相宗均做尚書令。起初，宗均任九江郡太守時，五天聽理一次政事，全部裁減了官府的掾、史，把督郵關閉在府內，郡所屬各縣都清淨無事，百姓安居樂業。九江郡過去多有虎肆虐，經常招募人設下機關和陷阱，但仍然傷害很多人。宗均向各屬縣下達訓令，說：「江、淮有猛獸，就好像北方有雞和豬。現在成為百姓的禍害，過失在殘害百姓的官吏。而勞神費力設下機關和陷阱去抓捕，不是體恤百姓的根本辦法。所應做之事是斥退奸邪貪婪之徒，考慮進用忠心善良之士，可以完全撤銷機關和陷阱，免除或削減額定的租賦。」這以後就不再有老虎為患的事了。漢明帝聽到宗均的名聲，所以任用他擔任樞機要職。宗均對人說：「朝廷喜好精通文書法令、清正廉潔的官吏，認為他們完全可以制止奸邪。但是，精通文法的官吏慣於欺騙，而清廉的官吏只求自身廉潔，對解決百姓流亡、盜賊為害這些問題沒有幫助。我宗均想磕頭向朝廷爭論這件事，當時不可能改變，時間長了，朝廷將自吃苦頭，那就可以說話了。」宗均還沒來得及向朝廷進言，正好升任司隸校尉。後來漢明帝聽到宗均的這些議論，追加褒獎了宗均。

八年（ㄅㄚ ㄋㄧㄢˊ）（乙丑　西元六五年）

春，正月己卯❶，司徒范遷薨。

三月辛卯❷，以太尉虞延為司徒，衛尉趙熹❸行❹太尉事。

越騎司馬❺鄭眾使北匈奴，單于欲令眾拜，眾不為屈。單于圍守，閉之不與水火。眾拔刀自誓❻，單于恐而止，乃更發使，隨眾還京師。

初，大司農❼耿國❽上言：「宜置度遼將軍❾屯五原，以防南匈奴逃亡。」朝廷不從。南匈奴須卜骨都侯❿等知漢與北虜⓫交使，內懷嫌怨，欲畔，密使人詣北虜，令遣兵迎之。鄭眾出塞，疑有異，伺候，果得須卜使人。乃上言：「宜更置大將，以防二虜交通。」由是始置度遼營，以中郎將⓬吳棠行度遼將軍事，將黎陽虎牙營士屯五原曼柏⓭。

秋，郡國十四大水。

冬，十月，北宮成。

丙子，募死罪、繫囚詣度遼營，有罪亡命者⓮，令贖罪各有差⓯。楚王英⓰奉黃縑⓱、白紈⓲詣國相曰：「託在藩輔，過惡累積，歡喜大恩，奉送縑帛，以贖愆⓳罪。」國相以聞，詔報曰：「楚王誦黃、老之微言，尚浮屠⓴之仁慈，潔齋㉑三月，與神為誓，何嫌何疑？當有悔吝！其還贖，以助伊蒲塞、桑門㉒之盛饌。」

初，帝聞西域有神，其名曰佛，因遣使之天竺㉓求其道，得其書及沙門以來。其書大抵以虛無為宗，貴慈悲不殺。以為人死，精神不滅㉔，隨復受形㉕。生時所行善惡，皆有報應㉖。故所貴㉗修煉精神㉘，以至為佛。善為宏闊勝大之言㉙，以勸誘愚俗。精於其道者，號曰沙門。於是中國始傳其術，圖其形像，而王公貴人，獨楚王英最先好之。

壬寅晦㉚，日有食之，既㉛。詔羣司勉修職事㉜，極言無諱㉝。於是在位者皆上封事㉞，各言得失。帝覽章，深自引咎，以所上班示㉟百官。詔曰：「羣僚所言，皆朕之過。民冤不能理，吏黠㊱不能禁，而輕用民力，繕修宮宇，出入無節，喜怒過差㊲。永覽前戒，竦然兢懼，徒恐薄德，久而致怠耳。」

北匈奴雖遣使入貢，而寇鈔㊳不息，邊城晝閉。帝議遣使報其使者，鄭眾上疏諫曰：「臣聞北單于所以要㊴致漢使者，欲以離㊵南單于之眾，堅三十六國㊶之心也。又當揚㊷漢和親，誇示鄰敵，令西域欲歸化者局足㊸狐疑，懷土之人㊹絕望中國耳。漢使既到，便偃蹇㊺自信。若復遣之，虜必自謂得謀，其羣臣駁議者㊻不敢復言。如是，南庭動搖㊼，烏桓有離心㊽矣。南單于久居漢地，具知㊾形勢㊿，萬分(51)離析(52)，旋(53)為邊害。今幸有度遼之眾揚威北垂，雖勿報答，不敢為患。」

帝不從。復遣眾往，眾因上言：「臣前奉使，不為匈奴拜，單于恚恨，遣兵圍臣。今復銜命(54)，必見陵折(55)，臣誠不忍持大漢節對氈裘獨拜。如今(56)匈奴遂能服臣，將有損大漢之彊。」帝不聽。眾不得已，既行，在路連上書固爭(57)之。詔切責眾，追還，繫廷尉。會赦，歸家。其後帝見匈奴來者，聞眾與單于爭禮之狀，乃復召眾為軍司馬(58)。

【章　旨】以上為第五段，寫佛教傳播中國。鄭眾出使北匈奴，維護大國地位與禮儀，不屈匈奴，不辱使命。

【注　釋】❶己卯　正月初二日。❷辛卯　三月丁未朔，無辛卯。❸趙熹　（西元前四—西元八〇年）傳見《後漢書》卷二十六。❹行　低一級官兼代上一級官稱行。趙熹以禁衛軍首領衛尉，代理全國最高軍政長官太尉，故稱行太尉事。❺越騎司馬　武官名。越騎，由歸義越人組建的禁衛騎兵，長官為校尉，是低於將軍的武官。司馬為校尉之副。❻拔刀自誓　抽刀立誓，表明至死不屈的決心。❼大司農　九卿之一，掌農林財賦。❽耿國　（？—西元五八年）耿弇弟，傳附《後漢書》卷十九〈耿弇傳〉。耿國於永平元年卒於大司農任所，此為追記。❾度遼將軍　官名，戍衛北邊以防匈奴。❿須卜骨都侯　須卜，匈奴貴姓。骨都侯，有左、右，單于帳下大臣。⓫北虜　指北匈奴。⓬中郎將　武官名，統率禁衛中郎，有五官、左、右三中郎將。⓭將黎陽虎牙營士句　吳棠率領原駐屯黎陽（軍事重鎮，在今河南浚縣）的虎牙營兵，進駐五原郡曼柏（在今內蒙古包頭西）度遼將軍營。⓮亡命者　受追捕的逃亡犯。⓯令贖罪各有差　令，特令。贖罪，此指從軍免罪。各有差，視犯罪輕重或免刑或減刑，規定了級差。⓰楚王英　光武帝子，崇尚佛教。傳見《後漢書》卷四十二。⓱黃縑　黃色絲綢。⓲白紈　白色細絹。⓳愆　過失。⓴浮屠　又作浮圖、佛圖，即佛陀之異譯。又佛塔亦稱浮屠。㉑潔齊　沐浴潔身，禁葷齋戒。㉒伊蒲塞桑門　伊蒲塞，又作優蒲塞，梵語譯音，為在家受戒、行道的男子。桑門，又作沙門，梵語譯音，為修行者之意。均指僧人，俗稱和尚。㉓天竺　古印度之稱。㉔精神不滅　靈魂不死。㉕隨復受形　人死靈魂隨之投胎，又成人形，轉生回到人間。㉖報應　前生所為，來生得到回報。積善得善報，為惡得惡報。㉗貴　推崇。㉘修煉精神　修煉心性以及行為。㉙宏闊勝大之言　宏大寬泛的大空話。㉚壬寅晦　十月三十日。㉛既　盡。日全蝕。㉜勉修職事　勤勉處理自己所負責的事務。㉝極言無諱　暢所欲言，不用忌諱。㉞上封事　直接呈給皇帝的祕密奏議。㉟班示　頒發、公示。班，通「頒」。㊱黠　狡猾；奸詐。㊲過差　過分；失度。㊳鈔　抄掠。㊴要　通「邀」。請求。㊵離　離間；隔離。使動用法，使南匈奴與中國隔離。㊶三十六國　西域三十六國。㊷揚　大肆宣揚。㊸局足　同「局促」。拘束；窘迫。㊹懷土之人　懷念故土的人。指各種原因流徙到西域的漢朝人。㊺偃蹇　驕橫傲慢。㊻駁議者　指北匈奴群臣中駁斥敵視中國意見的人，即主張歸附、通好中國的人。㊼南庭動搖　南匈奴歸附中國的信心動搖。㊽離心　貳心。指烏桓將隨南庭動搖，而貳心於漢。㊾具知　完全知道，瞭如指掌。㊿形勢　地形地勢。(51)萬分　萬一。(52)離析　背離漢朝。(53)旋　立即。(54)銜命　受命為使。(55)陵折　欺陵折辱。(56)如令　即令。(57)固爭　堅持爭取；據理力爭。(58)軍司馬　官名，大將軍部屬，佐官。據《後漢書》鄭眾本傳，明帝起用鄭眾為軍司馬，使與虎賁中郎將馬廖擊車師，至敦煌，拜為中郎將，使護西域。

【語　譯】八年（乙丑　西元六五年）

春，正月初二日己卯，司徒范遷去世。

三月辛卯日，任命太尉虞延做司徒，衛尉趙熹代理太尉職務。

越騎司馬鄭眾出使北匈奴，單于想要鄭眾跪拜，鄭眾不肯屈從。單于把他包圍看守起來，禁閉不供應水火。鄭眾拔刀自誓欲死，單于害怕而罷休，就另外派使者，隨鄭眾返回京城。

當初，大司農耿國上書說：「應設立度遼將軍屯守五原郡，以防止南匈奴逃亡。」朝廷沒有聽從。南匈奴須卜骨都侯等人知道漢朝和北匈奴互通使臣，心懷怨恨，想要反叛，祕密派人到北匈奴，要他們派兵接應。鄭眾出了邊塞，懷疑有變亂，伺機偵察，果然抓到了須卜骨都侯的使者。鄭眾就上書說：「應另設大將，以防止南、北匈奴交互聯絡。」從此開始設立度遼將軍營，任命中郎將吳棠代理度遼將軍職務，率領黎陽虎牙營的士兵屯駐五原郡曼柏縣。

秋，十四個郡國發大水。

冬，十月，北宮修建完工。

十月初四日丙子，朝廷招募死刑犯、囚徒去度遼營，有罪而逃亡的罪犯，令從軍贖罪，罪行減免各有一定的等級。楚王劉英拿著黃色絲綢、白色細絹到楚國相那裡，說：「我身為藩侯輔臣，罪過累累，欣喜天子鴻恩，奉獻縑帛，以贖罪過。」國相把此事報告漢明帝，漢明帝下詔書說：「楚王誦讀黃、老精微的言論，崇尚佛陀的仁慈，齋戒三個月，向神明發誓，哪有什麼嫌疑？又有什麼悔恨！退還贖罪之物，用來資助佛門和尚豐盛菜餚之需。」

當初，漢明帝聽說西域有神，他的名叫佛，於是派使者到天竺國訪求佛道，得到佛書和僧人並帶了回來。佛書大體上以虛無為宗旨，崇尚慈悲不殺生靈。認為人死後，靈魂不滅，接著又成人形。活著時所行善惡，來世都有報應。所以佛教崇尚修煉心神，最終成為佛。佛書擅長說些宏大寬泛的大空話，用來勸誘愚俗之人。精通佛家道義的人，號稱為沙門。於是中原開始傳播佛教的道術，描繪佛的圖像，而王公貴人中，唯獨楚王劉英最先喜好佛事。

十月三十日壬寅，發生日蝕，是日全蝕。漢明帝下詔令群臣勤勉於職事，直言無諱。於是在位的官員都呈上密封奏章，各說得失。漢明帝看過奏章後，深深地引咎自責，把所上的奏章頒示百官，下詔說：「群臣所說的，都是朕的過失。百姓的冤情不能申理，官吏的奸詐不能禁止，卻輕易動用民力，修建宮室，財政收支沒有節制，喜怒無常。永遠觀覽前人的告誡，悚然恐懼，只怕自己德行淺薄，時間一久導致懈怠。」

北匈奴雖然派遣使者入朝進貢，但寇掠不斷，邊地的城門白天也要關閉。漢明帝商議派遣使臣回覆北匈奴的使者，鄭眾上疏勸告說：「臣聽說北匈奴單于之所以請求漢朝派遣使臣，是想離間南匈奴單于的部眾，堅定西域三十六國的誠心。又會宣揚與漢朝的和親，向鄰近的敵國炫耀，使西域想要歸附漢朝的國家局促不安，心生懷疑，思念故土的人對漢朝失望。漢朝的使臣到了北匈奴後，北匈奴便傲慢自信起來。如果再派使臣去，北匈奴一定會自以為計謀得逞，那些勸北匈奴單于歸附漢朝的大臣，不敢再說話了。如果這樣，南匈奴就要動搖，烏桓國會有叛離之心。南匈奴單于長久居住漢地，完全知道內地地理形勢，萬一背叛漢朝，很快成為邊地的禍害。如今幸好有度遼將軍的軍隊在北疆顯揚國威，即使不回覆南匈奴，也不敢為患。」漢明帝不聽從鄭眾的建議，又派鄭眾前往北匈奴，鄭眾就上書說：「臣前次奉命出使，不向北匈奴單于下拜，北匈奴單于忿恨，派兵包圍了臣。現在又受命出使，必定會受到陵辱，臣實在不忍心拿著大漢的符節向穿著氈裘的北匈奴單于下拜。即便使匈奴最終服從我，也會有損大漢的國威。」漢明帝不同意。鄭眾不得已，出發之後，在路上接連上書力爭。漢明帝下詔嚴厲責備鄭眾，把他追了回來，囚繫在廷尉的監獄。正好遇到大赦，回到家裡。後來漢明帝見到從匈奴來的人，聽說了鄭眾跟北匈奴單于爭辯禮節的情形，就又徵召鄭眾為軍司馬。

九年（丙寅　西元六六年）

夏，四月甲辰❶，詔司隸校尉、部刺史歲上❷墨綬長吏❸視事❹三歲已上、治狀❺尤異者❻各一人與計偕❼上，及尤不治者亦以聞。

是歲，大有年❽。

賜皇子恭號曰靈壽王，黨號曰重熹王，未有國邑。

帝崇尚儒學，自皇太子諸王侯及大臣子弟、功臣子孫莫不受經。又為外戚樊氏、郭氏、陰氏、馬氏諸子立學於南宮，號「四姓小侯❾」。置五經師，搜選高能以授其業。自期門、羽林❿之士，悉令通孝經章句。匈奴亦遣子入學。

廣陵王荊⓫復呼相工⓬謂曰：「我貌類先帝⓭，先帝三十得天下，我今亦三十，可起兵未？」相者詣吏告之。荊惶恐，自繫獄。帝加恩，不考極⑭其事，詔不得臣屬吏民⑮，唯食租如故⑯，使相、中尉⑰謹宿衛⑱之。荊又使巫⑲祭祀⑳、祝詛㉑。詔長水校尉㉒樊鯈㉓等雜治㉔其獄，事竟，奏請誅荊。帝怒曰：「諸卿以我弟故，欲誅之；即我子，卿等敢爾邪！」鯈對曰：「天下者，高帝天下，非陛下之天下也。春秋之義，君親無將，將而必誅㉕。臣等以荊屬託母弟，陛下留聖心，加惻隱，故敢請耳。如今陛下子，臣等專誅而已。」帝歎息善之。鯈，宏之子也。

【章　旨】以上為第六段，寫廣陵王劉荊謀逆被告發，治獄大臣引《春秋》之義，判處死刑。

【注　釋】❶甲辰　四月辛未朔，無甲辰。❷上　呈上；上報。❸墨綬長吏　指縣令等地方官。漢制：千石、六百石，墨綬。❹視事　治事。即上任辦公。❺治狀　政績。❻尤異者　最優秀的人。❼與計偕　與上計掾一同進京。計，各郡國屬吏，負責向中央報告財賦戶口的考績官員。明帝甲辰詔，責令司隸校尉和十三州刺史，每年推薦任職三年以下、考績最優等的縣令等官員各一人，隨同各郡呈送考績的上計掾，一起進京。考績最差的，也要上報朝廷。❽大有年　大豐收年。❾四姓小侯　四姓指樊氏（光武帝母族）、郭氏、陰氏（光武帝皇后外戚）、馬氏（明帝馬皇后外戚）。明帝為四姓外戚子弟專辦一所南宮貴戚學校，入學子弟被稱為四姓小侯爺。❿期門羽林　禁衛軍郎官之號。⓫荊　劉荊，明帝同母弟，不服明帝繼位，行為不軌，多次被告發，自殺而死。傳見《後漢書》卷四十二。⓬相工　看相的術士。⓭先帝　指光武帝。⓮考極　徹底拷問追究。⓯不得臣屬吏民　不得統治吏民。臣屬，以為臣屬。⓰食租如故　保留原來的衣食租稅收入。⓱相中尉　王國相、王國中尉。皆由中央委派。⓲謹宿衛　嚴加警衛，實即嚴密監視。⓳巫　巫師；行使巫術的方士。⓴祭祀　祈禱。㉑祝詛　用巫術詛咒。㉒長水校尉　官名，漢武帝所置八校尉之一，領胡騎駐屯長水。後漢因之。㉓樊鯈　光武帝舅樊宏之子。傳附《後漢書》卷三十二〈樊宏傳〉。㉔雜治　多部門聯合審案。㉕君親無將二句　對國君和父母不能有弒逆的打算，若有一定要誅殺之。君，國君。親，父母。將，指弒逆之心或行為。此兩句引自《春秋公羊傳》莊公三十二年。魯莊公名曰同，有三弟，長曰慶父，次曰叔牙，次曰季友。莊公病，問後於叔牙，叔牙對曰：「慶父材。」問於季友，季友曰：「臣以死奉般。」般為莊公子。於是莊公命季友鴆殺叔牙，以避免叔牙將發動擁立慶父為魯君的叛亂。此引《春秋》之義，雖是國君手足兄弟之親，為杜絕將要發生的弒逆叛亂，也一定誅殺不貸。

【語譯】九年（丙寅　西元六六年）

夏，四月甲辰日，漢明帝下詔，讓司隸校尉和十三州部刺史每年推薦任職三年以上、考績優秀的縣令長各一人，與上計掾一起來京，考績最差的，也要上報朝廷。

這一年，五穀豐收。

賜皇子劉恭的封號為靈壽王，劉黨的封號為重熹王，但沒有封邑。

漢明帝崇尚儒學，從皇太子、各封國王侯到各大臣的子弟、功臣的子孫沒有不學習儒經的。又為外戚樊氏、郭氏、陰氏、馬氏諸子弟在南宮設立學校，這些學生號稱「四姓小侯」。設立《五經》的師傅，挑選高水平的老師教授學業。從期門、羽林官起，都要通曉《孝經》章句。匈奴也派子弟入學學習。

廣陵王劉荊又召來看相的人，對他說：「我的面貌像先帝，先帝三十歲得到天下，我現在也三十歲，可以起兵了嗎？」看相的人到官員那裡告發了此事。劉荊很恐慌，將自己囚禁起來。漢明帝施恩，不徹底追究此事，下詔令劉荊不得再統治官吏和百姓，只是依舊收取租稅，派廣陵相、中尉對劉荊謹加護衛。劉荊又讓巫師祭禱，詛咒漢明帝。漢明帝下詔令長水校尉樊儵等人會審這個案子，審完後，樊儵等人奏請誅殺劉荊。漢明帝大怒，說：「諸位大臣以為他是我弟弟的緣故，就想殺他；如果是我兒子，你們還敢這樣做嗎！」樊儵回答說：「天下，是高祖的天下，不是陛下的天下。《春秋》的大義，對國君和父母不能做出弒逆的事，否則就一定要誅殺。臣等因劉荊是陛下同母的弟弟，陛下懷有聖德之心，施加惻隱，所以才敢奏請。如果是陛下的兒子，臣等就獨自把他殺了。」漢明帝深為感歎，稱讚樊儵。樊儵，是樊宏的兒子。

十年（丁卯　西元六七年）

春，二月，廣陵思王荊自殺，國除。

夏，四月戊子❶，赦天下。

閏月甲午❷，上幸南陽❸，召校官弟子❹作雅樂❺，奏鹿鳴❻。帝自奏[1]塤篪❼和之，以娛嘉賓。還，幸南頓❽。冬，十二月甲午❾，還宮。

初，陵陽侯丁綝❿卒，子鴻當襲封，上書稱病，讓國於弟盛，不報⓫。既葬，乃挂衰絰⓬於家廬而逃去。友人九江⓭鮑駿遇鴻於東海⓮，讓⓯之曰：「昔伯夷⓰、吳札⓱，亂世權行⓲，故得申其志耳。春秋之義，不以家事廢王事⓳。今子以兄弟私恩，而絕父不滅之基⓴，可乎？」鴻感悟垂涕，乃還就國。鮑駿因上書薦鴻經學至行㉑，上徵鴻為侍中。

十一年（戊寅　西元六八年）

春，正月，東平王蒼㉒與諸王俱來朝，月餘，還國。帝臨送㉓歸宮，悽然懷思，乃遣使手詔賜東平國中傅㉔曰：「辭別之後，獨坐不樂，因就車歸，伏軾而吟，瞻望永懷㉕，實勞我心。誦及采菽㉖，以增歎息。日者問東平王：『處家何等最樂？』王言：『為善最樂。』其言甚大，副是要腹矣㉗。今送列侯印十九枚，諸王子年五歲已上能趨拜㉘者，皆令帶之。」

【章　旨】以上為第七段，寫漢明帝崇尚雅樂儒行，友愛兄弟。

【注　釋】❶戊子　四月二十四日。❷甲午　閏十月初三日。❸南陽　郡名，光武帝生地。治所宛縣，在今河南南陽。❹校官弟子　郡學生員。❺作雅樂　演奏雅樂。❻鹿鳴　《詩經・小雅》篇名。古代貴族宴會之詩。❼塤篪　塤，陶製吹奏樂器。篪，竹笛類吹奏樂器。❽南頓　縣名，光武帝父劉欽當縣令的地方。縣治在今河南項城西。❾甲午　十二月初四日。❿丁綝　字幼春，從光武征伐，封陵陽侯。事跡附其子丁鴻傳中。丁鴻，歷仕明帝、章帝、和帝三帝，官至司徒。傳見《後漢書》卷三十七。⓫不報　丁鴻辭讓封爵的奏章，朝廷不回答，即不允許。⓬衰絰　衰，麻衣。絰，麻布做的帶子。二者是喪服的重要標誌。這裡代指喪服。⓭九江　郡名，九江郡治所陰陵，在今安徽定遠西北。⓮東海　郡名，東海郡治所郯縣，在今山東郯城。⓯讓　責備。⓰伯夷　殷末孤竹君之子，讓位於弟叔齊，逃隱於首陽山。傳見《史記》卷六十一。⓱吳札　春秋時吳王壽夢之少子季札，壽夢欲立為嗣子，季札辭讓，於是壽夢乃立長子諸樊。⓲權行　權宜行事。⓳春秋之義二句　典出《公羊傳》哀公三年。《春秋》大義，不以卿大夫之事妨礙國家大事。此指衛靈公因其子蒯聵不賢，而立其孫蒯聵之子輒為國君的故事。⓴不滅之基　世世相傳而不中止的基業。㉑至行　卓絕的品行。㉒東平王蒼　漢明帝同母弟劉蒼，光武帝建武十七年封為王。劉蒼少好經書，體胖美姿容，明帝甚愛之，拜為驃騎將軍。傳見《後漢書》卷四十二。㉓帝臨送　明帝親自送行。㉔中傅　官名，輔導王侯的師傅。㉕永懷　永遠懷念。㉖采菽　《詩經・小雅》篇名。詩中有「君子來朝，何錫予之」的句子，故明帝吟詠以增歎惋之情。㉗其言甚大二句　意謂他說話口氣太大，和他的腰圍相當。劉蒼體胖，腰粗十圍，故以取喻。㉘趨拜　指行禮儀。趨，小跑。古人行禮，至尊長面前，要趨步上前，以示尊重。

【校　記】①奏　據章鈺校，十二行本、乙十一行本皆作「御」，張敦仁《通鑑刊本識誤》同。

【語　譯】十年（丁卯　西元六七年）

春，二月，廣陵思王劉荊自殺，封國被廢除。

夏，四月二十四日戊子，大赦天下。

閏十月初三日甲午，漢明帝巡幸南陽，召集郡學生員演奏雅樂，奏〈鹿鳴〉樂。漢明帝親自吹奏塤、篪相和，用來娛樂嘉賓。在返回途中，臨幸南頓縣。冬，十二月初四日甲午，回宮。

當初，陵陽侯丁綝去世，兒子丁鴻應該繼承封爵，他上書說有病，把封國讓給弟弟丁盛，沒有得到朝廷的回覆。安葬了丁綝後，丁鴻就把喪服掛在墓舍上逃走了。朋友九江人鮑駿在東海郡碰到丁鴻，責備他說：「從前伯夷、季札，亂世中權宜行事，所以能實現他們讓位的心願。《春秋》大義，不因卿大夫之事妨礙王國大事。現在你因為兄弟的私情，斷絕了父親永遠不毀滅的基業，可以嗎？」丁鴻感悟，流下了眼淚，便回到了封國。鮑駿乘機上書舉薦丁鴻經學深妙，品行高潔，漢明帝徵召丁鴻為侍中。

十一年（戊寅　西元六八年）

春，正月，東平王劉蒼和諸封王都來朝見漢明帝，一個多月後，返回封國。漢明帝親自送行，回到宮中，懷念之情淒然不止，就派遣使臣把親手書寫的詔書賜給東平國中傅，說：「朕與東平王辭別之後，獨自坐著，心裡不高興，便上車回宮，伏在車軾上吟誦，眺望遠方，永遠懷念，實在讓我心神勞苦。吟誦〈采菽〉，增添了內心的感歎。往日問東平王：『居住在家做什麼最快樂？』東平王說：『做善事最快樂。』東平王的話口氣很大，與他的腰圍相稱。現在送去十九枚列侯印，各王子五歲以上，能趨拜行禮的，讓他們都帶上列侯印。」

十二年（己巳　西元六九年）

春，哀牢❶王柳貌率其民五萬餘戶內附，以其地置哀牢、博南二縣❷，始通博南山❸，度蘭倉水❹。行者苦之，歌曰：「漢德廣，開不賓❺。度蘭倉，為它人。」

初，平帝❻時，河、汴❼決壞，久而不修。建武十年，光武欲修之，浚儀❽令樂俊上言，民新被兵革，未宜興役，乃止。其後汴渠東侵，日月彌廣❾。兗、豫❿百姓怨歎，以為縣官⓫恆興他役，不先民急。會有薦樂浪⓬王景能治水者，夏，四月，詔發卒數十萬，遣景與將作謁者⓭王吳脩汴渠隄，自滎陽東至千乘⓮海口千餘里，十里立一水門⓯，令更相洄注⓰，無復潰漏⓱之患。景雖簡省役費，然猶以百億⓲計焉。

秋，七月乙亥⓳，司空伏恭⓴罷。乙未㉑，以大司農牟融㉒為司空。

是時，天下安平，人無徭役，歲比登稔，百姓殷富，粟斛三十，牛羊被野。

【章旨】以上為第八段，寫哀牢王內附，漢明帝修治黃河。

【注釋】❶哀牢　古西南夷種族名，居於雲南南部瀾滄江流域。❷哀牢博南二縣　哀牢縣治在今雲南盈江縣，博南縣治在今雲南永平南。❸博南山　山名，在博南縣西。❹蘭倉水　即今瀾滄江。❺開不賓　使邊遠蠻荒不臣之民受到教化。開，開化；教化。不賓，不臣。❻平帝　劉衎，漢元帝劉奭庶孫，西漢第十一代皇帝，西元一—五年在位。❼河汴　河，黃河。汴，水名，又名汳水。從河南滎陽承接黃河水，向東經開封，至山東菏澤，再南折匯合泗水入淮。河道歷經變遷，至隋已湮塞。❽浚儀　縣名，縣治在今河南開封西，汴水流經地。❾日月彌廣　隨著歲月的流逝，汴水氾濫的區域日益擴大。❿兗豫　兩州名，兗州當今山東西部，豫州當今河南中東部、安徽西部、山東江蘇部分地區。⓫縣官　代指朝廷，猶言官家、政府。⓬樂浪　郡名，郡治在今朝鮮平壤。⓭將作謁者　以謁者王吳兼將作而權擬的官名。將作，職掌工程修建的政府機構，長官為將作大匠。謁者，官名，職掌賓贊受事，即禮賓官。⓮千乘　縣名，東漢時為樂安國治所，地近渤海，在今山東高青東。⓯水門　制水閘門。⓰更相洄注　一層層設制水閘門，互相調節，用以減緩水勢。洄注，水受閘門阻遏而迴流。⓱潰漏　潰，河堤崩塌。漏，滲漏。⓲億　十萬為一億。⓳乙亥　七月二十四日。⓴伏恭　（西元前六—西元八四年）東漢《齊詩》學大儒。

傳見《後漢書》卷七十九下〈儒林傳〉。㉑乙未　七月壬子朔，無乙未。㉒牟融　字子優，北海安丘縣（在今山東安丘東南）人，精通《尚書》。歷仕明帝、章帝兩朝。章帝時為太尉。傳見《後漢書》卷二十六。

【語　譯】十二年（己巳　西元六九年）

春，哀牢王柳貌率領他的民眾五萬多戶歸附朝廷，把他原來的地方設置為哀牢、博南二縣，開始打通博南山、渡越蘭倉水的工程。服役的人很勞苦，歌唱說：「漢朝的恩德深廣，使邊遠蠻荒不肯臣服的百姓得到教化。渡越蘭倉水，是為了其他縣的百姓。」

當初，平帝時，黃河、汴水決堤，長期沒有修理。建武十年，光武帝要修治河堤，浚儀縣令樂俊上書說，百姓剛剛遭受戰爭，不宜徵發徭役，光武帝於是作罷。後來汴渠向東氾濫，範圍一天天擴大。兗州、豫州的百姓歎恨，認為朝廷經常徵發其他的徭役，卻不把百姓的急事放在前面。恰好有人推薦樂浪王景擅長治水。夏，四月，下詔調發幾十萬士卒，派王景與將作大匠謁者王吳去修築汴渠堤防，從滎陽東邊到千乘縣入海口一千多里，每十里建立一座水門，讓水流逆流注入，不再有潰堤漏水的災害。王景雖然節省工程費用，但是仍然花費了上千萬。

秋，七月二十四日乙亥，司空伏恭被免職。乙未日，任命大司農牟融做司空。

這時，天下安定，人民沒有勞役，連年豐收，百姓富裕，小米價格一斛三十錢，牛羊遍地。

十三年（庚午　西元七〇年）

夏，四月，汴渠成，河、汴分流❶，復其舊迹。辛巳❷，帝行幸滎陽❸，巡行河渠，遂度河，登太行❹，幸上黨❺。壬寅❻，還宮。

冬，十月壬辰晦❼，日有食之。

楚王英❽與方士作金龜、玉鶴，刻文字為符瑞❾。男子燕廣告英與漁陽❿王平、顏忠等造作圖書，有逆謀，事下案驗。有司奏英大逆不道，請誅之。帝以親親不忍。十一月，廢英，徙丹陽⓫涇縣⓬，賜湯沐邑⓭五百戶，男女為侯、主者，食邑如故⓮，許太后⓯勿上璽綬，留住楚宮。先是，有私⓰以英謀告司徒虞延⓱者，延以英藩戚至親，不然其言。及英事覺，詔書切讓延。

十四年（辛未　西元七一年）

春，三月甲戌⓲，延自殺。以太常周澤⓳行司徒事。頃之，復為太常。夏，四月丁巳⓴，以鉅鹿太守南陽邢穆為司徒。

楚王英至丹陽，自殺。詔以諸侯禮葬於涇。封燕廣為折姦侯。

是時，窮治楚獄㉑，遂至累年。其辭語相連，自京師親戚、諸侯、州郡豪桀及考按吏㉒，阿附坐死㉓、徙者㉔以千數，而繫獄者㉕尚數千人。

初，樊鯈弟鮪為其子賞求楚王英女，鯈聞而止之曰：「建武中，吾家並受榮寵，一宗五侯㉖。時特進㉗一言，女可以配王，男可以尚主。但以貴寵過盛，即為禍患，故不為也。且爾一子，柰何棄之於楚乎！」鮪不從。及楚事覺，鯈已卒。上追念鯈謹恪，故其諸子皆得不坐。

英陰疏㉘天下名士，上得其錄，有吳郡太守尹興名，乃徵興及掾史五百餘人詣廷尉㉙就考㉚。諸吏不勝掠治㉛，死者大[1]半。惟門下掾㉜陸續㉝、主簿梁宏、功曹史駟勳備受五毒㉞，肌肉消爛，終無異辭。續母自吳㉟來雒陽，作食以饋續。續雖見考，辭色未嘗變，而對食悲泣不自勝㊱。治獄使者問其故，續曰：「母來不得見，故悲耳。」問：「何以知之？」續曰：「母截肉未嘗不方，斷葱以寸為度，故知之。」使者以狀聞。上乃赦興等，禁錮㊲終身。

【章旨】以上為第九段，寫漢明帝窮治楚王英謀反案，興大獄，司徒虞延死，蒙冤者甚眾。

【注釋】❶河汴分流　河汴氾濫，則汴水東侵與黃河合流；今汴渠成，黃河東北流入渤海，汴水南下入泗水，是為兩水分流的舊道。❷辛巳　四月初四日。❸滎陽　縣名，縣治在今河南滎陽東北。❹太行　太行山。❺上黨　郡名，治所長子，在今山西長子。❻壬寅　四月二十五日。❼壬辰晦　十月甲辰朔，二十九日壬申，三十日癸酉，無壬辰。疑壬辰為二十九日壬申。❽楚王英　漢明帝之兄，光武帝第三子，許美人所生。建武十七年封為楚王，少好游俠，交通賓客，圖謀不軌，事覺被徵，自殺。傳見《後漢書》卷四十二。❾刻文字為符瑞　指在金龜、玉鶴上刻下顯示祥瑞的文字。❿漁陽　郡名，治所漁陽，在今北京市密雲西南。⓫丹陽　郡名，治所宛陵，在今安徽宣城。⓬涇縣　丹陽屬縣。縣治在今安徽涇縣。⓭湯沐邑　公主等所得等第次於侯邑的封邑，取其賦稅以供湯沐之用。⓮男女為侯主者二句　男女，指楚王英的兒女。男為列侯，女為公主，仍食采邑如故。即楚王英謀逆之罪，只罪其身。⓯許太后　楚王英母，光武帝許美人。⓰有私　有人暗地裡。據《後漢書》卷三十三〈虞延傳〉，私告楚王英罪惡者，為明帝外家陰氏所指使。⓱虞延　字子大，陳留郡東昏縣（在今河南開封東南）人，為官清廉，歷官南陽太守、太尉、司徒。因牽連楚王英謀反案受責而自殺。傳見《後漢書》卷三十三。⓲甲戌　三月初三日。⓳周澤　字穉都，北海安丘縣（今山東安丘東南）人，周澤以太常行司徒事。傳見《後漢書》卷七十九下〈儒林傳〉。⓴丁巳四月十六日。㉑窮治楚獄　徹底查辦楚王英案。㉒考按吏　審案官吏。㉓坐死　判死罪。㉔徙者　流放。㉕繫獄者　指案情不明被拘留監獄的人。㉖一宗五侯　一門五侯。指樊鯈之父樊宏封長羅侯，樊宏弟樊丹封射陽侯，姪（樊宏兄子）樊尋封玄鄉侯，樊宏族兄樊忠封更父侯，樊宏又封壽張侯，是為五侯。樊氏，外戚，樊宏為光武帝舅，故一門貴盛。㉗特進　官名，兩漢魏晉時，特進為加官，只是恩寵大臣的一種榮銜。此指樊宏，本官光祿大夫，加特進。㉘陰疏　祕密記載。㉙廷尉　九卿之一，掌刑獄。㉚就考　接受審問。㉛掠治　拷打審訊。㉜門下掾　與下文的主簿、功曹史，均為郡守屬吏。門下掾總理日常事務，主簿掌文書，功曹史司考選。㉝陸續　字智初，會稽郡吳縣（今江蘇蘇州）人，任吳郡門下掾。牽連楚王英案被捕，與主簿梁宏、功曹駟勳三人，見枉受拷，始終不屈於刑訊，漢明帝感悟釋放三人，但禁錮終身。陸續有傳，見《後漢書》卷八十一〈獨行傳〉。㉞五毒　四肢及身遍受五毒苦刑。一鞭打，二棍打，三灼爤，四繩綁，五懸吊。㉟吳　縣名，在今江蘇蘇州。㊱悲泣不自勝　極度悲傷痛哭以致不能承受。㊲禁錮　限制從政，不得出仕。

【校記】[1]大　據章鈺校，乙十一行本作「太」，熊羅宿《胡刻資治通鑑校字記》同。按，二字通。

【語譯】十三年（庚午　西元七〇年）

夏，四月，汴渠的堤防完工，黃河、汴水分流，恢復原來的河道。初四日辛巳，漢明帝親臨滎陽，巡視河渠，於是渡過黃河，登上太行山，巡幸上黨郡。二十五日壬寅，回宮。

冬，十月最後一天壬辰日，發生日蝕。

楚王劉英和方士製作金龜、玉鶴，刻上文字作為祥瑞。男子燕廣告發劉英和漁陽人王平、顏忠等製作圖讖，有反叛陰謀，案子交給司法機關調查核實。主管官吏上奏說劉英大逆不道，請處死他。漢明帝以親親之義不忍心劉英伏誅。十一月，廢掉劉英的王爵，遷移到丹陽郡涇縣，賜予湯沐邑五百戶，男為侯、女為公主的，食邑照舊，許太后不必繳回印璽綬帶，留在楚宮居住。此前，有人祕密把劉英的陰謀報告給司徒虞延，虞延認為劉英是藩王，皇帝的至親，不相信他的話。等到劉英事發，漢明帝下詔嚴厲譴責虞延。

十四年（辛未　西元七一年）

春，三月初三日甲戌，虞延自殺。任命太常周澤代理司徒職務。不久，周澤復職為太常。夏，四月十六日丁巳，任命鉅鹿太守南陽人邢穆做司徒。

楚王劉英到達丹陽，自殺。漢明帝下詔用諸侯的禮儀把他埋葬在涇縣。封燕廣為折姦侯。

這時，極力追查楚王英的案子，拖延了好幾年。案犯供詞互相牽連，從京師的親戚、諸侯、州郡的豪傑，以及審查案情的官吏，依附楚王而被處死、流放的數以千計，而被關進牢獄的還有幾千人。

當初，樊鯈的弟弟樊鮪為他的兒子樊賞求婚於楚王劉英的女兒，樊鯈聽了勸阻他說：「建武年間，我們家族備受恩寵，一門有五人封侯，當時為特進的父親一句話，女的可以嫁給親王為妻，男的可以娶公主為妻。但認為太過顯貴榮寵，就成為禍害，所以不這樣做。況且你只有一個兒子，為什麼要把他丟在楚國呢！」樊鮪不聽從。等到楚王事發，樊鯈已去世。漢明帝追念樊鯈恭謹，所以他的幾個兒子都沒有牽連入罪。

劉英暗中記錄天下的知名人士，漢明帝得到這份名錄，有吳郡太守尹興的名字，就徵召尹興和屬吏五百多人前往廷尉接受審問。眾屬吏受不了刑罰，大半死去。只有門下掾陸續、主簿梁宏、功曹史駟勳受盡五種毒刑，肌肉爛掉，始終沒有改過供詞。陸續的母親從吳郡來洛陽，煮了食物送給陸續。陸續雖被拷打，言辭神色未曾改變，而面對食物，悲傷痛哭，不能自已。審理案件的使者問他原因，陸續說：「母親來了不能見面，所以傷心啊。」使者問：「你根據什麼知道的呢？」陸續說：「母親切肉從未曾有不是方形的，切蔥以一寸為準，所以知道。」使者把這一情形上報。漢明帝便赦免了尹興等人，終身不得入仕。

顏忠、王平辭引❶隧鄉侯耿建❷、朗陵侯臧信❸、濩澤侯鄧鯉、曲成侯劉建❹。建等辭未嘗與忠、平相見。是時，上怒甚，吏皆惶恐，諸所連及，率❺一切陷入❻，無敢以情恕者❼。侍御史寒朗❽心傷其冤，試以建等物色❾，獨問忠、平，而二人錯愕❿不能對。朗知其詐，乃上言：「建等無姦，專為忠、平所誣。疑天下無辜，類多如此。」帝曰：「即如是，忠、平何故引之？」對曰：「忠、平自知所犯不道，故多有虛引，冀以自明。」帝曰：「即如是，何不早奏？」對曰：「臣恐海內別有發其姦者。」帝怒曰：「吏持兩端⑪！」促提下捶⑫之。左右方引去，朗曰：「願一言而死。」帝曰：「誰與共為章⑬？」對曰：「臣獨作之。」上曰：「何以不與三府⑭議？」對曰：「臣自知當必族滅，不敢多汙染⑮人。」上曰：「何故族滅？」對曰：「臣考事一年，不能窮盡姦狀⑯，反為罪人訟冤，故知當族滅。然臣所以言者，誠冀陛下一覺悟而已。臣見考囚在事者⑰，咸共言妖惡大故，臣子⑱所宜同疾，今出之⑲不如入之⑳，可無後責。是以考一連十，考十連百。又公卿朝會，陛下問以得失，皆長跪言：『舊制，大罪禍及九族。陛下大恩，裁㉑止於身，天下幸甚！』及其歸舍，口雖不言而仰屋竊歎㉒，莫不知其多冤，無敢牾㉓陛下言者。臣今所陳，誠死無悔。」帝意解，詔遣朗出。

後二日，車駕自[1]幸洛陽獄錄囚徒㉔，理出㉕千餘人。時天旱，即大雨。馬后亦以楚獄多濫，乘間㉖為帝言之。帝惻然感悟，夜起彷徨㉗。由是多所降宥㉘。

任城令汝南袁安㉙遷楚郡太守，到郡不入府，先往按㉚楚王英獄事，理其無明驗者，條上出之。府丞、掾史皆叩頭爭，以為「阿附反虜，法與同罪，不可。」

安曰：「如有不合，太守自當坐之，不以相及也。」遂分別具奏。帝感悟，即報許㉛，得出者四百餘家。

夏，五月，封故廣陵王荊㉜子元壽為廣陵侯，食六縣。又封竇融孫嘉為安豐侯㉝。

初作壽陵㉞，制：「令流水㉟而已，無得起墳。萬年之後㊱，掃地㊲而祭，杅水㊳脯糒㊴而已。過百日，唯四時設奠㊵。置吏卒數人，供給灑掃。敢有所興作㊶者，以擅議宗廟法從事㊷。」

【章旨】以上為第十段，寫侍御史寒朗冒死諫諍，為楚王英案擴大化申冤，明帝感悟，平反千餘人。

【注釋】❶辭引　供詞牽連。❷隧鄉侯耿建　據王先謙《後漢書集解》引惠棟說，坐楚事者為莒鄉侯耿阜，非隧鄉侯耿建。❸朗陵侯臧信　臧宮封朗陵侯，信乃臧宮之子。❹濩澤侯鄧鯉曲成侯劉建　兩人事跡無考。濩澤，侯國，屬河東郡。曲成，侯國，屬東萊郡。❺率　皆；都。❻一切陷入　一律被牽連治罪。❼無敢以情恕者　沒有官吏敢根據情理寬恕的。情，情理。❽侍御史寒朗　侍御史，官名，御史大夫屬官，掌文書、監察。寒朗（西元二六—一〇九年），字伯奇，魯國薛縣（今山東滕州東南）人，仕明帝、章帝、和帝三朝，長期為地方官，所在百姓稱頌，年八十四卒。傳見《後漢書》卷四十一。❾物色　服飾形貌。❿錯愕　倉猝間感到驚愕。愕，通「愕」。⓫持兩端　模稜兩可，首鼠兩端。⓬捶　以杖擊打。⓭章　指寒朗所寫訴冤的奏章。⓮三府　太尉、司徒、司空三府。⓯汙染　連累。⓰窮盡姦狀　徹底查清奸惡罪狀。⓱考囚在事者　審訊罪犯的當事人，即審訊官吏。⓲臣子　臣民。⓳出之　將冤者開釋。⓴入之　判定其有罪，將其入罪。㉑裁　通「才」。僅僅。㉒仰屋竊歎　仰望屋頂，暗自悲歎。形容審訊官吏明知楚獄擴大化，人多蒙冤，但不敢犯險直諫的心情。㉓牾　違逆；不順從。㉔錄囚徒　審核判案是否公正。㉕理出　平反釋放。㉖乘間　趁機會。㉗彷徨　徘徊，不安貌。㉘宥　寬宥；赦免。㉙袁

安　（？—西元九二年）字邵公，汝南汝陽（今河南商水縣西南）人，東漢名臣，歷仕明帝、章帝、和帝朝，官至司徒。傳見《後漢書》卷四十五。㉚按　查驗；複查。㉛報許　批覆可其奏。㉜廣陵王荊　明帝同母弟。傳見《後漢書》卷四十二。㉝封竇融孫嘉為安豐侯　竇融本封安豐侯，子孫犯法失侯，今又重封，以念功臣舊勳。㉞壽陵　皇帝生時預建陵冢，稱壽陵。此即明帝顯節陵，在洛陽西北邙山南。㉟流水　指修建排水渠道。㊱萬年之後　死後的委婉說法。㊲掃地　指打掃墳墓。㊳杅水　用杅盛水。杅，飲器。㊴脯糒　脯，乾肉。糒，乾糧。㊵唯四時設奠　每年只在四季節令祭奠。四時，春夏秋冬四季。㊶興作　指擴建顯節陵。㊷以擅議宗廟法從事　用擅自議論皇室宗廟法論處。漢法，擅議宗廟，罪當棄市。

【校　記】1自　據章鈺校，十二行本作「因」。

【語　譯】顏忠、王平供詞牽連隧鄉侯耿建、朗陵侯臧信、濩澤侯鄧鯉、曲成侯劉建。耿建等人供詞說未曾和顏忠、王平相見。當時，明帝非常生氣，官吏全都惶恐，所有牽連的人，全都被定了罪，沒有人敢依據實情寬恕的。侍御史寒朗心痛他們冤枉，試著以耿建等人的服飾形貌，單獨詢問顏忠、王平，而二人驚愕不能回答。寒朗知道他們說謊，就上書說：「耿建等人沒有犯法，只是被顏忠、王平誣陷。懷疑天下無辜的人，大多如此。」明帝說：「既然如此，顏忠、王平為什麼要牽連他們呢？」寒朗回答說：「顏忠、王平自知犯的是大逆不道之罪，因此憑空多牽連些人，期望以此自我表白。」明帝說：「既然如此，為什麼不早點奏明？」寒朗回答說：「臣擔心天下另有人揭發他們罪行的。」明帝生氣地說：「官吏首鼠兩端！」催促將寒朗拉下去杖打。左右侍從正要拉寒朗下去，寒朗說：「希望說最後一句話再死。」明帝說：「誰和你一起草擬這個奏章的？」寒朗回答說：「臣獨自寫的奏章。」明帝說：「為什麼不與三府商議？」寒朗回答說：「臣自知一定會被滅族，不敢多牽連別人。」明帝說：「為什麼會滅族？」寒朗回答說：「臣審理這個案子已一年，不能徹底查清罪狀，反而替罪人訴冤，所以知道會被滅族。但是臣所以要說出來，實在是希望陛下一下子覺悟過來而已。臣看到審理此案的人，都共同說邪惡大罪，臣民應同心痛恨，現今為其脫罪，不如將其定罪，可以沒有事後的責怪。所以審問一人牽連十人，審問十人牽連百人。而且公卿朝會，陛下問這事的得失，都長跪著說：『過去的制度，大罪之禍連及九族。陛下大恩，僅止於本人，天下已很幸運了！』等到他們回到家中，嘴裡雖不說，卻仰望屋頂，暗自悲歎，沒有人不知道他們大多冤枉，卻沒有人敢違背陛下向上奏言。臣今天所說的，確實死也不後悔。」明帝怒氣消解，下詔把寒朗放了出來。

過了兩天，明帝親自到洛陽獄中省錄囚犯，平反釋放了一千多人。當時天旱，隨即大雨。馬皇后也認為楚王的案子多有冤屈，找機會向明帝說這件事。明帝惻然感悟，夜裡起來徘徊。因此很多人被減刑釋放。

任城縣令汝南人袁安升遷為楚郡太守，到了楚郡不入太守府，先去覆查楚王劉英的案子，審理出那些沒有明確證據的，逐一登記上報請求釋放他們。府丞、掾史都磕頭力爭，認為「依附叛逆，依法與犯人同罪，不可這樣做。」袁安說：「如果有不當的，太守我自然承擔罪責，不會以此牽連你們。」於是分別詳細奏明。明帝感悟，當即回覆同意，得以獲釋者有四百多家。

夏，五月，冊封已故廣陵王劉荊的兒子劉元壽為廣陵侯，食邑六個縣。又冊封竇融的孫子竇嘉為安豐侯。開始修建壽陵，明帝下制詔：「讓墓地能排水就可以了，不要堆起墳土。死後，清掃墳墓祭祀，只用一杅水和乾肉、乾糧就行了。過了一百天後，每年只在四季祭奠。設置幾名吏卒，供給祭品，打掃墳墓。敢有擅建陵墓的人，以擅自議論皇室宗廟法論處。」

十五年（壬申　西元七二年）

春，二月庚子❶，上東巡。癸亥❷，耕于下邳❸。三月，至魯❹，幸孔子宅❺，親御講堂❻，命皇太子❼、諸王❽說經。又幸東平❾、大梁❿。夏，四月庚子⓫，還宮。

封皇子恭為鉅鹿王，黨為樂成王，衍為下邳王，暢為汝南王，昞為常山王，長為濟陰王。帝親定其封域，裁令半楚、淮陽⑫。馬后曰：「諸子數縣，於制⑬不亦儉乎？」帝曰：「我子豈宜與先帝子等，歲給二千萬足矣。」

乙巳⑭，赦天下。

謁者僕射耿秉⑮數上言請擊匈奴。上以顯親侯竇固⑯嘗從其世父⑰融在河西，明習邊事，乃使秉、固與太僕祭肜、虎賁中郎將馬廖、下博侯劉張、好時侯耿忠⑱等共議之。耿秉曰：「昔者匈奴援引弓之類⑲，并左衽⑳之屬，故不可得而制。孝武既得河西四郡及居延、朔方㉑，虜失其肥饒畜兵之地，羌、胡分離㉒。唯有西域，俄復內屬。故呼韓邪單于㉓請事款塞，其勢易乘也。今有南單于，形勢相似。然西域尚未內屬，北虜未有釁作。臣愚以為當先擊白山㉔，得伊吾㉕，破車師㉖，通使烏孫㉗諸國，以斷其右臂。伊吾亦有匈奴南呼衍一部，破此，復為折其左角，然後匈奴可擊也。」上善其言。議者或以為：「今兵出白山，匈奴必并兵相助，又當分其東以離其眾。」上從之。十二月，以秉為駙馬都尉㉘，固為奉車都尉，以騎都尉秦彭㉙為秉副，耿忠為固副。皆置從事、司馬㉚，出屯涼州㉛。秉，國之子；忠，弇之子；廖，援之子也。

【章　旨】以上為第十一段，寫漢明帝採納耿秉建言，部署出擊匈奴。

【注　釋】❶庚子　二月初四日。❷癸亥　二月二十七日。❸下邳　縣名，縣治在今江蘇邳州南。本屬東海郡，此年以臨海郡為下邳國，下邳縣改屬其下。❹至魯　到達魯地。魯，諸侯國名，治魯縣，在今山東曲阜。❺孔子宅　孔子故居，在闕里，即今山東曲阜之孔府。❻親御講堂　明帝親臨孔子當年的講堂。❼皇太子　明帝太子劉炟，後為章帝。❽諸王　諸皇室親王。❾東平　王國名，治所無鹽，在今山東東平東。❿大梁　浚儀縣治，舊戰國魏都大梁城。在今河南開封西北。⓫庚子　四月初五日。⓬裁令半楚淮陽　謂明帝諸子所封六國僅及楚、淮陽國之半。楚為劉英封國，淮陽為劉延封國，二人皆光武帝之子。事見《後漢書》卷四十二。⓭制　指封國制度規模。⓮乙巳　四月初十日。⓯耿秉　（約西元四〇—九一年）字伯初，東漢開國功臣耿弇之弟耿國之子，仕明帝、章帝兩朝，歷任征西將軍、度遼將軍，擊匈奴建功，官至光祿勳。傳附《後漢書》卷十九〈耿弇傳〉。⓰竇固　（？—西元八八年）竇融弟顯親侯竇友之子，東漢禦邊名將。傳附《後漢書》卷二十三〈竇融傳〉。⓱世父　伯父。⓲太僕祭彤　四人皆功臣皇親子弟。祭彤，祭遵堂弟，傳附《後漢書》卷二十〈祭遵傳〉。馬廖，馬援之子，傳附《後漢書》卷二十四〈馬援傳〉。劉張，光武兄劉伯升之孫，事見《後漢書》卷十四〈宗室四王三侯列傳・齊武王縯〉。耿忠，耿弇之子，事附《後漢書》卷十九〈耿弇傳〉。⓳引弓之類　指諸游牧部族。⓴左衽　衣襟左開。代指少數民族。㉑河西四郡及居延朔方　河西四郡，在甘肅河西走廊，漢武帝逐匈奴後，在此置武威、張掖、酒泉、敦煌四郡。居延，邊塞名，東漢置屬國，治所在今內蒙古額濟納旗南。朔方，郡名，治所臨戎，在今內蒙古磴口。㉒羌胡分離　羌，居於祁連山南青海高原的游牧民族，也稱西羌。胡，指匈奴。西漢開通河西，隔斷了羌胡的聯繫。㉓呼韓邪單于　西漢宣帝時，匈奴虛閭權渠單于死後，諸王爭立，分為五單于，虛閭權渠子稽侯狦為呼韓邪單于，西元前五八—前三一年在位。宣帝甘露三年（西元前五一年），呼韓邪單于入朝，漢匈和親，漢助其平定南匈奴。㉔白山　即天山，因冬夏有雪，呈白色，故稱白山。㉕伊吾　即伊吾盧，東漢置宜禾都尉，屯田戍衛。在今新疆哈密地區，地當通西域的交通要衝，為漢匈往復爭奪之地。㉖車師　西域國名，在今新疆吐魯番地區。㉗烏孫　西域國名，嘗與漢和親共禦匈奴。其地在新疆西中亞巴爾喀什湖以東以南地區。㉘駙馬都尉　與奉車都尉、騎都尉均為官名。皆西漢武帝時始置。奉車都尉掌乘輿車，駙馬都尉掌天子正式車駕之外的副馬，騎都尉掌禁衛軍羽林騎。㉙秦彭　（？—西元八八年）外戚，明帝秦貴人兄。傳見《後漢書》卷七十六〈循吏傳〉。㉚從事司馬　皆佐史類僚屬。從事主文書，司馬主軍事。㉛涼州　州名，州治姑臧，在今甘肅武威。

【語　譯】十五年（壬申　西元七二年）

春，二月初四日庚子，明帝到東方巡視。二十七日癸亥，明帝在下邳縣親自耕田。三月，明帝到魯，臨幸孔子故居。親臨孔子當年的講堂，命令皇太子劉炟、諸侯王解說經書。又臨幸東平、大梁。夏，四月初五日庚子，明帝回宮。

冊封皇子劉恭為鉅鹿王，劉黨為樂成王，劉衍為下邳王，劉暢為汝南王，劉昞為常山王，劉長為濟陰王。明帝親自裁定各位親王的封地，令他們的封土僅及楚、淮陽國封地的一半。馬皇后說：「諸皇子封地只有幾個縣，按照制度不也太少了嗎？」明帝說：「我的兒子怎麼可以和先帝的兒子相同，每年給二千萬就足夠了。」

四月初十日乙巳，大赦天下。

謁者僕射耿秉屢次上書請求攻打匈奴。明帝認為顯親侯竇固曾經跟隨他的伯父竇融在河西，通曉邊疆事務，就讓耿秉、竇固和太僕祭肜、虎賁中郎將馬廖、下博侯劉張、好畤侯耿忠等人共同商議此事。耿秉說：「過去匈奴聯合張弓騎射的游牧部族，都是衣襟左開之輩，所以不能臣服統治他們。孝武帝既已得到河西四郡以及居延塞、朔方郡，匈奴失去了肥沃富饒養兵的土地，羌族和匈奴被分開。只有西域各國，不久也歸順漢朝。所以呼韓邪單于請求臣服叩開塞門，這種形勢容易利用。現在有南匈奴單于，形勢和武帝時相似。然而西域各國還沒有歸附中國，北匈奴內部沒有發生爭鬥。臣愚見以為應當先攻擊白山，取得伊吾，擊敗車師國，與烏孫等國通使節，以砍斷匈奴的右臂。伊吾也有匈奴南呼衍的一個部落，打敗伊吾，就又折斷了匈奴的左角，然後就可以攻打匈奴了。」皇上讚賞耿秉的建議。參與議論者中有人認為：「現在出兵白山，匈奴一定集合兵力救援，還應當分化匈奴的東部，以離散匈奴的部眾。」明帝聽從了這個建議。十二月，任命耿秉為駙馬都尉，竇固為奉車都尉，任命騎都尉秦彭做耿秉的副手，耿忠做竇固的副手。耿秉、竇固都配置從事、司馬等佐屬，出兵駐紮涼州。耿秉，是耿國的兒子。耿忠，是耿弇的兒子。馬廖，是馬援的兒子。

十六年（癸酉　西元七三年）

春，二月，遣彤與度遼將軍❶吳棠將河東、西河羌、胡及南單于❷兵萬一千騎出高闕塞❸，竇固、耿忠率酒泉、敦煌、張掖甲卒及盧水羌❹、胡萬二千騎出酒泉塞，耿秉、秦彭率武威、隴西、天水募士及羌、胡萬騎出張掖居延塞，騎都尉來苗、護烏桓校尉❺文穆將太原、鴈門、代郡、上谷、漁陽、右北平、定襄郡兵及烏桓、鮮卑❻萬一千騎出平城塞❼，伐北匈奴。竇固、耿忠至天山❽，擊呼衍王，斬首千餘級，追至蒲類海❾，取伊吾盧地，置宜禾都尉，留吏士屯田伊吾盧城。耿秉、秦彭擊匈林王❿，絕幕⓫六百餘里，至三木樓山⓬而還。來苗、文穆至匈河水⓭上，虜皆奔走，無所獲。祭彤與南匈奴左賢王信不相得，出高闕塞九百餘里，得小山，信妄言以為涿邪山⓮，不見虜而還。彤與吳棠坐逗留畏懦，下獄，免⓯。彤自恨無功，出獄數日，歐血死。臨終，謂其子曰：「吾蒙國厚恩，奉使不稱，身死誠慚恨，義不可以無功受賞。死後，若悉⓰簿上⓱所得物⓲，身自詣兵屯，效死前行，以副吾心。」既卒，其子逢上疏，具陳遺言。帝雅重⓳彤，方更任用，聞之大驚，嗟歎良久。烏桓、鮮卑每朝賀京師，常過彤冢拜謁，仰天號泣。遼東⓴吏民為立祠㉑，四時奉祭焉。竇固獨有功，加位特進。

【章　旨】以上為第十二段，寫竇固大破北匈奴。

【注　釋】❶度遼將軍　將軍名號，因度遼水而得名。漢武帝時始置，北禦匈奴。明帝時度遼將軍駐屯五原郡曼柏城，在今內蒙古達拉特旗東南。❷南單于　南匈奴單于，王庭駐西河郡美稷縣，在今內蒙古準噶爾旗西北。❸高闕塞　漢邊塞名，在今內蒙古杭錦後旗。陰山山脈在此中斷，成一缺口，望之如闕，故名。此時屬朔方郡臨戎縣。❹盧水羌　也稱盧水胡，起源盧水（湟水支流）而得名，此指今甘肅張掖一帶盧水胡。❺護烏桓校尉　武官名，漢武帝時置，職掌撫領北方烏桓及鮮卑。❻烏桓鮮卑　北方地區兩大游牧部族。東漢時烏桓在今遼河下游及內蒙古東部地區。鮮卑在今大興安嶺北麓。❼平城塞　漢邊塞名，在今山西大同東。❽天山　指蒲類海以西的祁連山。❾蒲類海　即今新疆哈密地區巴里坤湖。❿匈林王　據胡三省注，匈，當作「句」，即句林王。⓫絕幕　穿過沙漠。幕，通「漠」。⓬三木樓山　今地不詳。⓭匈河水　水名，在蒙古境內，今地不詳。⓮涿邪山　即今蒙古南境的古爾班察汗山。⓯免　罷免官職。⓰悉　盡數；全部。⓱簿上　造冊登記上奏。⓲所得物　所得的賞賜之物。⓳雅重　素來尊重。⓴遼東　郡名，治所襄平，在今遼寧遼陽。㉑立祠　建造祠堂。祭肜曾為遼東太守，威行於烏桓、鮮卑，有德於當地黎民，故民夷感戴，立祠祭祀。

【語　譯】十六年（癸酉　西元七三年）

春，二月，派遣祭肜和度遼將軍吳棠率領河東、西河的羌人、胡人以及南單于兵合計一萬一千騎兵從高闕塞出兵；竇固、耿忠率領酒泉、敦煌、張掖披甲士卒，以及盧水羌人、胡人合計一萬二千騎兵從酒泉塞出兵；耿秉、秦彭率領武威、隴西、天水徵募的兵士，以及羌人、胡人合計一萬騎兵從張掖居延塞出兵；騎都尉來苗、護烏桓校尉文穆率領太原、雁門、代郡、上谷、漁陽、右北平、定襄郡的軍隊，以及烏桓、鮮卑合計一萬一千騎兵從平城塞出兵，征伐北匈奴。竇固、耿忠到達天山，攻擊呼衍王，殺死一千餘人，追到蒲類海，奪取了伊吾盧之地，設置宜禾都尉，留下官吏士兵在伊吾盧城屯田。耿秉、秦彭攻打匈林王，穿過六百餘里沙漠，到達三木樓山返回。來苗、文穆到達匈河水附近，敵人都逃走了，一無所獲。祭肜和南匈奴左賢王信意見不合，出了高闕塞九百多里，有座小山，左賢王信胡說，認為是涿邪山，沒有遇見敵人就回來了。祭肜和吳棠因逗留不進、畏縮怯懦坐罪，被關進獄中，罷官。祭肜自恨沒有立功，出獄後幾天，吐血而死。

臨終前對自己的兒子說：「我蒙受國家厚恩，奉使命卻不稱職，死了實在慚愧遺憾，按道義不可以無功受賞。我死後，你把得到的皇帝賜物悉數造冊上交，親自前往軍屯，以死報效陣前，以滿足我的心願。」祭肜死後，他的兒子祭逢上奏疏，詳細陳述祭肜的遺言。漢明帝一向器重祭肜，正想再起用祭肜，得知消息十分震驚，歎息了很久。烏桓、鮮卑每次到京城朝賀，常到祭肜的墓上拜謁，仰天哭泣。遼東的吏民為他立祠，四季祭奠他。只有竇固一人有功，加官特進。

固使假❶司馬班超❷與從事郭恂俱使西域。超行到鄯善❸，鄯善王廣奉超禮敬甚備，後忽更疏懈。超謂其官屬曰：「寧覺廣禮意薄乎？」官屬曰：「胡人不能常久，無它故也。」超曰：「此必有北虜❹使來，狐疑未知所從故也。明者睹未萌，況已著邪！」乃召侍胡❺，詐之曰：「匈奴使來數日，今安在乎？」侍胡惶恐曰：「到已三日，去此三十里。」超乃閉侍胡，悉會其吏士三十六人，與共飲。酒酣，因激怒之曰：「卿曹與我俱在絕域，今虜使到裁數日，而王廣禮敬即廢。如今鄯善收吾屬送匈奴，骸骨長為豺狼食矣，為之柰何？」官屬皆曰：「今在危亡之地，死生從司馬！」超曰：「不入虎穴，不得虎子。當今之計，獨有因夜以火攻虜，使彼不知我多少，必大震怖，可殄❻盡也。滅此虜，則鄯善破膽，功成事立矣！」眾曰：「當與從事議之。」超怒曰：「吉凶決於今日。從事，文俗吏，聞此必恐而謀泄。死無所名，非壯士也。」眾曰：「善！」初夜，超遂將吏士往奔虜營。會天大風，超令十人持鼓藏虜舍後，約曰：「見火然，皆當鳴鼓大呼。」餘人悉持兵弩，夾門而伏。超乃順風縱火，前後鼓譟❼。虜眾驚亂，超手格殺❽三人，吏兵斬其使及從士三十餘級，餘眾百許人悉燒死。明日乃還，告郭恂，恂大驚，既而色動❾。超知其意，舉手曰：「掾雖不行，班超何心獨擅之乎！」恂乃悅。超於是召鄯善王廣，以虜使首示之，一國震怖。超告以漢威德，自今以後，勿復與北虜通。廣叩頭，願屬漢，無二心。遂納子為質。還白竇固，固大喜，具上超功効，并求更選使使西域。帝曰：「吏如班超，何故不遣，而更選乎！今以超為軍司馬，令遂前功。」

固復使超使于窴❿，欲益其兵。超願但將本所從三十六人，曰：「于窴國大而遠，今將數百人，無益於彊。如有不虞，多益為累耳。」是時于窴王廣德雄張⓫南道，而匈奴遣使監護其國。超既至于窴，廣德禮意甚疏。且其俗信巫，巫言：「神怒，何故欲向漢？漢使有騧馬⓬，急求取以祠⓭我！」廣德乃[1]遣國相私來比就超請馬。超密知其狀，報許之，而令巫自來取馬。有頃，巫至，超即斬其首，收私來比，鞭笞數百。以巫首送廣德，因責讓之。廣德素聞超在鄯善誅滅虜使，大惶恐，即殺匈奴使者而降。超重賜其王以下，因鎮撫焉。於是諸國皆遣子入侍⑭，西域與漢絕六十五載⑮，至是乃復通焉。超，彪之子也。

淮陽王延性驕奢，而遇下嚴烈。有上書告延與姬兄謝弇及姊⑯壻韓光招姦猾，作圖讖⑰，祠祭祝詛⑱。事下按驗。五月癸丑⑲，弇、光及司徒邢穆皆坐死，所連及死徙者甚眾。

戊午晦⑳，日有食之。

六月丙寅㉑，以大司農西河王敏為司徒。○有司奏請誅淮陽王延。上以延罪薄於楚王英，秋，七月，徙延為阜陵王，食二縣。

是歲，北匈奴大入雲中㉒，雲中太守廉范㉓拒之。吏以眾少，欲移書傍郡求救，范不許。會日暮，范令軍士各交縛兩炬㉔，三頭爇㉕火，營中星列㉖。虜謂漢兵救至，大驚，待旦將退。范令軍中蓐食㉗，晨，往赴之，斬首數百級，虜自相轔藉㉘，死者千餘人，由此不敢復向雲中。范，丹㉙之孫也。

【章　旨】以上為第十三段，寫班超建功西域。

【注　釋】❶假　代理。❷班超　（西元三二—一〇二年）字仲升，扶風平陵（在今陝西咸陽東北）人，東漢名將，出使西域，平定五十多個國家，封定遠侯。傳見《後漢書》卷四十七。❸鄯善　西域國名，本名樓蘭，在今羅布泊西，地處通西域的南北兩道要衝。❹北虜　指北匈奴。❺侍胡　鄯善王派來服侍班超的胡人。❻殄　殺盡；殲滅。❼鼓噪　擂鼓吶喊。❽格殺　格鬥殺死。❾色動　變臉色。❿于窴　西域國名，在今新疆和田。⓫雄張　熾盛，勢力擴張。⓬騧馬　黃色黑嘴的駿馬。⓭祠　祭享。此為供奉。⓮遣子入侍　派遣王子入漢朝京師侍奉皇帝，實為做人質。⓯六十五載　王莽天鳳三年（西元一六年）焉耆殺王莽所遣五威將王駿，西域諸國於是與中國絕交，至此為五十八年。此言六十五，是從王莽始建新朝之年，即始建國元年（西元九年）算起。⓰姊　指劉延姐，館陶公主。⓱圖讖　神祕的預言書。⓲祝詛　以巫術邪道乞求加害於他人。⓳癸丑　五月二十五日。⓴戊午晦　五月三十日。㉑丙寅　六月八日。㉒雲中　郡名，治所雲中縣，在今內蒙古托克托縣東北。㉓廉范　字叔度，京兆杜陵縣（今陝西西安雁塔區）人，戰國時名將廉頗之後。歷任雲中、武威、武都邊郡太守，有廉頗之風，敵虜不敢犯邊。傳見《後漢書》卷三十一。㉔交縛兩炬　將兩束火炬交叉捆縛成十字，一頭手持，三頭點火，使敵人望之，疑漢兵人數眾多。㉕爇　燃燒。㉖星列　如繁星布列。㉗蓐食　在寢席上進食。蓐，草席。㉘轔藉　踐踏。㉙丹　廉丹，戰國時趙將廉頗之後，廉范之祖，王莽時為大司馬、更始將軍。事跡散見於兩《漢書》中。

【校記】①乃　原無此字。據章鈺校，十二行本、乙十一行本皆有此字，今據補。

【語譯】竇固派代理司馬班超和從事郭恂一起出使西域。班超行走到鄯善國，鄯善王廣接待班超禮貌周備，後來忽然變得疏忽怠慢。班超對他的官屬說：「難道沒察覺到鄯善王廣的禮節態度差了嗎？」官屬說：「胡人做事不能長久，沒有其他的緣故。」班超說：「這一定是北匈奴的使者來了，鄯善王猶豫不知歸附誰的緣故。賢明之人在苗頭還未出現前就能看出，何況現在已經很明顯了！」於是召見接待的胡人，騙他說：「匈奴使者來了好幾天，現今在哪裡？」接待的胡人惶懼不安地說：「來了已經三天，離這裡三十里。」班超於是關押了接待的胡人，召集來所有的吏士三十六人，和他們一起飲酒。喝到高興時，班超激怒他們說：「你們和我都在遙遠的地方，如今北匈奴的使者到這裡才幾天，而鄯善王廣的禮節就沒有了。如果讓鄯善王把我們抓起來，送給匈奴人，我們的屍骨將永遠被豺狼所吃了，這種情況該怎麼辦呢？」官屬都說：「如今處在危亡之地，是生是死都聽從司馬的！」班超說：「不入虎穴，就得不到虎子。現在的辦法，只有趁著夜晚用火攻打匈奴人，讓他們不知道我們有多少人，他們一定會非常震驚害怕，我們可以全部消滅他們。消滅了這些匈奴人，那麼鄯善王就會嚇破膽，我們就可以建功立業了！」大家說：「應該和從事郭恂商量這件事。」班超生氣地說：「吉凶就取決於今天。從事郭恂，是尋常文吏，聽到此事一定害怕而令計謀洩露。死了而無功名，不算壯士。」大家說：「好！」初更時分，班超就率領吏士奔往匈奴人的營地。時逢天颳大風，班超令十人拿著鼓，藏在匈奴人的屋舍後面，約定說：「看到火燒起來，都要敲鼓大喊。」其餘的人都拿著兵器弓弩，在門的兩邊埋伏。班超於是順風點火，前後的人打鼓喊叫。匈奴人驚恐慌亂，班超親手格殺三人，部吏和士兵殺了匈奴使者及隨從士兵三十多人，剩下的一百多人都被燒死。第二天，班超才返回住地，把情況告訴郭恂，郭恂大驚，隨即變了臉色。班超知道他的想法，舉手說：「從事掾雖沒有去，班超哪裡會有獨佔功勞的意思！」郭恂這才高興。班超於是召來鄯善王廣，把匈奴使者的頭顱給他看，鄯善全國震動恐懼。班超向鄯善王宣告漢朝的威嚴和恩德，說從今以後，不要再和北匈奴來往了。鄯善王廣磕頭，表示願意歸屬漢，沒有二心。於是讓兒子入京作為人質。班超回來報告竇固，竇固很高興，把班超的功勞如實呈報朝廷，並請求另選使者出使西域。明帝說：「像班超這樣的官吏，為什麼不派遣，還要另選呢！現任命班超為軍司馬，讓他完成前面的功業。」

竇固又派班超出使于窴國，想要給他增加士兵。班超希望只率領原來的三十六名隨從，說：「于窴國遼闊遙遠，現在帶領幾百人，對增強實力沒有什麼幫助。如果一旦發生不測，人多反而是累贅了。」此時于窴王廣德稱雄西域南道，而且匈奴派使者監護他的國家。班超到達于窴國後，于窴王廣德的禮節很怠慢。而且于窴國的風俗相信巫師，巫師說：「神很生氣，為什麼要歸順漢朝呢？漢朝的使者有黑嘴的黃馬，趕快要來祭祀我！」于窴王廣德於是派遣國相私來比來見班超求馬。班超暗中知道這種情況後，回答同意送馬，但要巫師自己來取馬。過了一會兒，巫師來了，班超立刻砍下他的頭，逮捕私來比，鞭打幾百下。班超把巫師的頭送給于窴王廣德，並責備他。于窴王廣德本來就聽說班超在鄯善殺死匈奴使者，感到非常惶恐，立即殺了匈奴使者來歸降。班超重賞于窴王以下的人，乘勢安撫他們。於是各國都派兒子到漢朝侍奉，西域與漢隔絕六十五年，到此時才再度通使交往。班超，是班彪的兒子。

淮陽王劉延生性驕橫奢侈，對下嚴酷暴烈。有人上奏告發劉延和姬妾的哥哥謝弇，以及姐夫韓光招募奸詐狡猾之徒，製作圖讖，進行祭祀詛咒皇上。此案交給有司審查勘驗。五月二十五日癸丑，謝弇、韓光和司徒邢穆都因罪被處死，受牽連被處死、流放的人很多。

五月三十日戊午，發生日蝕。

六月初八日丙寅，任命大司農西河人王敏為司徒。○有關部門奏請誅殺淮陽王劉延。漢明帝因為劉延的罪比楚王劉英輕，秋，七月，徙封劉延為阜陵王，食邑兩個縣。

這一年，北匈奴大肆入侵雲中郡，雲中郡太守廉范抵禦他們。屬吏認為兵少，想寫信給鄰郡求救，廉范不允許。正好天黑了，廉范命令軍士各自把兩支火把交叉成十字綁好，點著火把的三頭，火光在營中如繁星布列，匈奴人以為漢朝救兵到了，非常吃驚，等到天亮即將退兵。廉范命令士兵在寢席上吃飯，清晨，奔赴敵營攻擊，殺死幾百人，匈奴人自相踐踏，死了一千多人，從此不敢再侵略雲中郡。廉范是廉丹的孫子。

十七年（甲戌　西元七四年）

春，正月，上當謁原陵❶。夜，夢先帝、太后如平生歡，既寤❷，悲不能寐。即案曆❸，明旦日吉，遂率百官上陵。其日，降甘露於陵樹，帝令百官采取以薦❹。會畢，帝從席前伏御床，視太后鏡匳中物❺，感動悲涕，令易❻脂澤❼裝具❽。左右皆泣，莫能仰視。

北海敬王睦❾薨。睦少好學，光武及上皆愛之。嘗遣中大夫❿詣京師朝賀，召而謂之曰：「朝廷設問寡人，大夫將何辭以對？」使者曰：「大王忠孝慈仁，敬賢樂士，臣敢不以實對！」睦曰：「吁⓫！子⓬危⓭我哉！此乃孤⓮幼時進趣⓯之行也。大夫其對以孤襲爵以來，志意衰惰，聲色是娛，犬馬是好，乃為相愛耳。」其智慮畏慎如此⓰。

二月乙巳⓱，司徒王敏薨。

三月癸丑⓲，以汝南太守鮑昱⓳為司徒。昱，永之子也。益州⓴刺史梁國㉑朱輔宣示漢德，威懷遠夷，自汶山㉒以西，前世所不至，正朔所未加，白狼、槃木㉓等百餘國，皆舉種㉔稱臣奉貢。白狼王唐菆作詩三章，歌頌漢德，輔使犍為郡㉕掾由恭譯而獻之。

初，龜茲㉖王建為匈奴所立，倚恃虜威，據有北道㉗，攻殺疏勒㉘王，立其臣兜題為疏勒王。班超從間道㉙至疏勒，去兜題所居槃橐城㉚九十里，逆㉛遣吏田慮先往降之，敕㉜慮曰：「兜題本非疏勒種，國人必不用命㉝。若不即降，便可執之。」慮既到，兜題見慮輕弱，殊無降意。慮因其無備，遂前劫縛兜題。左右出其不意，皆驚懼奔走。慮馳報超，超即赴之，悉召疏勒將吏，說以龜茲無道之狀，因立其故王兄子忠㉞為王，國人大悅。超問忠及官屬：「當殺兜題邪，生遣之邪？」咸曰：「當殺之。」超曰：「殺之無益於事，當令龜茲知漢威德。」遂解遣之。

夏，五月戊子㉟，公卿百官以帝威德懷遠，祥物顯應㊱，並集朝堂奉觴上壽㊲。制曰：「天生神物，以應王者。遠人慕化，實由有德。朕以虛薄㊳，何以享斯！唯高祖、光武聖德所被㊴，不敢有辭。其敬舉觴㊵，太常擇吉日策告宗廟㊶。」仍推恩賜民爵及粟有差㊷。

冬，十一月，遣奉車都尉竇固、駙馬都尉耿秉、騎都尉劉張出敦煌昆侖塞㊸，擊西域。秉、張皆去符、傳㊹以屬固，合兵萬四千騎，擊破白山虜於蒲類海上，遂進擊車師。車師前王，即後王之子也㊺，其廷相去五百餘里。固以後王道遠，山谷深，士卒寒苦，欲攻前王。秉以為先赴後王，并力根本㊻，則前王自服。固計未決，秉奮身而起曰：「請行前㊼。」乃上馬引兵北入。眾軍不得已，並進，斬首數千級。後王安得震怖，走出門迎秉，脫帽，抱馬足降。秉將以詣固，其前王亦歸命，遂定車師而還。於是固奏復置西域都護㊽及戊、己校尉㊾。以陳睦為都護；司馬耿恭㊿為戊校尉，屯後王部金蒲城(51)；謁者關寵為己校尉，屯前王部柳中城(52)，屯各置數百人。恭，況之孫也。

【章旨】以上為第十四段，寫東漢明帝國力強盛，重新威行西域。

【注釋】❶原陵　光武帝陵，在今河南孟津西。❷既寤　夢醒。❸案曆　翻查曆書，找黃道吉日。❹薦　進獻祭品。又，《穀梁傳》桓公八年注：「無牲而祭曰薦。」此指明帝以甘露祭享光武陵。❺鏡奩中物　指陳列於寢殿的陰太后的梳妝鏡匣中的用具。鏡，銅鏡。奩，鏡匣。❻易　更換。❼脂澤　胭脂、香膏類化妝品。❽裝具　盛裝用具，此指梳妝用具。❾睦　劉睦，光武帝長兄劉伯升之孫。睦父劉興封北海王。永平八年（西元六五年）睦嗣封為北海王。事見《後漢書》卷十四。❿中大夫　光祿勳屬官，中央朝廷及王國皆設此官，掌論議。⓫吁　驚歎的象聲詞。⓬子　敬稱。⓭危　使動用法。子危我哉，您可要害了我啊。⓮孤　古代國君自稱孤、寡人。秦漢後，皇帝自稱朕，諸侯王自稱孤。⓯趣　通「趨」。趨步前行，努力向上。⓰智慮畏慎如此　劉睦的智謀和謹慎，大都像這樣。當時朝廷禁限諸侯王，法律嚴峻，屢興大獄，故劉睦深慮，不惜自汙，以釋朝廷之忌。⓱乙巳　二月乙卯朔，無乙巳。⓲癸丑　二月二十九日。⓳鮑昱　字文泉，歷官汝南太守、司徒、太尉，父鮑永，傳附《後漢書》卷二十九〈鮑永傳〉。⓴益州　州名，治所廣漢郡雒縣，在今四川廣漢北。㉑梁國　王國名，治所下邑，在今安徽碭山縣東。㉒汶山　即岷山，主峰在四川茂汶東南。㉓白狼槃木　益州西部西南夷種族名。㉔舉種　全種族；全部落。㉕犍為郡　益州所屬郡，治所武陽，在今四川彭山縣。㉖龜茲　西域國名，王治延城，在今新疆庫車。㉗北道　絲綢之路通西域的北道，沿天山南麓西行，因在塔里木盆地北沿，故稱北道。龜茲處於北道中段。㉘疏勒　西域國名，在龜茲西，王治疏勒，在今新疆喀什。㉙間道　捷徑小道。㉚槃橐城　兜題所居王城。今地不詳，一說在今新疆巴楚縣境內托庫孜薩來古城。㉛逆　預先。㉜敕　命令。㉝用命　聽從命令。㉞忠　班超求得疏勒故王兄之子榆勒立之，更名曰忠。㉟戊子　五月初五日。㊱祥物顯應　祥瑞出現應驗。據《後漢書．明帝紀》載，永平十七年，甘露頻降，樹枝內集，靈芝生於殿前，五色神雀翔集於京師。㊲奉觴上壽　舉杯祝賀。觴，酒杯。㊳虛薄　德行稀薄。明帝自謙之詞。㊴被　覆蓋。指高祖、光武之德化，遍及天下。㊵其敬舉觴　恭敬地舉起酒杯。其，祈使助詞。㊶策告宗廟　作策書敬告祖廟。策，此指祭祀用的祝策文。㊷推恩賜民爵及粟有差　推恩，推廣恩惠。有差，有區別、等級。《後漢書．明帝紀》載：「其賜天下男子爵，人二級，三老、孝悌、力田人三級，流人無名數欲占者人一級；鰥、寡、孤、獨、篤隆、貧不能自存者粟，人三斛……。」㊸昆侖塞　古障塞名，在敦煌郡（郡治即今甘肅敦煌）廣至縣境，在今甘肅瓜州西南。以昆侖山命名。㊹符傳　符與傳，此處均指指揮軍隊的信物、憑證。耿秉、劉張去符、傳，則不能獨當一面，自由用兵，必須聽命於竇固。㊺車師前王二句　宣帝時分車師為前後兩部。車師前國，王治交河城，在今新疆吐魯番西北，是為車師前王。車師後國，王治務塗谷，在今新疆奇臺西南，是為車師後王。㊻根本　其時車師後王為車師前王之父，故後王所治王城為車師根本。㊼請行前　請求為先鋒。㊽西域都護官名，漢宣帝二年初置，以騎都尉、諫大夫使護西域，加官都護，總領南北道，其下有副校尉，屬官有丞、司馬等。㊾戊己校尉　漢元帝初元元年置，屬官有丞、司馬，掌西域屯田等事務。㊿耿恭　立功西域為漢名將，耿況之孫。耿況，東漢開國功臣耿弇之父。耿弇為耿恭伯父。耿氏一門事跡均見《後漢書》卷十九〈耿弇傳〉。51金蒲城　在今新疆奇臺西北。52柳中城　在今新疆吐魯番東南。

【語譯】十七年（甲戌　西元七四年）

春，正月，明帝應去祭告原陵。夜裡，夢見先帝、太后像活著時那樣快樂，夢醒後，因為悲傷而難以入睡。立即查曆書，第二天早上是吉日，於是帶領百官上原陵。那天，甘露降落在陵園的樹上，明帝命令百官採集作為祭品進獻。祭祀儀式結束，明帝從席位前俯身趴在御床上，觀看太后鏡匣中的物品，感動悲傷地流下眼淚，命令更換脂粉及梳妝用具。左右的人都哭了，不能仰視。

北海敬王劉睦去世。劉睦年少時好學，光武帝和明帝都喜歡他。劉睦曾派中大夫到京城朝賀，劉睦叫來中大夫對他說：「如果皇上問到我，大夫你將用什麼話回答？」被派的中大夫說：「大王忠孝仁慈，禮賢好士，臣怎敢不據實回答！」劉睦說：「唉！您害我呀！這是我年幼時進取的行為。大夫您就回答說我繼承爵位以來，意志衰退懶惰，沉溺聲色，嗜好犬馬，這才是愛護我。」劉睦的智慧謀慮和小心謹慎，大都如此。

二月乙巳日，司徒王敏去世。

三月二十九日癸丑，任命汝南太守鮑昱做司徒。鮑昱是鮑永的兒子。

益州刺史梁國人朱輔，宣揚漢朝的恩德，以威信招撫遠方夷人，從汶山以西，前代統治未能到達、朝廷政令不能實施的地方，白狼、槃木等一百多國，都舉族向漢朝稱臣朝貢。白狼王唐菆作詩三篇，歌頌漢朝的恩德，朱輔讓犍為郡掾吏由恭翻譯出來奏獻朝廷。

當初，龜茲王建為匈奴所擁立，依仗匈奴人的威勢，控制了北道，進攻疏勒王並殺死了他，立疏勒王的大臣兜題為疏勒王。班超走小道來到疏勒國，距離兜題所在的槃橐城九十里，事先派屬吏田慮先去招降他，命令田慮說：「兜題本不是疏勒族人，疏勒國人一定不聽從他的命令。如果他不立即歸降，就可以把他抓起來。」田慮一到，兜題看田慮的兵力少，一點也沒有歸降的意思。田慮乘他沒有防備，就上前劫持捆綁了兜題。左右隨從出乎意外，都驚恐逃跑了。田慮快馬向班超報告，班超立即奔赴那裡，召集疏勒的所有文武官吏，告訴他們龜茲的暴行，並擁立他們已故國王哥哥的兒子忠為疏勒王，疏勒國人很高興。班超問忠和屬官：「應當殺死兜題呢，還是放他回龜茲呢？」忠和屬官都說：「應當殺死他。」班超說：「殺了他，對大局沒什麼好處，應讓龜茲王瞭解漢朝的威德。」於是就放了兜題讓他回龜茲。

夏，五月初五日戊子，公卿百官因為明帝的威嚴恩德招徠遠方，祥瑞之物顯現應驗，都在朝堂集會舉杯向明帝祝賀。明帝下制書說：「天生神物，用以符應聖王。遠方的人仰慕歸化，實在是因為聖王有德。朕的德行淺薄，憑什麼享有這些祥瑞呢！只因高祖、光武帝的聖德遍及天下，朕不敢有所推辭。請一起恭敬地舉杯，太常選擇吉日書策祭告宗廟。」於是推廣皇恩，按不同等級賞賜百姓爵位和米粟。

冬，十一月，派奉車都尉竇固、駙馬都尉耿秉、騎都尉劉張從敦煌昆侖塞出兵，進攻西域。耿秉、劉張都收回了各自的符、傳，隸屬竇固，合計騎兵一萬四千人，在蒲類海附近擊敗了白山的匈奴，於是乘勝進擊車師國。車師前王是後王的兒子，兩車師國的王庭相距五百多里。竇固以為去後王國的路遙遠，山谷深險，士兵寒苦，就想首先攻打前王。耿秉認為應首先攻打後王，合力剷除車師的根基，那麼前王自然就會歸降。竇固計策尚未決定，耿秉猛然站起來說：「我請求為先鋒。」於是上馬率領軍隊向北進軍。眾軍不得已，只好一同進軍，殺敵數千人。後王安得震驚恐懼，跑出城門迎接耿秉，脫下帽子，抱住馬腿投降。耿秉帶他去見竇固，車師前王也歸附聽命，於是平定了車師國勝利回師。竇固於是奏請重新設立西域都護以及戊、己校尉。任命陳睦為都護；司馬耿恭為戊校尉，駐守車師後王部的金蒲城；謁者關寵為己校尉，駐守車師前王部的柳中城，屯所各設駐軍幾百人。耿恭是耿況的孫子。

十八年（乙亥　西元七五年）

春，二月，詔竇固等罷兵還京師。

北單于遣左鹿蠡王率二萬騎擊車師❶，耿恭遣司馬將兵三百人救之，皆為所沒，匈奴遂破殺車師後王安得而攻金蒲城❷。恭以毒藥傅❸矢，語匈奴曰：「漢家箭神，其中瘡者必有異。」虜中矢者，視瘡皆沸❹，大驚。會天暴風雨，隨雨擊之，殺傷甚眾。匈奴震怖，相謂曰：「漢兵神，真可畏也！」遂解去。

夏，六月己未❺，有星孛於太微❻。

耿恭以疏勒城❼傍有澗水可固❽，引兵據之。秋，七月，匈奴復來攻，擁絕❾澗水。恭於城中穿井十五丈，不得水，吏士渴乏，至笮❿馬糞汁而飲之。恭身自率士輓籠⓫，有頃，水泉奔出，眾皆稱萬歲。乃令吏士揚水⓬以示虜，虜出不意，以為神明，遂引去。

八月壬子⓭，帝崩於東宮前殿，年四十八。遺詔：「無起寢廟⓮，藏主⓯於光烈皇后更衣別室⓰。」

帝遵奉建武制度⓱，無所變更，后妃之家不得封侯與政。館陶公主⓲為子求郎，不許，而賜錢千萬，謂羣臣曰：「郎官上應列宿，出宰百里，苟非其人，則民受其殃，是以難之。」公車⓳以反支日⓴不受章奏。帝聞而怪曰：「民廢農桑，遠來詣闕㉑，而復拘㉒以禁忌，豈為政之意乎！」於是遂蠲㉓其制。尚書閻章二妹為貴人，章精力曉舊典，久次當遷重職。帝為後宮親屬，竟不用。是以吏得其人，民樂其業，遠近畏服，戶口滋殖焉。

太子即位㉔，年十八。尊皇后曰皇太后㉕。

明帝初崩，馬氏兄弟爭欲入宮。北宮衛士令㉖楊仁被甲持戟，嚴勒門衛，人莫敢輕進者。諸馬乃共譖仁於章帝，言其峻刻。帝知其忠，愈善之，拜為什邡㉗令。

壬戌㉘，葬孝明皇帝于顯節陵㉙。

冬，十月丁未㉚，赦天下。◯詔以行太尉事節鄉侯憙㉛為太傅，司空融㉜為太尉，並錄尚書事㉝。

十一月戊戌㉞，以蜀郡㉟太守第五倫㊱為司空。倫在郡公清，所舉吏多得其人，故帝自遠郡用之。

焉耆、龜茲㊲攻沒都護陳睦，北匈奴圍關寵於柳中城㊳。會中國有大喪，救兵不至，車師復叛，與匈奴共攻耿恭，恭率厲士眾禦之。數月，食盡窮困，乃煑鎧弩，食其筋革㊴。恭與士卒推誠同死生，故皆無二心，而稍稍死亡，餘數十人。

單于知恭已困，欲必降之，遣使招恭曰：「若降者，當封為白屋王(40)，妻以女子。」恭誘其使上城，手擊殺之，炙(41)諸城上。單于大怒，更益兵圍恭，不能下。

關寵上書求救，詔公卿會議。司空倫以為不宜救，司徒鮑昱(42)曰：「今使人於危難之地，急而棄之，外則縱蠻夷之暴，內則傷死難之臣(43)，誠令權時(44)，後無邊事可也。匈奴如復犯塞為寇，陛下將何以使將！又二部(45)兵人裁各數十，匈奴圍之，歷旬不下，是其寡弱力盡之效(46)也。可令敦煌、酒泉太守各將精騎二千，多其幡幟，倍道兼行(47)，以赴其急。匈奴疲極之兵，必不敢當，四十日間足還入塞。」帝然之。乃遣征西將軍(48)耿秉屯酒泉(49)，行太守事，遣酒泉太守段彭(50)與謁者王蒙、皇甫援發張掖、酒泉、敦煌三郡及鄯善兵合七千餘人以救之。

甲辰晦(51)，日有食之。

太后兄弟虎賁中郎廖及黃門郎(52)防、光(53)，終明帝世未嘗改官。帝以廖為衛尉(54)，防為中郎將，光為越騎校尉。廖等傾身(55)交結，冠蓋之士(56)爭赴趣之。第五倫上疏曰：「臣聞書曰：『臣無作威作福，其害于而家，凶于而國(57)。』近世光烈皇后(58)雖友愛天至，而抑損陰氏(59)，不假(60)以權勢。其後梁、竇之家(61)，互有非法。明帝即位，竟多誅之。自是雒[1]中(62)無復權戚，書記(63)請託(64)，一皆斷絕。又諭[65]諸外戚曰：『苦身[66]待士，不如為國。戴盆望天，事不兩施[67]。』今之議者，復以馬氏為言[68]。竊聞衛尉廖以布三千匹，城門校尉[69]防以錢三百萬，私贍[70]三輔衣冠[71]，知與不知，莫不畢給。又聞臘日[72]亦遺其在雒中者錢各五千。越騎校尉光臘用[73]羊三百頭，米四百斛，肉五千斤。臣愚以為不應經義[74]，惶恐，不敢不以聞。陛下情[75]欲厚之[76]，亦宜所以安之[77]。臣今言此，誠欲上忠陛下，下全后家也。」

是歲，京師及兗、豫、徐州大旱。

【章　旨】以上為第十五段，寫明帝崩，章帝即位，耿恭困守西域，建立殊勳。

【注　釋】❶車師　西域國名，西漢宣帝時分為車師前、後兩國。此指車師前國，治交河城，在今新疆吐魯番。❷金蒲城　又作金滿城，車師後國所轄城，在今新疆奇臺西南。金蒲城在交河城之北。❸傅　通「敷」。塗抹。❹視瘡皆沸　察看中毒箭的傷口，全都潰爛。沸，指潰爛、灼傷。❺己未　六月十二日。❻有星孛於太微　有彗星出現在太微星區。孛，彗星。太微，天官三垣星區之一。代表天子廷，十二諸侯府。❼疏勒城　此疏勒城，非疏勒國都之城，乃車師後部境內之城。❽固　固守。❾擁絕　堵塞截斷。擁，通「壅」。❿笮　通「榨」。榨取。⓫輓籠　挖深井，用繩牽引盛土筐提土。輓，牽引。籠，盛土筐。⓬揚水　指向城外潑水。⓭壬子　八月初六日。⓮寢廟　古代宗廟正殿稱廟，後殿稱寢，合稱寢廟。⓯藏主　藏，收藏；存放。主，神主；牌位。此指明帝的牌位。⓰更衣別室　寢殿中儲衣物的房間。明帝遺詔，將自己的牌位陳列於皇太后陰麗華更衣別室。⓱建武制度　指光武帝抑制外戚等政策定規，即后妃之家不得封侯，把持朝政。陰、郭之家均不過九卿。⓲館陶公主　光武帝女劉紅夫，下嫁駙馬都尉韓光。⓳公車　公車司馬府或公車司馬令之省稱。宮城南門外有闕門稱司馬門，凡百官及徵詣公車者，至此門下車，步行入宮。公車司馬令掌南闕門，凡吏民上章，四方貢獻及徵詣公車皆在此。⓴反支日　古代術數星相說中的禁忌日。據胡三省注引《陰陽書》，初一（即朔日）為戌、亥日，初一是反支日；初一為申、酉日，初二是反支日；初一為午、未日，初三是反支日；初一為辰、巳日，初四是反支日；初一為寅、卯日，初五是反支日；初一為子、丑日，初六是反支日。㉑詣闕　指吏民到宮闕司馬門上書。㉒拘　約束；限制。㉓蠲　廢除。㉔太子即位　皇太子劉炟即位，是為章帝。㉕皇太后　此指尊章帝劉炟養母馬皇后為皇太后。馬皇太后，伏波將軍馬援之女，進宮不育。章帝乃賈貴人所生，明帝令馬皇后育養為子。㉖北宮衛士令　東漢洛陽南、北宮皆設衛士令一人，秩六百石，分掌守衛宮殿。㉗什邡　縣名，縣治在今四川什邡南。屬廣漢郡。㉘壬戌　八月十六日。㉙顯節陵　明帝陵，位於今河南洛陽邙山南。㉚丁未　十月初二日。㉛節鄉侯熹　即趙熹，見前永平八年注。㉜融　牟融（？—西元七九年），東漢大儒。官至太尉、太傅。傳見《後漢書》卷二十六。㉝錄尚書事　官名，職司宰相。錄，統領；管理。漢武帝時有領尚書事。光武帝不任三公，政歸臺閣，尚書加錄字任實權，稱錄公。尚書有「錄」名，自趙熹、牟融始，後為定制。㉞戊戌　十一月二十四日。㉟蜀郡　郡名，治成都，在今四川成都。㊱第五倫　東漢名臣。任蜀郡太守，為官清廉，奉公盡節。官至司空。傳見《後漢書》卷四十一。㊲焉耆龜茲　皆西域國名。焉耆王治南河城，在今新疆焉耆。龜茲王治延城，在今新疆庫車。㊳北匈奴圍關寵於柳中城　關寵以謁者出任戊己校尉，屯駐車師前部柳中城。永平十八年（西元七五年），北匈奴圍攻柳中，時值明帝崩，漢兵入援遲緩，關寵戰死。柳中城，在今新疆吐魯番東南，其地土地肥沃，宜屯墾，其時為戊己校尉駐地。班勇任西域長史，亦屯駐柳中。㊴筋革　牛筋製弓弦，牛皮（革）製鎧甲。煮鎧弩即食其筋革。㊵白屋王　匈奴王號名，因匈奴中有白屋部族而得名。㊶炙　火烤。耿恭火烤匈奴使者屍，以示必死不降之意，並激勵士卒死戰。㊷鮑昱　字文泉，東漢名臣鮑永之子，少傳父學，習歐陽《尚書》。明帝永平十七年（西元七四年）代王敏為司徒，章帝建初四年（西元七九年）代牟融為太尉，兩年後卒。傳附《後漢書》卷二十九〈鮑永傳〉。㊸死難之臣　捐軀國難之臣。㊹權時　權衡時宜。指第五倫主張的不赴救耿恭的權宜之計。㊺二部　指關寵、耿恭率領的兩支軍隊。㊻效　效驗；證明。㊼倍道兼行　即加倍趕路，日夜兼程。㊽征西將軍　將軍號。㊾酒泉　郡名，治所祿福，在今甘肅酒泉。㊿段彭　《後漢書》卷十九〈耿秉列傳〉、〈耿恭列傳〉作「秦彭」。(51)甲辰晦　十一月三十日。(52)黃門郎　官名，又稱黃門侍郎。屬黃門令。給事禁中。(53)防光　與馬廖均為馬援子，章帝之舅。事附《後漢書》卷二十四〈馬援傳〉。(54)衛尉　官名，保衛宮門的禁衛軍首領。為九卿之一。(55)傾身　傾力；竭力。(56)冠蓋之士　指有地位的士大夫。冠，禮帽。蓋，車蓋。(57)臣無作威作福三句　引自《尚書・洪範》。意謂「做臣屬的，不要作威作福，否則不但害了家，也害了國」。(58)光烈皇后　光武帝皇后陰麗華。(59)抑損陰氏　指陰皇后壓制娘家人。(60)不假　不借；不授予。(61)梁竇之家　梁統、竇融兩功臣國戚之家。梁統子梁松尚光武女舞陰長公主，竇融子竇穆尚光武女內黃公主。梁松、竇穆皆因仗勢弄法，坐法誅。事見前永平四年、六年。62雒中　指京師洛陽城中。63書記　書信。64請託　請他人辦事，以私事相託。65諭　上告下的說法。曉諭；告誡。66苦身　辛苦自身。67兩施　一身同時做兩件事。此上四句意謂辛苦結交朋友，不如全心奉獻國家。戴盆望天，既戴不住盆，也望不見天，事不兩全。68以馬氏為言　意謂議論馬氏，批評馬氏。69城門校尉　官名，校尉是次於將軍一級的武官。城門校尉，職掌京師城門護衛。70贍　供給；周濟。71三輔衣冠　西京長安地區（京兆尹、右扶風、左馮翊三輔）的士大夫。衣冠，指貴族官僚士人。72臘日　十二月冬至後第三個戌日。是日祭祀祖先百神。73臘用　臘日祭祀的費用。74不應經義　不符合儒家經典大義。75情　感情；本意。76厚之　指厚待馬氏外戚。77安之　使他們平安。節制外戚，使他們不逾制度，才能平安。

【校　記】1雒　原作「洛」。據章鈺校，十二行本、乙十一行本皆作「雒」，下文同，今據改。

【語　譯】十八年（乙亥　西元七五年）

春，二月，下詔竇固等撤兵返回京城。

北匈奴單于派遣左鹿蠡王率領二萬騎兵攻擊車師國，耿恭派遣司馬率領士兵三百人救援車師，都被匈奴人攻滅，匈奴於是攻破車師殺死車師後王安得，攻打金蒲城。耿恭把毒藥塗在箭上，告訴匈奴人說：「漢朝的箭很神，中箭有創傷的一定有奇異現象。」匈奴中箭的人，看到傷口都灼傷潰爛，大驚。恰逢天氣出現暴風雨，漢軍乘雨進攻匈奴，殺傷敵人很多。匈奴震恐，相互說：「漢兵神奇，真的可怕呀！」於是解圍而去。

夏，六月十二日己未，在太微星區出現彗星。

耿恭因疏勒城旁有澗水可以固守，就帶領士兵駐守在那裡。秋，七月，匈奴人再來攻擊，堵塞截斷澗水。耿恭在城中挖井十五丈深，見不到水，官吏士卒口渴困乏，以至於榨馬糞的液汁來飲用。耿恭親自率領士兵用筐提土，過了一會兒，泉水湧出，大家都高呼萬歲。耿恭便命令將士往城外潑水給匈奴人看，匈奴人出乎意料，以為是神明，於是領兵撤離了。

八月初六日壬子，明帝在東宮前殿去世，享年四十八歲。明帝遺詔說：「不要建寢廟，把牌位安置在光烈皇后寢殿中儲放衣物的偏房。」

明帝遵奉建武時期的制度，沒有什麼變更，后妃的家人不可封侯參政。館陶公主為兒子請求任郎官，明帝沒有批准，只賞錢千萬，對群臣說：「郎官在上和列位星宿相應，出朝任職可管理百里之地，如果不是合適的人選，那麼民眾就要遭受他的禍殃，因此難以同意。」舊例公車府在反支日這天不受理奏章。明帝聽說後怪罪說：「民眾荒廢農桑之事，遠道前來宮闕上書，卻又因禁忌而受到限制，這難道是為政的本意嗎！」於是就廢除了這個制度。尚書閻章的兩個妹妹為貴人，閻章傾力任職，通曉舊典，論年資應當升任要職。明帝因為他是后妃親屬，最終未加任用。所以官吏用人得當，百姓安居樂業，遠近都敬畏歸服，戶口日益增加。

太子劉炟即位，年十八歲。尊稱馬皇后為皇太后。

明帝剛去世，馬氏兄弟爭著要進宮。北宮衛士令楊仁穿著鎧甲，手執長戟，嚴令衛士把守宮門，沒有人敢輕易進宮。馬家人就一起向章帝說楊仁的壞話，說他嚴厲苛刻。章帝知道楊仁忠誠，更加賞識他，任命他做什邡縣縣令。

八月十六日壬戌，將孝明皇帝安葬於顯節陵。

冬，十月初二日丁未，大赦天下。○章帝下詔任命代理太尉職務的節鄉侯趙熹為太傅，任命司空牟融為太尉，一起總領尚書事務。

十一月二十四日戊戌，任命蜀郡太守第五倫為司空。第五倫在蜀郡公正清廉，所察舉的官吏大多得當，所以章帝從遙遠的蜀郡選用了第五倫。

焉耆國、龜茲國攻殺都護陳睦，北匈奴把關寵圍困在柳中城。時逢中國有國喪，救兵沒有到來，車師國又反叛，和匈奴一同進攻耿恭，耿恭率領激勵士卒抵抗敵人。過了幾個月，食物用盡處境困難，就煮鎧甲弓弩，吃其中的獸筋皮革。耿恭和士卒以誠相待，生死與共，因此都沒有二心，但士卒逐漸死去，剩下幾十人。單于知道耿恭處境已很困難，一心想招降耿恭，派使者招撫耿恭說：「如果投降了，單于會封你做白屋王，把女子嫁給你為妻。」耿恭誘騙匈奴使者登上城，親手格殺他，在城上用火烤他的屍體。單于大怒，再次增兵圍困耿恭，但無法攻下。

關寵上書求救，章帝下詔公卿朝會商議。司空第五倫認為不該救援，司徒鮑昱說：「如今派人到危難之地，出現危急就拋棄他，對外就是放縱蠻夷的暴虐，對內就會傷害效死國難的忠臣。如果此次權衡時宜，以後沒有邊疆戰事，那麼可以這樣做。匈奴如果再犯塞為寇，陛下將如何選派將領！還有關寵和耿恭二部的士兵各自才幾十人，匈奴圍困他們，經過十天還攻不下，這是匈奴兵少力寡弱、力量枯竭的明證。可以命令敦煌、酒泉太守分別率領精銳騎兵二千人，多舉些旗幟，加快速度晝夜兼行，去解救他們的危急。匈奴疲倦至極的士兵，一定不敢抵擋，四十天時間足可以返回到關塞。」章帝贊同他的意見。於是派征西將軍耿秉駐守酒泉，代理太守職務，派酒泉太守段彭和謁者王蒙、皇甫援調發張掖、酒泉、敦煌三郡以及鄯善國的士兵共七千多人去救援關寵、耿恭。

十一月最後一天三十日甲辰，發生日蝕。

馬太后的兄弟虎賁中郎將馬廖以及黃門郎馬防、馬光，終明帝一世未曾改任官職。章帝任命馬廖做衛尉，馬防做中郎將，馬光做越騎校尉。馬廖等人竭力結交天下豪傑，官紳之士爭著投向馬氏兄弟。第五倫上疏說：「臣聽《尚書》上說：『臣子不要作威作福，那樣會禍及家族，危害國家。』近世光烈皇后雖然天性友愛，但卻壓抑貶損陰氏家族，不授予他們權勢。後來梁氏、竇氏家族，都有非法行為。明帝即位，最終多半處死他們。從此京師洛陽不再有有權勢的外戚，寫信請託之事，一概都沒有了。明帝還告誡眾外戚說：『辛苦自身禮待士人，不如全心為國效力。頭頂盆子去望天，一件事情不能兩邊進行。』現在的議事者，又在議論批評馬氏。臣私下聽說衛尉馬廖拿三千匹布，城門校尉馬防拿三百萬錢，私自供給三輔的官宦士人，不管認識或不認識，沒有不供給的。臣又聽說他們在臘日還贈送洛陽城的士大夫每人五千錢。越騎校尉馬光臘祭用羊三百頭，米四百斛，肉五千斤。臣愚以為這不合經書的義理，心裡惶恐不安，不敢不向陛下報告。陛下感情上想要厚待他們，也應該以合適的方式使他們平安。臣現在說這些，實在是想對上忠於陛下，對下保全皇太后的家族。」

這一年，京師和兗州、豫州、徐州，發生大旱。

【研 析】本卷研析三事：一、佛教傳入中國；二、楚王英謀反案；三班超建功西域。

一、佛教傳入中國。漢明帝永平八年（西元六五年），須布詔令，罪人可以用錢財贖罪。楚王劉英，派他的郎中令向國相上交三十匹黃白細絹，聲稱用以贖罪，楚王英並未觸犯刑律，無罪可贖。國相上奏漢明帝，漢明帝下詔書回報說：「楚王誦讀黃老之書，崇尚佛家的仁慈，齋戒三個月，向神明發誓，哪有什麼嫌疑？不應該有悔恨。退還贖罪的細絹，用來多擺幾桌招待佛門和尚的筵席。」漢明帝還把這道詔書轉發給其他諸侯封國的中傳，表明最高統治者承認佛教的合法地位。東漢末牟融作〈理惑論〉說漢明帝夜夢宮殿裡飛來一個神人，名字叫「佛」。於是遣使到天竺（印度）求佛經。漢使歸來，求來佛像、佛經，還有印度高僧同來中國。據說是用白馬馱載佛經抵達京都洛陽，漢明帝在洛陽城西建造佛寺用白馬命名。白馬寺至今香火不絕。

佛教創始人釋迦牟尼，約生於西元前五六六年，死於西元前四八六年，是在今尼泊爾境內迦毗羅國的王子，與中國聖人孔子同時。到了中國秦代，天竺阿育王大弘佛法，派遣僧徒四出布教，西漢時西域的一些城邦國家已信奉佛法。漢武帝開通西域，佛教已經東來。漢哀帝元壽元年（西元前二年），西域佛教國大月氏使臣伊存來朝，博士弟子景盧從伊存受浮圖經。但佛教受到中國儒學與道教的抵制，一直未能流傳。漢明帝的詔書真正打開了佛教傳布的大門，經過魏晉南北朝到隋唐，佛教盛行，與儒、道並駕齊驅，而只有佛教才是真正的宗教。儒學不是宗教，道家作為宗教並不發展。而作為學術，儒、道、釋三足鼎立，互相滲透。佛教在中國生根、開花、結果，漢明帝的功績不可埋沒。

二、楚王英謀反案。漢明帝永平十三年（西元七〇年），一個名叫燕廣的男子上書告發楚王英與漁陽人王平、顏忠等造作圖書，刻文字為符瑞，有謀反行動。經過審理，主管部門上奏：「英大逆不道，犯了死罪。」漢明帝不忍加刑，廢了王爵，發配到丹陽涇縣，給五百戶湯沐邑。第二年，劉英自殺了。劉英死了，而審查定罪劉英叛黨的案件還沒有結束。劉英把天下的知名人士祕密地記載在一本小冊子上，其中有吳郡太守尹興的名字，辦案人不只是逮捕了尹興，郡守屬官被抓捕的五百多人，嚴刑拷打致死二百多人。主案犯顏忠、王平隨口咬人，隧鄉侯耿建、朗陵侯臧信、濩澤侯鄧鯉、曲成侯劉建，從未見過顏忠、王平兩人，無辜被株連。苦打成招，考一連十，考十連百，沒完沒了。侍御史寒朗冒死上書為囚犯申冤，漢明帝醒悟，親自到洛陽獄查閱囚犯卷宗，釋放了一千多人。任城令袁安轉任楚郡太守，釋放了四百多人。楚王英謀反案牽引數千人蒙冤。一個諸侯王謀反，未成事實，只是密謀計劃，為何牽連這麼多人蒙冤呢？原因有三：第一，皇帝嚴旨親辦的案件，辦案人不敢違抗，多為冤案。第二，辦案人表示效忠，踩著他人的血跡晉升，往往以多誅殺為能，結案時間拖得越長，就會不斷擴大。第三，司法程序只要口供，不重證據。嚴刑逼供，不僅苦打成招，而且牽引無辜以減罪行，或報復仇人，因此才考一連十，考十連百。這種司法弊端在專制政體下，是其常態。回顧歷史，著實令人可憫。

楚王英案的擴大化開了一個惡例，可以說這是東漢末黨錮之禍波及全國的一次預演。

三、班超建功西域。西漢末年，北匈奴乘中國之亂，再度入侵西域，切斷絲綢之路整整六十年。東漢建立，決計恢復中西交通，這一艱巨的歷史使命落在了一介書生身上。這個書生就是「投筆從戎」立功西域的班定遠。

班超（西元三二—一〇二年），字仲升，扶風平陵人。西漢大史學家班固之弟。班超從小博覽群書，胸藏韜略，志向高遠。不幸早年喪父，家道中落，生活清苦。明帝永平五年，朝廷徵召班固為校書郎蘭臺令史，舉家遷居洛陽。但蘭臺令史這一小官的薪俸不足以養家，班超不得不受官家雇傭為抄書吏。這一現實與班超的報國壯志有很大的落差。有一天，班超情不自禁地把筆扔在了地上，十分激動地說：「一個男子漢，不能效法傅介子、張騫，立功邊外，取封侯之賞，怎麼能長此做一個抄書匠呢！」班超此舉，如同陳涉發鴻鵠之歎一樣，遭到同事的嘲笑。明帝永平十六年（西元七三年），班超投筆從戎的機會果然來了。他被徵為奉車都尉竇固的假司馬，即參謀軍事的副司馬，出征匈奴，打通西域道路。竇固這次出征，從今甘肅酒泉西北，進入今新疆哈密巴里坤湖一帶，趕走了北匈奴派駐西域的呼衍王，在哈密地區設置了宜禾都尉，駐軍屯墾。班超在戰鬥中初露頭角，被竇固推薦為西域副使，與從事郭恂一起出使西域。

西域通道有南北兩道。南道沿昆侖山，北道沿天山，兩道都東起鄯善國，西至疏勒。漢朝要打通中西交通，就必須控制鄯善和疏勒兩個城邦小國。鄯善尤為漢匈雙方爭奪的要點。鄯善王兩邊都得罪不起。於是常常是腳踏兩條船，時而倒向匈奴，時而倒向漢朝。

鄯善原名樓蘭。西漢昭帝元鳳四年（西元前七七年），傅介子出使樓蘭，用智計殺死了倒向匈奴的樓蘭王，因而改名鄯善。班超如今出使西域的第一站，就是當年傅介子的處境，鄯善王頭幾天還殷勤接待班超等人，過了幾天忽然怠慢起來。班超敏感地意識到必然是北匈奴的使團來到了鄯善，他用智計從鄯善接待官口中落實了匈奴使團一百多人住在離班超住地三十多里的地方。班超不待請示郭恂，當夜果斷地率領漢使三十六人攻殺匈奴使團，斷了鄯善王倒向北匈奴的後路。班超是第二個傅介子，他比傅介子走得更遠。當時西域各國不堪忍受匈奴的重稅掠奪，日夜期盼漢使到來。班超消滅匈奴使團的消息，一陣風傳遍了西域各國。班超乘勢與三十六位壯士沿南道出使了于窴、莎車、疏勒等國，幫助西域各國驅逐了匈奴派駐的監護官。東漢政府不費干戈兵卒就恢復了西域都護和戊、己校尉等官。都護陳睦駐焉耆國烏壘城，在今新疆輪臺東。戊校尉耿恭駐金蒲城，在今新疆吉木薩爾。己校尉關寵駐柳中，在今新疆吐魯番東南。這是東漢政府的第一次通西域。

東漢一朝自漢明帝至漢安帝經營西域三絕三通。西元七三至七七年，班超第一次通西域。西元七七至九一年，東漢政府不願與北匈奴作戰，放棄伊吾，中西交通再次中斷。西元九一至一〇七年，竇憲大破北匈奴，班超經營西域完全成功，這是第二次通西域。西元一〇七至一二四年，班超的後繼者庸劣貪婪，引起西域一些國家反抗，北匈奴侵入，東漢政府召回都護，中西交通第三次中斷。西元一二五年，班勇擊走北匈奴，第三次恢復中西交通。東漢三通西域，班氏父子建立大功。班超第二次通西域，立即派甘英出使大秦，即古羅馬帝國。甘英到達地中海東海岸，因缺乏渡海工具折了回來。班超通大秦的目的沒有實現，但他那博大的胸懷，遠大的目光，凌雲的壯志，卻永垂青史，也激勵了一代又一代中華兒女。

卷第四十六

漢紀三十八

起柔兆困敦（丙子 西元七六年），盡閼逢涒灘（甲申 西元八四年），凡九年。

【題解】本卷記事起西元七六年，迄西元八四年，凡九年。當漢章帝建初元年至元和元年，章帝在位的前期。此時期馬太后臨朝，章帝垂拱。馬太后識大體，抑制外家，章帝三舅馬廖、馬防、馬光不得封侯。章帝為明帝賈貴人所生，馬太后養為己子。章帝韜晦孝謹，多次要求太后封爵舅氏，而太后謝世，墳土未乾，章帝即裁制舅家，諸馬失勢，卻放縱竇皇后外戚，於是竇憲得勢，專橫跋扈。章帝寬仁，平反冤獄，廢酷刑，慎選舉，量才用人，納諫，獎勵直臣，勸農桑，以寬緩糾明帝之苛猛，政治出現開明的新氣象。西域不寧，耿恭困守疏勒抗擊北匈奴一年有餘，被救回國，全軍只存活十三人，可想見其艱苦卓絕。西羌開始暴動，馬防平定了暴亂。章帝詔令諸儒會議白虎觀，章帝親臨裁決《白虎議奏》，是東漢文化思想建設的一件大事。

肅宗孝章皇帝❶上

建初元年（丙子 西元七六年）

春，正月，詔兗、豫、徐三州稟❷贍❸飢民。上問司徒❹鮑昱：「何以消復❺旱災？」對曰：「陛下始踐天位，雖有失得，未能致異。臣前為汝南❻太守，典治楚事❼，繫者千餘人，恐未能盡當其罪。夫大獄一起，冤者過半。又諸徙者骨肉離分，孤魂不祀。宜一切還諸徙家，蠲除禁錮，使死生獲所❽，則和氣❾可致。」帝納其言。

校書郎❿楊終⓫上疏曰：「間者北征匈奴，西開三十六國⓬，百姓頻年⓭服役，轉輸⓮煩費⓯，愁困之民，足以感動天地，陛下宜留念省察⓰。」帝下其章⓱，第五倫亦同終議。牟融、鮑昱皆以為：「孝子無改父之道⓲，征伐匈奴，屯戍西域，先帝所建，不宜回異⓳。」終復上疏曰：「秦築長城，功役繁興，胡亥⓴不革㉑，卒亡四海。故孝元棄珠厓㉒之郡，光武絕西域之國㉓，不以介鱗㉔易我衣裳㉕。魯文公㉖毀泉臺㉗，春秋譏之曰：『先祖為之而已毀之，不如勿居而已。』㉘以其無妨害於民也。襄公㉙作三軍㉚，昭公㉛舍㉜之，君子大其復古㉝，以為不舍則有害於民也。今伊吾之役㉞，樓蘭之屯兵㉟，久而未還，非天意也。」帝從之。

丙寅㊱，詔：「二千石勉勸農桑。罪非殊死㊲，須秋按驗㊳。有司明慎選舉㊴，進㊵柔良，退㊶貪猾，順時令，理冤獄㊷。」是時承永平故事，吏政尚嚴切㊸。尚書決事，率[44]近於重。尚書沛國陳寵[45]以帝新即位，宜改前世苛俗，乃上疏曰：「臣聞先王之政，賞不僭[46]，刑不濫[47]。與其不得已，寧僭無濫[48]。往者斷獄嚴明，所以威懲姦慝[49]。姦慝既平，必宜濟之以寬。陛下即位，率由[50]此義，數詔羣僚，弘崇[51]晏晏[52]。而有司未悉奉承，猶尚深刻，斷獄者急於篣格酷烈[53]之痛，執憲者[54]煩[55]於詆欺放濫之文[56]，或因公行私，逞縱威福[57]。夫為政猶張[58]琴瑟，大絃急[59]者小絃絕[60]。陛下宜隆[61]先王之道[62]，蕩滌[63]煩苛之法[64]，輕薄箠楚[65]，以濟[66]羣生，全廣至德[67]，以奉天心。」帝深納寵言，每事務於寬厚。

【章旨】以上為第一段，寫漢章帝初即位，納鮑昱、陳寵之言，平冤獄，慎選舉，勸農桑，政治出現新氣象。

【注釋】❶肅宗孝章皇帝　名炟，漢明帝第五子，母賈貴人，馬皇太后母養為嫡，即位為章帝，廟號肅宗。東漢第三代皇帝，西元七六—八八年在位。傳見《後漢書》卷三。《伏侯古今注》：「炟之字曰著。」❷稟　通「廩」。給予糧食。❸贍　供給。❹司徒　三公之一，掌民政。❺消復　清除災變，恢復正常。❻汝南　郡名，治所平輿，在今河南平輿北。❼楚事　指永平十三年楚王劉英謀反案。❽死生獲所　使已死去的人和還活著的人都各得其所。❾和氣　祥和之氣。謂平反冤獄，使人際出現祥和氣氛，可導致天時祥和而消除旱災。❿校書郎　東漢召文學之士於蘭臺或東觀校書，職級同郎官，稱校書郎。⓫楊終　字子山，蜀郡成都（今四川成都）人，年少知名，明帝徵詣蘭臺，拜校書郎。章帝時受詔刪《太史公書》為十餘萬言，即編選《史記》讀本。精通《春秋》，著《春秋外傳》十二篇，改定章句十五萬言。傳見《後漢書》卷四十八。⓬三十六國　漢武帝時歸附漢朝的西域共有三十六個城邦小國，哀、平時分為五十五國。⓭頻年　連年。⓮轉輸　轉運糧餉。⓯煩費　指人民負擔了沉重的戰爭費用。⓰留念省察　留意審察。⓱帝下其章　章帝將楊終的奏章交下外朝廷議。漢家制度，國家大政，均要廷議。⑱孝子無改父之道　引自《論語・學而》孔子之言。孔子曰：「父在觀其志，父沒觀其行。三年無改於父之道，可謂孝矣。」⑲回異　反其道而異，即改變、更易。⑳胡亥　秦二世皇帝。㉑不革　不革新；不變易。指秦二世不改變秦始皇政苛事煩的政治。㉒珠厓　郡名，在今海南。漢武帝元鼎六年（西元前一一一年）置。漢元帝初元二年（西元前四七年）罷郡。事詳本書卷二十八元帝初元二年。㉓光武絕西域之國　事詳本書卷四十三光武帝建武二十二年。㉔介鱗　獸甲魚鱗喻未化之遠夷，這是漢代統治者對居於海南島上少數民族的貶稱。㉕衣裳　指講究禮儀冠帶的中國。㉖魯文公　春秋時魯國君，僖公之子，名姬興，西元前六二五—前六〇九年在位。㉗泉臺　即郎臺，魯莊公三十一年築臺於郎，臺成更名泉臺。在魯南郊，即今山東曲阜東南。㉘春秋譏之曰三句　《春秋》指《公羊傳》。魯文公十六年因其母聲姜薨，國人以為蛇妖出泉臺而毀之。《公羊》作者認為，泉臺臨百姓洗漱之處，故《春秋》譏之。今文公毀之，等於是彰先祖之惡，故又譏之，應不居住讓其自壞。㉙襄公　春秋時魯國君，名姬午，西元前五七二—前五四二年在位。㉚三軍　魯國原有上、下兩軍，襄公十一年增中軍而為上、中、下三軍。㉛昭公　襄公子稠，繼襄公為魯君，西元前五四一—前五一〇年在位。昭公五年裁中軍，仍為二軍。㉜舍　裁撤。㉝君子大其復古　君子，《公羊傳》作者。大，稱讚。復古，恢復祖宗之法，捨魯中軍，復為二軍。㉞伊吾之役　指永平十六年竇固取伊吾，置屯兵。㉟樓蘭之屯兵　指永平十六年班超率兵出使西域，在樓蘭（即鄯善）殺匈奴使。㊱丙寅　正月二十三日。㊲殊死　指判斬刑的大罪。㊳按驗　覆審。㊴選舉　選賢任能，考選吏員。㊵進　提升。㊶退　排斥；罷免。㊷理冤獄　平反冤案。㊸嚴切　嚴苛酷烈。㊹率　一般；大多。㊺陳寵　字昭公，沛國洨縣（故治在今安徽靈璧東南）人，少為州郡吏，章帝即位，徵為尚書。為官寬柔，歷二郡：泰山、廣漢太守；三卿：大司農、廷尉、大鴻臚，官至司空。傳見《後漢書》卷四十六。㊻僭　超越標準；越過等級。㊼濫　過度。《尚書・殷武》：「不僭不濫，不敢怠遑。」㊽寧僭無濫　引自《左傳》襄公二十九年蔡大夫聲子之言，曰：「善為國者，賞不僭而刑不濫。……若不幸而過，寧僭無濫。」意謂政寬比起嚴苛來，寧寬無嚴。㊾姦慝　奸巧邪惡。㊿率由　遵循。(51)弘崇　發揚光大。(52)晏晏　溫和的樣子。弘崇晏晏，指提倡寬和之政。(53)箠格酷烈　嚴刑拷打。箠，通「搒」。用鞭、杖或竹板打人。(54)執憲者　執法的人。(55)煩　煩擾。指人為複雜化，執法人故意把案子攪亂。(56)詆欺放濫之文　詆陷不實，以及誇誕氾濫的文書。(57)逞縱威福　濫用職權，恣意作威作福。(58)張　調試。(59)急　絃繃得太緊。(60)絕　絃斷。語出《新序》，子貢非難魯大夫臧孫行猛政，曰：「夫政猶張琴瑟也，大弦急則小弦絕矣，故曰：『罰得則姦邪止，賞得則下歡悅。』」(61)隆　興隆；發揚。(62)先王之道　古代聖明君王的寬弘之道。(63)蕩滌　洗滌；清除。(64)煩苛之法　繁雜苛酷的法令。(65)輕薄箠楚　減輕酷刑。箠、楚皆杖木之名，引申為拷打。(66)濟　拯救。67全廣至德　弘大盛德。

【語　譯】肅宗孝章皇帝上

建初元年（丙子　西元七六年）

春，正月，章帝下詔兗、豫、徐三州發放糧食救濟災民。皇上問司徒鮑昱：「如何消除旱災，恢復正常？」鮑昱回答說：「陛下剛剛登上天子之位，即使有成敗得失，也不可能招來災異。臣以前做汝南太守，主辦楚王劉英的案子，關押了一千多人，恐怕未必都罰當其罪。重大刑獄一爆發，受冤的超過半數。再者，那些被流放的人骨肉分離，孤魂沒人祭祀。應該把所有流放之家都讓其返回，解除禁錮，讓死去的人和活著的人都能各得其所，那麼就可以得到祥和之氣。」章帝接受了鮑昱的建議。

校書郎楊終上疏說：「最近北征匈奴，西邊開通了西域三十六國，百姓連年服役，轉運糧餉，負擔沉重，愁困的百姓，足以感動天地，陛下應該留意體察民情。」章帝把楊終的奏章交給群臣討論，第五倫也同意楊終的建議。牟融、鮑昱都認為：「孝子不該改變父親的原則。征伐匈奴，屯守西域，是先帝所制定的策略，不應改變。」楊終又上疏說：「秦修築長城，頻繁徵發勞役，胡亥不改弦更張，最終失去天下。所以孝元帝裁撤了珠厓郡，光武帝斷絕同西域諸國來往，不因遠夷改變中國。魯文公毀壞泉臺，《春秋》譏諷說：『先祖建立泉臺，而自己毀壞它，不如不居住。』因為它並沒有妨害百姓。魯襄公建立三軍，魯昭公把它取消了，君子讚賞他恢復祖宗舊法，認為不取消三軍就有害於百姓。現在伊吾服役的士兵，樓蘭的駐軍，長久不能回國，這不符合天意啊。」章帝聽從了楊終的建議。

正月二十三日丙寅，章帝下詔：「二千石官員勸勉百姓務農種桑。犯人所犯若非死罪，應到秋天覆審。主管官員明辨謹慎地推舉人才，提拔溫和賢良的人，斥退貪婪狡猾的人，順應時令，平反冤案。」這時沿襲永平年間的慣例，官吏為政崇尚嚴苛酷烈，尚書決斷政事，大多偏重。尚書沛國人陳寵認為章帝剛即位，應當改變前代的苛刻風氣，就上疏說：「臣聽說先王為政，獎賞不超越等級，刑罰不過度。若迫不得已，寧可獎賞超越等級也不刑罰過度。過去斷獄嚴明，是為了威嚇懲罰奸惡的人。奸惡的人既已鏟除，必須用寬政來輔助。陛下即位，遵循這個原則，多次向群臣下詔，極力推崇寬和之政。而主管官員沒有完全接受，仍推重苛刻，判案的人追求嚴刑拷打之痛，執法的人煩擾於欺騙恣肆的文書，有的甚至假公濟私，恣意作威作福。為政就像調試琴瑟，大絃過度拉緊，小絃就會繃斷。陛下應該發揚先王之道，廢除苛煩的法令，減輕笞打的刑罰，拯救百姓，弘大完美的恩德，用來遵奉天意。」章帝誠懇地採納了陳寵的建議，每次處理事務力求寬大仁厚。

酒泉❶太守段彭等兵會柳中，擊車師，攻交河城❷，斬首三千八百級，獲生口三千餘人。北匈奴驚走，車師復降。會關寵已歿，謁者王蒙等欲引兵還。耿恭軍吏范羌時在軍中，固請迎恭。諸將不敢前，乃分兵二千人與羌，從山北❸迎恭，遇大雪丈餘，軍僅能至。城中夜聞兵馬聲，以為虜來，大驚。羌遙呼曰：「我范羌也，漢遣軍迎校尉耳。」城中皆稱萬歲。開門，共相持涕泣。明日，遂相隨俱歸。虜兵追之，且戰且行。吏士素飢困，發疏勒❹時，尚有二十六人，隨路死沒，三月至玉門❺，唯餘十三人。衣屨穿決❻，形容枯槁❼。中郎將鄭眾為恭以下洗沐，易衣冠❽。上疏奏：「恭以單兵守孤城，當匈奴數萬之眾，連月踰年，心力困盡，鑿山為井，煮弩為糧，前後殺傷醜虜數百千計，卒全❾忠勇，不為大漢恥，宜蒙顯爵，以厲⑩將帥。」恭至雒陽，拜騎都尉。詔悉罷戊、己校尉及都護官，徵還班超。

超將發還，疏勒舉國憂恐，其都尉黎弇曰：「漢使棄我，我必復為龜茲⑪所滅耳，誠不忍見漢使去。」因以刀自剄。超還至于窴，王侯以下皆號泣，曰：「依漢使如父母，誠不可去！」互抱超馬腳，不得行。超亦欲遂其本志⑫，乃更還疏勒。疏勒兩城已降龜茲，而與尉頭⑬連兵。超捕斬反者，擊破尉頭，殺六百餘人，疏勒復安。

甲寅⑭，山陽、東平⑮地震。

東平王蒼上便宜三事⑯，帝報書曰：「間吏民奏事亦有此言，但明智淺短，或謂儻是，復慮為非，不知所定。得王深策，恢然⑰意解，思惟嘉謀，以次奉行。特賜王錢五百萬。」後帝欲為原陵、顯節陵起縣邑，蒼上疏諫曰：「竊見光武皇帝躬履儉約之行，深覩始終之分⑱，勤勤懇懇，以葬制為言⑲。孝明皇帝大孝無違，承奉遵行。謙德之美，於斯為盛。臣愚以園邑之興，始自彊秦⑳。古者丘隴㉑且不欲其著明，豈況築郭邑、建都郛㉒哉！上違先帝聖心，下造無益之功，虛費國用，動搖百姓，非所以致和氣、祈豐年也。陛下履㉓有虞㉔之至性，追祖㉕禰㉖

之深思，臣蒼誠傷二帝純德之美不暢於無窮也。」帝乃止。自是朝廷每有疑政，輒驛使諮問。蒼悉心以對，皆見納用。

秋，八月庚寅㉗，有星孛于天市。

初，益州西部都尉㉘廣漢㉙鄭純為政清潔，化行夷貊，君長感慕，皆奉珍內附㉚。明帝為之置永昌郡，以純為太守。純在官十年而卒。後人不能撫循夷人，九月，哀牢王類牢殺守令反，攻博南㉛。

阜陵王延㉜數懷怨望，有告延與子男魴造逆謀者。上不忍誅，冬十一月，貶延為阜陵侯，食一縣，不得與吏民通。

北匈奴皋林溫禺犢王將眾還居涿邪山㉝，南單于與邊郡及烏桓共擊破之。是歲，南部大[1]饑㉞，詔稟給之。

【章旨】以上為第二段，寫耿恭困守西域疏勒孤城抗擊北匈奴一年多，被救回朝，班超不受徵召，留守西域。

【注釋】❶酒泉　郡名，漢武帝置，治祿福縣，在今甘肅酒泉。❷交河城　在今新疆吐魯番西北。❸山北　天山北面。交河城在天山之南，疏勒城在天山之北。時值大雪，故王蒙欲棄耿恭不救而還。❹發疏勒　從疏勒出發。疏勒，西域國名，在今新疆喀什。❺玉門　關名，即今甘肅玉門關。❻衣屨穿決　衣服破爛，鞋子穿洞。❼形容枯槁　面容憔悴。❽易衣冠　換上新衣帽。❾卒全　最終保全、成全。❿厲　通「勵」。⓫龜茲　西域國名，地以新疆庫車為中心，當中原通西域北道中段要衝。⑫本志　本來的志向，即立功邊外，上報國家，下覓封侯的志願。《後漢書》班超傳載，班超曾為抄書吏，一次投筆而歎曰：「大丈夫無它志略，猶當效傅介子、張騫立功異域，以取封侯，安能久事筆研間乎？」和帝永元七年（西元九五年）封班超為定遠侯。⑬尉頭　西域國名，在疏勒東北，當今新疆烏什西。⑭甲寅　三月十二日。⑮山陽東平　山陽，郡名，治所昌邑，在今山東金鄉西。東平，國名，治所無鹽，在今山東東平東。⑯便宜三事　有利國家、合乎時宜的三件事。⑰恢然　豁然；恍然大悟。⑱始終之分　初始與終結的分際，謂節儉之行，應始終如一。⑲葬制為言　光武帝主張節葬，建原陵，所制地不過二三頃。事見本書卷四十四光武建武二十六年。明帝建顯節陵，亦遵其制。⑳園邑之興二句　園邑，指在帝王陵前建寢殿園林，並置縣邑。秦始皇葬驪山陵，建高冢，徙三萬家置驪邑。其後西漢因之，諸陵皆起陵園邑，至漢元帝乃止。㉑丘隴　指墳冢。《後漢書》唐太子李賢注引《禮記・檀弓》曰：「古者墓而不墳。」古人埋葬，只有墓穴，而不起墳冢，故言不欲顯明。㉒郛　城的外郭。㉓履　踐行。㉔有虞　即傳說的古代聖王虞舜，有至孝。㉕祖　指光武帝。㉖禰　指明帝。大父稱祖，生父死後稱禰。追祖禰之深思，追念祖、父的深刻思考。㉗庚寅　八月二十日。㉘益州西部都尉　官名，邊郡所設部都尉，是巡撫所屬地區少數民族的專職地方軍事長官。益州西部都尉駐嶲唐縣，在今雲南雲龍。明帝升格置為永昌郡。㉙廣漢　郡名，治所雒縣，在今四川廣漢。㉚奉珍內附　進獻珍寶貢物內附。㉛博南　縣名，縣治在今雲南永平西南。㉜阜陵王延　光武帝子，原為淮陽王，因謀逆而徙封為阜陵王。事見上卷永平十六年。㉝涿邪山　即蒙古南境古爾班察汗山。北匈奴皋林溫禺犢王本居涿邪山，永平十六年祭肜等北伐，將眾遠遁，今復還。㉞南部大饑　南匈奴大饑。

【校　記】1大　原作「次」。據章鈺校，甲十六行本、乙十一行本、孔天胤本皆作「大」，熊羅宿《胡刻資治通鑑校字記》同，今據改。

【語　譯】酒泉太守段彭等軍隊在柳中城集合，攻擊車師國，進攻交河城，殺敵三千八百人，抓獲三千多人。北匈奴受驚逃走，車師國再次歸降。當時關寵已死，謁者王蒙等人想率領軍隊回國。耿恭的軍吏范羌當時在軍中，堅決請求迎回耿恭。眾將領不敢前行，於是分給范羌二千士兵，從天山北面去迎接耿恭，遇上一丈多深的大雪，軍隊勉強到達。城中在夜間聽到兵馬的聲音，以為敵人來犯，大驚。范羌遠遠地呼喊：「我是范羌，漢朝派軍迎接校尉的。」城中的人都高呼萬歲。打開城門，大家互相擁抱流淚。第二天，耿恭就與援軍一同回國。匈奴的軍隊追擊他們，一面作戰，一面行進。吏士一直飢餓困乏，耿恭部眾從疏勒城出發時還有二十六人，一路上相繼死亡，三月到達玉門關，只剩下十三人。衣服鞋子都穿洞破爛，面容憔悴。中郎將鄭眾為耿恭及部下洗沐，更換衣帽。上奏疏說：「耿恭以孤軍守衛孤城，抵擋匈奴數萬軍隊，連月踰年，心力耗盡，鑿山挖井，煮弓弩為糧，前後殺傷可惡的匈奴人數以百計千計，最終忠勇俱全，沒有讓大漢朝受辱，應當獲得顯貴的爵位，以激勵將帥。」耿恭回到洛陽，被任命為騎都尉。章帝下詔全部撤銷戊、己校尉及都護官，徵召班超回京。

班超將要出發回京，疏勒國舉國憂心恐懼，他們的都尉黎弇說：「漢朝的使者拋下我們，我們一定又會被龜茲所滅，實在不忍心看著漢朝使者離開。」因此拔刀自殺。班超返回到于寘國，王侯以下都號咷大哭，說：「我們依賴漢朝的使者如同依賴父母，實在不能離去啊！」互相抱住班超的馬腳，不能前行。班超也想完成宿願，就又返回疏勒國。疏勒國兩座城已經投降龜茲，而與尉頭國軍隊聯合。班超逮捕斬殺了反叛的人，攻陷尉頭國，殺死六百多人，疏勒國重新安定。

三月十二日甲寅，山陽郡和東平國發生地震。

東平王劉蒼上書提出應該辦的三件事，章帝回信說：「最近吏民奏事也有這樣的建言，但朕目光短淺，有時認為好像是對的，再一想又覺得不對，不知如何是好。得知王的周密計策，豁然醒悟，考慮這是好意見，將依次遵行。特別賞賜王五百萬錢。」後來章帝想要為原陵、顯節陵興建縣邑，劉蒼上疏進諫說：「私下看到光武皇帝親自實踐節儉的行為，深明初始與終結的分際，懇切地指示喪葬後事。孝明皇帝非常孝順沒有違逆，稟承奉行。謙恭的美德，在喪葬上表現得最為突出。臣愚見以為陵園縣邑的建造，始於強大的秦朝。古代墓葬不起墳冢，不想要它顯明，更何況是建造陵邑城郭呢！這樣做，對上是違背先帝的聖心，對下是建立無益的事功，虛耗國家錢財，動搖民心，這不是導致調和之氣、祈求豐年的做法！陛下踐行虞舜的至高品性，追念祖先的深意，臣劉蒼實在傷感兩位先帝純正的美德不能傳之無窮啊。」章帝於是打消了建造縣邑的想法。從此，每當朝廷有疑難不決的政務，就派驛使諮詢劉蒼。劉蒼都盡心回答，他的意見都被採納了。

秋，八月二十日庚寅，在天市區出現彗星。

當初，益州西部都尉廣漢郡人鄭純為政清廉，在夷貊推行教化，夷貊首領感動傾慕，都進獻珍寶貢物請求內附。明帝為他們設立了永昌郡，任命鄭純做太守。鄭純任職十年後去世。繼任官員不能安撫夷人，九月，哀牢王類牢殺死太守、縣令反叛，攻打博南縣。

阜陵王劉延屢次心懷怨恨，有人告發劉延和兒子劉魴謀劃造反。章帝不忍心誅殺他們，冬，十一月，貶劉延為阜陵侯，食邑一個縣，不准他和官吏百姓往來。

北匈奴皋林溫禺犢王率領部眾返回涿邪山居住，南匈奴單于和沿邊郡以及烏桓一起擊敗北匈奴。這年，南匈奴發生大饑荒，章帝下詔發放米糧救濟他們。

二年（丁丑　西元七七年）

春，三月甲辰❶，罷伊吾盧❷屯兵，匈奴復遣兵守其地。○永昌、越巂、益州❸三郡兵及昆明夷鹵承等擊哀牢❹王類牢於博南，大破，斬之。

夏，四月戊子❺，詔還坐楚、淮陽事❻徙者四百餘家。

上欲封爵諸舅，太后不聽。會大旱，言事者以為不封外戚之故，有司請依舊典❼。太后詔曰：「凡言事者，皆欲媚朕以要福耳。昔王氏五侯❽同日俱封，黃霧四塞❾，不聞澍雨之應❿。夫外戚貴盛，鮮⓫不傾覆。故先帝防慎舅氏，不令在樞機之位，又言『我子不當與先帝子等』，今有司柰何欲以馬氏比陰氏乎！且陰衛尉⓬，天下稱之，省中⓭御者⓮至門，出不及履⓯，此蘧伯玉⓰之敬也。新陽侯⓱

雖剛彊，微失理，然有方略⑱，據地談論⑲，一朝無雙⑳。原鹿貞侯㉑，勇猛誠信。此三人者，天下選臣，豈可及哉！馬氏不及陰氏遠矣！吾不才，夙夜累息㉒，常恐虧先后㉓之法，有毛髮之罪㉔吾不釋㉕，言之不捨晝夜㉖，而親屬犯之不止，治喪起墳，又不時覺，是吾言之不立而耳目之塞也。吾為天下母，而身服大練㉗，食不求甘，左右但著帛布，無香薰之飾者，欲身率㉘下也。以為外親見之，當傷心自敕㉙，但笑言『太后素好儉㉚』。前過濯龍㉛門上，見外家問起居者，車如流水，馬如游龍，倉頭㉜衣綠褠㉝，領袖正白㉞，顧視御者，不及遠矣㉟。故不加譴怒，但絕歲用㊱而已，冀以默愧其心㊲；猶懈怠㊳無憂國忘家之慮㊴。知臣莫若君，況親屬乎！吾豈可上負先帝㊵之旨，下虧先人㊶之德，重襲西京敗亡之禍㊷哉！」固不許㊸。

帝省詔悲嘆，復重請曰：「漢興，舅氏之封侯，猶皇子之為王也。太后誠存謙虛，柰何令臣獨不加恩三舅㊹乎！且衛尉年尊，兩校尉有大病，如令不諱㊺，使臣長抱刻骨之恨。宜及吉時，不可稽留㊻。」太后報曰：「吾反覆念之，思令兩善㊼，豈徒欲獲謙讓之名，而使帝受不外施㊽之嫌哉！昔竇太后欲封王皇后之兄㊾，丞相條侯㊿言：『高祖約，無軍功不侯。』今馬氏無功於國，豈得與陰、郭中興之后[51]等邪！常觀富貴之家，祿位重疊，猶再實之木，其根必傷[52]。且人所以願封侯者，欲上奉祭祀，下求溫飽耳。今祭祀則受太官[53]之賜，衣食則蒙御府餘資，斯豈不可足，而必當得一縣[54]乎！吾計[55]之孰[56]矣，勿有疑也。夫至孝之行，安親為上[57]。今數遭變異[58]，穀價數倍，憂惶晝夜，不安坐臥，而欲先營外家之封，違慈母之拳拳[59]乎！吾素剛急，有匈中氣[60]，不可不順也。子之未冠[61]，由於父母；已冠成人，則行子之志。念帝，人君也，吾以未踰三年[62]之故，自吾家族，故得專[63]之。若陰陽調和，邊境清靜，然後行子之志。吾但當含飴弄孫[64]，不能復關政[65]矣。」上乃止。

太后嘗詔三輔：諸馬昏親有屬託郡縣、干亂吏治者，以法聞[66]。太夫人[67]葬起墳微高[68]，太后以為言，兄衛尉廖等即時減削。其外親有謙素[69]義行[70]者，輒[71]假借溫言[72]，賞以財位。如有纖介[73]，則先見嚴恪之色[74]，然後加譴[75]。其美車服、不遵法度者，便絕屬籍[76]，遣歸田里。廣平、鉅鹿、樂成王[77]，車騎朴素，無金銀之飾。帝以白太后，即賜錢各五百萬。於是內外從化[78]，被服如一[79]。諸家惶恐，倍於永平時。置織室，蠶[80]於濯龍中，數往觀視，以為娛樂。常與帝旦夕言道政事及教授小王[81]，論語經書，述敘平生，雍和終日。

【章 旨】以上為第三段，寫馬太后識大體，抑制外家，章帝三位舅舅馬氏兄弟不得封侯。

【注 釋】❶甲辰 三月初八日。❷伊吾盧 在今新疆哈密。❸永昌越巂益州 皆益州刺史部屬郡，當今雲南及四川西南部地區。永昌郡治不韋，在今雲南保山東北。越巂郡治邛都，在今四川西昌。益州郡治所滇池，在今雲南晉寧。❹哀牢 西南夷部族名，在今雲南盈江縣一帶。❺戊子 四月二十二日。❻坐楚淮陽事 坐，株連犯罪。楚事，指楚王英案。淮陽事，指淮陽王劉延謀反案。❼舊典 舊制；慣例。指西漢外戚以恩澤封侯的故事。❽王氏五侯 成帝建始元年（西元前三二年）正月壬子同日封舅父王譚、王商、王立、王根、王逢時五人關內侯。❾黃霧四塞 事見本書卷三十成帝建始元年。❿澍雨之應 時雨的感應。澍，及時雨。⓫鮮 很少。⓬陰衛尉 指明帝舅陰興，官至衛尉。明帝欲封陰興侯爵及拜大司馬，陰興堅辭不受。事見《後漢書》卷三十二。⓭省中 禁中。⓮御者 侍者；侍從。⓯出不及履 陰興飛奔出迎宮中使者，有時連鞋子都來不及穿。⓰蘧伯玉 春秋時衛國的賢大夫，謙恭有禮，知名當世。⓱新陽侯 陰興之弟陰就，嗣父封宣恩侯，後改封為新陽侯。⓲方略 謀略規劃。⓳據地談論 即席論議。⓴一朝無雙 滿朝百官，無人匹敵。㉑原鹿貞侯 陰興兄陰識，以從光武征伐有功封陰鄉侯，後定封原鹿侯，死後謚曰貞侯。陰識、陰興、陰就三人同傳，見《後漢書》卷三十二。識本傳，興、就附傳。㉒夙夜累息 日夜警惕。累息，屏氣呼吸，不敢出大氣。警慎的樣子。㉓先后 指光武帝光烈皇后陰麗華。㉔毛髮之罪 喻小過。㉕不釋 不肯寬恕。㉖言之不捨晝夜 日夜不停地規勸、告誡。㉗大練 大帛，厚繒，質地粗厚的絲織品。㉘身率 以身作則為表率。㉙傷心自敕 驚心覺悟而自我省察。㉚素好儉 一向喜好節儉。素，一向。㉛濯龍 近洛陽北宮的園池名。㉜倉頭 僕人之稱。古代奴僕，頭著青巾。㉝綠褠 綠色單衣。㉞領袖正白 衣領袖口雪白。奴僕領袖正白，表示已不從事勞動，而成為高級的幫閒者。㉟顧視御者二句 馬太后回頭看看自己的侍者，遠遠趕不上外戚馬氏家的奴僕。㊱絕歲用 停撥皇室所給外戚的費用。㊲默愧其心 內心暗中羞愧。㊳猶懈怠 依然鬆懈懶散。㊴無憂國忘家之慮 沒有憂念國家公而忘私的意識。㊵先帝 指光武帝、明帝。㊶先人 馬太后指其父馬援。㊷西京敗亡之禍 指西漢外戚敗亡之禍，如諸呂（呂祿、呂產等）、竇嬰、上官桀及上官安父子、霍禹等皆觸法被誅。㊸固不許 堅決不答應給外戚諸馬封爵。㊹三舅 章帝三舅，即太后兄衛尉馬廖，兩校尉馬防、馬光。㊺不諱 死亡的婉轉說法。指三位舅父萬一死亡。㊻稽留 滯留；拖延。㊼兩善 不封外戚，一使國家無濫封，二使外戚得安全，是為兩善。㊽外施 指以恩澤封爵外家。㊾竇太后欲封王皇后之兄 竇太后，景帝母。王皇后，景帝皇后王娡，其兄王信。竇太后向景帝言，皇后兄王信可封侯，受到丞相周亞夫的反對而未果。

事見本書卷十六景帝中三年。㊿條侯　西漢開國功臣周勃之子周亞夫，因平吳楚七國之亂，官至丞相，封條侯。傳附《史記》、《漢書》兩書〈周勃傳〉中。51陰郭中興之后　陰麗華、郭聖通，兩位是輔佐光武帝中興的賢明皇后。52再實之木二句　《文子》語：「再實之木根必傷，掘藏之家後必殃。」比喻富貴盛極，將使根基動搖，招來禍殃。53太官　與御府皆官署名。太官令掌御廚膳食，御府令掌禁中衣服。漢家制度，皇后外家祭祀時祭品食物由掌御廚房的太官供給，所穿用衣物由掌御庫的御府供給。54一縣　指得一個縣的封邑。55計　考慮；盤算。56孰　通「熟」。熟慮；周到。57至孝之行二句　最高的孝行，是使父母平安。58變異　指天災異象。59拳拳　情意誠懇的樣子。60匈中氣　胸悶憋氣。匈，通「胸」。61未冠　未成人。古時男子二十行加冠禮，表示成人。62三年　儒家禮法，子為父母服三年之喪。63專　專斷裁決。馬太后對章帝說：「我考慮到因為你對先帝服喪未滿三年，又關係著我家族的事，所以專斷裁決。」64含飴弄孫　含著糖果，抱著孫兒玩耍。飴，麥芽糖。65關政　干預政治。66以法聞　繩之以法，並上奏朝廷。馬援為三輔（關中）扶風茂陵（今陝西興平）人，故馬太后特詔三輔約束馬氏外戚。67太夫人　馬太后之母。68起墳微高　漢制，列侯起墳高四丈，關內侯以下至庶人各有等級。馬太后母葬，起墳稍稍過制，馬太后責備其兄馬廖等，令其削減。69謙素　謙讓樸素。70義行　忠義的行為。71輒　每每。72假借溫言　給予好言好語褒獎。73纖介　細微的過失。74嚴恪之色　嚴厲的臉色，俗謂板起面孔。75譴　責備。76絕屬籍　不讓其在外戚的名冊上登記入籍，即斷絕關係。77廣平鉅鹿樂成王　漢明帝共九子，除章帝外，諸子八王。廣平王劉羨，鉅鹿王劉恭，樂成王劉黨，皆明帝子。78內外從化　內，指宮內；外，指外朝，皆一致追隨馬太后，崇尚節儉。79被服如一　穿戴都和馬太后一樣儉樸。80蠶　作動詞用。81小王　未就國的諸年幼諸侯王。

【語　譯】二年（丁丑　西元七七年）

春，三月初八日甲辰，撤回在伊吾盧的駐軍，匈奴於是又派軍隊監守那些地方。〇永昌、越巂、益州三郡的軍隊以及昆明夷鹵承等在博南攻擊哀牢王類牢，大敗哀牢王，誅殺了類牢。

夏，四月二十二日戊子，章帝下詔召回因楚王、淮陽王案被流放的四百多家。

皇上想要給幾個舅舅封爵位，太后不答應。時逢大旱災，奏事的大臣認為是不封外戚的緣故，主管官員請求依照舊制分封外戚。太后下詔說：「凡是上奏說這件事的人，都是想取悅朕以求得好處。過去王氏五人同一天封侯，黃霧彌漫，沒有聽說有時雨的感應。外戚貴幸過度，很少有不垮臺的。所以先帝謹慎防範舅氏，不讓他們擔任重要職務，又說『我的兒子不應該和先帝的兒子一樣』，現在主管官員為什麼要把馬氏和陰氏相比呢！而且陰衛尉，天下人都稱讚他，宮中的侍從到他家門口，來不及穿鞋就出來迎接，如同蘧伯玉一樣恭敬有禮。新陽侯雖然剛直倔強，稍違事理，但是有謀略，即席論議，滿朝百官無人可比。原鹿貞侯，勇猛誠信。這三個人都是天下極一時之選的大臣，怎麼能比得上呢！馬氏遠遠比不上陰氏啊！我沒有才能，日夜戒懼，不敢出大氣，常常擔心違背先后的做法，有毛髮一般的小罪過，我也不肯寬恕，晝夜不停地規勸他們，而親屬們仍然屢屢犯法不止，大辦喪事壘起墳塋，又不能及時覺悟，這是我說的話不起作用，再加上耳目蔽塞的緣故。我身為天下的母后，但身上穿的是厚帛，吃的不求美味，身邊的人只穿帛布衣服，沒有香薰的裝飾，是想以自身作為天下的表率。我以為外親看到這些，應當心靈受到觸動而約束自己，反而取笑我說『太后一向喜好節儉』。前不久經過濯龍園門，看到外家前來問候請安的人，車如流水，馬如游龍，僕役穿著綠色的單衣，衣領袖口潔白，我回頭看我的僕從，遠不如他們啊。我之所以沒有責備他們，只是停止供給他們每年的例行費用而已，是希望讓他們內心慚愧；但他們卻仍然懈怠，沒有憂心國家公而忘私的想法。最瞭解臣的莫過於君，何況是親屬！我怎麼可以對上辜負先帝的旨意，對下有損先祖的美德，重蹈西漢敗亡的災禍呢！」堅決不答應給外戚封爵。

章帝看了詔書悲傷感歎，又重新請求說：「漢朝建立以來，給舅舅封侯，猶如皇子為諸侯王。太后固然存心謙讓，但怎麼能讓兒臣唯獨不施恩於三個舅舅呢！況且衛尉年紀大了，兩個校尉重病在身，假如他們去世了，就會讓兒臣終生懷著刻骨的遺憾。應該等到吉時封侯，不可拖延。」太后回答說：「我反覆考慮這件事，想要讓朝廷和親戚兩全其美，怎能是只想得到謙讓的美名，而使皇帝受到不施恩外家的埋怨呢！以前竇太后想封王皇后的哥哥，丞相條侯周亞夫說：『高祖約定，沒有軍功的不封侯。』現在馬家的人對國家無功，怎麼能和陰、郭這些中興的皇后一樣呢！常常看到富貴的家族，俸祿權位重疊相加，好像兩次結果的樹木，其根基必定受損。而且人們之所以希望封侯，是想上能祭祀祖先，下能求得溫飽。現在祭祀祖先有太官的賞賜，衣食有御府餘資供給，這難道還不知足，而一定要得到一個縣的封邑嗎！我已經仔細考慮過了，皇帝不要再有疑問。最孝順的行為，以安撫雙親為上。現在屢遭災異，穀價上漲了幾倍，我日夜憂心惶恐，坐臥不安，而皇帝卻想先謀劃外家的封侯，違背慈母的誠心！我向來剛烈性急，常胸悶懣氣，不能不順暢。兒子未成年時，聽從父母意見；已經弱冠成人，就要按兒子的意志行事。想到皇帝你是一國之君，我因為你為先帝服喪未滿三年的緣故，又關係到我家族，所以才專斷此事。如果陰陽調和，邊境安寧，然後照兒子你的心願去做。我就該含著糖，逗弄孫子，不能再過問朝政了。」皇上這才作罷。

太后曾經下詔給三輔：所有馬家及姻親有囑託郡縣、干擾破壞政事的，繩之以法，並上報朝廷。太后的母親埋葬時堆墳土略高，太后就此發話，太后的哥哥衛尉馬廖等人立刻削減墳土。外戚中謙虛樸素、行為正直的，就溫言以待，賞給財物和爵位。如果有小錯，就先給以嚴厲的臉色，然後加以譴責。那些車服華麗，不遵守法度的外戚，就從外戚的名冊上削去他們的名字，遣送回鄉。廣平王、鉅鹿王、樂成王車騎簡樸，沒有用金銀裝飾。章帝把此事告訴馬太后，當即就賞錢各五百萬。於是宮內宮外都被感化，穿著都很儉樸。外戚都很惶恐，超過永平時期。設置織室，在濯龍園中養蠶，屢次前往巡視，以此作為娛樂。常常和章帝早晚談論政事，以及教授小王《論語》經書，敘述平生經歷，整天歡樂和睦。

馬廖慮美業❶難終❷，上疏勸成德政❸曰：「昔元帝罷服官❹，成帝御浣衣❺，哀帝去樂府❻，然而侈費不息，至於衰亂者，百姓從行不從言也。夫改政移風，必有其本❼。傳曰❽：『吳王❾好劍客，百姓多創瘢；楚王❿好細腰，宮中多餓死。』長安語⓫曰：『城中⓬好高結⓭，四方⓮高一尺⓯；城中好廣眉⓰，四方且半額⓱；城中好大袖⓲，四方全匹帛⓳。』斯言如戲，有切事實⓴。前下制度未幾㉑，後稍不行。雖或吏不奉法，良由[22]慢起京師[23]。今陛下[24]素簡所安[25]，發自聖性[26]。誠令斯事一竟[27]，則四海誦德，聲薰天地[28]，神明可通，況於行令乎！」太后深納之。

初，安夷縣[29]吏略妻[30]卑湳種[31]羌人婦，吏為其夫所殺，安夷長宗延追之出塞。種人恐見誅，遂共殺延，而與勒姐、吾良[32]二種相結為寇。於是燒當羌[33]豪[34]滇吾之子迷吾率諸種俱反，敗金城[35]太守郝崇。詔以武威太守北地[36]傅育為護羌校尉[37]，自安夷徙居臨羌[38]。迷吾又與封養種豪布橋等五萬餘人共寇隴西、漢陽[39]。秋，八月，遣行車騎將軍馬防、長水校尉耿恭將北軍五校[40]兵及諸郡射士[41]三萬人擊之。第五倫上疏曰：「臣愚以為貴戚可封侯以富之，不當任以職事。何者？繩以法則傷恩，私以親則違憲。伏聞馬防今當西征，臣以太后恩仁，陛下至孝，恐卒[42]有纖介[43]，難為意愛。」帝不從。

馬防等軍到冀[44]，布橋等圍南部都尉於臨洮[45]，防進擊，破之，斬首虜四千餘人，遂解臨洮圍，其眾皆降，唯布橋等二萬餘人屯望曲谷[46]不下[47]。

十二月戊寅[48]，有星孛于紫宮[49]。

帝納竇勳女[50]為貴人[51]，有寵。貴人母，即東海恭王[52]女沘陽公主[53]也。

第五倫上疏曰：「光武承王莽之餘，頗以嚴猛為政，後代因之，遂成風化。郡國所舉，類多辦職俗吏(54)，殊未有寬博之選(55)，以應上求者也。陳留(56)令劉豫、冠軍(57)令駟協，並以刻薄(58)之姿，務為嚴苦，吏民愁怨，莫不疾(59)之。而今之議者反以為能，違天心(60)，失經義，非徒應坐(61)豫、協，亦宜譴舉者(62)。務進仁賢以任時政(63)，不過數人，則風俗自化矣。臣嘗讀書記，知秦以酷急亡國，又目見王莽亦以苛法自滅，故勤勤懇懇，實在於此。又聞諸王、主、貴戚，驕奢踰制，京師尚然，何以示遠(64)！故曰：『其身不正，雖令不行。』(65)以身教者從，以言教者訟(66)。」上善之。倫雖天性峭直(67)，然常疾俗吏苛刻，論議每依寬厚云。

【章旨】以上為第四段，寫章帝征討西羌。馬廖、第五倫上疏請實行寬政以代苛猛。

【注釋】❶美業　指馬太后倡節儉政治。❷難終　難於堅持到底。❸勸成德政　鼓勵成就一代德政。❹元帝罷服官　漢元帝罷齊三服官。事見本書卷二十八初元五年。❺御浣衣　穿用洗過的衣服。❻去樂府　哀帝裁撤樂府。事見本書卷三十三綏和二年。❼改政移風二句　更化政治，變易風俗，一定要從根本著手。本，指帝王之行，為臣民慕化之本。❽傳曰　古書上說。傳，泛指古書。❾吳王　指春秋時吳王闔閭。❿楚王　指春秋時楚靈王。⓫語　諺語。⓬城中　長安城中。長安為西漢京師。⓭高結　高髮髻。⓮四方　全國各地，與城中相對。⓯高一尺　髮髻高一尺。此乃諺語誇張之言。以下諺語同此。⓰廣眉　畫寬眉。古人美容，眉毛用筆圖畫。⓱半額　畫眉寬達半個額頭。⓲大袖　寬大的衣袖。⓳全匹帛　衣袖用了整匹布帛。⓴斯言如戲二句　這些諺語，聽起來像是玩笑話，實際上包含了真理。㉑未幾　不久；沒有多長時間。㉒良由　確實因為；確實緣於。㉓慢起京師　逐漸從京師洛陽先行開始。㉔陛下　指馬太后。㉕素簡所安　安於簡樸生活。㉖聖性　至高的本性。

㉗一竟　一以貫之，堅持到底。㉘聲薰天地　四海之內，頌聲震天動地。薰，蒸；充塞。㉙安夷縣　屬金城郡，縣治在今青海平安。㉚略妻　強娶。㉛卑湳種　西羌種姓之一。㉜勒姐吾良　西羌種姓之名。㉝燒當羌　西羌最強大的種姓，居青海湖東廣大地區。㉞豪　首領；酋長。㉟金城　郡名，治所允吾，在今青海民和。㊱北地　郡名，治所富平，在今寧夏靈武西南。㊲護羌校尉　領護西羌的特設武官，屯駐安夷，後徙臨羌。㊳臨羌　縣名，縣治在今青海西寧西。㊴隴西漢陽　郡名。隴西郡治狄道，在今甘肅臨洮。漢陽郡治冀縣，在今甘肅甘谷縣，明帝永平十七年，改天水郡置。㊵北軍五校　漢武帝置禁衛北軍八校：中壘、屯騎、越騎、長水、胡騎、射聲、步兵、虎賁共八校。東漢省中壘、胡騎、虎賁，北軍為五校。長水校尉，即北軍五校之一。㊶射士　弓箭手。西羌緣據山林，不便短兵相擊，故以射士征討。㊷卒　倉猝；突然。㊸纖介　細小差錯。對馬防或有失敗的委婉說法。㊹冀　縣名，漢陽郡治。㊺臨洮　縣名，縣治在今甘肅岷縣，為隴西郡南部都尉治。㊻望曲谷　地名，在漢臨洮縣西南。㊼不下　沒有攻克。㊽戊寅　十二月十六日。㊾有星孛于紫宮　在紫宮星區，出現彗星。㊿竇勳女　即章帝竇皇后，史失其名，以父字稱。竇勳，竇融之孫，坐法誅。竇勳女入宮，立為貴人，為後諸竇擅權伏筆。(51)貴人　位次皇后的妃子。(52)東海恭王　劉彊，光武帝子，初為皇太子，廢為東海王，諡為恭。傳見《後漢書》卷四十二。(53)沘陽公主　東海王劉彊之女，竇勳之妻。(54)辦職俗吏　能治辦事務的庸俗之吏。(55)寬博之選　寬宏博學的冒尖人物。(56)陳留　縣名，為陳留郡治所，在今河南開封東南。(57)冠軍　縣名，屬南陽郡。縣治在今河南鄧州西北。(58)刻薄　嚴酷寡恩。(59)疾　痛恨。(60)違天心　嚴酷政治違背上天寬仁之心。(61)坐　治罪。(62)譴舉者　責罰舉薦的人。(63)任時政　擔任現時的治國大政。(64)示遠　昭示遠方，為全國表率。(65)故曰三句　引自《論語・子路》孔子之言。(66)訩　議論紛紛。(67)峭直　剛正耿直。

【語　譯】馬廖考慮到美好的事業難於堅持到底，上疏鼓勵馬太后成就一代德政，說：「從前元帝撤除三服官，成帝穿洗過的衣服，哀帝撤銷樂府，然而奢侈浪費並沒有停止，導致衰微動亂的原因，是百姓效法朝廷的行動，不聽從朝廷的宣傳。改革政治，移風易俗，一定要從根本入手。古書說：『吳王喜歡劍客，百姓身上多創傷；楚王喜愛細腰的女子，宮中很多人餓死。』長安流傳的諺語說：『城裡人喜愛梳高的髮髻，各地的人就髮髻高一尺；城裡人喜愛寬闊的眉毛，各地的人就把眉毛畫得遮住了半個額頭；城裡人喜歡寬大的袖子，各地的人就用整匹帛做衣袖。』這些話聽起來像是戲言，卻符合事實。前些時頒布制度沒多久，後來就漸漸不施行了。雖然有的是官吏不奉行法制，實際是從京師怠慢開始的。現在陛下安於樸素節儉，發自至聖的本性。如果讓這事堅持下去，就會天下稱誦恩德，聲譽傳遍天地，可以通達神明，何況是推行政令呢！」太后深信不疑地採用了馬廖的提議。

當初，安夷縣官吏強娶卑湳種羌人的妻子為妻，官吏被那婦人的丈夫殺死，安夷縣長宗延追捕他出了邊塞，卑湳族人害怕被殺，就一起殺了宗延，而和勒姐、吾良二族互相聯合侵擾漢地。於是燒當羌酋長滇吾的兒子迷吾率羌各族一起反叛，打敗金城郡太守郝崇。章帝下詔任命武威郡太守北地郡人傅育做護羌校尉，從安夷縣遷居臨羌縣。迷吾又和封養族酋長布橋等五萬多人一起侵擾隴西郡、漢陽郡。秋，八月，章帝派行車騎將軍馬防、長水校尉耿恭率北軍五校士兵，以及各郡弓箭手三萬人攻打他們。第五倫上奏疏說：「臣愚見認為貴戚可以封侯使他富有，不應當委任職事。為什麼呢？因為用法律處分他們就會傷害感情；用親情偏袒他們就會違背法律。臣聽說馬防現在正要西征，臣以為太后恩愛仁慈，陛下極為孝順，擔心突然有了小差錯，出於感情難於懲罰親屬。」章帝不聽從。

馬防等軍隊到了冀縣，布橋等羌人把南部都尉包圍在臨洮縣，馬防進攻，打敗了羌人，殺敵捕獲四千多人，於是解除了臨洮之圍，布橋餘眾都投降了，只有布橋等二萬多人駐守望曲谷，攻打不下。

十二月十六日戊寅，在紫宮星區出現彗星。

章帝娶竇勳的女兒為貴人，很寵愛她。竇貴人的母親就是東海恭王的女兒沘陽公主。

第五倫上疏說：「光武帝繼王莽之後即位，多以嚴厲苛刻處理政務，後代承襲這種做法，於是成為風氣。郡國所推舉的，大多是能辦事的俗吏，就是沒有寬厚博達的人選，來滿足皇上的要求。陳留縣令劉豫、冠軍縣令駟協，都是以苛刻薄情的態度，務求施行嚴厲苛刻的政治，吏民愁苦抱怨，沒有不痛恨他們的。而現今議論的人反而認為他們能幹，這違背天意，失去經書提倡的義理，不但應該定劉豫、駟協的罪，還應責罰推舉的人。務必推舉仁厚賢德的人擔任現時的治國大政，只要有幾個這樣的人，就能移風易俗。臣曾經讀古書，知道秦朝因嚴酷褊急亡國，又親眼看到王莽也是因法令苛刻而自取滅亡，因此懇切進諫，確實原因就在於這裡。又聽說各位諸侯王、公主、貴戚，驕傲奢侈超過了法制，京城尚且如此，用什麼昭示遠方呢！所以說：

『自身不正，即使下令也不執行。』以身為教，別人會跟隨；以言為教，只能引來爭論不休。」皇上讚賞這些話。第五倫雖然天性嚴峻正直，但是一向痛恨俗吏苛刻，發議論時總是主張寬大仁厚。

三年（戊寅　西元七八年）

春，正月己酉❶，宗祀明堂❷，登靈臺❸，赦天下。

馬防擊布橋，大破之。布橋將種人萬餘降，詔徵防還。留耿恭擊諸未服者，斬首虜千餘人，勒姐、燒何等十三種數萬人，皆詣恭降。恭嘗以言事忤❹馬防，監營謁者❺承旨❻奏恭不憂軍事❼，坐徵❽下獄，免官。

三月癸巳❾，立貴人竇氏❿為皇后。

初，顯宗之世，治虖沱、石臼河⓫，從都慮⓬至羊腸倉⓭，欲令通漕⓮。太原⓯吏民苦役，連年無成，死者不可勝筭。帝以郎中⓰鄧訓⓱為謁者，監領其事。訓考量⓲隱括⓳，知其難成，具以上言。夏，四月己巳⓴，詔罷其役，更用驢輦㉑，歲省費億萬計，全活徒士㉒數千人。訓，禹之子也。

閏月㉓，西域假司馬班超率疏勒、康居㉔、于窴、拘彌兵一萬人攻姑墨石城㉕，破之，斬首七百級。

冬，十二月丁酉㉖，以馬防為車騎將軍㉗。○武陵㉘漊中蠻㉙反。

是歲，有司奏遣廣平王羨、鉅鹿王恭、樂成王黨㉚俱就國。上性篤愛，不忍與諸王乖離，遂皆留京師。

【章旨】以上為第五段，寫馬防大破西羌，鄧訓諫止修治虖沱、石臼河通漕工程。

【注釋】❶己酉　正月十七日。❷宗祀明堂　在明堂舉行隆重的祭祀祖宗及天地的禮儀。明堂中建有太廟之室，陳祖宗神主。明堂，天子宣明政教之堂。❸靈臺　皇家觀察天文星象、妖祥災異之臺。❹忤　冒犯。耿恭上言馬防薦竇固鎮撫涼州，而馬氏與竇氏均外戚，互為水火，故馬防恨之。❺監營謁者　謁者，郎中令屬官，掌賓贊受事的司禮官。此指派往馬防軍中為監者的謁者，稱監營謁者。❻承旨　稟承馬防加害耿恭的旨意。❼不憂軍事　不勤勞軍事，玩忽軍情。❽坐徵　觸罪被徵召。❾癸巳　三月二日。❿貴人竇氏　即竇勳女，見前建初二年。⓫虖沱石臼河　虖沱，即今滹沱河，源出山西五臺山，東流至河北境。石臼河是虖沱上流的一條支水，與汾河上流相鄰，今已湮廢。⓬都慮　石臼河邊地名。⓭羊腸倉　汾陽故城積粟的糧倉，地近汾水。汾陽故城在今山西陽曲西北。⓮通漕　交通漕運。明帝永平十年，興修溝通虖沱河與汾河的一條運河，即從都慮至羊腸倉，以漕運山東之糧至太原。因缺乏科學考察，歷年不成。⓯太原　郡名，治所晉陽，在今太原西南。⓰郎中　三署郎之一，掌宮廷侍衛。另尚書臺設郎中，司詔策文書。⓱鄧訓　字平叔，東漢開國功臣鄧禹第六子。敢直言，漢章帝以郎中任謁者，受命治虖沱、石臼河水利，鑿運河，鄧訓深入考察，上疏章帝停止工程，存活役工數千人。後為張掖太守、護羌校尉，招撫西羌，造福一方。傳附《後漢書》卷十六〈鄧禹傳〉。⓲考量　調查測量。⓳隱括　隱審檢括，即對河道曲直陡緩作測量。⓴己巳　四月九日。㉑驢輦　驢車。㉒徒士　作苦工的差役。此指修運河的刑徒、民夫。㉓閏月　建初三年閏八月。㉔康居　西域國名，約在今中亞巴爾喀什湖和鹹海之間。㉕姑墨石城　姑墨，西域國名。石城，在今新疆溫宿西北。㉖丁酉　十二月十一日。㉗車騎將軍　東漢大臣加車騎將軍號，為實際執政的宰臣。馬防拜車騎將軍，是馬氏外戚預政之始。㉘武陵　郡名，治所臨沅，在今湖南常德。㉙漊中蠻　居於漊水（源出湖北鶴峰縣西北）流域的少數民族。㉚廣平王羨句　三王皆明帝之子，章帝之兄。明帝諸子共八王，事詳《後漢書》卷五十〈孝明八王傳〉。

【語譯】三年（戊寅　西元七八年）

春，正月十七日己酉，章帝在明堂祭祀，登上靈臺，大赦天下。

馬防攻打布橋，大敗布橋。布橋率領一萬多族人投降，章帝下詔徵馬防回京。留下耿恭攻打其他沒有降服的羌人，殺死俘獲一千多人，勒姐、燒何等十三族數萬人都向耿恭歸降。耿恭曾因向朝廷奏事得罪馬防，監營謁者承奉馬防旨意參奏耿恭不憂心軍事，徵召回京定罪下獄，免去官職。

三月初二日癸巳，立貴人竇氏為皇后。

當初，顯宗在世的時候，治理虖沱河、石臼河，從都慮到羊腸倉，想讓此段開通漕運。太原郡的官吏百姓苦於勞役，連續幾年沒有完成，死的人無法計數。章帝任命郎中鄧訓為謁者，監管負責這件事。鄧訓考察測量，知道工程難以完成，如實將此事上報。夏，四月初九日己巳，章帝下詔停止疏通漕運的勞役，改用驢車轉運，每年節省費用以億萬計，保全了刑徒士卒數千人的生命。鄧訓是鄧禹的兒子。

閏八月，西域假司馬班超率領疏勒、康居、于寘、拘彌國士兵一萬人進攻姑墨國的石城，攻了下來，殺敵七百人。

冬，十二月十一日丁酉，任命馬防為車騎將軍。○武陵郡的漊中蠻反叛。

這一年，主管官吏奏請遣送廣平王劉羨、鉅鹿王劉恭、樂成王劉黨都回封國。章帝生性十分仁愛，不忍心和各諸侯王分開，就把他們都留在了京師。

四年（己卯　西元七九年）

春，二月庚寅❶，太尉❷牟融薨。

夏，四月戊子❸，立皇子慶❹為太子。○己丑❺，徙❻鉅鹿王恭❼為江陵王，汝南王暢為梁王，常山王昞為淮陽王。○辛卯⑧，封皇子伉為千乘王，全為平春王。

有司連據舊典，請封諸舅。帝以天下豐稔，方垂無事，癸卯⑨，遂封衛尉廖為順陽侯，車騎將軍防為潁陽侯，執金吾⑩光為許侯。太后聞之曰：「吾少壯時，但慕竹帛⑪，志不顧命⑫。今雖已老，猶戒之在得⑬。故日夜惕厲⑭，思自降損⑮，冀⑯乘此道，不負先帝⑰。所以化導⑱兄弟，共同斯志，欲令瞑目之日，無所復恨，何意老志復不從⑲哉！萬年之日長恨矣！」廖等並辭讓，願就關內侯⑳，帝不許。廖等不得已受封爵而上書辭位㉑，帝許之。五月丙辰，防、廖、光皆以特進就第㉒。

甲戌㉓，以司徒鮑昱為太尉，南陽太守桓虞為司徒。

六月癸丑㉔，皇太后馬氏崩。帝既為太后所養，專以馬氏為外家，故賈貴人㉕不登極位，賈氏親族無受寵榮者。及太后崩，但加貴人王赤綬㉖，安車一駟㉗，永巷宮人㉘二百，御府㉙雜帛㉚二萬匹，大司農黃金千斤㉛，錢二千萬而已。

秋，七月壬戌㉜，葬明德皇后。

校書郎楊終建言：「宣帝博徵羣儒，論定㉝五經㉞於石渠閣。方今天下少事，學者得成其業；而章句之徒㉟，破壞大體。宜如石渠故事，永為後世則㊱。」帝從之。冬，十一月壬戌㊲，詔太常㊳：「將㊴、大夫㊵、博士㊶、郎官及諸儒會白虎觀㊷，議五經同異。」使五官中郎將㊸魏應㊹承制問㊺，侍中淳于恭奏㊻，帝親稱制臨決㊼，作白虎議奏㊽。名儒㊾丁鴻、樓望、成封、桓郁、班固、賈逵及廣平王羨皆與焉。固，超之兄也。

【章旨】以上為第六段，寫漢章帝詔諸儒會議白虎觀，章帝親臨會議，並裁決《白虎議奏》。

【注釋】❶庚寅　二月初五日。❷太尉　三公之一，為全國軍政首腦。❸戊子　四月初四日。❹皇子慶　章帝長子，宋貴人所生，立為皇太子。後因竇皇后謀陷，宋貴人自殺，太子慶被廢為清河王。傳見《後漢書》卷五十五。❺己丑　四月初五日。❻徙　遷徙；調轉。此指改封諸王。❼鉅鹿王恭　與汝南王暢、常山王昞，皆明帝子，章帝兄弟。❽辛卯　四月初七日。❾癸卯　四月十九日。❿執金吾　官名，九卿，掌京師治安。⓫但慕竹帛　嚮往青史留名。竹帛，竹簡、帛書，指代史冊。⓬命　壽考長短。⓭已老二句　引自《論語・季氏》孔子之言：「君子有三戒，……及其老也，血氣既衰，戒之在得。」⓮惕厲　警惕思危。⓯降損　抑制欲望。⓰冀　希望。⓱先帝　指漢明帝。⓲化導　教化引導，即規勸。⓳何意老志復不從　沒想到臨到暮年我的夙志還不受人遵從。老志，謂年已老，仍堅守不欲封侯外家的志意。⓴關內侯　次於列侯封國，食采邑於京畿（西漢京畿在關內），為秦漢二十級爵的第十九級。㉑上書辭位　上奏皇帝，辭去官職，即馬廖辭去衛尉，馬防辭去車騎將軍，馬光辭去執金吾。章帝封馬氏三舅為侯，而解其重權，既恩澤外家，又抑其驕恣，一箭雙雕。㉒特進就第　加官特進，回歸列侯第。漢章帝以特進回報馬氏三兄弟之辭位。㉓甲戌　五月二十日。㉔癸丑　六月三十日。㉕賈貴人　明帝賈貴人，章帝之生母。㉖加貴人王赤綬　加，升級。漢制，貴人為綠綬，即印繫綠色絲帶；諸侯王為赤綬。章帝使生母賈貴人印綬從綠帶升級為紅帶，與諸侯王等，以示加恩。㉗安車一駟　用四馬拉的軟輪車一輛。安車，用蒲裹輪使其行走平穩之車，是專用於尊禮老年大臣或徵起老年大儒的公車。㉘永巷宮人　禁中宮婢。永巷，長巷，代指後宮。㉙御府　禁中府庫，設御府令。㉚雜帛　各色綢緞。㉛大司農黃金千斤　國庫黃金一千斤。大司農，九卿之一，掌財賦，所入為國用。斤，黃金單位，即一鎰，二十四兩，合錢一萬。㉜王戌　七月初九日。㉝論定　討論商定標準本，頒行天下。漢宣帝集諸儒於石渠閣校定《五經》，事見本書卷二十七甘露三年。㉞五經　即《詩經》、《書經》、《易經》、《禮記》、《春秋》。㉟章句之徒　指只懂字句意義，解說蔓衍，支離煩瑣的迂闊儒生。此等儒生被斥為「破碎大道」的「章句小儒」。章句，分章斷句，並逐字逐句解說經義。漢武帝將《五經》立於學官，章句之學漸盛行。㊱則　法則；準則。此指標準讀本。㊲王戌　十一月十一日。㊳太常　九卿之一，職掌宗廟禮儀。㊴將　指五官、左、右及虎賁、羽林中郎將。㊵大夫　光祿勳屬官有光祿大夫、太中大夫、中大夫、諫大夫等，掌議論。㊶博士　《五經》博士，太學講官，並備朝廷顧問。㊷白虎觀　漢北宮中殿名。㊸五官中郎將　官名，光祿勳屬官，掌禁衛五官署郎官。㊹魏應　字君伯，任城（今山東濟寧）人，少好學，習《魯詩》，明帝永平初為博士，遷侍中，歷官大鴻臚、光祿大夫，章帝建初四年為五官中郎將。魏應經明行修，受詔與諸儒講論白虎觀。魏應專掌難問，侍中淳于恭上奏。魏應傳見《後漢書》卷七十九〈儒林傳〉下。㊺承制問　奉聖旨發問。即代表皇帝發問。㊻淳于恭奏　淳于恭代表會議的群臣，將討論結果上奏皇帝。淳于恭，字孟孫，北海淳于縣（在今山東安丘東北）人，新莽時隱於山澤。章帝建初元年受徵，除議郎，遷為侍中。與諸儒講論白虎觀，專掌奏對。傳見《後漢書》卷三十九。㊼帝親稱制臨決　章帝親自批覆並出席白虎觀裁決。㊽白虎議奏　書名，諸儒考定《五經》異同並上奏章帝，經過御批後匯總的文件，稱《白虎議奏》。其後章帝又命班固統稿，寫成定本，稱《白虎通義》，簡稱《白虎通》。㊾名儒　大儒，知名當世。此所列六大名儒，成封無傳，餘五人《後漢書》皆有傳。丁鴻、桓郁同傳，見卷三十七，桓郁附父桓榮傳。班固與其父班彪同傳，見卷四十上。賈逵傳見卷三十六。樓望傳見卷七十九〈儒林傳〉下。

【語譯】四年（己卯　西元七九年）

春，二月初五日庚寅，太尉牟融去世。

夏，四月初四日戊子，立皇子劉慶為太子。○初五日己丑，改封鉅鹿王劉恭為江陵王，汝南王劉暢為梁王，常山王劉昞為淮陽王。○初七日辛卯，冊封皇子劉伉為千乘王，劉全為平春王。

主管官吏接連根據舊制，請求冊封章帝的幾個舅舅為侯。章帝因為全國豐收，邊境安定，四月十九日癸卯，便封衛尉馬廖為順陽侯，車騎將軍馬防為潁陽侯，執金吾馬光為許侯。太后聽到此事說：「我年輕時，只羨慕留名史冊，不顧慮壽命的長短。現今雖然已經年老，仍然戒備貪婪。所以日夜警惕謹慎，想著自己抑制欲望，希望靠這種做法，不辜負先帝。我之所以感化勸導自己的兄弟，共同達到這個志願，就是想要在死的時候，沒有什麼可遺憾的，哪裡想到臨到老了我的夙願還不受人遵從！我將死不瞑目了！」馬廖等人都辭讓，願意接受關內侯，章帝不允許。馬廖等不得已接受封爵而上書辭去官職，章帝同意了。五月初二日丙辰，馬防、馬廖、馬光都以特進的官位回到列侯府第。

五月二十日甲戌，任命司徒鮑昱為太尉，南陽郡太守桓虞為司徒。

六月三十日癸丑，皇太后馬氏去世。章帝因是太后養大，只把馬氏當做外家，所以賈貴人沒有登上至尊的位子，賈氏的親族沒有受到尊寵顯榮的人。等到太后去世，只加賜賈貴人和諸侯王一樣的赤綬，安車一輛，永巷宮女二百人，御府雜色帛二萬匹，大司農黃金千斤，錢二千萬而已。

秋，七月初九日壬戌，安葬明德皇后。

校書郎楊終建議說：「宣帝曾廣召群儒，在石渠閣討論確定《五經》。現在天下太平，學者能夠完成他們的事業；而那些只會辨析章節句讀的人，破壞了經文大義。應該仿照石渠閣舊例，永久作為後世的法則。」章帝聽從了他的建議。冬，十一月十二日壬戌，下詔太常說：「中郎將、大夫、博士、郎官，以及諸儒會集白虎觀，討論《五經》相同和不同之處。」讓五官中郎將魏應奉章帝的命令提問，侍中淳于恭將討論結果上奏章帝，章帝親自批覆並出席白虎觀裁決，作《白虎議奏》。著名的儒者丁鴻、樓望、成封、桓郁、班固、賈逵以及廣平王劉羨都參加了。班固是班超的哥哥。

五年（庚辰　西元八〇年）

春，二月庚辰朔❶，日有食之。詔舉直言極諫❷。○荊、豫諸郡兵❸討漊中蠻，破之。

夏，五月辛亥❹，詔曰：「朕思遲❺直士，側席❻異聞❼，其先至者，各已發憤吐懣❽，略聞子大夫❾之志矣。皆欲置於左右，顧問省納。建武詔書又曰：『堯試臣以職，不直以言語筆札。』❿今外官多曠⓫，並可以補任。」

戊辰⓬，太傅⓭趙憙薨。

班超欲遂平西域，上疏請兵曰：「臣竊見先帝欲開西域，故北擊匈奴，西使外國，鄯善、于寘即時向化。今拘彌、莎車⓮、疏勒、月氏、烏孫⓯、康居復願歸附，欲共并力，破滅龜茲，平通漢道。若得龜茲，則西域未服者百分之一耳。前世議者皆曰：『取三十六國，號為斷匈奴右臂⓰。』今西域諸國，自日之所入，莫不向化，大小欣欣，貢奉不絕，唯焉耆⓱[1]、龜茲獨未服從。臣前與官屬三十六人奉使絕域，備遭艱厄，自孤守疏勒，於今五載，胡夷情數，臣頗識之，問其城郭小大，皆言倚漢與依天等。以是效⓲之，則葱領可通，龜茲可伐。今宜拜龜茲侍子白霸為其國王，以步騎數百送之，與諸國連兵，歲月之間，龜茲可禽。以夷狄攻夷狄，計之善者也。臣見莎車、疏勒，田地肥廣，草牧饒衍，不比敦煌、鄯善間也，兵可不費中國而糧食自足。且姑墨、溫宿⓳二王，特為龜茲所置，既非其種，更相厭苦，其勢必有降者。若二國來降，則龜茲自破。願下臣章⓴，參考行事，誠有萬分，死復何恨！臣超區區㉑特蒙神靈，竊冀未便僵仆㉒，目見西域平定，陛下舉萬年之觴㉓，薦勳祖廟㉔，布大喜於天下㉕。」書奏，帝知其功可成，議欲給兵。平陵㉖徐幹上疏，願奮身佐超。帝以幹為假司馬，將弛刑㉗及義從㉘千人就超。

先是，莎車以為漢兵不出，遂降於龜茲，而疏勒都尉番辰[2]亦叛。會徐幹適至，超遂與幹擊番辰，大破之，斬首千餘級。欲進攻龜茲，以烏孫兵彊，宜因其力，乃上言：「烏孫大國，控弦十萬，故武帝妻以公主㉙，至孝宣帝卒得其用㉚。今可遣使招慰，與共合力。」帝納之。

【章　旨】以上為第七段，寫班超撫定西域。

【注　釋】❶庚辰朔　二月初一日。❷詔舉直言極諫　即舉賢良。兩漢選舉，每逢大災異或日蝕，皇帝下詔舉賢良議政，直言極諫為其入選條件。其制始創於漢文帝。❸荊豫諸郡兵　荊州、豫州兩刺史部所屬各郡兵。荊州刺史治所漢壽縣，在今湖南常德東。豫州刺史治所譙縣，在今安徽亳州。❹辛亥　五月初三日。❺遲　希望；渴望。❻側席　不坐正席，而就側坐，表示禮賢下士。❼異聞　聽取不同意見。❽發憤吐懣　暢所欲言，抒發積鬱和苦悶。❾子大夫　諸位賢士。子，敬稱之詞。❿建武詔書又曰三句　引據光武帝所曾下的詔書言詞。堯帝放勳以是否稱職考核官員（試臣），而不僅僅看他們的言辭和書寫能力。⓫多曠　多有缺額。⓬戊辰　五月二十日。⓭太傅　官名，位上公，掌輔弼天子。東漢時多於皇帝初即位時置，死後則省。⓮拘彌莎車　西域國名，此二國皆在今新疆境內。拘彌在今于田，莎車在今莎車。⓯月氏烏孫　西域國名。月氏，先游牧於敦煌、祁連一帶，漢文帝時遭匈奴攻擊，西遷至今新疆伊犁河流域及迤西。烏孫，在中亞伊犁河谷。⓰斷匈奴右臂漢武帝結烏孫，伐匈奴，臣服西域三十六國，是為斷匈奴右臂。伐朝鮮，便為斷匈奴左臂。⑰焉耆　西域國名，在今新疆焉耆。⑱效　效驗；證明。⑲溫宿　西域小國，在今新疆烏什。⑳願下臣章　請求把臣的奏章付下廷議。㉑區區　渺小的個人。班超自謙之詞。㉒僵仆　猶言死亡。㉓舉萬年之觴　高舉慶祝萬年和平的酒杯。謂平定西域，是千秋萬年之大計。㉔薦勳祖廟　祭獻祖廟告成功。㉕布大喜於天下　布告全國，普天同慶。㉖平陵　縣名，漢昭帝陵在此，故置縣，縣治在今陝西咸陽西北。㉗弛刑　解除刑具，以服勞役代服刑的囚徒。㉘義從　志願從軍的壯士。㉙烏孫大國三句　烏孫在中亞據有巴爾喀什湖以南以東廣大地區，為西域大國，漢武帝結烏孫共伐匈奴，以宗室江都王劉建女劉細君為公主，遠嫁烏孫結和親。事見本書卷二十一元封六年。㉚孝宣帝卒得其用　漢宣帝時，漢與烏孫聯兵大破匈奴。事見本書卷二十四本始三年。

【校記】①焉耆　原作「延耆」。據章鈺校，甲十六行本、乙十一行本、孔天胤本皆作「焉耆」，張敦仁《通鑑刊本識誤》同，今據改。②番辰　據章鈺校，甲十六行本作「番臣」，乙十一行本仍作「番辰」。

【語譯】五年（庚辰　西元八〇年）

春，二月初一日庚辰，發生日蝕。章帝下詔令推舉直言極諫的賢士。〇荊州、豫州各郡的軍隊討伐漊中蠻，打敗了他們。

夏，五月初三日辛亥，章帝下詔說：「朕期盼正直之士，坐在側席提出不同意見，那些先到的人都已發洩憤怒道出鬱悶，使朕略知諸位賢大夫的志向了。想把他們都安排在我的左右，以備顧問，省察採納。建武時詔書又說：『堯用職務來考察大臣，不只是根據言語書信。』現在外官多有空缺，都可以補任。」

五月二十日戊辰，太傅趙熹去世。

班超想乘機平定西域，上疏請求援兵，說：「臣私下看到先帝想要開通西域，所以北邊攻打匈奴，西邊出使外國，鄯善國、于窴國當時就歸順了。現在拘彌國、莎車國、疏勒國、月氏國、烏孫國、康居國也願意歸附，想要共同合力，消滅龜茲國，安定通往漢朝的道路。如果攻取龜茲國，那麼西域還未歸順的就只有百分之一了。前代討論西域事務的人都說：『取得西域三十六國，號稱是切斷了匈奴的右臂。』現在西域各國，從太陽落下的地方起，沒有不歸服漢德的，大國小國都很歡欣，進貢不斷，唯獨焉耆國、龜茲國不服從。臣以前和官屬三十六人奉命出使絕遠的西域，備受艱險，從孤守疏勒國到現在已有五年，胡夷的情況，臣很瞭解，不論問大國還是小國，都回答說倚靠漢朝和依附天一樣。以此來驗證，則葱嶺可以打通，龜茲國可以討伐。現在應該封龜茲國的侍子白霸做龜茲的國王，派遣幾百名步兵騎兵護送他，和各國兵力聯合，在一年之內就可以獲取龜茲。用夷狄攻敗夷狄，這是最好的計策。臣看到莎車國、疏勒國，田地肥沃廣闊，牧草充足，不像敦煌、鄯善國之間那樣貧瘠，軍隊可以不取費中國而糧食自足。況且姑墨、溫宿二國的國王都是龜茲所立，既不和龜茲同族，又都厭恨龜茲，這種情勢下必然會有歸降的。如果二國來降，那麼龜茲自然破敗。希望把臣的奏章付下廷議，用作參考行事，倘若萬一發生意外，臣死了也無憾！臣班超區區之人，特別受到神靈的保護，私下希望不要立即死去，能親眼看到西域平定，陛下高舉慶祝萬年和平的酒杯，向祖廟呈獻功勳，向全國人頒布勝利的特大喜訊。」上書奏上，章帝知道這一功業可以完成，商議要派援兵。平陵人徐幹上疏，願意奮力捐軀幫助班超。章帝任命徐幹做假司馬，帶領解除刑具的犯人以及自願從行的一千人增援班超。

先前，莎車國以為漢朝不派兵，就投降了龜茲，而疏勒都尉番辰也背叛了漢朝。正逢徐幹趕到，班超於是和徐幹攻打番辰，大敗番辰，殺敵一千多人。想要進攻龜茲，因烏孫兵力強盛，應當借用烏孫的兵力，就上書說：「烏孫是大國，有十萬彎弓射箭之士，所以武帝把公主嫁給烏孫王，到孝宣帝時終於得到烏孫幫助。現在可以派使者招撫慰問，和他們共同合力。」章帝接受了這個意見。

六年（辛巳　西元八一年）

春，二月辛卯❶，琅邪孝王京❷薨。

夏，六月丙辰❸，太尉鮑昱薨。○辛未晦❹，日有食之。

秋，七月癸巳❺，以大司農鄧彪❻為太尉。

武都太守廉范⑦遷蜀郡太守。成都民物豐盛，邑宇逼側⑧。舊制，禁民夜作，以防火災，而更相隱蔽⑨，燒者日屬⑩。范乃毀削先令，但嚴使儲水而已。百姓以為便，歌之曰：「廉叔度，來何暮！不禁火，民安作。昔無襦⑪，今五絝⑫。」

帝以沛王⑬等將入朝，遣謁者賜貂裘⑭及太官食物珍果，又使大鴻臚⑮竇固持節⑯郊迎。帝親自循行邸第⑰，豫⑱設帷牀，其錢帛器物無不充備。

【章旨】以上為第八段，寫廉范為官，注重民生，百姓愛戴。

【注釋】❶辛卯　二月十七日。❷琅邪孝王京　光武帝子，明帝同母弟。❸丙辰　六月十五日。❹辛未晦　六月三十日。❺癸巳　七月二十二日。❻鄧彪　（？—西元九三年）字智伯，南陽新野（在今河南新野南）人，歷仕明帝、章帝、和帝三朝，官至太傅。傳見《後漢書》卷四十四。❼廉范　字叔度，京兆杜陵（在今西安長安東南）人，長期歷官地方太守，所在政績卓著。傳見《後漢書》卷三十一。❽邑宇逼側　城中民房緊聚在一起。逼側，間距狹窄。❾更相隱蔽　平民夜作舉火，互相隱瞞。❿燒者日屬　火災天天相連。⓫襦　短衣。⓬絝　通「褲」。⓭沛王　劉輔，光武帝與郭皇后所生子。⓮貂裘　貂皮袍。⓯大鴻臚　九卿之一，掌朝廷禮儀及藩國、歸義蠻夷事務。⓰持節　皇帝特使，持符節以示信。⓱帝親自循行邸第　章帝親到沛王府第視察陳設。邸第，藩王在京師所設府第。⓲豫　通「預」。預先。

【語譯】六年（辛巳　西元八一年）

春，二月十七日辛卯，琅邪孝王劉京去世。

夏，六月十五日丙辰，太尉鮑昱去世。〇最後一天三十日辛未，發生日蝕。

秋，七月二十二日癸巳，任命大司農鄧彪為太尉。

武都太守廉范改任蜀郡太守。成都人口眾多，物產豐盛，城邑房屋緊密相連。舊時制度，禁止百姓夜晚勞作，以防止火災，但百姓互相隱瞞偷偷使用燈火，火災接連發生。廉范就取消以前的禁令，只是嚴格要求百姓儲存水而已。百姓認為很方便，歌頌廉范說：「廉叔度，為什麼來得這麼遲！不禁火，人民安心勞作。過去沒有一件上衣，現在有了五條褲子。」

章帝因為沛王劉輔等人將入朝，派謁者賜給他們貂裘以及太官食物和珍奇果品，又派大鴻臚竇固拿著符節在郊外迎接。皇帝親自巡視王府第，預先陳設帷帳、床，錢帛、器物無不充足。

七年（壬午　西元八二年）

春，正月，沛王輔、濟南王康、東平王蒼、中山王焉❶、東海王政❷、琅邪王宇❸來朝。詔沛、濟南、東平、中山王贊拜不名❹，升殿乃拜，上親答❺之，所以寵光榮顯，加於前古。每入宮，輒以輦❻迎，至省閤❼乃下。上為之興席改容❽，皇后親拜於內❾，皆鞠躬辭謝不自安❿。三月，大鴻臚奏遣諸王歸國，帝特留東平王蒼於京師。

初，明德太后為帝納扶風⓫宋楊二女為貴人，大貴人生太子慶。梁松弟竦⓬有二女，亦為貴人，小貴人生皇子肇⓭。竇皇后無子，養肇為子。宋貴人有寵於馬太后，太后崩，竇皇后寵盛，與母沘陽公主⓮謀陷宋氏，外令兄弟求其纖過⓯，內使御者⓰偵伺得失⓱。宋貴人病，思生兔⓲，令家求之，因誣言欲為厭勝之術⓳，由是太子出居承祿觀。夏，六月甲寅[20]，詔曰：「皇太子有失惑無常[21]之性，不可以奉宗廟。大義滅親[22]，況降退乎[23]！今廢慶為清河王。皇子肇，保育皇后，承訓懷衽[24]，今以肇為皇太子。」遂出宋貴人姊妹置丙舍[25]，使小黃門蔡倫[26]案之。二貴人皆飲藥自殺，父議郎楊免歸本郡。慶時雖幼，亦知避嫌畏禍，言不敢及宋氏。帝更憐之，敕皇后令衣服與太子齊等。太子亦親愛慶，入則共室，出則同輿。

己未[27]，徙廣平王羨[28]為西平王。

秋，八月，飲酎[29]畢，有司[30]復奏遣東平王蒼歸國，帝乃許之。手詔賜蒼曰：「骨肉天性，誠不以遠近[31]為親疏，然數見顏色，情重昔時[32]。念王久勞，思得還休[33]，欲署大鴻臚奏，不忍下筆，顧授小黃門[34]。中心戀戀[35]，惻然[36]不能言。」於是車駕祖送[37]，流涕而訣。復賜乘輿服御、珍寶、輿馬，錢布以億萬計。

九月甲戌[38]，帝幸偃師[39]，東涉卷津[40]，至河內[41]，下詔曰：「車駕行秋稼，觀收穫，因涉郡界[42]，皆精騎輕行，無他輜重。不得輒修道橋，遠離城郭，遣吏逢迎，刺探起居[43]，出入前後，以為煩擾。動務省約，但患不能脫粟瓢飲[44]耳。」己酉[45]，進幸鄴[46]。辛卯[47]，還宮。

冬，十月癸丑[48]，帝行幸長安，封蕭何末孫熊為酇侯[49]。進幸槐里[50]、岐山[51]，又幸長平52，御池陽宮53，東至高陵54。十二月丁亥55，還宮。東平獻王蒼疾病，馳56遣名醫、小黃門侍疾，使者冠蓋57不絕於道。又置驛馬58，千里傳問起居。

【章　旨】以上為第九段，寫漢章帝寵愛竇皇后而廢太子。

【注　釋】❶沛王輔濟南王康句　四王皆光武帝子，於章帝為叔父，故特禮贊拜不名。❷東海王政　光武帝子東海王劉彊之子。❸琅邪王宇　光武帝子琅邪王劉京之子。以上六王皆光武帝諸子孫一系親王。❹贊拜不名　司儀謁者引薦時只稱王，不稱其名。❺答　酬答回禮。❻輦　宮中皇帝后妃專用的人力車。❼省閣　禁中閣門。❽興席改容　從座席上站立起來，表示迎請，並面帶笑容。❾皇后親拜於內　皇后以姪媳晚輩禮在簾內拜禮諸叔父親王。❿皆鞠躬辭謝不自安　諸王見皇帝后妃特禮，於是都鞠躬推辭謝絕，誠惶誠恐，心不自安。⓫扶風　即右扶風，郡名，郡治在今陝西興平。⓬梁松弟竦　梁松、梁竦二人傳附其父〈梁統傳〉，見《後漢書》卷三十四。梁松曾陷害馬援，後因飛書誹謗朝廷，下獄死。梁竦被外戚竇氏誣陷為惡逆，亦下獄死。⓭皇子肇　即漢和帝。⓮沘陽公主　光武帝子東海王劉彊之女。⓯纖過　細小的過失。指羅織宋貴人娘家人的細小過失。⓰御者　指服侍宋貴人的侍者。⓱偵伺得失　暗中窺探宋貴人的行動過失。⓲思生兔　想吃生的兔子。⓳厭勝之術　作法術詛咒、壓服人或物。此指竇氏誣陷宋貴人有詛咒皇上之罪。⓴甲寅　六月十八日。㉑失惑無常　失去理智，精神錯亂。㉒大義滅親　語見《左傳》隱公四年。㉓況降退乎　何況僅僅是貶抑身分而已。指將皇太子劉慶廢為清河王。㉔承訓懷衽　指皇子劉肇為竇皇后親自訓導，並在懷抱中慈養。㉕丙舍　宮中房室，以甲、乙、丙為次。丙舍在南宮。㉖蔡倫（？—西元一二一年）字敬仲，桂陽（今湖南連縣）人，善技巧，改進造紙術，對人類文化有重大貢獻。元初元年（西元一一四年）以久宿衛，封龍亭侯。蔡倫因受竇皇后指使，誣陷宋貴人。後安帝親政，追究倫罪，飲藥而死。傳見《後漢書》卷七十八。㉗己未　六月二十三日。㉘廣平王羨　明帝子。㉙飲酎　八月舉行酎祭高廟的宴會禮。酎，重釀的醇酒，專用於祭祀宗廟。㉚有司　此指主管藩王事務的大鴻臚。㉛遠近　血緣關係的遠近。㉜數見顏色二句　由於多次見面，感情比先前更深。㉝念王久勞二句　考慮到叔王久在京師操勞辛苦，希望能回國休息。㉞欲署大鴻臚奏三句　想在大鴻臚的奉章上簽批，不忍心下筆，交給小黃門送達。㉟戀戀　留戀；顧戀。㊱惻然　悲哀的樣子。㊲車駕祖送　章帝親自在道路旁設酒宴餞行。㊳甲戌　九月十日。㊴偃師　縣名，屬河南郡，縣治在今河南偃師。㊵卷津　卷縣之河津。卷縣在今河南原陽，其北即河津。㊶河內　郡名，治所懷縣，在今河南武陟西南。㊷因涉郡界　趁便來到河內郡界內。㊸刺探起居　打探皇帝行止，以便趨前侍候。㊹脫粟瓢飲　脫粟，指吃脫殼的粗米飯。春秋時晏嬰相齊，力行節儉，食脫粟之飯。瓢飲，指簡陋的生活。《論語・雍也》載孔子讚美顏淵說：「賢哉，回也！一簞食，一瓢飲，在陋巷，人不堪其憂，回也不改其樂。賢哉，回也。」㊺己酉　九月己丑朔，無己酉。㊻鄴　縣名，魏郡治所，在今河北臨漳西南。㊼辛卯　九月二十七日。㊽癸丑　十月十九日。㊾酇侯　西漢開國功臣蕭何封爵，今以其後裔蕭熊嗣封。㊿槐里　縣名，屬右扶風，縣治在今陝西興平。(51)岐山　山名，在今陝西岐山縣東北。(52)長平　山坂名，其上建有長平觀，在池陽縣南。漢池陽縣治在今陝西涇陽。(53)池陽宮　行宮名，在池陽縣因以為名。在今陝西三原。(54)高陵　縣名，縣治在今陝西高陵。(55)丁亥　十二月甲午朔，無丁亥。(56)馳　快馬奔馳，兼程趕路。(57)冠蓋　仕宦之冠服車蓋。此指皇帝特派的高級冠蓋使者一批又一批前往東平國問疾。(58)驛馬　驛站備馬。本是古代常設的通訊設施，此謂特置的專門驛使，即御派專使，馳行千里問王起居，表達皇上的關切之情。

【語　譯】七年（壬午　西元八二年）

春，正月，沛王劉輔、濟南王劉康、東平王劉蒼、中山王劉焉、東海王劉政、琅邪王劉宇來朝見章帝。章帝下詔命司儀引薦沛王、濟南王、東平王、中山王時，只稱王不稱名，登上大殿才行拜禮，皇上親自回禮，以此來表示尊寵榮耀，超過從前。沛王等人每次入宮，總是用輦車迎請，到禁中閤門才下車。皇上見到他們起身微笑迎接，皇后在簾內親自拜禮，諸王都鞠躬辭謝，誠惶誠恐。三月，大鴻臚奏請送諸王回國，章帝特地把東平王劉蒼挽留在京城。

當初，明德太后替章帝娶扶風人宋楊的兩個女兒做貴人，大貴人生了太子劉慶。梁松的弟弟梁竦有兩個女兒，也是貴人，小貴人生了皇子劉肇。竇皇后未生兒子，認養劉肇做兒子。宋貴人受馬太后寵幸，馬太后去世，竇皇后更加受到皇帝的寵愛，就和母親沘陽公主設計陷害宋氏，在外命令兄弟網羅宋氏的細小過失，在內讓服侍宋貴人的御者暗中窺探宋貴人的舉止得失。宋貴人生病，想找生兔子吃，要家人去找，竇皇后就誣告宋貴人想作法詛咒害人，於是太子被遷出太子宮，居住到承祿觀。夏，六月十八日甲寅，章帝下詔說：「皇太子生來神志恍惚，精神錯亂，不可以奉祀宗廟。大義滅親，何況僅僅是貶抑身分呢！現在廢太子劉慶為清河王。皇子劉肇受皇后養育，在懷抱中就接受訓導，現以劉肇為皇太子。」於是把宋貴人姐妹遷出宮，置於丙舍，讓小黃門蔡倫審問她們。兩位貴人都喝毒藥自殺，父親議郎宋楊被免職回本郡。劉慶當時年紀雖小，也知避嫌、害怕禍事，說話不敢談宋氏。章帝更加憐愛他，敕令竇皇后讓劉慶的衣服和太子相同。太子也親近喜愛劉慶，入宮就同住一室，出外就同乘一車。

六月二十三日己未，改封廣平王劉羨為西平王。

秋，八月，酎祭高廟宴會結束後，主管官吏再次奏請送東平王劉蒼回國，章帝這才同意。章帝親筆寫詔書賜劉蒼說：「骨肉親情是天性，確實不會因為遠近而變得或親或疏，然而多次相見，情感比過去深了。考慮到王長年辛勞，希望能夠回去休息，想要在大鴻臚的奏章上簽批，不忍心下筆，特地寫這封信派貼身的小黃門送達。心中戀戀不捨，難過得說不出話。」於是，章帝親自餞道送行，流淚而別。又賜予皇帝的衣服器物、珍寶、車馬，金錢布帛以億萬計。

九月初十日甲戌，章帝巡幸偃師縣，向東渡過卷津，到達河內郡，下詔書說：「朕巡行秋天的莊稼，察看收穫情況，趁便來到郡界內，隨行都是精銳騎兵，輕裝簡從，沒有其他物資。郡縣不得就此建路造橋，遠離城郭，派官吏迎接，打探行止，在車駕前後伺候，煩擾地方。一切務求從簡節約，只是擔心做不到吃糙米飯、用瓢飲水啊。」九月己酉日，章帝巡幸到鄴縣。二十七日辛卯，回宮。

冬，十月十九日癸丑，章帝出行巡視長安縣，封蕭何的末代孫蕭熊為酇侯。前行到槐里、岐山縣，又到長平縣，住在池陽宮，往東到了高陵縣。十二月丁亥日，回宮。

東平獻王劉蒼患病，章帝立刻派名醫、小黃門快馬前往侍候治病，使者車馬在路上接連不斷。又安排驛馬，千里相傳詢問東平王的生活起居。

八年（癸未　西元八三年）

春，正月壬辰❶，王薨。詔告中傅❷：「封上王自建武以來章奏，並集覽焉。」

遣大鴻臚持節監喪，令四姓小侯❸、諸國王❹、主❺悉會葬❻。

夏，六月，北匈奴三木樓訾大人稽留斯❼等率三萬餘人款五原塞降。

冬，十二月甲午❽，上行幸陳留、梁國、淮陽、潁陽❾。戊申❿，還宮。

太子肇之立也，梁氏私相慶⓫，諸竇聞而惡之。皇后欲專名外家⓬，忌梁貴人姊妹，數譖⓭之於帝，漸致疏嫌⓮。是歲，竇氏作飛書⓯，陷梁竦以惡逆，竦遂死獄中，家屬徙九真⓰，貴人姊妹以憂死。辭語連及梁松妻舞陰公主⓱，坐徙新城⓲。

順陽侯馬廖謹篤自守，而性寬緩，不能教勒子弟，皆驕奢不謹。校書郎楊終與廖書戒之曰：「君位地尊重，海內所望。黃門郎年幼⓳，血氣方盛，既無長君⓴退讓之風，而要結㉑輕狡無行之客㉒，縱而莫誨㉓，視成任性，覽念前往㉔，可為寒心㉕。」廖不能從。防、光兄弟資產巨億㉖，大起第觀㉗，彌亙街路㉘，食客常數百人。防又多牧馬畜，賦斂羌、胡。帝不喜之，數加譴敕㉙，所以禁遏甚備㉚。由是權勢稍損，賓客亦衰。

廖子豫為步兵校尉㉛，投書怨誹㉜，於是有司并奏防、光兄弟奢侈踰僭㉝，濁亂聖化㉞，悉免就國㉟。臨上路，詔曰：「舅氏一門俱就國封，四時陵廟㊱無助祭先后㊲者，朕甚傷之。其令許侯㊳思愆田廬㊴，有司勿復請㊵，以慰朕渭陽之情㊶。」光比防稍為謹密，故帝特留之，後復位特進。豫隨廖歸國，考擊物故㊷。後復有詔還廖京師。

【章旨】以上為第十段，寫漢章帝抑制母后外戚，舅家諸馬失勢。

【注釋】❶壬辰　正月二十九日。❷中傅　宦官官名，朝廷派往藩國監護諸侯王的宦官。❸四姓小侯　樊（光武帝母族）、陰（光武帝妻族）、郭（光武帝妻族）、馬（明帝妻族）等四家外戚子弟。❹諸國王　各諸侯國王。❺主　諸侯國王女兒稱主。❻會葬　共同參加葬禮。此指參加東平國王喪禮。❼三木樓訾大人稽留斯　據胡三省注，稽留斯，北匈奴部落名，居於三木樓山。❽甲午　十二月七日。❾陳留梁國淮陽潁陽　四地名。陳留郡屬兗州，梁國、淮陽郡（即陳國）、潁陽屬豫州。又潁陽，疑是潁川之誤。潁川郡治陽翟，在今河南禹州。潁陽，縣名，屬潁川郡，在陽翟東南。❿戊申　十二月二十一日。⓫私相慶賀　梁姓外家私下互相慶賀。⓬專名外家　獨佔外家之名。太子劉肇為梁貴人所生，竇皇后所養，即有兩姓外家。竇皇后陷害梁氏，即只以竇家為外戚。⓭譖　詆毀；說壞話。⓮漸致疏嫌　致使梁貴人逐漸被章帝疏遠棄嫌。⓯飛書　匿名信。⓰九真　邊郡名，屬交州，在今越南境內，治所胥浦。⓱舞陰公主　光武帝長公主。⓲坐徙新城　判處流放新城。新城，縣名，屬河南尹，臨近京師洛陽，在今河南伊川縣西南。⓳黃門郎年幼　指馬廖兩弟馬防、馬光，兩人俱為黃門郎。⓴長君　西漢文帝竇皇后兄竇長君，謙讓知禮，不敢以富貴驕人。㉑要結　結交。㉒輕狡無行之客　輕浮狡詐而無品行的朋友。㉓縱而莫誨　放縱而不加教誨。㉔覽念前往　借鑑思考歷史往事。覽，借鑑。㉕可為寒心　真替馬氏擔心。寒心，擔憂。㉖巨億　數以億計。形容極多。㉗大起第觀　大肆興建府第樓觀。㉘彌亙街路　連綿相接，布滿街巷道路。㉙譴敕　指章帝頒下敕令責備。譴，斥責。敕，皇帝詔書的一種形式，用於告諭。㉚禁遏甚備　限制阻遏馬氏子弟的方法極為周備。㉛步兵校尉　官名，東漢禁衛五校尉之一，掌皇宮殿門衛兵，屬北軍中候。㉜投書怨誹　寫舉報信發牢騷。怨誹，抱怨；發牢騷。㉝奢侈踰僭　驕奢淫侈，超越禮制。㉞濁亂聖化　汙染擾亂聖明的教化。㉟悉免就國　馬氏子弟全部免官回到封國。㊱四時陵廟　春、夏、秋、冬四季祭祀明帝陵廟。㊲先后　指明帝馬皇后。㊳許侯　指馬光。㊴思諐田廬　意指留馬光於京，守田廬而思過，以便四時助祭灑掃馬太后墓。諐，通「愆」。過失；罪過。㊵有司勿復請　主管部門不要再請求讓馬光就國。㊶渭陽之情　渭陽，《詩經・秦風》篇名。秦康公之舅晉公子重耳出亡在外，後由秦歸晉。時秦康公為秦太子，送重耳於渭陽，留詩贈別，〈詩序〉中說：「我見舅氏，如母存焉。」章帝引此以言舅甥之誼，思母馬太后之情。㊷考擊物故　因刑訊而死。考擊，遭審問考掠。物故，死亡。

【語譯】八年（癸未　西元八三年）

春，正月二十九日壬辰，東平王劉蒼去世。章帝詔告中傅：「密封呈上東平王從建武以來的奏章，朕一併集中閱覽。」派大鴻臚手持節符監督辦理喪事，命令樊、郭、陰、馬四姓小侯和各諸侯國王、主都來參加葬禮。

夏，六月，北匈奴居住三木樓山的訾大人稽留斯等率領三萬多人到五原塞投降。

冬，十二月初七日甲午，皇上巡行陳留、梁國、淮陽、潁陽等郡國。二十一日戊申，回宮。

太子劉肇被冊立後，梁氏家族私下互相慶祝，竇氏的人聽說後憎惡此事。竇皇后想讓竇氏成為唯一的外戚，妒嫉梁貴人姐妹，屢次在皇帝面前說梁貴人姐妹的壞話，以致章帝逐漸疏遠嫌惡梁貴人姐妹。這年，竇氏寫匿名信，以惡逆的罪名陷害梁竦，梁竦便死在獄中，家屬流放到九真郡，梁貴人姐妹因憂慮而死。匿名信牽連到梁松的妻子舞陰公主，連坐判處流放新城縣。

順陽侯馬廖謹慎厚道自律，而生性寬容，不能教育約束子弟，子弟都驕橫奢侈不謹慎。校書郎楊終寫信給馬廖告誡他說：「您地位尊顯貴重，天下人都注視您的言行。黃門郎馬防、馬光年輕，血氣方剛，既沒有竇長君那樣謙讓的作風，反而結交輕浮狡詐沒有品行的朋友，您放縱他們不教誨，眼看他們任性而不管，想想以往的教訓，令人為之擔心。」馬廖不能聽從。馬防、馬光兄弟的資產上億，大肆興建宅第樓臺，連綿布滿街道，家中的食客常有數百人。馬防還飼養了很多馬等牲畜，向羌人、胡人徵收賦稅。章帝不喜歡他們的作為，多次頒敕書斥責，用以限制他們的規定十分周詳。因此他們的權勢逐漸減弱，賓客也少了。

馬廖的兒子馬豫任步兵校尉，寫舉報信發牢騷。於是主管官吏一併奏劾馬防、馬光兄弟奢侈僭越，玷汙毀損聖明的教化，馬防、馬光都被免職，返回封國。臨走時，章帝下詔書說：「舅舅一家都返回封國，四季陵墓祖廟祭祀沒有助祭先皇太后的人，我對此很難過。命令許侯馬光留在京城田廬思過，主管官吏不要再奏請彈劾，以此來安撫我對舅舅的情意。」馬光比馬防處事稍微謹慎小心，所以章帝特別留他在京，後來又恢復了他特進之職。馬豫隨馬廖回國，被拷打致死。後來章帝又下詔書召馬廖回京城。

諸馬既得罪，竇氏益貴盛，皇后兄憲為侍中、虎賁中郎將，弟篤為黃門侍郎❶，並侍宮省，賞賜累積，喜交通❷賓客。司空第五倫上疏曰：「臣伏見虎賁中郎將竇憲❸，椒房之親❹，典司禁兵，出入省闥❺，年盛志美，卑讓樂善，此誠其好士交結之方。然諸出入貴戚者，類多瑕釁禁錮之人❻，尤少守約安貧之節❼。士大夫無志之徒❽，更相販賣❾，雲集其門，蓋驕佚❿所從生也。三輔⓫論議者至云，『以貴戚廢錮⓬，當復以貴戚浣濯⓭之，猶解酲⓮當以酒也。』詖險趨勢⓯之徒，誠不可親近。臣愚願陛下、中宮⓰嚴敕⓱憲等閉門自守，無妄交通士大夫，防其未萌⓲，慮於無形⓳，令憲永保福祿，君臣交歡，無纖介之隙，此臣之所至願也。」

憲恃宮掖聲勢⓴，自王、主㉑及陰、馬諸家㉒，莫不畏憚。憲以賤直㉓請奪沁水公主園田㉔，主逼畏㉕不敢計㉖。後帝出過園，指以問憲，憲陰喝㉗不得對㉘。後發覺，帝大怒，召憲切責曰：「深思前過奪主田園時，何用愈㉙趙高指鹿為馬㉚！久念使人驚怖。昔永平中，常令陰黨、陰博、鄧疊三人更相糾察㉛，故諸豪戚莫敢犯法者。今貴主尚見枉奪，何況小民哉！國家棄憲，如孤雛㉜腐鼠耳！」憲大懼。皇后為毀服深謝㉝，良久乃得解㉞，使以田還主。雖不繩其罪，然亦不授以重任。

臣光曰：「人臣之罪，莫大於欺罔，是以明君疾之。孝章謂竇憲何異指鹿為馬，善矣！然卒不能罪憲㉟，則姦臣安所懲㊱哉！夫人主之於臣下，患在不知其姦。苟或知之而復赦之，則不若不知之為愈也。何以言之？彼或為姦而上不之知，猶有所畏。既知而不能討，彼知其不足畏也，則放縱而無所顧矣！是故知善而不能用，知惡而不能去，人主之深戒也。」

下邳周紆㊲為雒陽令，下車㊳，先問大姓主名㊴，吏數閭里豪強以對[1]。紆厲聲怒曰：「本問貴戚若馬、竇等輩，豈能知此賣菜傭乎！」於是部吏望風旨㊵，爭以激切為事㊶，貴戚跼蹐㊷，京師肅清。竇篤夜至止姦亭，亭長霍延拔劍擬㊸篤，肆詈恣口㊹。篤以表聞，詔召司隸校尉、河南尹詣尚書譴問㊺，遣劍戟士㊻收紆，送廷尉詔獄㊼。數日，貰出㊽之。

【章旨】以上為第十一段，寫漢章帝放縱竇皇后外戚，竇憲得勢驕橫。

【注釋】❶黃門侍郎　少府屬官。掌侍從皇帝，給事宮中，通達內外。❷交通　交往；結交。❸竇憲　竇皇后之兄。❹椒房之親　皇后的至親。椒房，皇后所居殿，借指皇后。❺省闥　宮中；禁中。闥，內門；內房。❻瑕釁禁錮之人　瑕釁，指有過失的人。禁錮，指因罪被禁止做官的人。❼尤少守約安貧之節　指瑕釁禁錮之人，尤其很少具有安守本分和清貧的節操。❽無志之徒　節行墮落的人。❾更相販賣　互相吹捧作交易。❿驕佚　驕恣放縱。⓫三輔　西漢都長安，以京畿地區京兆尹、左馮翊、右扶風為三輔。東漢都洛陽，因三輔為陵廟所在，故因襲不改。此泛指京畿司隸地區。⓬廢錮　罷官禁錮。⓭浣濯　洗滌。此喻恢復政治名譽。⓮酲　醉酒態。⓯詖險趣勢　諂媚陰險，趨炎附勢。⓰陛下中宮　指皇帝、皇后兩宮。⓱嚴敕　嚴格訓令。⓲防其未萌　防患於未萌芽之時。萌，萌芽。⓳慮於無形　在事情未出現時預先有防備。⓴憲恃宮掖聲勢　竇憲仗恃外戚的威勢。掖，宮殿旁門。㉑王主　諸侯王、主。㉒陰馬諸家　陰氏、馬氏等光武帝、明帝外戚家族。㉓賤直　賤價。㉔請奪沁水公主園田　藉皇后之勢報請有司強行購買明帝女沁水公主的園田。沁水縣屬河內郡。㉕逼畏　逼於威勢而畏懼。㉖不敢計　不敢計較。㉗陰喝　暗中恐嚇、喝阻。㉘不得對　指竇憲左右的人不能以實情回答章帝之問。㉙愈　超過。㉚趙高指鹿為馬　秦二世時中車府令趙高，憑藉權勢，在秦二世面前當著朝臣指鹿為馬，威壓朝臣附和自己，以孤立秦二世，欲謀大逆。事見本書卷八秦二世三年。㉛陰黨陰博鄧疊句　陰、鄧兩家皆外戚，故令其互相監視揭發，以抑制外戚逾侈。㉜孤雛　失去父母的雛鳥。㉝毀服深謝　脫掉皇后之服裝，深深請罪。㉞良久乃得解　過了很長時間，章帝才消了怒氣。解，解脫；平息。㉟罪憲　治竇憲之罪。㊱懲　戒懼；顧忌。㊲周紆　（?—西元九七年）字文通，下邳郡徐縣（今江蘇泗洪南）人，歷官洛陽令、御史中丞、司隸校衛、將作大匠。執法不阿，權貴疾之。傳見《後漢書》卷七十七〈酷吏傳〉。㊳下車　指一下馬車，就立即行事。㊴大姓主名　指豪強首領的名字。㊵望風旨　指迎合周紆暗示打擊豪強的意圖。望，觀望。風旨，同「諷旨」。㊶爭以激切為事　爭相使用激烈嚴厲的手段去做事。㊷跼蹐　弓腰縮頭腳踩著腳，形容恐懼的樣子。㊸擬　此指作比劃刺殺之狀。㊹肆詈恣口　放肆地破口大罵。㊺詔召司隸校尉句　司隸校尉，掌治京師治安；河南尹，京師行政長官，均為列卿。尚書，主收受章奏。章帝下詔召聚尚書臺訓話，責其不撫佑外戚。㊻劍戟士　宮中持劍和戟的衛士，左右都候掌之。㊼詔獄　奉皇帝詔令拘禁犯人的監獄。㊽貰出　赦免出獄。

【校　記】①對　此字下原有「數」字。據章鈺校，甲十六行本、乙十一行本、孔天胤本皆無「數」字，今據刪。

【語　譯】馬家諸人既已獲罪，竇氏更加顯貴，竇皇后的哥哥竇憲任侍中、虎賁中郎將，弟弟竇篤任黃門侍郎，都在宮中陪侍皇上，受到的賞賜越來越多，喜歡結交賓客。司空第五倫上疏說：「臣私下看到虎賁中郎將竇憲是皇后的至親，職掌宮中衛兵，出入宮廷，年輕志美，謙卑禮讓，樂於為善，這實在是他喜歡賢士進行結交的方法。然而那些出入貴戚之家的人，大多是有過失或因罪禁止為官的人，尤其缺乏安分守己甘於清貧的節操。士大夫中沒有志向之徒，互相吹捧，紛紛聚集到他門下，這大概就是驕恣放縱產生的原因。京畿議論的人甚至說，『因為貴戚免官禁錮，應當再靠貴戚來洗除罪名，就好像用酒來解除醉酒一樣。』諂媚險惡趨炎附勢之徒，實在不可親近。臣愚昧地希望陛下、皇后嚴厲告誡竇憲等外戚閉門謝客，自守法度，不要隨意交往士大夫，在禍患未萌芽時就預防，在未出現前就憂慮，使竇憲能永遠保有福祿，君臣相處歡樂，沒有一點嫌隙，這是臣最大的願望。」

竇憲依恃皇后聲勢，從諸侯王、主以及陰家、馬家的人，沒有不害怕忌憚他的。竇憲以低價強行購買沁水公主的園田，公主迫於壓力不敢與竇憲計較。後來章帝出巡經過園田，指著問竇憲，竇憲暗中阻止左右的人不能據實回答。後來發現實情，章帝大怒，召見竇憲嚴厲斥責說：「好好想想你以前強奪沁水公主園田的罪過，簡直超過了趙高的指鹿為馬！越想越讓人震驚害怕。從前永平年間，先帝常常命令陰黨、陰博、鄧疊三人互相監視揭發，所以那些貴戚沒有敢犯法的。現在尊貴的公主尚且被你肆意掠奪，何況那些小百姓呢！國家拋棄你竇憲，就像拋棄孤獨的雛鳥和腐爛的老鼠一樣！」竇憲非常害怕。皇后脫掉皇后服裝深深謝罪，過了很久章帝怒氣才消解，讓竇憲把園田還給沁水公主。雖然沒有治竇憲的罪，但也不委以重任。

司馬光說：「人臣的罪過，沒有比欺騙蒙蔽君主更大的，因此英明的君主痛恨此事。章帝說竇憲的行為與趙高指鹿為馬沒有不同，說得對啊！但最終不能治竇憲的罪，那麼奸臣怎能戒懼呢！君主對於臣下，擔心的是不知道他們的奸私。如果知道了他們的奸私卻還赦免他們，還不如不知道為好。為什麼這樣說呢？他們犯法了而君主不知道，他們還有所畏懼。君主既已知道卻不治罪，他們就知道這不值得害怕，就會放縱而無所顧忌了！所以知道大臣善良卻不能任用他，知道大臣惡行卻不能罷免他，這是人君應當深深警惕的。」

下邳人周紆做洛陽縣令，剛到任，就先詢問豪強大姓的名字，官吏數著閭里中的豪強回答他。周紆厲聲怒喝道：「我是想問像馬家、竇家那樣的貴戚，為什麼要知道這些賣菜的幫傭嗎！」於是部屬迎合周紆打擊貴戚的意圖，爭相採取激烈嚴厲手段打擊不法貴戚，貴戚恐懼不安，京城安定清明。竇篤晚上到止姦亭，亭長霍延拔劍對著竇篤，放肆地破口大罵。竇篤上表奏聞，章帝下詔召喚司隸校尉、河南尹到尚書臺責問，派持劍執戟衛士逮捕周紆，押送廷尉詔獄。過了幾天，赦免周紆出獄。

帝拜班超為將兵長史❶，以徐幹為軍司馬❷，別遣衛候❸李邑護送烏孫使者。邑到于窴，值龜茲攻疏勒，恐懼不敢前，因上書陳西域之功不可成，又盛毀超：「擁愛妻，抱愛子，安樂外國，無內顧心。」超聞之，歎曰：「身非曾參而有三至之讒❹，恐見疑於當時矣！」遂去其妻。帝知超忠，乃切責邑曰：「縱超擁愛妻，抱愛子，思歸之士千餘人，何能盡與超同心乎！」令邑詣超受節度，詔：「若邑任在外者，便留與從事❺。」超即遣邑將烏孫侍子還京師。徐幹謂超曰：「邑前親毀君，欲敗西域，今何不緣詔書留之，更遣他吏送侍子乎？」超曰：「是何言之陋也！以邑毀超，故今遣之。內省不疚，何卹人言❻！快意留之，非忠臣也。」

帝以侍中會稽鄭弘❼為大司農。舊交趾七郡❽貢獻轉運，皆從東冶❾汎海而至，風波艱阻，沉溺相係❿。弘奏開零陵、桂陽嶠道⓫，自是夷通，遂為常路。在職二年，所省息以億萬計。遭天下旱，邊方有警，民食不足，而帑藏殷積⓬。弘又奏宜省貢獻，減傜費，以利飢民，帝從之。

【章 旨】以上為第十二段，寫班超、鄭弘公忠體國，盡心職守。

【注 釋】❶將兵長史 長史為將軍僚屬，主持將軍府日常事務。未設將軍，而以長史領兵，稱將兵長史。❷軍司馬 將軍僚屬，位在校尉下，秩比千石，掌領兵。❸衛候 衛尉屬官，掌領屯衛兵。❹曾參而有三至之讒 曾參，春秋時孔子弟子，有仁孝之行，而有魯人告其母，說曾參殺人，連續三人均如此說，曾參母也信以為真。事見本書卷三周赧王七年。❺留與從事 意為詔令班超有權留下李邑做屬僚。❻內省不疚二句 無愧於心，怕什麼流言。語出《論語・顏淵》孔子之言：「內省不疚，夫何憂何懼！」疚，病也。卹，憂慮。逸《詩》云：「禮義不愆，何恤人之言！」❼鄭弘 字巨君，會稽山陰（今浙江紹興）人，官至太尉。傳見《後漢書》卷三十三。❽交趾七郡 交趾，州名，治所番禺，在今廣東廣州。交趾州所屬七郡，當今兩廣地區及越南北部。七郡為南海、蒼梧、鬱林、合浦、交趾、九真、日南。❾東冶 縣名，屬會稽郡。縣治在今福建福州。❿沉溺相係 沉船事件不斷發生。相係，連接不斷。⓫開零陵桂陽嶠道 開鑿從零陵（今湖南零陵）至桂陽（今湖南桂陽）的山道。嶠，山嶺。⓬帑藏殷積 國庫充實。帑，庫藏的金帛。

【語 譯】章帝任命班超為將兵長史，以徐幹為軍司馬，另派衛候李邑護送烏孫國的使者。李邑到達于寘國，正遇上龜茲國攻擊疏勒國，恐懼不敢繼續前進，就上書說平定西域的事不會成功，又極力毀謗班超：「擁著愛妻，抱著愛子，在外國安心享樂，沒有心思顧及朝廷。」班超聽說此事，感歎說：「我不是曾參，卻像他那樣遭受三次讒言，恐怕現在要被懷疑了！」於是與妻子離婚。章帝知道班超忠心，就嚴厲責備李邑說：「假如班超擁著愛妻，抱著愛子，想回家鄉的士兵一千多人，怎能都和班超同心呢！」章帝命令李邑到班超那兒接受班超的指揮，下詔：「像李邑這樣出任在外的人，你可根據需要把他留下來辦事。」班超當即派遣李邑帶著烏孫國侍子回京城。徐幹對班超說：「李邑以前親自毀謗您，想要破壞西域事，現在為何不借著詔書留下他，另派其他官吏護送侍子呢？」班超說：「這話多麼淺薄！正因為李邑毀謗我，所以現在才派他去。我內心無愧，何必懼怕人的流言！為了讓自己痛快把他留下來，這不是忠臣。」

皇帝任命侍中會稽人鄭弘為大司農。過去交趾州七郡貢獻轉運物品，都是從東冶縣渡海而來，風高浪急艱難險阻，沉船事件不斷發生。鄭弘奏請開闢從零陵到桂陽郡的山路，從此道路平坦暢通，就成為平常通行的道路。鄭弘在任二年，所節省的錢以億萬計。遇到天下大旱，邊郡有警報，人民的糧食不夠，但國庫錢財殷實充足。鄭弘又奏請應當減少各地貢獻物品，減輕傜役費，用來救濟飢民，章帝接受了他的提議。

元和元年❶（甲申　西元八四年）

春，閏正月辛丑❷，濟陰悼王長❸薨。

夏，四月己卯❹，分東平國，封獻王子尚為任城王。

六月辛酉❺，沛獻王輔❻薨。

陳事者多言「郡國貢舉❼，率非功次❽。故守職益懈❾，而吏事寖疏❿，咎在州郡。」有詔下公卿朝臣議。大鴻臚韋彪上議曰：「夫國以簡賢⓫為務⓬，賢以孝行為首⓭，是以求忠臣必於孝子之門⓮。夫人才行⓯少能相兼，是以孟公綽⓰優⓱於趙、魏⓲老⓳，不可以為滕、薛⓴大夫。忠孝之人，持心㉑近厚㉒，鍛鍊之吏㉓，持心近薄[24]。士宜以才行為先，不可純以閥閱[25]。然其要歸[26]，在於選二千石[27]。二千石賢，則貢舉皆得其人矣。」彪又上疏曰：「天下樞要，在於尚書[28]，尚書之選，豈可不重！而間者多從郎官超升此位，雖曉習文法，長於應對，然察察小慧[29]，類無大能。宜鑒嗇夫[30]捷急之對，深思絳侯[31]木訥之功也。」帝皆納之。彪，賢[32]之玄孫也。

秋，七月丁未[33]，詔曰：「律云：『掠者[34]唯得榜、笞、立[35]。』又令丙[36]，箠[37]長短有數[38]。自往者大獄以來，掠考多酷，鉆鑽[39]之屬，慘苦無極[40]。念其痛毒[41]，怵然[42]動心。宜及秋冬治獄[43]，明為其禁[44]。」

八月甲子[45]，太尉鄧彪罷，以大司農鄭弘為太尉。

癸酉[46]，詔改元[47]。丁酉[48]，車駕南巡。詔：「所經道上郡[1]縣，毋得設儲跱[49]，命司空自將徒支拄橋梁。有遺使奉迎，探知起居，二千石當坐。」

九月辛丑[50]，幸章陵[51]。十月己未[52]，進幸江陵[53]。還，幸宛[54]。召前臨淮太守宛人朱暉[55]，拜尚書僕射[56]。暉在臨淮，有善政，民歌之曰：「彊直自遂[57]，南陽朱季。吏畏其威，民懷其惠。」時坐法免[58]，家居，故上召而用之。十一月己丑[59]，車駕還宮。尚書張林上言：「縣官[60]經用不足，宜自煮鹽[61]，及復修武帝均輸[62]之法。」朱暉固執以為不可，曰：「均輸之法，與賈販無異，鹽利歸官，則下民窮怨，誠非明主所宜行。」帝因發怒切責諸尚書，暉等皆自繫獄[63]。三日，詔敕出之，曰：「國家樂聞駁議[64][2]，黃髮無愆[65]，詔書過[66]耳，何故自繫！」暉因稱病篤，不肯復署議[67]。尚書令以下惶怖[68]，謂暉曰：「今臨得譴讓[69]，柰何稱病，其禍不細[70]！」暉曰：「行年八十，蒙恩得在機密，當以死報。若心知不可，而順旨雷同，負臣子之義。今耳目無所聞見[71]，伏待死命。」遂閉口不復言。諸尚書不知所為[72]，乃共劾奏暉[73]。帝意解[74]，寢其事[75]。後數日，詔使直事郎[76]問暉起居，太醫視疾，太官賜食，暉乃起謝[77]。復賜錢十萬，布百匹，衣十領。

【章　旨】以上為第十三段，寫漢章帝量才用人，廢酷刑，納諫獎勵直臣。

【注　釋】❶元和元年　是年八月改元。❷辛丑　閏正月十五日。❸濟陰悼王長　明帝子劉長，封濟陰王，諡曰悼王。傳見《後漢書》卷五十〈孝明八王傳〉。❹己卯　四月二十四日。❺辛酉　六月初七日。❻沛獻王輔　光武帝子，封沛王，諡曰獻王。傳見《後漢書》卷四十二〈光武十王傳〉。❼貢舉　保舉任用的人才。漢制，公卿及郡國守相，都有責任向朝廷舉薦人才，貢舉得人有賞，貢舉不得人有罰。❽功次　功勞次第。❾守職益懈　指官吏日益鬆懈，不負責任。❿吏事寖疏　行政事務荒廢。⓫簡賢　選賢。⓬為務　為政的首要任務。⓭賢以孝行為首　賢才的標準首先是有孝行。⓮求忠臣必於孝子之門　引自《孝經緯》之文。今存《孝經》而緯書已亡。⓯才行　才能與品德。⓰孟公綽　春秋時魯國大夫。⓱優　寬綽；有餘力。⓲趙魏　指晉國六卿中的趙氏、魏氏。⓳老　古時大夫的家臣稱老。⓴滕薛　春秋時小國，與魯國為鄰。這兩句話引自《論語・憲問》孔子之言，意謂孟公綽做晉國卿趙氏、魏氏的家臣能力有餘，但不可勝任滕、薛這樣事務繁多的小國大夫。㉑持

心　用心；處事態度。㉒厚　仁厚。㉓鍛鍊之吏　即酷吏，他們治獄苛細嚴峻，猶如工冶陶鑄鍛鍊。㉔薄　刻薄寡恩。㉕純以閥閱　意為只注重門第出身和任職資歷。明等級為閥，積功為閱。㉖要歸　關鍵；根本。㉗二千石　指郡國守相。㉘天下樞要二句　國家的行政中樞，集中在宮廷尚書處。尚書職掌公卿、二千石官上書及外國民族事務，是為樞要。㉙察察小慧　苛細的小智慧。㉚嗇夫　指文帝時上林苑虎圈嗇夫。官府機構長官，一般地位不高。㉛絳侯　西漢名臣周勃封絳侯。勃厚重少文，不善言辭。漢文帝一次入上林，問上林尉禽獸多少，上林尉不能對，虎圈嗇夫從旁對答如流。漢文帝欲重用嗇夫，遭到廷尉張釋之的反對，他認為周勃木訥並不損害他為賢相。文帝乃止。事見本書卷十四漢文帝三年。㉜賢　韋賢，漢元帝時丞相。傳見《漢書》卷七十三。㉝丁未　七月二十三日。㉞掠者　指審問官。㉟唯得榜笞立　只能依靠下列三種刑訊方式錄取口供：一鞭打（榜）、二棍擊（笞）、三吊立。㊱令丙　法令編號，丙集令文。㊲箠　刑杖。㊳長短有數　長短大小有定規。漢制，箠長五尺，寬一寸；竹杖，末梢薄半寸，去掉節使其平整。㊴鉆鑽　鑿刺肌膚之刑。㊵慘苦無極　淒慘苦痛到極點。㊶痛毒　痛苦之極。㊷怵然　驚懼的樣子。㊸宜及秋冬治獄　應於秋冬兩季審理案件。㊹明為其禁　明令禁止酷刑審訊。㊺甲子　八月十一日。㊻癸酉　八月二十日。㊼改元　改建初九年為元和元年。㊽丁酉　九月十四日。㊾設儲跱　預為置辦招待物資。儲，積。跱，具。㊿辛丑　九月十八日。(51)章陵　陵名、縣名，東漢皇室祖墓在舂陵鄉，建武二年建陵廟，置陵令，初名昌陵，後改為章陵，並改舂陵鄉為章陵縣。陵及縣治均在今湖北棗陽。(52)己未　十月初七日。(53)江陵　縣名，為南郡郡治，在今湖北江陵。(54)宛　縣名，為南陽郡郡治，在今河南南陽。(55)朱暉　（西元四－九一年）字文季，為人剛正，官至尚書令、騎都尉。傳見《後漢書》卷四十三。(56)尚書僕射　官名，尚書臺副長官。(57)彊直自遂　剛正自信。自遂，按自己心意做事。(58)坐法免　因犯法免官。胡三省注引《東觀漢記》曰：「坐考長史，囚死獄中，州奏免官。」(59)己丑　十一月七日。(60)縣官　朝廷。(61)自煮鹽　由政府自己經營製鹽。鹽鐵國營始於漢武帝。(62)均輸　由國家控制物資轉運，用以壟斷商業利潤，增加國庫收入。亦始於漢武帝時。(63)自繫獄　自投監獄囚禁。(64)駁議　反駁的意見。(65)黃髮無愆　朱老沒有過錯。黃髮，對老年人的稱呼。時朱暉年八十，故詔書稱「黃髮」。(66)過　過分。(67)署議　在議案上署名。(68)惶怖　惶恐害怕。(69)今臨得譴讓　現在剛剛受到皇帝的斥責。(70)其禍不細　其禍不小。意謂若稱病，皇帝怒上加怒，其禍必大。(71)今耳目無所聞見　意謂現在年事已高，耳聾眼花，什麼也聽不見，看不見。(72)不知所為　不知怎麼辦。(73)乃共劾奏暉　於是就一起署名上奏彈劾朱暉。(74)帝意解　章帝怒氣消失。(75)寢其事　將事情擱置不辦。(76)直事郎　當班的郎官。(77)暉乃起謝　朱暉這才起身上衙辦事，並上奏謝恩請罪。皇帝加禮，暉乃起謝，所謂強直自遂，大都類此。

【校　記】①郡　原作「州」。據章鈺校，甲十六行本、乙十一行本、孔天胤本皆作「郡」，張敦仁《通鑑刊本識誤》同，今據改。②議　原作「義」。據章鈺校，甲十六行本、乙十一行本皆作「議」，今據改。

【語　譯】元和元年（甲申　西元八四年）

春，閏正月十五日辛丑，濟陰悼王劉長去世。

夏，四月二十四日己卯，從東平國分出部分封土，冊封獻王的兒子劉尚為任城王。

六月初七日辛酉，沛獻王劉輔去世。

上奏政事的人大多說「郡國保舉推薦人才，大都不按照功勞依次舉用。所以官吏日益懈怠，而行政事務被荒廢，過失在於州郡。」章帝下詔把這事交給公卿朝臣討論。大鴻臚韋彪上奏說：「國家以選賢為要務，賢才以孝行為首，因此一定要到孝子的家尋找忠臣。人的才能、德行很少能二者兼備，所以孟公綽做趙氏、魏氏的家臣能力有餘，卻不能做滕國、薛國的大夫。忠誠孝順的人，心地大多仁厚，擅長辦案的官吏，心腸大多刻薄。選用賢士應以才德為重，不能純粹根據門第出身和功勞資歷。但是最根本的，在於選用二千石的官員。二千石的官員賢明，那麼保舉推薦的就都能適得其人了。」韋彪又上奏說：「國家的行政中樞，就在尚書，尚書的選用，怎可不慎重！而最近多是從郎官中破格提拔到這個職位，他們雖熟悉法律條文，擅長應對，但只是精細的小智慧，大多沒有大的才能。應當吸取虎圈嗇夫敏捷應對的教訓，深刻思考絳侯質樸不善言辭而立大功的事例。」章帝全部採納了韋彪的建議。韋彪是韋賢的玄孫。

秋，七月二十三日丁未，章帝下詔書說：「律條說：『審問官只能鞭打、棒擊、吊立。』另外在《令丙》中，刑杖的長短大小有規定。自從過去發生重大獄案以來，拷問犯人大多殘酷，鑿刺肌肉之類的刑罰，讓犯人悲慘痛苦到極點。想到毒刑的痛苦慘烈，令人恐懼心顫。應當等到秋冬兩季審問案獄時，明令禁止酷刑審訊。」

八月十一日甲子，太尉鄧彪被免官，任命大司農鄭弘為太尉。

八月二十日癸酉，下詔改年號。九月十四日丁酉，章帝車駕南巡。章帝下詔說：「車駕所經途中郡縣，不許預先置辦招待物資，命令司空自己率刑徒搭架橋樑。如有派遣使者來迎接，探問我起居的，二千石官要受刑法處置。」

九月十八日辛丑，章帝巡幸章陵縣。十月初七日己未，前行巡幸江陵縣。返回途中，巡幸宛縣。章帝召見前臨淮太守宛縣人朱暉，任命為尚書僕射。朱暉在臨淮郡時，有好的政績，百姓歌頌他說：「剛強正直自信，南陽郡人朱季。官吏敬畏他的威嚴，百姓懷念他的惠政。」朱暉當時因犯法被免職，住在家裡，所以皇上召見並重用他。十一月初七日己丑，章帝車駕回宮。尚書張林上書說：「朝廷財政費用不足，應該由政府經營製鹽，並且重新恢復漢武帝時的均輸法。」朱暉堅持認為不可恢復，說：「均輸之法，使得國家和商販一樣，製鹽的利潤歸屬官府，那麼下面的百姓就會窮困埋怨，這實在不是明君應當施行的。」章帝因此很生氣，嚴厲斥責諸位尚書，朱暉等人都自投監獄囚禁。過了三天，章帝下詔令釋放他們，說：「國家樂意聽到反對的意見，老者沒有過錯，是詔書責備過分了，為什麼要自己拘繫入獄！」朱暉就勢推說病重，不肯再在議案上署名。尚書令以下惶恐不安，對朱暉說：「現在剛剛受到皇帝斥責，怎麼還要稱病，這個災禍不小啊！」朱暉說：「我已八十歲了，蒙受皇恩得以任職樞密，應當以死報答。如果心中知道這事不可行，卻順著皇帝的旨意隨聲附和，是辜負臣子的責任。現在耳朵聽不到，眼睛看不見，伏地等著處死我的命令。」朱暉便閉上嘴不再說話。諸位尚書不知該怎麼辦，就共同上奏彈劾朱暉。章帝怒氣已消，擱置此事。幾天後，下詔派值班的署郎問候朱暉的生活起居，太醫探望他的疾病，太官賜給食物，朱暉才起身答謝。章帝又賞賜給他錢十萬，布百匹，衣服十件。

魯國孔僖❶、涿郡崔駰❷同遊❸太學，相與論「孝武皇帝，始為天子，崇信聖道，五六年間，號勝文、景。及後恣己❹，忘其前善。」鄰房生梁郁上書，告駰、信誹謗先帝，刺譏當世❺，事下有司。騶詣吏受訊。信以書自訟❻曰：「凡言誹謗者，謂實無此事而虛加誣之也。至如孝武皇帝，政之美惡，顯在漢史，坦❼如日月，是為直說書傳實事，非虛謗也。夫帝者，為善為惡，天下莫不知，斯皆有以致之❽，故不可以誅於人也。且陛下即位以來，政教未過，而德澤有加，天下所具知[1]也❾，臣等獨何譏刺哉！假使所非實是，則固應悛改❿；儻其不當，亦宜含容⓫，又何罪焉！陛下不推原大數⓬，深自為計⓭，徒⓮肆私忌⓯，以快其意。臣等受戮，死即死耳，顧天下之人，必回視易慮⓰，以此事闚陛下心⓱，自今以後，苟見不可之事，終莫復言者矣。齊桓公⓲親揚其先君之惡以唱管仲⓳，然後羣臣得盡其心。今陛下乃欲為十世之武帝⓴遠諱實事，豈不與桓公異哉！臣恐有司卒㉑然見構，銜恨蒙枉，不得自敘，使後世論者擅以陛下有所比方㉒，寧可復使子孫追掩㉓之乎！謹詣闕伏待重誅。」書奏，帝立詔勿問㉔，拜信蘭臺令史㉕。

十二月壬子㉖，詔：「前以妖惡禁錮三屬㉗者，一皆蠲除㉘之，但不得在宿衛㉙而已。」

廬江㉚毛義、東平鄭均㉛，皆以行義稱於鄉里。南陽張奉慕義名，往候之，坐定而府檄㉜適至㉝，以義守㉞安陽㉟令。義捧檄而入，喜動顏色。奉心賤之，辭去。後義母死，徵辟㊱皆不至，奉乃歎曰：「賢者固不可測。往日之喜，乃為親屈㊲也。」均兄為縣吏，頗受禮遺㊳，均諫不聽，乃脫身為傭㊴，歲餘得錢帛，歸以與兄曰：「物盡可復得㊵，為吏坐臧㊶，終身捐棄㊷。」兄感其言，遂為廉潔。均仕為尚書，免歸。帝下詔褒寵義、均，賜穀各千斛，常以八月長吏㊸問起居，加賜羊酒。

武威太守孟雲上言：「北匈奴復願與吏民合市。」詔許之。北匈奴大且渠伊莫訾王等驅牛馬萬餘頭來與漢交易，南單于遣輕騎出上郡㊹鈔之，大獲而還。

帝復遣假司馬㊺和恭等將兵八百人詣班超。超因發疏勒、于窴兵擊莎車。莎車以賂誘疏勒王忠，忠遂反，從之，西保烏即城㊻。超乃更立其府丞成大為疏勒王，悉發其不反者以攻忠，使人說康居㊼王執忠以歸其國，烏即城遂降。

【章旨】以上為第十四段，寫漢章帝表彰直言與廉吏，加強西域武備。

【注釋】❶孔僖（?—西元八八年）字仲和，魯國（今山東曲阜）人，孔子後裔，官至臨晉令。傳見《後漢書》卷七十九上〈儒林傳〉。❷崔駰（?—西元九二年）東漢文學家。字亭伯，涿郡安平（今河北安平）人，博學多才。為車騎將軍竇憲辟為府掾，改主簿。傳見《後漢書》卷五十二。❸同遊　一同遊學；同窗；同學。❹恣己　放縱自己。❺刺譏當世　借古諷今，批評時政。❻自訟　自我申訴、答辯。❼坦　明顯；明白。❽有以致之　有原因致此。❾天下所具知也　天下之人所共知。具知，完全知曉。❿所非實是二句　意謂所批評的是事實，那麼本應改正。非，批評。悛，悔改。⓫儻其不當二句假使批評不當，也應包容。⑫推原大數　追本溯源，從大處著眼。大數，國家大事。⑬深自為計　深遠地為自己考慮大計。⑭徒　只是。⑮肆私忌　肆意個人忌諱。⑯回視易慮　回顧以言受誅之事，改變思路。⑰闚陛下心　揣摩皇上心意。闚，偷視。此為揣摩之意。⑱齊桓公　春秋五霸之一，齊國國君，西元前六八五—前六四三年在位。⑲親揚其先君之惡以唱管仲　事見《國語．齊語》。管仲佐齊公子糾與齊桓公爭位，齊桓公聞其賢，親迎於郊，歷數前任國君齊襄公的失政之舉，求教於管仲。管仲對以霸術。唱，稱頌；讚揚；誇獎。管仲，佐齊桓公稱霸的大臣。傳見《史記》卷六十二〈管晏列傳〉。⑳十世之武帝　以漢武帝以來皇帝相承為數，十世即武、昭、宣、元、成、哀、平、光武、明九帝，納入章帝，是為十世。㉑卒　通「猝」。㉒有所比方　意謂將章帝比於古之昏君。比方，比擬。㉓子孫追掩　此謂章帝如不能納言，會受後人批評，難道還能讓子孫追溯掩飾。㉔立詔勿問　立即下詔不要追究崔駰、孔僖。㉕蘭臺令史　官名，掌章奏文書及印工。蘭臺，宮殿名，藏國家圖書及檔案。㉖壬子　十二月初一日。㉗以妖惡禁錮三屬　明帝時治楚王英等大獄，以妖惡罪株連被禁錮的父族、母族、妻族。㉘一皆蠲除　全部免除禁錮之罪。㉙不得在宿衛　不能任宮官禁衛，即郎官之屬。㉚廬江　郡名，治所舒縣，在今安徽廬江縣西南。㉛鄭均　字仲虞，東平任城（今山東濟寧東南）人，歷官尚書、議郎。傳見《後漢書》卷二十七。㉜府檄　南陽太守委任毛義為安陽縣令的文書。檄，文告。此指委任狀。㉝適至　恰好到達。㉞守　代理。較低一級官行使較高一級官的職權稱守。時毛義為安陽縣尉。㉟安陽　縣名，縣治在今河南安陽東南。㊱徵辟　官府徵召布衣士人任職叫徵辟。朝廷徵召稱徵，三公以下徵召稱辟。㊲為親屈　指毛義為博母親歡心而屈身為縣令。㊳頗受禮遺　經常貪汙受賄。禮遺，送禮饋贈。行賄的委婉說法。㊴傭　為人做工。㊵物盡可復得　財物用盡可以再賺得。㊶坐臧　被定貪汙罪。臧，通「贓」。㊷捐棄　廢棄；拋棄。㊸長吏　大吏。郡守、尉及縣令、長、尉、丞，皆為郡縣長吏。㊹上郡　郡名，治所膚施，在今陝西榆林東南。㊺假司馬　代理司馬。司馬，軍官名，位在校尉下。假，暫行兼攝官職。㊻烏即城　在今新疆喀什西。㊼康居　西域國名，故地在今哈薩克斯坦東南部，錫爾河以北。王治卑闐城，築於都賴水，即今塔拉斯河上。

【校　記】[1]知　原無此字。據章鈺校，孔天胤本有此字，今據補。

【語　譯】魯國人孔僖、涿郡人崔駰一起在太學學習，互相議論「孝武皇帝，剛即位為天子時，崇信聖賢之道，五六年的時間，號稱勝過文帝、景帝。等到後來放縱自己，忘記了他先前的善政。」隔壁房間的太學生梁郁上書，告發崔駰、孔僖誹謗先帝，諷刺批評當代朝政，事情交給主管官吏審理。崔駰前往官府接受審訊。孔僖上書為自己辯護說：「一般所說的誹謗，是指沒有這事而憑空加以誣蔑。至於孝武皇帝，為政的優劣，明確記載在漢代史書中，如同日月一樣明白，所以這是公正地說書傳中的實事，不是虛言誹謗。身為皇帝，做好做壞，天下人沒有不知道的，這都是有原因才這樣的，所以不可因此治人罪。況且陛下即位以來，政治教化沒有過錯，並且恩澤有所增加，天下人都完全知道。臣等為何偏偏要譏諷呢！如果批評是正確的，那麼本該悔改；即使批評不當，也應包涵容忍，又為何要治罪呢！陛下不追求治國大事，長遠地為自己謀劃，只是肆意個人忌諱，使自己暢快。臣等被殺，死就死了，但考慮到天下的人，一定會回顧因為說話就被殺頭的往事，改變思路，用這件事來揣摩陛下的心意，從今以後，即使看見不對的事，也沒有人再敢說什麼了。齊桓公親自揭露他先君的惡行，讚揚管仲，然後群臣能盡心竭力。現在陛下卻想為十代之前的武帝來避諱事實，豈不是和桓公的做法相異嗎？臣擔心主管官吏突然誣陷臣，使臣含恨蒙冤，不能自我辯解，使得後世議論的人隨便拿陛下打比方，難道可以再讓子孫回頭掩飾嗎！臣恭謹地前往宮闕伏地等待重罰。」奏書呈上，章帝立刻下詔官吏不要立案，任命孔僖為蘭臺令史。

十二月初一日壬子，章帝下詔：「以前因楚王英等妖惡罪被免官禁錮的三族，一律都解除禁錮，只是不能在宮禁擔任警衛而已。」

廬江人毛義、東平人鄭均，都因行義舉在鄉里聞名。南陽人張奉仰慕毛義的聲名，前往拜見他。剛坐下，郡府的任用文書恰好到達，委任毛義代理安陽縣令。毛義捧著檄文進來，喜形於色。張奉從心裡看不起他，告辭離去。後來毛義的母親去世，朝廷徵召和官府辟舉毛義都不去，張奉於是感慨說：「賢者確實深不可測。他以前那麼欣喜，原來是為了博得母親歡心而屈身啊。」鄭均的哥哥做縣吏，經常接受賄賂，鄭均勸說他也不聽，鄭均就隻身離家去做雇工，過了一年多得到工資錢帛，回家送給哥哥說：「財物用光了可以再得到，身為官吏貪贓枉法，一生就廢棄了。」哥哥被他的話觸動，便成了廉潔的官吏。鄭均歷官至尚書，後免職回家。章帝下詔書褒揚毛義、鄭均，賜給米穀每人千斛，每年八月派地方長官去慰問他們的起居生活，另外賜給羊和酒。

武威太守孟雲上書說：「北匈奴又想和官吏百姓合市貿易。」章帝下詔准許此事。北匈奴大且渠伊莫訾王等，趕著一萬多頭牛馬前來和漢人貿易，南匈奴單于派輕騎兵從上郡出發進行搶掠，大獲而歸。

章帝又派假司馬和恭等人率士兵八百人前往班超處。班超於是發動疏勒國、于寶國的軍隊攻打莎車國。莎車國用錢財引誘疏勒王忠，忠便反叛漢朝，跟隨莎車國，西面據守烏即城。班超就另立忠的府丞成大做疏勒王，徵發所有沒有反叛的人攻打忠，派人遊說康居王逮捕忠送回疏勒國，烏即城便歸降了。

【研　析】本卷研析四事：一、耿恭下獄；二、馬太后辭世；三、白虎觀會議；四、梁郁告密。

一、耿恭下獄。耿恭字伯宗，耿弇弟耿廣之子。將門虎子，耿恭少壯有將帥之才。永平十七年（西元七四年），耿恭為騎都尉劉張的司馬，出擊車師，任戊校尉，駐屯金蒲城。永平十八年，北匈奴單于遣左鹿蠡王率領兩萬騎兵擊車師，殺車師後王安得，圍攻金蒲城。耿恭激勵將士，擊退匈奴，轉守有澗水的疏勒城，作長守之計。果然匈奴大舉來攻，切斷澗水，耿恭掘井十五丈得水，堅持戰鬥。這時焉耆、龜茲攻沒了都護陳睦，車師復叛，與匈奴聯合大發兵圍攻疏勒城。耿恭孤軍困守，以數千之眾敵數萬匈奴之師，雙方攻戰一年有餘。耿恭糧食吃完，乃煮鎧弩，食其筋革。耿恭只剩下幾十個戰士，仍堅守不降。匈奴單于敬佩耿恭堅強，要勸降這位良將。耿恭假意投降，讓匈奴使者進城，然後親手殺了匈奴使者，放在城牆上燒烤。耿恭這一殘忍的極端做法，意在表示必死絕無降意。單于大怒，又一次增兵圍攻。這時漢朝援兵趕來，救出了耿恭，數千戰士，只剩下二十六人。存活戰士身體虛弱，等回到玉門關，只剩下十三人。耿恭回朝，授予騎都尉之職。這時已是章帝在位，馬太后臨朝。章帝建初元年（西元七六年），耿恭遷長水校尉，奉命率領五校士三千人隨車騎將軍馬防出征西羌任副帥。馬防是馬太后的哥哥，並無將帥之才，憑皇親國戚任高職。第二年馬防被召回京師，實際討羌的統帥是耿恭。耿恭俘虜了叛羌一千餘人，獲牛羊四萬餘頭，勒姐、燒何等部數萬羌人投降，基本平定了叛羌。如何善後，鞏固勝利成果，耿恭上疏，舉薦竇固鎮撫涼州，馬防駐屯漢陽為後援。竇固是竇融的姪兒，竇融在河西很有聲望，竇固有軍事才能，永平十六年東漢第一次開通西域就是竇固領兵北伐匈奴取得的勝利。耿恭的這一建議是安邊的良策，盡忠報國的表現。耿恭哪裡知道馬氏竇氏兩家皇親國戚互不服氣有間隙，馬防為後援更是帶氣。馬防要置耿恭於死地，指控耿恭成天打獵遊戲，不關心軍事，敵人來了不戰鬥，只是緊閉營門貪生怕死。這完全是捏造的罪名。耿恭被召回京，罷了官，打入監獄。

耿恭血戰西域，大勝西羌，為國進良言，莫名其妙下監獄，這是馬太后以章帝名義製造的又一樁冤案。自馬援蒙冤以來，東漢一朝善戰良將大多蒙冤。鎮撫西羌的名將皇甫規、張奐、段熲，以及第三次通西域的班勇，都受到不平的待遇。馬援蒙冤，一樁顛倒是非，混淆黑白的錯案提供了樣板。馬太后還算開明，千方百計約束娘家兄弟，但親情的偏聽偏信蒙住了她的雙眼，或許是為了維護娘家利益，睜一隻眼閉一隻眼，章帝為了討好太后和舅舅，明知是冤也要這麼辦。光武帝製造的馬援案，明帝製造的楚王英謀反擴大案，章帝製造的耿恭下獄案，三代帝王是東漢英明有為的國君，政治最開明的時候，尚且如此，東漢一朝的政治就可想而知了。

二、馬太后辭世。章帝建初四年（西元七九年）六月三十日，馬太后辭世。馬太后是伏波將軍馬援的小女。馬援蒙冤，家道敗落。馬太后時年十三歲，堂兄馬嚴上書光武帝願送馬援女入後宮，服侍皇家。馬太后被選入太子宮，得到太子的寵愛。太子即位，是為漢明帝。馬太后被封為貴人，加上陰太后喜歡她，於是被立為皇后。馬皇后沒有生育，明帝說：「兒子不一定要親生，要的是有愛心。」章帝為明帝賈貴人所生，馬皇后養以為子，百般愛護，視同己出。章帝也極為孝順，只認馬皇后為生母，只承認馬家兄弟是自己的舅舅。章帝即位，馬皇后被尊為太后，臨朝聽政。章帝多次要封馬廖、馬防、馬光三個舅舅為侯，都被馬太后阻擋。馬太后抑制外家，考慮的是身後馬家的安全。馬太后臨終前，章帝違背馬太后的約束，強行冊封三個舅舅為侯，這是章帝親政前夕的一次權力專斷的預演。一是讓馬太后親眼看到三個舅舅冊封為侯，太后可以放心走路。二是利用三個舅舅辭封的謙讓，順坡下驢，不准辭封，允准辭官，實際是收了三個舅舅的權力，賜以「特進」身分回家養老。馬太后臨終的遺恨大概就在這裡。

章帝一心一意孝敬馬太后都是真的。馬太后辭世後，章帝沒有把生母賈貴人尊為太后，只不過把賈貴人印信的綠色繡帶改為紅色繡帶，即稍為提高貴人品秩，加派二百名宮女，賞賜車一輛、各色綢緞二萬匹、黃金一千斤、錢兩千萬而已。馬太后付出了愛心，得到了養子的高額回報，馬氏家族再興，她提供了一個成功的榜樣。章帝竇皇后無子，抱養梁貴人所生子劉肇為己子，立為太子，即位後是為漢和帝，竇皇后為了漢和帝只認竇氏為外家，不認梁氏為外家，竇皇后耍了一個小聰明，她製造流言，誣陷梁貴人之父梁竦有罪，誅殺了梁家，梁貴人憂愁而死。和帝永元九年（西元九七年）竇太后死，還沒有下葬，梁貴人的姐姐梁嫕上書揭發真象，竇氏家族受到滅頂之災。竇太后用盡心機，搬起石頭砸了自己的腳，這就叫做聰明反被聰明誤。馬太后高明於竇太后，不但聰明，更有智慧。智慧是一種人生修養，一種高貴品德的境界。馬太后沒有殺賈貴人，也沒有迫害賈氏家族，這就是馬太后的智慧，馬太后的品德。馬太后抑制娘家人，也是她深謀遠慮的智慧和高貴品德的表現。只不過馬氏兄弟太暴戾，不珍惜自己，才受到章帝懲治，這不是馬太后的過錯。

三、白虎觀會議。章帝建初四年（西元七九年），校書郎楊終上奏效法西漢宣帝會集諸儒在石渠閣討論經義的做法，在白虎觀召開學術大會，統一經義。章帝准奏，召開了白虎觀會議，並且親臨裁定討論紀要，企圖編成一本統一思想，作為永久法則的書，稱《白虎議奏》，又名《白虎通》。這是漢代經學發展和漢代思想史上的一次重要會議，由皇帝親自主持的一次百家爭鳴的學術大會。參加討論的學者陣容龐大，當代大儒家李育、魏應、楊終、淳于恭、丁鴻、樓望、張酺、成封、魯恭、桓郁、召馴、班固、賈逵等參加會議。諸儒有今古文學者，也有讖緯學者。章帝愛好古文，古文經學家佔了主導地位，班固、賈逵都是古文經學家。

東漢初，由於讖緯的發展，古文經學的興起，動搖了今文經學的主導地位，思想領域出現了極其複雜的矛盾。光武帝宣布圖讖為國憲，圖讖把經學神學化，把孔子說成神，把六藝說成神書，遭到了古今文兩派經學家的反對。漢初大儒桓譚、范升、陳元、鄭興、杜林、衛宏、劉昆、桓榮、尹敏都反對讖緯，皇權的強力壓制只是表面上壓服諸儒，實際上強力壓制只是激化了矛盾，白虎觀會議就是要消除矛盾，統一思想。

《白虎議奏》是白虎觀會議的成果，全書記錄了四十三條名詞解釋，內容涉及社會、禮儀、風習、國家制度、倫理道德，以及哲學範疇的名詞天地、五行、人、性情等等。古文經學的觀點在討論中佔了主導地位，讖緯的許多簡單粗糙的神學說教被清除了。而加強專制集權的三綱教義更加強化與神化，為東漢絕對君權提供理論基礎。

思想的統一不可能是一次會議完成的。作為統一學術思想的會議，白虎觀會議是一次徹底的失敗，相反，正是這種統一，停止了經學的發展。白虎觀會議後，社會興起了以王符、崔寔、仲長統、荀悅等為代表的社會批判思潮。但作為遏制讖緯神學的發展，恢復經學原有面貌，白虎觀會議開啟了一條通道，學術應當自由討論，只有百家爭鳴學術才能發展，思想才能統一。白虎觀會議後，統一經學的努力一直進行。到東漢末，鄭玄遍注群經，對兩漢經學做了統一的整理。

四、梁郁告密。太學生魯國人孔僖與涿郡人崔駰兩人討論學術，涉及對漢武帝的議論，被鄰房的一個太學生梁郁偷聽到了，梁郁上書向章帝打小報告，揭發兩人誹謗先帝，罪名成立，重則殺頭，輕則下獄或驅逐出太學。崔駰被官員傳訊，孔僖趕緊上書申辯，認為討論漢武帝的功過，只是複述了一遍歷史，說的功與過都是事實，符合事實的說話不是誹謗，即使是說錯了，皇帝也應寬容，這樣才能聽到臣民的聲音。章帝還算開明，指示主管官員撤銷控告案，還給孔僖一個小官做。章帝欣賞孔僖的勇氣與直言，且談論的是十代以前的皇帝，章帝赦免了孔僖、崔駰的過錯。兩人是一個幸運者，章帝也得到納諫的美名。可惡的是梁郁這種人，偷聽別人的話來揭發，損人利己，甚至是損人不利己，是應當向他吐唾沫的壞東西。在一個以言論就可定罪的社會裡，身邊的這種人是防不勝防，所以告密與以言論定罪這樣的制度必須剷除。

卷第四十七

漢紀三十九

起旃蒙作噩（乙酉　西元八五年），盡重光單閼（辛卯　西元九一年），凡七年。

【題解】本卷記事起西元八五年，迄西元九一年，凡七年，當章帝元和二年至和帝永元三年。國內政治平穩，章帝堅持尊儒祭孔，倡導儒學的路線，推行新曆。章帝駕崩，竇太后臨朝，竇憲更加恣意所為，因懼誅而大發兵北擊匈奴，肅靖了北疆，卻也立了大功。東漢政府高價收購南匈奴的俘虜歸還北匈奴，挑動南北匈奴鬥爭，以夷制夷收到成效，為竇憲的北伐奠定了基礎。班超在西域，大敗莎車，打通了西域南道交通。又大破月氏侵犯，威震西域。由於傅育、張紆兩任護羌校尉邀功自衒，失信西羌，又多殺戮，逼使西羌大叛，嚴重影響了西疆的安寧。鄧訓接任護羌校尉，恩威並用，羌人遠遁。

肅宗孝章皇帝下

元和二年（乙酉　西元八五年）

春，正月乙酉❶，詔曰：「令云：『民有產子者，復❷勿筭❸三歲。』今諸懷姪[4]者，賜胎養穀[5]人三斛[6]，復其夫勿筭一歲。著以為令[7]。」又詔三公曰：「夫俗吏矯飾外貌，似是而非，朕甚厭[8]之，甚苦之[1]。安靜之吏，悃愊無華[9]，日計不足，月計有餘[10]。如襄城[11]令劉方，吏民同聲謂之不煩[12]，雖未有他異，斯亦殆近之矣[13]。夫以苛為察，以刻為明[14]，以輕為德，以重為威[15]，四者或興，則下有怨心[16]。吾詔書數下，冠蓋接道[17]，而吏不加治[18]，民或失職[19]，其咎[20]安在？勉思舊令，稱朕意焉。」

北匈奴大人[21]車利涿兵[22]等亡來入塞[23]，凡七十三輩。時北虜衰耗，黨眾離畔，南部[24]攻其前，丁零[25]寇其後，鮮卑[26]擊其左[27]，西域[28]侵其右[29]，不復自立，乃遠引[30]而去。○南單于長[31]死，單于汗之子宣立，為伊屠於閭鞮單于[32]。

太初曆[33]施行百有[2]餘年，曆稍後天[34]。上命治曆編訢、李梵等綜校其狀[35]，作四分曆[36]。二月甲寅[37]，始施行之。

帝之為太子也，受尚書於東郡[38]太守汝南張酺[39]。丙辰[40]，帝東巡，幸東郡，引酺及門生并郡縣掾史並會庭中。帝先備弟子之儀，使酺講尚書一篇，然後修君臣之禮，賞賜殊特，莫不沾洽[41]。行過任城[42]，幸鄭均[43]舍，賜尚書祿以終其身[44]，時人號為「白衣尚書」。

乙丑(45)，帝耕於定陶(46)。辛未(47)，幸泰山，柴告岱宗(48)，進幸奉高(49)。壬申(50)，宗祀五帝(51)于汶上明堂(52)。丙子(53)，赦天下。戊寅(54)[3]，進幸濟南(55)。三月己丑(56)，幸魯(57)。庚寅(58)，祠(59)孔子於闕里(60)，及七十二弟子(61)，作六代之樂(62)，大會孔氏男子(63)二十以上者六十二人。帝謂孔僖(64)曰：「今日之會，寧於卿宗有光榮乎？」對曰：「臣聞明王聖主，莫不尊師貴道。今陛下親屈萬乘，辱臨敝里，此乃崇禮先師，增輝聖德(65)，至於光榮，非所敢承！」帝大笑曰：「非聖者子孫，焉有斯言乎！」拜僖郎中(66)。

壬辰(67)，帝幸東平(68)，追念獻王(69)，謂其諸子曰：「思其人，至其鄉；其處在，其人亡。」因泣下沾襟。遂幸獻王陵(70)，祠以太牢(71)，親拜祠坐(72)，哭泣盡哀。獻王之歸國也，驃騎府(73)吏丁牧、周栩以獻王[4]愛賢下士，不忍去之，遂為王家大夫(74)數十年，事祖及孫(75)。帝聞之，皆引見。既愍(76)其淹滯(77)，且欲揚獻王德美，即皆擢(78)為議郎(79)。乙未(80)，幸東阿(81)，北登太行山，至天井關(82)。夏，四月乙卯(83)，還宮。庚申(84)，假于祖禰(85)。

五月，徙江陵王恭(86)為六安王。

秋，七月庚子(87)，詔曰：「春秋重三正(88)，慎三微(89)。其定律無以十一月、十二月報囚⑨⓪，止用冬初十月而已⑨①。」

【章　旨】以上為第一段，寫漢章帝尊儒祭孔，推行新曆。

【注　釋】❶乙酉　正月初五日。❷復　免除。❸筭　同「算」。算賦，漢代人頭稅。成人年十五以上，不分男女，每年納稅一百二十錢，稱一算。❹懷姙　懷孕。❺賜胎養穀　賞賜孕婦養胎稻穀。❻人三斛　每人三斛。斛，量詞，十斗為一斛。❼著以為令　將本詔書載入律令，成為常制。著，記載。❽厭　討厭；厭惡。❾安靜之吏二句　埋頭苦幹的官吏，誠誠懇懇而樸實無華。悃愊，至誠。❿日計不足二句　每天考校，似乎不足；按月考校，百姓安居，家給人足，超出一般的成效。計，考校。不足、有餘，指官吏治政成效不足或超出常規水平。⓫襄城　縣名，屬潁川郡，縣治在今河南襄城縣。⓬不煩　政令不煩苛、不擾民。⓭雖未有他異二句　雖然沒有其他特出表現，但這就差不多接近安靜之吏的標準了。斯，指像劉方這樣的官吏。殆，庶幾；差不多。⓮以苛為察二句　以苛暴為洞察，以刻深為明亮。苛，暴虐。刻，深細苛求。⓯以輕為德二句　以從輕發落罪犯為有仁德，以重刑制裁為有威嚴。輕，指過於寬容，重罪輕判。重，與輕相反，指加重判罪。⓰四者或興二句　這四種治政方法如果推行起來，那麼下面的百姓就會有怨恨之心。四者，指前文「以苛為察，以刻為明，以輕為德，以重為威」四種治政方法。或，如果。興，作；推行。下，指百姓。⓱冠蓋接道　謂宣詔的使者相繼派出，前後接踵於路。冠蓋，指戴官帽、乘官車的使者。蓋，車蓋。⓲吏不加治　官吏政績並未有所改善。⓳民或失職　百姓仍有失去本業的。失職，失去常業，指喪失土地等。⓴咎　過失。㉑大人　部落酋長。㉒車利涿兵　大人名。㉓入塞　入關塞歸附。㉔南部　居於漢南的匈奴南部，即歸附漢朝的南匈奴。㉕丁零　居於西伯利亞貝加爾湖四周的古部族名。㉖鮮卑　古部族名，居於今內蒙古東部及東北三省西部，在匈奴之東。㉗左　匈奴東部。㉘西域　指居於今甘肅敦煌以西至新疆境內的各城邦小國，西漢時有三十六國，西漢後期至東漢時有五十餘國，皆歸附漢朝。㉙右　匈奴西部。㉚遠引　遠離。北匈奴在漢兵及四圍各部族聯合打擊下向西遠逃至烏孫、康居地。㉛南單于長　即湖邪尸逐侯鞮單于，西元六三—八五年在位。㉜伊屠於閭鞮單于　伊伐於慮鞮單于汗之子，名宣，西元八五—八八年在位。㉝太初曆　漢武帝太初元年頒行的曆法，以建寅之月即正月為歲首。㉞曆稍後天　按曆法推算的晦朔弦望晚於實際觀測的天步運行。後天，即曆法晚於天步。例如十五日月圓，稱望，實際晚一二日，在十六或十七才見月圓。㉟綜校其狀　綜合考校這一情況。㊱作四分曆　編定新曆法，叫《四分曆》。《考異》考證，《續漢書·

律曆志》「自太初元年始用《三統曆》，施行百有餘年」說法誤。《三統曆》為劉歆所造，王莽採用，以十二月建丑之月為正。光武中興，廢《三統曆》，復用《太初曆》，至是始改《四分曆》，仍用《太初曆》的建寅之月為正，而完善其推步。㊲甲寅　二月初四日。㊳東郡　郡名，治所濮陽，在今河南濮陽西南。㊴張酺　（？—西元一〇四年）字孟侯，汝南郡細陽縣（在今安徽太和東）人，章帝劉炟為太子時，張酺曾為《五經》師，為太子侍講，授《尚書》。酺守正不阿，歷仕章帝、和帝兩朝，官至司徒。傳見《後漢書》卷四十五。㊵丙辰　二月初六日。㊶沾洽　普受甘露，喻都得到賞賜。㊷任城　封國名，治所在今山東濟寧東南。㊸鄭均　字仲虞。好黃老術，章帝時特徵，遷為尚書，數納忠言，章帝十分敬重。因病致仕歸家。傳見《後漢書》卷二十七。㊹賜尚書祿以終其身　因鄭均曾為尚書，今賜以領尚書祿終身。尚書祿，六百石，月俸七十斛（石）。㊺乙丑　二月十五日。㊻定陶　縣名，濟陰郡治所，縣治在今山東定陶。㊼辛未　二月二十一日。㊽柴告岱宗　在泰山頂上燔柴祭天。柴，祭名，焚木祭天。岱宗，泰山為五嶽之首，為四嶽所宗，故名。㊾奉高　縣名，泰山郡治，縣治在今山東泰安東。㊿壬申　二月二十二日。(51)宗祀五帝　祭祀五天帝。宗祀，祭祀祖宗及眾神儀式。(52)汶上明堂　西元前一一〇年漢武帝封禪泰山，在汶水岸建明堂，稱汶上明堂，在奉高西南。(53)丙子　二月二十六日。(54)戊寅　二月二十八日。(55)濟南　封國名，治所東平陵縣，在今山東章丘。(56)己丑　三月初十日。(57)魯　縣名，魯國治所，縣治在今山東曲阜。(58)庚寅　三月十一日。(59)祠祭祀。(60)闕里　里名，孔子所居舊址，在曲阜城內。(61)七十二弟子　《史記》卷四十七〈孔子世家〉記載，孔子弟子有三千多人，「身通六藝者七十有二人」。(62)六代之樂　謂黃帝樂〈雲門〉、堯樂〈咸池〉、舜樂〈大韶〉、禹樂〈大夏〉、湯樂〈大護〉、周樂〈大武〉。(63)孔氏男子　孔子後裔男子。(64)孔僖　（？—西元八八年）孔子後裔，世傳家學古文《尚書》、《毛詩》、《春秋》等。歷官蘭臺令史、東觀校書郎、臨晉令。傳見《後漢書》卷七十九上。(65)增輝聖德　為皇帝尊師的神聖品德增添光輝。(66)郎中　官名，三署郎之一，侍從皇帝。(67)壬辰　三月十三日。(68)東平　光武帝子劉蒼封國。治所無鹽，在今山東東平東。(69)獻王　東平王劉蒼，光武帝子。傳見《後漢書》卷四十二。本傳載，劉蒼死後諡為「憲」而非「獻」，沛王劉輔（劉蒼兄）才諡為「獻」。《諡法》：「博聞多能曰憲。」(70)獻王陵　應為憲王陵。(71)太牢　牛、羊、豬三牲具備稱太牢。(72)親拜祠坐　章帝親到憲王祠堂祭拜牌位。憲王劉蒼為章帝親叔。(73)驃騎府　驃騎將軍府。章帝即位後，劉蒼輔政，曾任驃騎將軍。(74)為王家大夫　為東平王國大夫。(75)事祖及孫　侍奉憲王蒼、懷王忠及今王敞，是為祖孫三代。(76)愍　憐憫。(77)淹滯　久居下位沒有升遷。(78)擢　提拔；升遷。(79)議郎　郎官名，掌侍從皇帝，備顧問。(80)乙未　三月十六日。(81)東阿　縣名，屬東郡，縣治在今山東陽穀東。(82)天井關　太行山關名，在今山西晉城市南。(83)乙卯　四月初六日。(84)庚申　四月十一日。(85)假于祖禰　到祖廟告祭巡察四方的情況。假，至。此禮儀出於《尚書・舜典》，五歲一巡守，巡四嶽，歸告於祖廟。❽❻江陵王恭　明帝子。傳見《後漢書》卷五十。❽❼庚子　七月二十三日。❽❽春秋重三正　春秋，指魯國編年史《春秋》，書法用周曆，年始則書「王正月」，以象徵天子紀綱。《後漢書》卷三〈章帝紀〉載此詔曰：「《春秋》於春每月書『王』者，重三正，慎三微也。」三正，天、地、人。❽❾慎三微　天、地、人三正之始，萬物皆微，故又稱三微，對應在曆法上就是十一月、十二月、正月。十一月，為天正，周曆之始月，是時陽氣始動於地下；十二月，為地正，殷曆之始月，是時萬物皆萌芽；正月為人正，夏曆之始月，萬物皆破土而出。❾⓿報囚　判決囚犯。❾❶止用冬初十月而已　從今以後只准在十月判決囚犯。

【校　記】①夫俗吏矯飾外貌四句　原無此四句。據章鈺校，甲十六行本、乙十一行本、孔天胤本皆有此四句，「厭」作「饜」。張敦仁《通鑑刊本識誤》亦有此四句，「饜」作「厭」。今據補，「厭」字從張敦仁《通鑑刊本識誤》。②有　原無此字。據章鈺校，甲十六行本、乙十一行本、孔天胤本皆有此字，今據補。③戊寅　原無此二字。據章鈺校，甲十六行本、乙十一行本、孔天胤本皆有此二字，張敦仁《通鑑刊本識誤》、張瑛《通鑑校勘記》同，今據補。④獻王　據章鈺校，甲十六行本、乙十一行本皆無「獻」字。

【語　譯】肅宗孝章皇帝下

元和二年（乙酉　西元八五年）

春，正月初五日乙酉，章帝下詔說：「法令規定：『百姓有生孩子的，免除三年算賦。』現在對所有懷孕的人，賜予每人三斛養胎穀，免除她們丈夫一年的算賦。將此詔書載入律令。」又下詔書給三公說：「低俗的官吏粉飾外表，似是而非，朕十分討厭他們，十分痛恨他們。穩重的官吏，真誠而不浮誇，短期的政績似乎不足，但長期的政績便綽綽有餘。例如襄城縣令劉方，官吏百姓同聲說他不煩擾，雖然沒有特殊表現，但這也差不多接近安靜之吏的標準了。以苛暴為洞察，以刻深為清明，以從輕發落罪犯為仁德，以加重制裁為威嚴，這四種治政方法如果推行起來，那麼下面的百姓就會有怨恨之心。我屢次下詔書，宣詔的使者相繼於道路，但是吏治仍沒有改善，百姓有的失去本業，這過錯出在哪裡了？希望努力思考已有的法令，合乎我的心意。」

北匈奴首領車利涿兵等逃來進入塞內，共七十三批。當時北匈奴衰落，部眾離散反叛，南匈奴攻擊他們的前方，丁零侵略他們的後方，鮮卑攻打他們的左方，西域侵入他們的右方，北匈奴不能再自立生存，只好遠遠地逃走了。○南匈奴單于長去世，單于汗的兒子宣即位，就是伊屠於閭鞮單于。

《太初曆》施行了一百多年，曆法稍晚於天象季節。皇上命令治曆官編訢、李梵等人綜合考校各家曆法以及天步運行的情況，編定《四分曆》。二月初四日甲寅，開始施行這一曆法。

章帝做太子時，向東郡太守汝南人張酺學習《尚書》。二月初六日丙辰，章帝巡幸東方，到達東郡，召張酺和他的學生以及郡縣屬吏一起到郡庭中聚會。章帝先行弟子的禮儀，讓張酺講授《尚書》中的一篇，然後再行君臣的禮儀，賞賜特別優厚，在場的人沒有不蒙受賞賜的。章帝巡行經過任城，駕臨鄭均的住宅，賞賜鄭均終身享受尚書的俸祿，當時的人稱鄭均為「白衣尚書」。

二月十五日乙丑，章帝在定陶縣行耕藉田禮。二十一日辛未，章帝巡幸泰山郡，在岱宗燔柴祭告上天，前行巡幸奉高縣。二十二日壬申，在汶上明堂祭祀五帝。二十六日丙子，大赦天下。二十八日戊寅，前行巡幸濟南國。三月初十日己丑，巡幸魯國。十一日庚寅，在闕里祭祀孔子及七十二弟子，演奏六代君王音樂，大規模會集孔子後裔二十歲以上的男子共六十二人。章帝對孔僖說：「今天的聚會，難道對你的宗族不是光榮嗎？」孔僖回答說：「臣聽說英明的帝王和神聖的君主，沒有不尊敬老師和崇尚聖道的。現在陛下親自屈帝王之尊，幸臨臣敝陋的故里，這是尊崇禮敬先師孔子，為皇上尊師的神聖品德增添光彩，至於光榮，不是臣所敢接受的！」章帝大笑說：「不是聖人的子孫，怎麼能有這樣的言論啊！」任命孔僖為郎中。

三月十三日壬辰，章帝到東平國，追念東平獻王劉蒼，對劉蒼的兒子們說：「朕思念劉蒼，到了他的家鄉；劉蒼的封國還在，他人卻沒有了。」說著流下眼淚沾溼了衣襟。於是來到獻王的陵墓，用太牢進行祭祀，親自祭拜劉蒼的牌位，盡情哭泣。獻王歸國時，驃騎府吏丁牧、周栩認為獻王愛護賢人，屈身下士，不忍心離開他，於是做了東平王國大夫幾十年，侍奉了祖孫三代。章帝聽說此事，召見二人。既憐惜他們久居下位，又想要宣揚獻王德行美好，當即把兩人都提升為議郎。十六日乙未，章帝巡幸東阿縣，往北登上太行山，到達天井關。夏，四月初六日乙卯，回宮。十一日庚申，到祖廟祭告。

五月，改封江陵王劉恭為六安王。

秋，七月二十三日庚子，章帝下詔說：「《春秋》重視天、地、人三正，慎重對待十一月、十二月、正月三微。制定律令，不要在十一月、十二月判決囚犯，截止到冬初十月而已。」

冬，南單于遣兵與北虜溫禺犢王戰於涿邪山❶，斬獲而還。武威太守孟雲上言：「北虜以前既和親，而南部復往抄掠。北單于謂漢欺之，謀欲犯塞，謂宜還南所掠生口❷，以慰安其意。」詔百官議於朝堂。太尉鄭弘、司空第五倫等[1]以為不可許，司徒桓虞❸及太僕袁安❹等[2]以為當與之。弘因大言❺激厲❻虞曰：「諸言當還生口者，皆為不忠！」虞廷叱❼之，倫及大鴻臚❽韋彪❾皆作色變容❿。司隸校尉⓫舉奏⓬弘，弘等皆上印綬謝⓭。詔報曰：「久議沈滯⓮，各有所志。蓋事以議從⓯，策由眾定，誾誾衎衎⓰，得禮之容，寢嘿⓱抑心⓲，更非朝廷之福。君何尤⓳而深謝！其各冠履⓴！」帝乃下詔曰：「江海所以能[3]長㉑百川者，以其下㉒之也。少加屈下㉓，尚何足病！況今與匈奴君臣分定，辭順約明㉔，貢獻累至，豈宜違信，自受其曲㉕。其敕度遼及領中郎將㉖龐奮倍雇㉗南部所得生口以還北虜；其南部斬首獲生，計功受賞，如常科㉘。」

【章 旨】以上為第二段，寫東漢政府挑動南北匈奴惡鬥，高價購買南匈奴的俘虜歸還北匈奴，兩面討好，坐收漁人之利。

【注 釋】❶涿邪山 又云涿塗山，在今蒙古人民共和國阿爾泰山脈東南部一帶。❷掠生口 俘獲人眾。生口，指俘虜。❸桓虞 字仲春，馮翊（今陝西高陵）人，章帝建初四年（西元七九年）以南陽太守為司徒。東漢司徒為三公之一。❹袁安 （？—西元九二年）歷仕明帝、章帝、和帝三朝，官至司空、司徒。此時為太僕（九卿之一，掌皇帝車馬），後代桓虞為司徒。傳見《後漢書》卷四十五。❺大言 高聲地說。❻激厲 聲色俱厲。❼叱 喝斥；斥責。❽大鴻臚 九卿之一，掌諸侯、民族事務，及朝廷禮儀。❾韋彪 （？—西元八九年）字孟達，扶風平陵（在今陝西咸陽東北）人，仕明帝、章帝、和帝三朝，官至大鴻臚，行司徒事。著有《韋卿子》十二篇。傳見《後漢書》卷二十六。❿作色變容 臉色大變。⓫司隸校尉 官名，漢武帝始置，察舉百官及京畿地區，位列九卿。⓬舉奏 彈劾；上奏章檢舉。⓭上印綬謝 奉上官印請罪。即作引咎辭職的表示。⓮久議沈滯 長時間議而不決。沈滯，停滯；長時間處於某種狀態。⓯議從 指根據討論結果從事。⓰誾誾衎衎 正直和睦。誾誾，忠正的樣子。衎衎，和樂的樣子。⓱寢嘿 沉默不言。⓲抑心 抑制真實心意。⓳君何尤 你們有何罪過。⓴冠履 作動詞用，謂戴好官帽，穿好官服鞋襪。㉑長 居首。此指江、海為眾河流之長。㉒下 地勢低下。㉓少加屈下 謂中國稍稍受點委曲，以示氣度宏大。㉔辭順約明 指與北匈奴溝通順暢，誓約明確。㉕曲 理虧。㉖度遼及領中郎將 度遼將軍兼護匈奴中郎將。此兩職專為設防匈奴而置。㉗倍雇 用加倍的價錢贖買。㉘如常科 按常例規定。東漢一面按慣例對南匈奴掠奪北匈奴生口給予賞賜，一面又加倍出大價錢贖買南匈奴所掠生口歸還北匈奴，這就是「少加屈下」的意思，以安撫南北匈奴兩方面。

【校 記】①等 原無此字。據章鈺校，甲十六行本、乙十一行本、孔天胤本皆有此字，今據補。②等 原無此字。據章鈺校，甲十六行本、乙十一行本、孔天胤本皆有此字，今據補。③能 原無此字。據章鈺校，甲十六行本、乙十一行本皆有此字，今據補。

【語 譯】冬，南匈奴單于派軍隊和北匈奴溫禺犢王在涿邪山交戰，斬殺俘虜敵人而歸，武威郡太守孟雲上書說：「北匈奴以前已經和親，但南匈奴又去搶掠。北匈奴單于認為是漢朝欺騙他，圖謀要攻打邊塞，臣認為應當把南匈奴擄掠的俘虜送還，來安撫北匈奴。」章帝下詔百官在朝堂商議此事。太尉鄭弘、司空第五倫等認為不能答應，司徒桓虞和太僕袁安等認為應當把俘虜歸還北匈奴。鄭弘聲色俱厲地對桓虞說：「那些說應當歸還俘虜的人，都是不忠！」桓虞當庭呵斥鄭弘，第五倫和大鴻臚韋彪都臉色大變。司隸校尉上書彈劾鄭弘等人，鄭弘等都呈上印綬請罪。章帝下詔回覆說：「久議不決，每人各有想法。國家大事要討論來辦，政策要由大家來決定，忠正和睦，才符合禮儀的樣子，沉默不語壓著不說，絕不是朝廷的福氣。你們有什麼過錯而要深深謝罪呢！請各位戴上官帽穿好鞋襪！」於是章帝下詔說：「江海之所以能為百川之首，是因為它低下。稍受委屈，又有什麼不好！何況現在和匈奴已定了君臣的名分，溝通順暢，誓約明確，進獻的貢物不斷到來，怎麼可以違背信約，自己承擔理虧的指責呢。命令度遼將軍兼護匈奴中郎將龐奮加倍出錢贖買南匈奴所擄掠的俘虜，歸還北匈奴；南匈奴斬殺俘虜北匈奴，計功受賞，依照慣例。」

三年（丙戌　西元八六年）

春，正月丙申❶，帝北巡❷。辛丑❸，耕于懷❹。二月乙丑❺，敕侍御史❻、司空❼曰：「方春，所過毋得有所伐殺❽。車可以引避❾，引避之，騑馬❿可輟解⓫，輟解之。」戊辰⓬，進幸中山⓭，出長城。癸酉⓮，還，幸元氏⓯。三月己卯⓰，進幸趙⓱。辛卯⓲，還宮。

太尉鄭弘⓳數陳侍中⓴竇憲㉑權勢太盛，言甚苦切，憲疾之。會弘奏憲黨尚書張林、雒陽令楊光在官貪殘。書奏，吏與光故舊，因以告之，光報憲。憲奏弘大臣，漏泄密事㉒，帝詰讓㉓弘。夏，四月丙寅㉔，收弘印綬。弘自詣廷尉㉕，詔赦出㉖之，因乞骸骨㉗歸，未許。病篤㉘，上書陳謝曰：「竇憲姦惡，貫天達地。海內疑惑，賢愚疾惡，謂『憲何術以迷主上！近日王氏之禍㉙，昞然㉚可見。』陛下處天子之尊，保萬世之祚㉛，而信讒佞之臣，不計存亡之機㉜。臣雖命在晷刻㉝，死不忘忠，願陛下誅四凶㉞之罪，以厭㉟人鬼憤結之望。」帝省章，遣醫視弘病。比至，已薨。○以大司農㊱宋由為太尉。

司空第五倫以老病乞身㊲。五月丙子㊳，賜策罷㊴，以二千石俸終其身。倫奉公盡節，言事無所依違㊵。性質慤㊶，少文采，在位以貞白㊷稱。或問倫曰：「公有私乎？」對曰：「昔人有與吾千里馬者，吾雖不受，每三公有所選舉㊸，心不能忘，而[1]亦終不用㊹也。若是者，豈可謂無私乎！」○以太僕袁安為司空。

秋，八月乙丑㊺，帝幸安邑㊻，觀鹽池㊼。九月，還宮。

燒當羌㊽迷吾復與弟號吾㊾及諸種反。號吾先輕入㊿，寇隴西(51)界。督烽掾(52)李章追之，生得號吾，將詣郡。號吾曰：「獨殺我，無損於羌。誠得生歸，必悉罷兵，不復犯塞。」隴西太守張紆放遣之，羌即為解散，各歸故地，迷吾退居河北歸義城(53)。

疏[2]勒54王忠從康居55王借兵，還據損中56，遣使詐降於班超。超知其姦而偽許之。忠從輕騎詣超，超斬之，因擊破其眾，南道遂通。

楚許太后57薨。詔改葬楚王英，追爵謚曰楚厲58侯。

帝以潁川郭躬59為廷尉，決獄60斷刑61，多依矜恕62，條諸重文可從輕者四十一，奏之63，事皆施行。

博士64魯國曹褒上疏，以為宜定文制，著成漢禮。太常65巢堪以為一世大典，非褒所定，不可許。帝知諸儒拘攣66，難與圖始67，朝廷禮憲68，宜以時立，乃拜褒侍中。玄武司馬69班固70以為宜廣集諸儒，共議得失。帝曰：「諺言：『作舍道邊，三年不成。』會禮71之家，名為聚訟72，互生疑異，筆不得下。昔堯作大章73，一夔足矣74。」

【章　旨】以上為第三段，寫太尉鄭弘敢言，彈劾竇憲過惡；班超打通西域南道交通。

【注　釋】❶丙申　正月二十二日。❷北巡　視察北方。❸辛丑　正月二十七日。❹懷　縣名，縣治在今河南武陟西。❺乙丑　二月二十一日。❻侍御史　官名，御史中丞屬官，掌監察，受百官奏事。隨車駕出巡，舉劾道路不法。❼司空　東漢改御史大夫為司空。職司監察及工程，隨車駕出巡，整治道路。❽伐殺　指車駕踐踏莊稼。❾引避　繞道。❿騑馬　皇帝車乘用四馬，中間兩馬稱服馬，兩邊的兩馬稱騑馬，亦稱驂馬。⓫輟解　解除騑馬，只用兩馬駕車。⓬戊辰　二月二十四日。⓭中山　封國名，治所盧奴，在今河北定州。⓮癸酉　二月二十九日。⓯元氏　縣名，縣治在今河北元氏西北。⓰己卯　三月初六日。⑰趙　封國名，治所邯鄲，在今河北邯鄲。⑱辛卯　三月十八日。⑲鄭弘　字巨君，會稽山陰縣（今浙江紹興）人，仕明帝、章帝兩朝，官至太尉。傳見《後漢書》卷三十三。⑳侍中　官名，皇帝親隨。秩比二千石。㉑竇憲　章帝竇皇后兄，東漢功臣竇融曾孫。官至大將軍，專權擅政，和帝迫其自殺。傳附《後漢書》卷二十三〈竇融傳〉。㉒漏泄密事　漢制，洩露機密為不道罪，重者殺頭。此為竇憲恃勢陷害鄭弘之罪。㉓詰讓　詰問斥責。此指追究洩密責任。㉔丙寅　四月二十三日。㉕自詣廷尉　主動到廷尉自首。廷尉，九卿之一，掌刑獄。㉖出　免罪釋放。㉗乞骸骨　辭職的委婉用語。㉘病篤　病重。㉙王氏之禍　謂外戚王莽篡國之禍。㉚昞然　同「炳然」。鮮明。㉛祚　君位；國統。㉜存亡之機　指國家存亡的關鍵。㉝晷刻　頃刻時間。晷，測日影以確定時刻的儀器。㉞四凶　堯、舜時四位惡名昭著的大臣，一說即驩兜、共工、鯀、三苗，天下惡之，為帝舜所誅。㉟厭　滿足。㊱大司農　九卿之一，掌國家財政。㊲乞身　即乞骸骨。㊳丙子　五月初三日。㊴賜策罷　皇帝允准大臣辭職，賜策規定待遇。此為榮耀終身。㊵依違　言語模棱兩可，今語謂之和稀泥。㊶質慤　樸實誠懇。㊷貞白　忠正清白。㊸三公有所選舉　三公，即太尉、司徒、司空。有所選舉，當舉薦、徵辟人才之時。㊹亦終不用　最終還是沒有舉薦送馬者。㊺乙丑　八月二十四日。㊻安邑　縣名，為河東郡治，在今山西夏縣西北。㊼鹽池　在安邑西南。㊽燒當羌　西羌最大的種姓，東漢時居於青海湖東湟水南至賜支河曲廣大地區，土地肥美，又近塞內，常雄西羌諸種，威脅東漢西疆。㊾迷吾復與弟號吾　迷吾、號吾，燒當羌酋長滇吾之子。兄弟二人於章帝元和三年反漢。㊿輕入　輕敵直入。(51)隴西　郡名，轄洮水流域，與金城郡同為禦西羌的邊郡。隴西郡治狄道，在今甘肅臨洮。(52)督烽掾　邊郡所設掾吏之一，督掌烽燧。(53)歸義城　招降羌人的邊城，在今青海貴德北大河北岸。(54)疏勒　西域國名，王都疏勒，在今新疆喀什。(55)康居　西域國名，王都卑闐城，在今中亞哈薩克斯坦塔拉斯河上。(56)損中　胡三省注據《後漢書．西域傳》，認為當是楨中城。但《後漢書．班超傳》作「損中」。(57)楚許太后　楚王劉英之母，光武帝許美人。明帝時楚王英被告謀反，廢，自殺，許太后仍留楚宮。見《後漢書》卷四十二〈楚王英傳〉。(58)厲　《謚法》曰：「殺戮無辜曰厲。」(59)郭躬　（?—西元九四年）字仲孫，潁川陽翟（今河南禹州）人，精通律令，官至廷尉。傳見《後漢書》卷四十六。(60)決獄　判決獄案。(61)斷刑　判罪量刑。(62)矜恕　哀憐寬恕。(63)條諸重文二句　條列出四十一條處罰過重的律條，奏請可以減輕。(64)博士　官名，奉常屬官，備朝廷顧問，為太學講官。(65)太常　九卿之一，掌宗廟禮儀。(66)拘攣　拘束，墨守教條。(67)難與圖始　難於同諸儒革新創制。(68)禮憲　禮儀規章。(69)玄武司馬　官名，掌南宮玄武門護衛。(70)班固　（西元三二—九二年）東漢史學家、文學家，著《漢書》行於世。與父班彪同傳，見《後漢書》卷四十。(71)會禮　聚集議禮。(72)聚訟　議論紛紛，各執一端。(73)大章　堯時樂名。(74)一夔足矣　正樂，委託夔一人就夠了。夔，傳說的堯時樂師。語出《呂氏春秋·察傳》。

【校記】①而　原無此字。據章鈺校，甲十六行本、乙十一行本、孔天胤本皆有此字，張敦仁《通鑑刊本識誤》同，今據補。②疏　此上原衍「討」字。據章鈺校，甲十六行本、乙十一行本、孔天胤本皆無「討」字，今據刪。

【語譯】三年（丙戌　西元八六年）

春，正月二十二日丙申，章帝巡視北方。二十七日辛丑，在懷縣親自耕種。二月二十一日乙丑，命令侍御史、司空說：「正值春天，所經過的地方，不能讓車輛踐踏莊稼。車子可以繞行避開的，就繞開，騑馬可以卸掉解開的，就卸掉解開。」二十四日戊辰，前行巡幸中山國，出了長城。二十九日癸酉，返回，巡幸元氏縣。三月初六日己卯，前行巡幸趙國。十八日辛卯，返回宮。

太尉鄭弘屢次陳說侍中竇憲權勢太大，言辭極為懇切，竇憲痛恨鄭弘。正逢鄭弘彈劾竇憲黨羽尚書張林、洛陽令楊光任官貪婪殘暴。上書奏上，處理奏書的官吏和楊光是老朋友，就把這事告訴楊光，楊光報告竇憲。竇憲舉奏鄭弘身為大臣，洩露朝廷機密，章帝詰問斥責鄭弘。夏，四月二十三日丙寅，收回鄭弘的印綬。鄭弘自己前往廷尉自首，章帝下詔命令釋放鄭弘，於是鄭弘請求辭職回家，章帝沒有批准。鄭弘病重，上書陳辭謝罪說：「竇憲奸邪罪惡，貫通天地。國人疑慮，無論聰明愚笨的都痛恨他，說『竇憲用什麼法術迷惑了主上！不久前王莽的禍害，仍昭然可見。』陛下身處天子的尊位，守衛國家萬代的皇統，卻相信讒邪奸佞的大臣，不考慮國家存亡的關鍵。臣雖命在旦刻之間，至死也不敢忘記效忠，但願陛下誅殺四凶的罪惡，以滿足人鬼憤恨鬱結的心願。」章帝看了奏章，派御醫看視鄭弘的病。等御醫到達，鄭弘已經去世。〇章帝任命大司農宋由為太尉。

司空第五倫因年老多病請求辭職。五月初三日丙子，賜予策書免去他的官職，優待終身享受二千石的俸祿。第五倫奉公盡心盡意，陳述意見從不模棱兩可。本性質樸敦厚，不善長言辭修飾，在職以忠正清白著稱。有人問第五倫：「你有私心嗎？」第五倫回答說：「過去有人送給我千里馬，我雖然沒有接受，但每次三公要選舉賢才，心中不能忘卻此事，但最終還是沒有推薦送馬的人。像這樣，難道可以說沒有私心嗎！」〇章帝任命太僕袁安為司空。

秋，八月二十四日乙丑，章帝巡幸安邑縣，觀看鹽池。九月，回宮。

燒當羌迷吾再次和弟弟號吾以及各種羌反叛。號吾先以輕騎侵入，搶掠隴西郡邊界。管理烽火的郡吏李章追擊他們，活捉號吾，把他押送到郡裡。號吾說：「只殺我一人，對於羌族沒有什麼損失。如果能讓我活著回去，一定全部撤兵，不再侵犯漢朝的邊塞。」隴西太守張紆釋放他回去，羌族的軍隊當即解散離去，各回到自己原來居住的地方，迷吾退居到河北的歸義城。

疏勒王忠從康居王處借到軍隊，回來佔據損中城，派使者假裝向班超歸降。班超知道疏勒王忠的奸計就假裝答應他。疏勒王忠率領輕騎到班超處，班超殺了他，就勢擊敗疏勒王忠的部眾，通往西域的南道便開通了。

楚國許太后去世。章帝下詔改葬楚王劉英，追封爵位謚號為楚厲侯。

章帝任命潁川人郭躬為廷尉，判決獄案斷定罪刑，大多依照哀憐寬恕的原則，條陳那些重刑可從輕判處的四十一個條文，上奏朝廷，這些事都得到實施。

博士魯國人曹褒上疏，認為應當制定典章制度，建立漢朝的禮制。太常巢堪認為一代的大典，不是曹褒所能制定的，不能答應。章帝知道儒者們拘泥守舊，難以和他們圖謀創新，而朝廷的禮儀規章，應該依時制定，就任命曹褒為侍中。玄武司馬班固認為應當廣泛召集眾儒，共同討論此事的得失。章帝說：「諺語說：『在道路邊蓋房子，花費三年也蓋不成。』聚集議禮的儒者，就可稱為聚訟，爭論不休，互相產生疑議分歧，無法下筆。從前堯作〈大章〉，一個樂官夔就足夠了。」

章和元年（丁亥　西元八七年）

春，正月，帝召褒，授[1]以叔孫通❶漢儀十二篇，曰：「此制散略，多不合經。今宜依禮條正，使可施行。」

護羌校尉❷傅育❸欲伐燒當羌，為其新降，不欲出兵，乃募人鬬❹諸羌、胡❺。羌、胡不肯，遂復叛出塞，更依迷吾。育請發諸郡兵數萬人共擊羌。未及會，三月，育獨進軍。迷吾聞之，徙廬落去。育遣精騎三千窮追之，夜，至三兜谷❻，不設備。迷吾襲擊，大破之，殺育及吏士八百八十人。及諸郡兵到，羌遂引去。詔以隴西太守張紆為校尉，將萬人屯臨羌❼。

夏，六月戊辰❽，司徒桓虞免。癸卯❾，以司空袁安為司徒，光祿勳❿任隗⓫為司空。隗，光之子也。

齊王晃⓬及弟利侯剛，與母太姬更相誣告。秋，七月癸卯⓭，詔貶晃爵為蕪湖侯，削剛戶三千，收太姬璽綬。○壬子⓮，淮陽頃王昞⓯薨。

鮮卑入左地⓰，擊北匈奴，大破之，斬優留單于而還。

羌豪迷吾復與諸種寇金城塞⓱，張紆遣從事⓲河內司馬防與戰於木乘谷⓳。迷吾兵敗走，因譯使⓴欲降，紆納之。迷吾將人眾詣臨羌，紆設兵大會，施毒酒中，伏兵殺其酋豪八百餘人，斬迷吾頭以祭傅育冢；復放兵擊其餘眾，斬獲數千人。

迷吾子迷唐與諸種解仇㉑，結婚交質㉒，據大、小榆谷㉓以叛，種眾熾盛，張紆不能制。

壬戌㉔，詔以瑞物仍集㉕，改元章和㉖。是時，京師四方屢有嘉瑞，前後數百千，言事者咸以為美。而太尉掾㉗平陵何敞㉘獨惡之，謂宋由、袁安曰：「夫瑞應依德而至，災異緣政而生。今異鳥翔於殿屋，怪草生於庭際，不可不察。」由、安懼不敢答。

八月癸酉㉙，帝南巡。戊子㉚，幸梁㉛。乙未晦㉜，幸沛㉝。○日有食之。

九月庚子㉞，帝幸彭城㉟。辛亥㊱，幸壽春㊲。復封阜陵侯延㊳為阜陵王。己未㊴，幸汝陰㊵。冬，十月丙子㊶，還宮。

北匈奴大亂，屈蘭儲等五十八部、口二十八萬詣雲中、五原、朔方、北地㊷降。

曹褒依準舊典，雜以五經㊸、讖記㊹之文，撰次天子至於庶人冠、婚、吉、凶㊺終始制度，凡百五十篇，奏之。帝以眾論難一，故但納之，不復令有司平奏㊻。

是歲，班超發于寘㊼諸國兵共二萬五千人擊莎車㊽，龜茲王發溫宿、姑墨、尉頭㊾兵合五萬人救之。超召將校及于寘王議曰：「今兵少不敵，其計莫若各散去㊿，于窴從是而東，長史亦於此西歸51，可須夜鼓聲而發52。」陰緩所得生口53。龜茲王聞之，大喜，自以萬騎於西界遮54超，溫宿王將八千騎於東界徼55于窴。超知二虜已出，密召諸部勒兵56。雞鳴[2]，馳赴57莎車營。胡大驚亂，奔走，追斬五千餘級。莎車遂降，龜茲等因各退散。自是威震西域。

【章旨】以上為第四段，寫傅育、張紆兩任護羌校尉失信西羌，以殺戮為功，逼使西羌大叛，朝廷失控。班超在西域大敗莎車，東漢國威遠揚。

【注釋】❶叔孫通　秦博士，歸漢，官至奉常、太子太傅。與諸儒共制《漢儀》十二篇。傳見《漢書》卷四十三。❷護羌校尉　官名，主管西羌事務。❸傅育　曾任武威太守，章帝建初二年（西元七七年）繼吳棠為護羌校尉。❹鬭　使互相爭鬥。❺羌胡　指羌人、匈奴。❻三兜谷　地名，今地不詳，應在青海湖西，塞外西羌腹地。胡三省注云「在建威南」。建威，縣名，在今甘肅西和。❼臨羌　縣名，縣治在今青海湟源。❽戊辰　六月初二日。❾癸卯　六月丁卯朔，無癸卯。癸卯為七月初八。❿光祿勳　九卿之一，武帝太初元年更郎中令置，掌禁衛宮殿門戶。⓫任隗　（？—西元九二年）東漢初功臣任光之子，官至司空。傳附《後漢書》卷二十一〈任光傳〉。⓬齊王晃　光武帝劉秀兄劉縯之曾孫。⓭癸卯　七月初八日。⓮壬子　七月十七日。⓯淮陽頃王昞　劉昞，明帝劉炟之子。傳見《後漢書》卷五十。⓰左地　匈奴東部地。⓱金城塞　金城郡邊塞。金城郡治允吾，在今青海民和。⓲從事　護羌校尉屬官。⓳木乘谷　地名，今地不詳，當在青海貴德西。⓴譯使　翻譯使者。㉑解仇　消除西羌各部之間的仇恨。㉒結婚交質　互相連姻通婚，交換人質。㉓大小榆谷　川谷名，在青海貴德境河曲一帶。㉔壬戌　七月二十七日。㉕瑞物仍集　祥瑞之物不斷出現。仍，多次；連續不斷。㉖改元章和　是年七月二十七日之前為「元和四年」，七月二十七日改年號章和。章，明，明和氣之致祥。㉗太尉掾　太尉府屬吏。㉘何敞　字文高，扶風平陵（今陝西咸陽西北）人，歷仕章帝、和帝兩朝，東漢名臣。傳見《後漢書》卷四十三。㉙癸酉　八月初八日。㉚戊子　八月二十三日。㉛梁　封國名，治所下邑，在今安徽碭山東。㉜乙未晦　八月三十日晦日。㉝沛　封國名，治所相縣，在今安徽濉溪縣西。

㉞庚子　九月初五日。㉟彭城　縣名，為彭城國治所，在今江蘇徐州。㊱辛亥　九月十六日。㊲壽春　縣名，屬九江郡，在今安徽壽縣。㊳阜陵侯延　劉延，光武帝子。封阜陵王，章帝建初元年因謀反貶為侯，今復為王。傳見《後漢書》卷四十二〈光武十王傳〉。㊴己未　九月二十四日。㊵汝陰　縣名，屬汝南郡。縣治在今安徽阜陽。㊶丙子　十月十二日。㊷雲中五原朔方北地　北方四邊郡。雲中郡治雲中縣，在今內蒙古托克托北；五原郡治九原，在今包頭西；朔方郡治臨戎，在今磴口北；北地郡治富平，在今寧夏吳忠西南。㊸五經　指儒家經典《詩》、《書》、《禮》、《易》、《春秋》。㊹讖記　預言吉凶的讖書。㊺冠婚吉凶　加冠禮、婚禮、吉禮、凶禮。㊻平奏　評議討論後上奏。㊼于寘　西域國名。王都西城，在今新疆和田南。㊽莎車　西域國名。王都莎車，在今新疆莎車。㊾龜茲王發溫宿姑墨尉頭　龜茲、溫宿、姑墨、尉頭皆西域國名。龜茲王城延城在今新疆庫車，溫宿王城在今新疆溫宿，姑墨王城在今新疆阿克蘇，尉頭王城在今新疆阿合奇。㊿散去　謂解散莎車之圍軍離去。(51)長史亦於此西歸　時西域都護闕置，班超為西域都護長史，行都護事。西歸，謂西回疏勒。(52)須夜鼓聲而發　等到夜半擊鼓為號一齊撤兵。須，等待。班超揚言散去，意在分散敵勢，以期在行動中集中優勢兵力殲敵。(53)陰緩所得生口　暗中放鬆監管俘虜，使其逃歸，報告漢兵將散去的假情報。(54)遮　阻擊。(55)徼　伏擊。(56)勒兵　集結部隊作戰鬥動員。(57)馳赴　飛馳奔赴。

【校　記】[1]授　原作「受」。據章鈺校，甲十六行本、乙十一行本皆作「授」，今據改。[2]雞鳴　原無此二字。據章鈺校，甲十六行本、乙十一行本、孔天胤本皆有此二字，張敦仁《通鑑刊本識誤》同，今據補。

【語　譯】章和元年（丁亥　西元八七年）

春，正月，章帝召見曹褒，交給他叔孫通制定的《漢儀》十二篇，說：「這禮制零亂疏略，大多不符合經義。現在應根據禮法逐條修正，使它可以施行。」

護羌校尉傅育想要討伐燒當羌，因為燒當羌剛剛歸降，不想出兵，就徵募人員去離間羌族、胡族互鬥。羌、胡不肯，於是再度反叛出到塞外，重新依附迷吾。傅育請求徵發各郡軍隊數萬人共同攻打羌人。還沒有等到各軍集結，三月，傅育獨自進軍。迷吾聽到消息，就把部落廬舍遷走。傅育派遣精銳騎兵三千人窮追迷吾，夜晚，到達三兜谷，未設防備。迷吾偷襲，大敗傅育軍，殺死傅育和軍吏士兵八百八十人。等到各郡軍隊到來，羌人便領兵逃離。章帝下詔任命隴西郡太守張紆為護羌校尉，率領一萬人駐守臨羌縣。

夏，六月初二日戊辰，司徒桓虞被免官。癸卯日，任命司空袁安為司徒，光祿勳任隗為司空。任隗是任光的兒子。

齊王劉晃和弟弟利侯劉剛，與母親太姬互相誣告。秋，七月初八日癸卯，章帝下詔把劉晃的爵位貶為蕪湖侯，削減劉剛的食邑三千戶，沒收太姬的璽綬。○十七日壬子，淮陽頃王劉昞去世。

鮮卑攻入匈奴左部，攻擊北匈奴，大敗匈奴，斬殺優留單于後撤回。

羌族的首領迷吾再次與羌族各部一起侵犯金城塞，張紆派從事河內人司馬防在木乘谷與羌人交戰。迷吾的軍隊敗逃，通過翻譯使者想歸降，張紆接受了。迷吾率領部眾前往臨羌縣，張紆陳列軍隊舉行盛會，放了毒藥在酒中，埋伏的軍隊殺死羌族首領八百多人，砍下迷吾的頭到傅育墳前祭奠；又派兵攻打羌族其餘的部眾，殺死和俘虜幾千人。迷吾的兒子迷唐與羌族各部消除仇怨，互相通婚嫁娶，交換人質，佔據大榆谷、小榆谷反叛，羌族人數極多，張紆不能掌控。

七月二十七日壬戌，因為祥瑞之物不斷聚集，章帝下詔改年號為章和。當時，京城周圍常常出現吉祥的瑞物，前後數百上千件。議論此事的人都認為是好事，唯獨太尉掾平陵人何敞嫌惡此事，對宋由、袁安說：「祥瑞的徵兆隨著美德而到來，災異因為政治而產生。現在有奇異的鳥在宮殿房屋上飛翔，有奇怪的草在庭邊上生長，不能不詳察。」宋由、袁安害怕不敢回答。

八月初八日癸酉，章帝巡視南方。二十三日戊子，臨幸梁國。最後一天三十日乙未，臨幸沛國。○發生日蝕。

九月初五日庚子，章帝親臨彭城縣。十六日辛亥，臨幸壽春縣。重新封阜陵侯劉延為阜陵王。二十四日己未，臨幸汝陰縣。冬，十月十二日丙子，回宮。

北匈奴大亂，屈蘭儲等五十八個部落、二十八萬人前往雲中郡、五原郡、朔方郡、北地郡歸降。

曹褒依據舊禮典，並參考《五經》、讖記的內容，編定從天子到庶人的冠禮、婚禮、吉禮、凶禮整套禮儀制度，共一百五十篇，上奏給章帝。章帝因為眾人議論難以統一，因此就接受了，不再下令有關部門討論上奏。

這一年，班超徵發于窴各國軍隊共二萬五千人攻打莎車國，龜茲王發動溫宿國、姑墨國、尉頭國的軍隊共五萬人援救莎車國。班超召集部下將校以及于窴王商議說：「現在兵力少，敵不過他們，從策略上說不如各自散去，于窴國從這裡往東，長史我也從這裡回到西邊，可以等到夜晚鼓聲為號一齊出發。」暗中放鬆看管抓獲的俘虜。龜茲王聽到這個消息，大喜，自己帶領一萬騎兵在西界阻擊班超，溫宿王率領八千騎兵在東界攔截于窴王。班超得知龜茲、溫宿已經出發，祕密召集各部整頓軍隊。雞鳴時，奔赴莎車軍營。胡人大為驚恐混亂，飛奔逃走，班超軍追殺了五千多人。於是莎車投降，龜茲等就此各自撤退散去。從此漢朝威震西域。

二年（戊子　西元八八年）

春，正月，濟南王康、阜陵王延、中山王焉來朝❶。上性寬仁，篤於親親，故叔父濟南、中山二王，每數入朝，特加恩寵，及諸昆弟並留京師❷，不遣就國。又賞賜羣臣，過於制度，倉帑❸為虛。何敞奏記❹宋由曰：「比年❺水旱，民不收穫，涼州緣邊，家被凶害❻，中州內郡❼，公私屈竭❽，此實損膳節用❾之時。國恩覆載❿，賞賚過度，但聞臘賜⓫，自郎官以上，公卿、王侯以下，至於空竭帑藏，損耗國資。尋公家之用，皆百姓之力。明君賜賚⓬，宜有品制，忠臣受賞，亦應有度[13]。是以夏禹玄圭[14]，周公束帛[15]。今明公位尊任重，責深負大[16]，上當匡正綱紀[17]，下當濟安元元[18]，豈但空空無違[19]而已哉！宜先正己，以率羣下，還所得賜，因陳得失，奏王侯就國，除苑囿之禁，節省浮費，賑卹窮孤[20]，則恩澤下暢，黎庶悅豫[21]矣。」由不能用。

尚書[22]南陽宋意[23]上疏曰：「陛下至孝烝烝[24]，恩愛隆深，禮寵諸王，同之家人，車入殿門[25]，即席不拜[26]，分甘損膳[27]，賞賜優渥[28]。康、焉幸以支庶[29]，享食大國，陛下恩寵踰制[30]，禮敬過度[31]。春秋之義，諸父、昆弟，無所不臣[32]，所以尊尊卑卑[33]，彊幹弱枝[34]者也。陛下德業隆盛，當為萬世典法，不宜以私恩損上下之序，失君臣之正。又西平王羨等六王[35]，皆妻子成家[36]，官屬備具[37]，當早就蕃國，為子孫基阯[38]。而室第相望，久磐[39]京邑，驕奢僭擬[40]，寵祿隆過。宜割情不忍[41]，以義斷恩[42]，發遣康、焉，各歸蕃國，令羨等速就便時[43]，以塞眾望[44]。」帝未及遣。

壬辰[45]，帝崩于章德前殿，年三十一。遺詔：「無起寢廟，一如先帝法制。」

范曄[46]論曰：「魏文帝[47]稱明帝察察[48]，章帝長者[49]。章帝素知人，厭[50]明帝苛切[51]，事從寬厚。奉承明德太后[52]，盡心孝道。平傜簡賦[53]，而民賴其慶。又體之以忠恕，文㊹之以禮樂。謂之長者，不亦宜乎！」

【章旨】以上為第五段，寫漢章帝駕崩，在位時厚賞親王，盡孝太后，制禮作樂，史家稱其為寬厚仁君。

【注釋】❶來朝　諸侯王赴京朝見皇帝。此次來朝的濟南王劉康、阜陵王劉延、中山王劉焉，皆光武帝子，章帝諸叔。❷留京師　諸侯王留住京師王邸。漢制，諸侯王朝會禮畢，各自回國，不得留京師；若留京師，則為殊禮。❸倉帑　國庫。倉，糧倉。帑，錢庫。❹奏記　下級呈送上級的署名公文。此為太尉掾何敞呈奉太尉宋由的公文。❺比年　連年。❻家被凶害　每家均遭受西羌擾邊的禍害。❼中州內郡　中原各州，內地各郡。❽屈竭　枯竭。屈，竭盡；窮盡。❾損膳節用　指皇帝減少飲食，節省費用。❿國恩覆載　國家恩典如同天覆地載。⓫臘賜　古代以十二月初八為臘日，舉行祭百神活動。朝廷按定規賞賜百官臘祭費，稱臘賜。⓬賜賚　賞賜。⓭有度　指國家賞賜有一定限額、標準。《後漢書》卷四十三〈何敞傳〉李賢注引《漢官儀》曰：「臘賜大將軍、三公錢各二十萬，牛肉二百斤，粳米二百斛；特進、侯十五萬，卿十萬，校尉五萬，尚書三萬，侍中、將、大夫各二萬，千石、六百石各七千，虎賁、羽林郎二人共三千，以為祀門戶直。」⓮夏禹玄圭　《尚書・禹貢》：「禹賜玄圭，告厥成功。」夏禹治水功成，賞賜玄圭。玄圭，黑色的玉製禮器。⓯周公束帛　周公姬旦接受幣帛的賞賜。《後漢書》卷四十三〈何敞傳〉李賢注曰：「《尚書》曰：召公出取幣，入錫周公。」幣，古代用以賞賜饋贈的絲帛。⓰責深負大　責任深重，肩負大任。⓱匡正綱紀　整治制度。匡，糾正；扶正。⓲濟安元元　周濟安撫百姓黎民。⓳空空無違　勤勤懇懇、不違禮法。空空，通「悾悾」。勤懇的樣子。⓴賑卹窮孤　賑濟貧窮，撫恤孤弱。㉑悅豫　歡樂。豫，安樂；喜悅。㉒尚書　官名，在殿中職掌文書。主官為尚書令。㉓宋意　（？—西元九〇年）字伯志，南陽安眾（今河南鄧州東北）人，官至司隸校尉。傳附《後漢書》卷四十一〈宋均傳〉。㉔烝烝　不斷進取。㉕車入殿門　門，指司馬門。太子、諸王、百官入宮，到了司馬門都要下車，故又稱止車門。章帝殊禮待諸王，允許車入殿門。㉖即席不拜　入席就座，不行君臣禮。漢制，臣對君，須先行禮而後才能就席。㉗分甘損膳　節省膳食，把御廚美食分賜諸王。甘，美味食物。㉘優渥　優裕。渥，優厚。㉙支庶　旁支庶子。嫡長子之外諸子皆為支庶。劉康、劉焉，於章帝為親叔，於宗法為支庶。㉚恩寵踰制　恩德寵愛，超過標準。㉛禮敬過度　禮遇尊敬諸王的禮儀超過制度定規。㉜無所不臣　國君的宗室，無論尊長，皆為臣屬，應盡臣禮。

因《春秋》主旨尊王，故云此為《春秋》之義。㉝尊尊卑卑　尊禮地位尊貴的人，使卑者遵守卑下的本分。㉞彊幹弱枝　加強皇帝權威為強幹，使諸侯王處弱勢為弱枝。皇帝為主幹，諸王為支庶。㉟西平王羨等六王　此六王為明帝諸子，章帝諸弟。明帝九子，章帝繼大統，諸子為八王，章和二年時已有二王去世，還有六王。章帝不願諸弟就國，皆留京師。六王為西平王羨、彭城王恭、樂成王黨、下邳王衍、梁王暢、淮陽王昞。㊱皆妻子成家　指六王都已娶妻生子，自成一個家庭。㊲官屬備具　謂諸王封國官員已齊備。㊳基阯　基礎。㊴磐　盤桓；逗留。㊵驕奢僭擬　驕傲奢侈，僭越法制，妄比皇帝。㊶宜割情不忍　應該割斷不忍之情。㊷以義斷恩　用大義來切斷私恩。㊸速就便時　以方便時迅速就國。㊹以塞眾望　用以滿足眾人願望。㊺壬辰　正月甲午朔，無壬辰。㊻范曄　（西元三九八—四四五年）南朝劉宋史學家，字蔚宗，順陽（今河南淅川）人，歷官宣城太守、左衛將軍、太子詹事，著《後漢書》行於世。傳見《宋書》卷六十九。㊼魏文帝　曹丕。㊽察察　明辨；精明。㊾長者　德行高尚的人。㊿厭　不滿。(51)苛切　指政治苛刻急切。(52)明德太后　章帝養母明帝馬皇后，伏波將軍馬援之女。(53)平傜簡賦　平均傜役簡省賦稅。(54)文　修飾。

【語譯】二年（戊子　西元八八年）

春，正月，濟南王劉康、阜陵王劉延、中山王劉焉來朝見章帝。皇上本性寬厚仁慈，重視親愛家族，所以叔父濟南、中山二王經常入京朝見，每次都給予特殊的恩寵，和各位兄弟都留在京師，不遣送劉康等回到封國。又賞賜群臣，超過制度規定，國庫為此空虛。何敞寫報告給宋由說：「連年發生水旱災害，百姓沒有收穫，涼州靠近邊界，家家受到外族侵害，中原各州內地各郡，公家和私人都財力衰竭，這實在是應該減少膳食、節省費用的時候。朝廷的恩惠如天覆地載，賞賜超過制度，僅聽說臘日賞賜，從郎官以上，公卿、王侯以下，甚至於傾盡庫府錢財，損耗國家資財。公家的財用，都是百姓勞力所得。英明的國君進行賞賜，應有等級制度，忠臣受賞，也應有限度。因此，夏禹治水成功賜以黑色的玉圭，周公姬旦接受一束幣帛的賞賜。如今您位高權重，責任深重，肩負大任，對上應當糾正朝廷綱紀，對下應當救濟安撫百姓，怎能只是做到勤勤懇懇不違背皇上而已呢！應先端正自己，以此作為屬下的表率，退還所得的賞賜，並就此陳說為政得失，奏請王侯回到自己的封國，撤銷苑囿的禁令，節省不必要的開支，賑濟撫恤貧窮孤弱，這樣恩澤就會順暢下達，百姓就喜悅快樂了。」宋由不能採用何敞的意見。

尚書南陽人宋意上疏說：「陛下至為孝順，恩愛親人極為深厚，禮遇寵愛諸王，如同家人一般，允許他們的車子進入殿門，入席時不必下拜，分給美味，減少自己的膳食，賞賜優厚。劉康、劉焉有幸以庶出的身分，受封大國，陛下的恩德寵愛超過標準，禮遇尊敬諸王超過了制度。《春秋》的大義，所有叔伯、兄弟，皆為臣屬，這是為了尊禮地位尊貴的人，使卑者遵守卑下的本分，強大主幹，削弱支庶。陛下道德功業興隆昌盛，應當成為萬代榜樣，不應當因為私人的恩情毀壞了尊卑秩序，失去君臣的正確標準。而且平西王劉羨等六個王，都有妻有子成立家業，官員屬下都已齊備，應當早日回到封國，為子孫奠定根基。然而諸王宅第相望，長期逗留京城，驕傲奢侈，僭越制度擬於人君，恩寵食祿過分厚重。陛下應當割斷不忍之情，以大義切斷私情，派遣劉康、劉焉，各自回歸封國，命令劉羨等於方便時迅速就國，以滿足眾人的願望。」章帝沒有來得及遣送諸王。

壬辰日，章帝在章德宮前殿去世，享年三十一歲。章帝遺詔說：「不要建造寢廟，完全依照先帝的規格。」范曄評論說：「魏文帝稱明帝苛察，章帝是德行高尚的長者。章帝向來善於鑑察人，不滿明帝苛刻嚴厲，凡事遵從寬厚的原則。侍奉明德太后，盡心孝道。平均徭役減輕賦稅，百姓都依賴他的恩德。為政又以忠誠寬恕為根本，用禮樂來修飾。稱他是德行高尚的長者，不是很恰當嗎！」

太子即位，年十歲，尊皇后曰皇太后。

三月丁酉❶[1]，用遺詔徙西平王羨為陳王，六安王恭為彭城王。○癸卯❷，葬孝章皇帝于敬陵❸。

南單于宣死，單于長之弟屯屠何立❹，為休蘭尸逐侯鞮單于。

太后臨朝❺，竇憲❻以侍中內幹機密❼，出宣誥命，弟篤為虎賁中郎將❽，篤弟景、瓌並為中常侍❾，兄弟皆在親要之地❿。憲客崔駰⓫以書戒憲曰：「傳曰：『生而富者驕，生而貴者傲。』生富貴而能不驕傲者，未之有也。今寵祿初隆，百僚觀行，豈可不『庶幾夙夜，以永終譽⓬』乎！昔馮野王⓭以外戚居位，稱為賢臣；近陰衛尉⓮克己復禮，終受多福。外戚所以獲譏於時⓯，垂愆於後⓰者，蓋在滿而不挹⓱，位有餘而仁不足⓲也。漢興以後，迄于哀、平，外家二十，保族全身，四人而已⓳。書曰：『鑒于有殷。』⓴可不慎哉！」

庚戌㉑，皇太后詔：「以故太尉鄧彪㉒為太傅，賜爵關內侯，錄尚書事㉓，百官總己以聽。」竇憲以彪有義讓㉔，先帝㉕所敬，而仁厚㉖委隨㉗，故尊崇之。其所施為，輒外令彪奏，內白太后，事無不從㉘。彪在位，修身而已，不能有所匡正。憲性果急㉙，睚眦之怨㉚，莫不報復。永平時，謁者韓紆考劾憲父勳獄㉛，憲遂令客斬紆子，以首祭勳冢。

癸亥㉜，陳王羨、彭城王恭、樂成王黨、下邳王衍、梁王暢始就國。

夏，四月戊寅㉝，以遺詔罷郡國鹽鐵之禁，縱民煮鑄。

五月，京師旱。

北匈奴饑亂，降南部者歲數千人。秋，七月，南單于上言：「宜及北虜分爭，出兵討伐，破北成南，并[2]為一國，令漢家長無北念㉞。臣等生長漢地，開口仰食，歲時賞賜，動輒億萬。雖垂拱㉟安枕，慚無報效之義。願發國中㊱及諸部[3]故胡㊲新降㊳精兵，分道並出，期十二月同會虜地。臣兵眾單少，不足以防內外㊴，願遣執金吾㊵耿秉㊶、度遼將軍㊷鄧鴻及西河、雲中、五原、朔方、上郡太守并力而北，冀因聖帝威神，一舉平定。臣國成敗，要在今年，已敕諸部嚴㊸兵馬，唯裁哀省察。」太后以示耿秉。秉上言：「昔武帝單極天下㊹，欲臣虜㊺匈奴，未遇天時，事遂無成。今幸遭天授，北虜分爭，以夷伐夷㊻，國家之利，宜可聽許。」秉因自陳受恩，分㊼當出命效用㊽。太后議欲從之。尚書宋意上書曰：「夫戎狄簡賤㊾禮義，無有上下㊿，彊者為雄，弱即屈服。自漢興以來，征伐數矣，其所克獲，曾不補害。光武皇帝躬服金革之難(51)，深昭天地之明，故[4]因其來降，羈縻畜養，邊民得生，勞役休息，於茲四十餘年(52)矣。今鮮卑(53)奉順，斬獲萬數，中國坐享大功，而百姓不知其勞，漢興功烈(54)，於斯為盛。所以然者，夷虜相攻，無損漢兵者也。臣察鮮卑侵伐匈奴，正[5]是利其抄掠。及歸功聖朝，實由貪得重賞。今若聽南虜還都北庭，則不得不禁制鮮卑。鮮卑外失暴掠之願，內無功勞之賞，豺狼貪婪，必為邊患。今北虜西遁，請求和親，宜因其歸附，以為外扞(55)，巍巍之業，無以過此。若引兵費賦，以順南虜，則坐失上略，去安即危矣。誠不可許。」

會齊殤王子都鄉侯暢(56)來弔國憂(57)，太后數召見之。竇憲懼暢分宮省之權，遣客刺殺暢於屯衛之中(58)，而歸罪於暢弟利侯剛，乃使侍御史與青州刺史雜考(59)剛等。尚書潁川韓稜以為「賊在京師，不宜捨近問遠，恐為姦臣所笑。」太后怒，以切責(60)稜，稜固執其議。何敞說宋由曰：「暢宗室肺府，茅土藩臣，來弔大憂，上書須報，親在武衛，致此殘酷(61)。奉憲之吏(62)，莫適討捕(63)，蹤跡不顯，主名(64)不立。敞備數股肱(65)，職典賊曹(66)，欲親至發所(67)，以糾其變(68)。而二府執事以為故事[6]，三公不與賊盜(69)，公縱姦慝(70)，莫以為咎，敞請獨奏案之(71)。」由乃許焉。二府聞敞行，皆遣主者(72)隨之。於是推舉(73)，具得事實(74)。太后怒，閉憲於內宮。憲懼誅，因自求擊匈奴以贖死。

冬，十月乙亥(75)，以憲為車騎將軍，伐北匈奴，以執金吾耿秉為副，發(76)北軍五校(77)、黎陽(78)、雍營(79)、緣邊十二郡(80)騎士及羌、胡兵(81)出塞。

公卿舉故張掖太守鄧訓(82)代張紆為護羌校尉。迷唐率兵萬騎來至塞下，未敢攻訓，先欲脅小月氏胡(83)。訓擁衛(84)小月氏胡，令不得戰。議者咸以羌、胡相攻，縣官(85)之利，不宜禁護。訓曰：「張紆失信，眾羌大動，涼州吏民，命縣絲髮。原諸胡所以難得意者，皆恩信不厚耳。今因其追急，以德懷之，庶能有用。」遂令開城及所居園門(86)，悉驅羣胡妻子內(87)之，嚴兵守衛。羌掠無所得，又不敢逼諸胡，因即解去。由是湟中(88)諸胡皆言：「漢家常欲鬭我曹，今鄧使君待我以恩信，開門內我妻子，乃是得父母也。」咸歡喜叩頭曰：「唯使君所命！」訓遂撫養教諭，大小莫不感悅。於是賞賂諸羌種，使相招誘，迷唐叔父號吾將其種人八百戶來降。訓因發湟中秦(89)、胡、羌兵四千人出塞，掩擊迷唐於寫谷(90)，破之。迷唐乃去大、小榆，居頗巖谷(91)，眾悉離散。

【章旨】以上為第六段，寫竇太后臨朝，竇憲專權自恣。張掖太守鄧訓代張紆為護羌校尉，恩威並用，羌人遠遁。

【注釋】❶丁酉　三月初五日。❷癸卯　三月十一日。❸敬陵　章帝陵，在京師洛陽城東南三十九里。❹南單于宣死二句　南單于宣，即伊屠於閭鞮單于宣，西元八五—八八年在位。南單于長，即湖邪尸逐侯鞮單于長，西元六三—八五年在位，在單于宣之前為單于。屯屠何，單于長之弟屯屠何，繼宣為單于，號休蘭尸逐侯鞮單于。❺太后臨朝　竇太后攝政稱制。漢制，少帝即位，太后代攝政。在前殿朝群臣，太后東面，少帝西面。群臣奏事，書寫兩份，一份呈太后，一份呈少帝。❻竇憲（？—西元九二年）字伯度，扶風平陵（今陝西咸陽西北）人，東漢開國功臣竇融曾孫，竇太后之兄。永元元年（西元八九年）以車騎將軍擊北匈奴，追至燕然山。官至大將軍，其弟竇篤、竇景、竇瓌皆幸貴，橫暴京師。永元四年，和帝誅憲，族滅竇氏。傳附《後漢書》卷二十三〈竇融傳〉。❼幹機密　主持中樞機要事務。幹，主管。❽虎賁中郎將　官名，光祿勳屬官，主虎賁中郎，宿衛宮殿。❾中常侍　官名，出入禁中，常侍皇帝左右。原為士人，後用宦官。❿親要之地　指侍中、中常侍身處親近皇帝的機要之地。⓫崔駰　（？—西元九二年）字亭伯，涿郡安平（今河北安平）人。博學多才，通訓詁百家之言，善文學。官至竇憲車騎將軍府主簿、長岑縣長。傳見《後漢書》卷五十二。⓬庶幾夙夜二句　希望日夜不懈，才能永保終身榮耀。引自《詩經・周頌・振鷺》。庶幾，希望；但願。⓭馮野王　字君卿，西漢名將馮奉世之子，為漢元帝馮昭儀之兄。官至大鴻臚、琅邪太守，以外戚居位而不驕於人，稱為賢臣。傳附《漢書》卷七十九〈馮奉世傳〉。⓮陰衛尉　即陰興，光武帝陰皇后之母弟，官至衛尉，謙讓不受侯封，拒任大司馬官，贏得光武帝的讚賞。傳附《後漢書》卷三十二〈陰識傳〉。⓯獲譏於時　被當世人譏諷。⓰垂愆於後　在後世留下惡名。⓱滿而不挹　容器注滿水而不舀出，必將外溢，喻權勢太大而不知收斂。⓲位有餘而仁不足　官位太高而品德不足以相配。⓳外家三句　指西漢一朝，從高祖劉邦至哀帝、平帝，歷十代帝王，外戚二十家，只有四家善終。胡三省注外家二十為：呂氏、張氏、薄氏、竇氏、王氏、陳氏、衛氏、李氏、趙氏、上官氏、史氏、許氏、霍氏、邛成王氏、元后王氏、趙氏、傅氏、丁氏、馮氏、衛氏。唯文帝薄太后、竇后、景帝王后、邛成王后四人保全家族。事詳《漢書》卷九十七〈外戚傳〉和卷九十八〈元后傳〉。⓴書曰二句　引自《尚書・召誥》之辭。㉑庚戌　三月十八日。㉒故太尉鄧彪　鄧彪章帝時一度為太尉，視事四年致仕，故稱「故太尉」。鄧彪傳見《後漢書》卷四十四。㉓錄尚書事　東漢大臣加「錄尚書事」為宰相職。錄，總領。㉔彪有義讓　鄧彪父鄧邯，封鄳鄉侯，父卒，彪讓國於弟鄧鳳，明帝高其節。㉕先帝　指明帝。㉖仁厚　仁愛寬厚。㉗委隨　性情隨和。㉘其所施為四句　意謂竇憲有所舉措，就讓鄧彪在外朝稟承他的意旨上奏，竇憲則入宮向太后解說，這樣內外一致，沒有一件事不被准奏。這是效法王莽當年抬出孔光做傀儡的故伎重演。其所施為，指竇憲所要實施舉辦的事情。㉙果急　果決急躁。㉚睚眥之怨　瞪眼睛這樣細小的仇怨。㉛韓紆考劾憲父勳獄　事見本書卷四十五明帝永平五年。㉜癸亥　三月癸巳朔，無癸亥。㉝戊寅　四月十七日。㉞令漢家長無北念　使漢家永遠沒有北方的顧慮。謂共滅北匈奴，南匈奴為漢家保塞，是永無北方之患。㉟垂拱　此指垂衣拱手，無事可做。㊱國中　指南匈奴所轄領地。㊲故胡　指南匈奴舊部。㊳新降　新近來降的北匈奴。㊴防內外　內部治安與對外作戰。㊵執金吾　官名，掌京師治安。㊶耿秉　（？—西元九一年）字伯初，扶風茂陵（今陝西興平東北）人，官至征西將軍、光祿勳。傳附《後漢書》卷十九〈耿弇傳〉。㊷度遼將軍　武官名，巡護南匈奴。㊸嚴　整飭；整備。㊹單極天下　傾盡全國的力量。單，通

「殫」。耗盡。(45)臣膚　臣服；征服。(46)以夷伐夷　用南匈奴之眾以伐北匈奴。夷指匈奴。(47)分　職分；本分。(48)出命效用　拼命貢獻力量。(49)簡賤　簡慢輕視。(50)上下　指君臣尊卑之分。(51)躬服金革之難　親身蒙受披軍裝參戰之苦。(52)四十餘年　光武帝建武二十四年（西元四八年）接受南匈奴投降，至本年章和二年（西元八八年），共四十一年。(53)鮮卑　古種族名，居於匈奴左地，在今內蒙古東部及黑龍江、吉林毗連地區。(54)功烈　功勳業績。(55)外扞　外面的防禦。(56)暢　劉暢，封都鄉侯。其父齊殤王劉石，乃光武帝兄劉縯之孫。(57)來弔國憂　來京師弔唁，參加章帝的葬禮。國憂，指章帝去世。(58)殺暢於屯衛之中　據《後漢書》卷四十三〈何敞傳〉：「刺殺暢於城門屯衛之中。」(59)雜考　聯合審理案件。劉暢弟劉剛封利侯，利邑在今山東博興東的利城鎮。竇憲既殺劉暢，又誣陷劉剛，派侍御史與青州刺史聯合審訊劉剛，既轉移案件，又絕後患。(60)切責　嚴厲責備。(61)親在武衛二句　謂劉暢在京師屯衛軍中，竟遭殘酷殺害。(62)奉憲之吏　執法之臣，指負責法律案件的官吏。(63)莫適討捕　沒有目的的追捕，即盲目追捕。(64)主名　兇手；主犯。(65)股肱　骨幹。(66)賊曹　主管追捕盜賊的部門。(67)發所　案發現場。(68)以糾其變　以督察事態的發展。(69)二府執事以為故事二句　二府，指司徒、司空府，宋由在太尉府，三府合為三公府。西漢邴吉為丞相，認為三公不當參與抓捕盜賊事務，遂成為慣例。(70)姦慝　奸惡的人。(71)敞請獨奏案之　何敞請求單獨具名上奏，參與破案。因竇憲有皇太后袒護，韓稜上言遭切責，何敞為他鳴不平，請獨奏，不牽連太尉宋由受責。(72)主者　主管賊盜之曹。(73)推舉　推敲舉發，即嚴明審案。(74)具得事實　全部獲得真相。指真相大白。(75)乙亥　十月十七日。(76)發　徵發；徵調。(77)北軍五校　北軍五校指屯騎、越騎、步兵、長水、射聲五校尉所掌宿衛兵。(78)黎陽　指黎陽營，光武帝置，統領幽、冀、并三州騎兵。黎陽在今河南浚縣。(79)雍營　指屯駐在雍縣（在今陝西鳳翔）護衛西漢諸陵的扶風校尉營兵。(80)緣邊十二郡　指上郡、西河、五原、雲中、定襄、雁門、朔方、代郡、上谷、漁陽、安定、北地十二個地處北邊的郡。(81)羌胡兵　由歸義的羌人、匈奴人組成的騎兵。(82)鄧訓　（西元四〇—九二年）字叔平，南陽新野（今河南新野）人，東漢開國功臣鄧禹第六子，和帝鄧皇后父，官至護羌校尉。傳附《後漢書》卷十六〈鄧禹傳〉。(83)小月氏胡　月氏人原居甘肅河西走廊，西漢初為匈奴所破，西遷中亞，留居的部分月氏人退入祁連山及湟水流域，與羌人雜居，稱小月氏胡。(84)擁衛　派兵守衛。(85)縣官　代指天子、國家。(86)園門　護羌校衛所居官舍後園門。(87)內　通「納」。使入內。(88)湟中　湟水流域腹地。此指青海湖區東北一帶，小月氏胡聚居地。(89)秦　指漢兵。秦征服周邊民族，故周邊民族稱中原人為秦。(90)寫谷　《東觀漢記》作「雁谷」，在今青海湟源東。(91)頗巖谷　今地不詳，當在青海貴德以西腹地。

【校 記】1丁酉 原無此二字。據章鈺校，甲十六行本、乙十一行本、孔天胤本皆有此二字，今據補。2并 原作「共」。據章鈺校，甲十六行本、乙十一行本、孔天胤本皆作「并」，今據改。3部 原作「郡」。據章鈺校，甲十六行本、乙十一行本皆作「部」，張敦仁《通鑑刊本識誤》同，今據改。4故 原無此字。據章鈺校，甲十六行本、乙十一行本、孔天胤本皆有此字，張敦仁《通鑑刊本識誤》同，今據補。5正 嚴衍《通鑑補》改作「止」。6故事 原無此二字。據章鈺校，甲十六行本、乙十一行本、孔天胤本皆有此二字，張敦仁《通鑑刊本識誤》、張瑛《通鑑校勘記》同，今據補。

【語 譯】太子劉肇即位，年十歲，尊稱竇皇后為皇太后。

三月初五日丁酉，遵照章帝的遺詔徙封西平王劉羨為陳王，六安王劉恭為彭城王。○十一日癸卯，將孝章皇帝安葬在敬陵。

南匈奴單于宣去世，單于長的弟弟屯屠何繼位，就是休蘭尸逐侯鞮單于。

竇太后臨朝攝政，竇憲以侍中之職在宮中掌管中樞機要，出宮宣布太后的誥令，弟弟竇篤任虎賁中郎將，竇篤的弟弟竇景、竇瓌均任中常侍，兄弟都在親近皇帝的機要之地。竇憲的門客崔駰寫信勸誡竇憲說：「古書說：『生來就富有的人容易驕傲，生來就尊貴的人容易傲慢。』生來富貴而能不驕縱傲慢的人，是沒有的。現在您的恩寵官祿剛剛隆盛，百官都在觀察您的行為，怎麼可以不『希望日夜謹慎，用以永保終身榮譽』呢！過去馮野王以外戚的緣故身居高位，被稱作賢臣；近來陰衛尉克己復禮，終於享受到很多福佑。外戚之所以受到當世人的譏諷，在後世留下惡名，大概就是因為權勢太大而不知收斂，官位太高而仁德不足。漢朝建立以後，到哀帝、平帝時，外戚共二十家，保全家族的，只有四人而已。《尚書》說：『以殷為鏡鑑。』能不謹慎嗎！」

三月十八日庚戌，皇太后下詔：「任命前任太尉鄧彪為太傅，賜關內侯的爵位，總領尚書事務，百官全部聽從他的管理。」竇憲因為鄧彪有讓封侯給弟弟的義行，為先帝章帝所敬重，而且仁愛寬厚隨和，所以尊敬推崇他。竇憲有所舉措，就讓鄧彪在外朝上奏，自己則在內宮向竇太后報告，事情沒有不聽從的。鄧彪在職，只是修養自身而已，不能對朝政有所糾正。竇憲的個性果斷急躁，連瞪眼睛這樣細小的仇怨，都沒有不報復的。永平年間，謁者韓紆審理訊問竇憲父親竇勳的案子，竇憲就命令賓客砍死韓紆的兒子，拿他的頭祭奠竇勳墓。

癸亥日，陳王劉羨、彭城王劉恭、樂成王劉黨、下邳王劉衍、梁王劉暢開始回封國。

夏，四月十七日戊寅，遵照章帝的遺詔取消郡國製鹽、冶鐵的禁令，允許百姓煮鹽鑄鐵。

五月，京師洛陽發生旱災。

北匈奴因饑荒大亂，歸降南匈奴的每年有數千人。秋，七月，南匈奴單于上書說：「應乘北匈奴分裂爭鬥之際，出兵討伐，攻破北匈奴，成為南匈奴，併成一個國家，讓漢朝永遠沒有北邊的憂慮。臣等生長在漢地，開口仰賴漢朝食物，歲節時令的賞賜，動輒以億萬計。雖然垂衣拱手安枕無憂，但慚愧沒有報效的義行。希望徵發南匈奴和各部舊胡新投降的精兵，分路一齊出動，約定十二月共同在北匈奴的地方會師。臣的兵眾很少，不足以防衛內部和對外作戰，希望朝廷派遣執金吾耿秉、度遼將軍鄧鴻以及西河郡、雲中郡、五原郡、朔方郡、上郡太守合力北進，希望依靠聖明皇帝的神威，一舉平定北匈奴。臣的國家成敗，關鍵在今年，臣已經命令各部落整備兵馬，希望體察定奪。」太后把奏書給耿秉看。耿秉上書說：「從前漢武帝傾盡全天下之力，想要臣服匈奴，沒有遇到天時，事情才沒有成功。現在有幸遇到上天賜予的好時機，北匈奴內部分裂爭鬥，用南匈奴來征伐北匈奴，有利國家，應當可以聽從。」耿秉趁勢陳說自己蒙受皇恩，理當拼死效勞。竇太后和大臣商議想要聽從耿秉的建議。尚書宋意上書說：「戎狄簡慢輕視禮義，沒有上下尊卑，強者稱雄，弱者就屈服。自從漢朝建立以來，征伐多次，所攻克收穫的，還不曾彌補上損失。光武皇帝親冒戰爭的危險，深深昭示了天地的聖明，所以乘著南匈奴來歸降，控制豢養他們，邊疆百姓得以生存，勞役得以停止，到現在四十多年了。現今鮮卑國奉順漢朝，斬殺、俘獲北匈奴以萬數，中國坐享大功，而百姓不知其中勞苦，漢朝建立以來的功業，這時最為盛大。之所以這樣，是因為夷人互相攻擊，沒有損害到漢朝的兵卒。臣考察鮮卑攻打匈奴，就是因為搶掠有利可圖。至於把功勞歸於漢朝，其實是因為貪圖得到朝廷的重賞。現今如果聽從南匈奴回去定都北庭，就不得不控制鮮卑。鮮卑對外失去了暴掠的想法，對內沒有功勞之賞，豺狼貪婪，一定會成為邊境的禍患。現今北匈奴逃到西邊，請求和親，應當趁北匈奴歸附，將其作為對外的屏障，宏偉的功業，沒有可以超過這個的了。如果徵發軍隊，耗費賦稅，以順從南匈奴的要求，就會坐失上好的策略，去安就危，實在不能答應。」

正逢齊殤王的兒子都鄉侯劉暢來弔祭章帝之喪，竇太后屢次召見他。竇憲擔心劉暢瓜分了他宮省中的權力，派門客在屯衛軍的駐處刺殺劉暢，卻嫁禍於劉暢的弟弟利侯劉剛，並派侍御史和青州刺史會同審訊劉剛等人。尚書潁川人韓稜認為「兇手在京城，不應該捨近問遠，恐怕會被奸臣恥笑。」太后大怒，因此嚴厲地責備韓稜，韓稜堅持自己的意見。何敞說服宋由說：「劉暢是宗室至親，封有土地的藩臣，來京參加先帝喪禮，呈上奏書，等待回覆，身在武裝衛士之中，卻遭到這樣的殘殺。辦理此案的官吏，沒有目的地追捕，犯罪的蹤跡不明，兇手抓不到。何敞充數股肱大臣，職務主管追捕賊盜的賊曹，想要親自到案發地，以督察事情的進展。但司徒、司空兩府的主事官員認為，依舊例，三公不參與抓捕盜賊之事，公然縱容奸賊，沒有人對此加以追罪，何敞請求獨自具名上奏審理此案。」宋由於是答應了。兩府聽說何敞行動了，都派主管官員隨同何敞辦案。於是推理舉發，全部獲得真相。竇太后大怒，禁止竇憲進入內宮。竇憲擔心被殺，於是自己請求攻打匈奴以贖死罪。

冬，十月十七日乙亥，任命竇憲為車騎將軍，征伐北匈奴，任命執金吾耿秉擔任副將，調動北軍五校尉、黎陽營、雍營、沿邊十二郡的騎兵以及羌族、匈奴兵出塞征討。

公卿推薦前張掖郡太守鄧訓代替張紆擔任護羌校尉。迷唐率領一萬騎兵來到關塞前，不敢攻打鄧訓，想先脅迫小月氏胡。鄧訓領兵護衛小月氏胡，命令不許和迷唐交戰。商議的人都認為羌人、胡人互相攻打，對朝廷有利，不應該保護小月氏胡。鄧訓說：「張紆失去信任，眾羌大肆起兵，涼州官吏百姓，生命就像懸在一根頭髮上。先前各胡之所以難以滿意，都是因為恩信不夠深厚。現今趁著他們被追殺危急，用恩德去撫慰他們，可能起到作用。」於是命令打開城門及自己所居住的官府後園門，組織所有胡人的妻兒進去，派軍隊嚴密守衛。羌人搶奪一無所獲，又不敢進逼各胡族，便立刻撤兵離去。因此湟中的各胡都說：「漢朝常常想要讓我們互相爭鬥，現在鄧使君以恩信對待我們，開城門收容我們的妻兒，這才是得到父母了。」大家都歡喜磕頭說：「一切聽從使君的命令！」鄧訓於是撫育教導他們，上下沒有不感動喜悅的。於是賞賜錢財給羌人各族，讓他們互相招降勸誘，迷唐的叔父號吾率領他的八百戶族人來降。鄧訓就此徵發湟中漢人、胡人、羌兵四千人出塞，在寫谷襲擊迷唐，把他打敗了。迷唐便離開大、小榆谷，移居頗巖谷，部眾全都離散了。

孝和皇帝❶上

永元元年（己丑　西元八九年）

春，迷唐欲復歸故地，鄧訓發湟中六千人，令長史❷任尚將之，縫革為船❸，置於箄❹上以度河，掩擊迷唐，大破之，斬首前後一千八百餘級，獲生口二千人，馬牛羊三萬餘頭，一種❺殆盡。迷唐收其餘眾西徙千餘里，諸附落❻小種皆畔之。燒當豪帥東號稽顙歸死❼，餘皆款塞納質❽。於是訓綏接歸附❾，威信大行，遂罷屯兵❿，各令歸郡，唯置弛刑徒⓫二千餘人，分以屯田、修理塢壁⓬而已。

竇憲將征匈奴，三公、九卿詣朝堂上書諫，以為：「匈奴不犯邊塞，而無故勞師遠涉，損費國用，徼功萬里⓭，非社稷之計。」書連上，輒寢⓮。宋由懼，遂不敢復署議⓯，而諸卿稍自引止⓰。唯袁安、任隗⓱守正不移，至免冠朝堂固爭⓲，前後且⓳十上⓴，眾皆為之危懼，安、隗正色自若。侍御史魯恭㉑上疏曰：「國家新遭大憂㉒，陛下方在諒闇㉓[1]，百姓闕然㉔，三時不聞警蹕之音㉕，莫不懷思皇皇，若有求而不得㉖。今乃以盛春之月興發軍役，擾動天下，以事戎夷，誠非所以垂恩中國，改元正時㉗，由內及外㉘也。萬民者，天之所生，天愛其所生，猶父母愛其子，一物有不得其所，則天氣為之舛錯㉙，況於人乎！故愛民者必有天報。夫戎狄者，四方之異氣也[2]，與鳥獸無別，若雜居中國，則錯亂天氣，汙辱善人㉚。是以聖王之制，羈縻㉛不絕而已。今匈奴為鮮卑所破，遠藏於史侯河㉜西，去塞數千里，而欲乘其虛耗㉝，利其微弱，是非義之所出也。今始徵發，而大司農調度不足，上下相迫，民間之急，亦已甚矣。羣僚百姓咸曰不可，陛下獨[3]柰何以一人之計㉞，棄萬人之命，不卹其言乎！上觀天心，下察人志，足以知事之得失。臣恐中國不為中國，豈徒匈奴而已哉！」尚書令韓稜、騎都尉朱暉㉟、議郎京兆樂恢㊱皆上疏諫，太后不聽。

又詔使者為竇憲弟篤、景並起邸第，勞役百姓。侍御史何敞上疏曰：「臣聞匈奴之為桀逆久矣。平城之圍㊲，慢書之恥㊳，此二辱者，臣子所為捐軀而必死，高祖、呂后忍怒含忿，舍而不誅。今匈奴無逆節之罪，漢朝無可慚之恥，而盛春東作㊴，興動大役，元元怨恨，咸懷不悅。又猥[4]為衛尉㊵篤、奉車都尉㊶景繕修館第，彌街絕里[42]。篤、景親近貴臣，當為百僚表儀。今眾軍在道，朝廷焦脣，百姓愁苦，縣官無用[43]，而遽起[44]大第，崇飾玩好，非所以垂[45]令德[46]、示無窮[47]也。宜且罷工匠，專憂北邊[48]，恤民之困。」書奏，不省。

竇憲嘗使門生齎書詣尚書僕射[49]郅壽[50]，有所請託。壽即送詔獄，前後上書，陳憲驕恣，引王莽以誡國家。又因朝會刺譏憲等以伐匈奴、起第宅事，厲音正色[51]，辭旨甚切。憲怒，陷壽以買公田、誹謗[52]，下吏[53]，當誅。何敞上疏曰：「壽機密近臣，匡救為職，若懷默不言，其罪當誅。今壽違眾正議[54]，以安宗廟，豈其私邪！臣所以觸死瞽言[55]，非為壽也。忠臣盡節，以死為歸。臣雖不知壽，度其甘心安之[56]。誠不欲聖朝行誹謗之誅，以傷晏晏之化[57]，杜塞忠直，垂譏無窮。臣敞謬與機密，言所不宜，罪名明白，當填牢獄，先壽僵仆，萬死有餘。」書奏，壽得減死論[58]，徙合浦[59]。未行，自殺。壽，惲之子也。

夏，六月，竇憲、耿秉出朔方雞鹿塞[60]，南單于出滿夷谷[61]，度遼將軍鄧鴻出稒陽塞[62]，皆會涿邪山[63]。憲分遣副校尉閻盤、司馬耿夔[64]、耿譚將南匈奴精騎萬餘，與北單于戰于稽落山[65]〔5〕，大破之，單于遁走。追擊諸部，遂臨私渠北鞮海[66]，斬名王已下萬三千級，獲生口甚眾，雜畜百餘萬頭，諸裨小王率眾降者，前後八十一部二十餘萬人。憲、秉出塞三千餘里，登燕然山[67]，命中護軍[68]班固刻石勒功，紀漢威德而還。遣軍司馬吳汜、梁諷奉金帛遺北單于。時虜中乖亂[69]，汜、諷及北單于於西海[70]上，宣國威信，以詔致賜，單于稽首[71]拜受。諷因說令修呼韓邪故事[72]。單于喜悅，即將其眾與諷俱還。到私渠海，聞漢軍已入塞[73]，乃遣弟右溫禺鞮王奉貢入侍，隨諷詣闕[74]。憲以單于不自身到，奏還其侍弟[75]。

秋，七月乙未[76]，會稽山崩。

九月庚申[77]，以竇憲為大將軍，中郎將劉尚[78]為車騎將軍，封憲武陽侯，食邑二萬戶，憲固辭封爵，詔許之。舊大將軍位在三公下，至是，詔憲位次太傅下、三公上，長史、司馬秩中二千石[79]。封耿秉為美陽侯。

竇氏兄弟驕縱，而執金吾景尤甚，奴客[80]緹騎[81]強奪人財貨，篡取罪人，妻略婦女。商賈閉塞，如避寇讎。又擅發緣邊諸郡突騎有才力者，有司莫敢舉奏。袁安劾景「擅發邊兵〔6〕，驚惑吏民，二千石不待符信而輒承景檄[82]，當伏顯誅[83]。」又奏「司隸校尉河南尹阿附貴戚[84]，不舉劾[85]，請免官案罪。」並寢不報[86]。駙馬都尉[87]瓌，獨好經書，節約自脩。

尚書何敞上封事[88]曰：「昔鄭武姜之幸叔段[89]，衛莊公之寵州吁[90]，愛而不教，終至凶戾[91]。由是觀之，愛子若此，猶飢而食[92]之以毒，適[93]所以害之也。伏見大將軍憲，始遭大憂，公卿比奏，欲令典幹[94]國事。憲深執謙退，固辭盛位，懇懇勤勤，言之深至。天下聞之，莫不說[95]喜。今踰年未幾[96]，大〔7〕禮[97]未終，卒然[98]中改，兄弟專朝，憲秉[99]三軍[100]之重，篤、景總宮衛之權，而虐用百姓，奢侈僭偪[101]，誅戮無罪，肆心[102]自快。今者論議詾詾[103]，咸謂叔段、州吁復生於漢。臣觀公卿懷持兩端[104]，不肯極言[105]者，以為憲等若有匪懈之志[106]，則已受吉甫褒申伯之功[107]；如憲等陷於罪辜，則自取陳平、周勃順呂后之權[108]，終不以憲等吉凶為憂也。臣敞區區[109]誠欲計策兩安[110]，絕其緜緜，塞其涓涓[111]，上不欲令皇太后損文母之號，陛下有誓泉之譏[112]，下使憲等得長保其福祐也。駙馬都尉瓌，比請退身，願抑家權[113]，可與參謀，聽順其意，誠宗廟至計[114]，竇氏之福。」時濟南王康[115]尊貴驕甚，憲乃白出敞為濟南太傅。康有違失，敞輒諫爭，康雖不能從，然素敬重敞，無所嫌牾[116]焉。

冬，十月庚子[117]，阜陵質王延[118]薨。

是歲，郡國九大水[119]。

【章　旨】以上為第七段，寫鄧訓大破西羌。竇憲出擊北匈奴，大獲全勝，居功驕恣，竇氏氣焰，炙手可熱。

【注　釋】❶孝和皇帝　章帝劉炟第四子，諱肇，竇太后養以為子，故廢長立之，為東漢第四代皇帝，西元八九－一○五年在位。《伏侯古今注》曰：「『肇』之字曰『始』。」❷長史　護羌校尉長史，掌理校尉府事務。❸縫革為船　用皮革縫製成船，即動物皮船。❹箄　木筏。❺一種　一個種落。指西羌迷唐部。❻附落　依附迷唐的西羌小部落。❼稽顙歸死　磕頭歸附請死，即投降。❽款塞納質　叩開邊塞送納人質。❾綏接歸附　安撫接納歸附的羌眾。❿罷屯兵　解散屯駐擊羌的部隊，班師各回本郡。⓫弛刑徒　解除刑具的刑徒。⓬塢壁　防禦用的城堡、障塞。⓭徼功萬里　在萬里之外戰場上邀取功名。⓮輒寢　就被擱置。⓯署議　在上奏議案上署名。⓰引止　停止建言。⓱袁安任隗　袁安時為司徒，任隗為司空。⓲免冠朝堂固爭　摘下官帽在朝會殿堂上強諫。⓳且　將近。⓴十上　上呈十次奏章。㉑魯恭　（西元三一－一一二年）字仲康，扶風平陵（今陝西興平東北）人，歷仕章帝、和帝、安帝三朝，官至司徒。傳見《後漢書》卷二十五。㉒大憂　指章帝崩。㉓諒闇　居喪時住的房子，多借指天子守喪。㉔闕然　若有所失的樣子。㉕三時不聞警蹕之音　天子出巡戒嚴，出稱警，入稱蹕。和帝在章和二年二月即位，第二年春議擊匈奴，因在諒闇不出，故已歷夏、秋、冬三時不聞警蹕之音。㉖懷思皇皇二句　深切思念，好像有求而不能得到。皇皇，通「惶惶」。惶恐貌。語出《禮記・檀弓上》：「既殯，瞿瞿如有求而弗得；既葬，皇皇如有望而弗至。」㉗改元正時　改變年號糾正時令。是年改元永元。新君即位第二年改元，應施惠政於民，故魯恭上疏有是議。㉘由內及外　先安定內部，施恩百姓，然後再及外事。㉙舛錯　錯亂；不正常。㉚善人　指漢民。㉛羈縻　籠絡控制。羈，馬絡頭。縻，牛韁繩。㉜史侯河　今地不詳。㉝虛耗　虛弱困乏。㉞一人之計　指竇憲一個人的計策。㉟朱暉　字文季，南陽宛（今河南南陽）人，官至尚書令。時為騎都尉。傳見《後漢書》卷四十三。㊱樂恢　字伯奇，京兆長陵（今陝西咸陽東北）人，官至尚書僕射，為竇憲迫害自殺。時為議郎。傳見《後漢書》卷四十三。㊲平城之圍　西元前二○○年，高祖北伐匈奴，被困平城。事詳本書卷十一高帝七年。平城，在今山西大同東北。㊳慢書之恥　匈奴冒頓單于致書呂太后，出言不遜。事詳本書卷十二惠帝三年。慢書，侮辱性的書信。㊴東作　春耕。歲起於東，人始耕作，故謂春耕為東作。㊵衛尉　官名，掌守衛皇宮。㊶奉車都尉　官名，光祿勳屬官，掌皇帝車馬。㊷彌街絕里　佔滿街道里巷。謂竇氏宅第，工程浩大，連片佔滿街道里巷。㊸縣官無用　國家沒有用度，指財政緊張。㊹遽起　突然興建。㊺垂　垂示。㊻令德　美德。㊼示無窮　昭示永遠，以為表率。(48)專憂北邊　專心考慮北邊討伐北匈奴之事。(49)尚書僕射　尚書臺副長官。(50)郅壽　字伯考，歷官冀州刺史、尚書令、尚書僕射。因上書以王莽比擬竇憲，被竇憲迫害自殺。壽為光武時名臣郅惲之子，父子同傳，見《後漢書》卷二十九。(51)厲音正色　聲音嚴厲，臉色嚴肅。(52)誹謗　漢律，誹謗朝廷，罪大逆。(53)下吏　交付官吏審判。(54)違眾正議　違逆眾人，秉正議論。(55)觸死譬言　冒死上言。譬言，放肆大言。典出《論語・季氏》，孔子曰：「侍於君子有三愆，……未見顏色而言謂之瞽。」(56)度其甘心安之　揣度郅壽，他甘心盡忠直言而死。(57)晏晏之化　寬厚的教化。晏晏，寬容的樣子。(58)減死論　減免死刑論處。(59)合浦　郡名，邊南海。治所合浦，在今廣西合浦東北。(60)雞鹿塞　邊塞名，在今內蒙古磴口西北。(61)滿夷谷　地名，在內蒙古固陽。(62)稒陽塞　稒陽縣邊塞，縣治在今內蒙古固陽。(63)涿邪山　今蒙古古爾班察汗山。(64)司馬耿夔　司馬，軍官名，位在校尉下，亦稱軍司馬。主軍法。耿夔，傳附《後漢書》卷十九〈耿弇傳〉。(65)稽落山　山名，在今蒙古境內。(66)私渠北鞮海　湖泊名，今蒙古烏布蘇諾爾湖。(67)燕然山　今蒙古杭愛山。(68)中護軍　官名，大將軍府將領。(69)乖亂　混亂。(70)西海　蒙古高原上湖名，今地不詳。(71)稽首　叩首；行叩拜禮。(72)修呼韓邪故事　效法呼韓邪單于歸附漢朝舊事。(73)漢軍已入塞　漢軍已入關塞返回漢地。(74)詣闕　到京師洛陽。闕，宮門兩側高臺，借指皇宮。(75)還其侍弟　遣還匈奴使者單于弟右溫禺鞮王。侍，入侍漢皇為人質。(76)乙未　七月十一日。(77)庚申　九月初七日。(78)中郎將劉尚　中郎將，光祿勳屬官，主中郎，掌衛皇宮門戶。(79)舊大將軍四句　舊，指東漢中興之初。太尉、司徒、司空為三公。大將軍位原在三公下，今以竇憲克敵功大，升級大將軍位在太傅之下、三公之上。大將軍府長史、司馬各一人，原秩千石，今秩中二千石，與九卿等列。(80)奴客　家奴、賓客。(81)緹騎　身著紅黃色衣服的護從騎士。緹，紅黃色絲織品。(82)二千石不待符信句　二千石，指郡守、郡尉，祿秩二千石、比二千石。他們未見調兵虎符，只憑竇景簽發的公文就擅自調兵。符信，指調兵的虎符或符節等信物。(83)當伏顯誅　應伏罪公開誅戮。(84)阿附貴戚　攀附顯貴外戚。指竇氏。(85)不舉劾　不揭發劾奏。(86)並寢不報　兩道奏章均被留中，得不到回覆。(87)駙馬都尉　武官名，光祿勳屬官，為陪侍天子乘車的近臣。(88)封事　密封的奏章。(89)鄭武姜之幸叔段　鄭武姜，鄭莊公之母，偏愛少子叔段。鄭莊公立，武姜請以鄭國的大邑京封叔段，謂之京城太叔。後來京城太叔欲偷襲鄭國都，被莊公討伐，兵敗出奔共，而稱共叔段。事詳《春秋左傳》魯隱公元年。(90)衛莊公之寵州吁　衛莊公姬楊，衛桓公姬憲之父，寵庶子州吁。州吁好兵，衛莊公不禁；大夫石碏諫，不聽。及桓公立，州吁乃弒桓公而自立，衛人殺州吁，衛國不寧。事詳《春秋左傳》魯隱公三年、四年。(91)凶戾　兇暴。(92)食　拿食物給人吃。(93)適　恰恰。(94)典幹　職掌；掌管。(95)說　通「悅」。(96)踰年未幾　剛過一年多一點。(97)大禮　指三年之喪禮。(98)卒然　突然。卒，通「猝」。(99)秉　執掌。(100)三

軍　泛指全國之軍。101僭偪　超越禮制逼近皇帝。102肆心　恣意妄為。103論議誾誾　議論紛紛。104懷持兩端　心懷兩端，指沒有是非。105極言　直言規諫。106匪懈之志　勤勞忠貞的志向。匪懈，不懈怠，兢兢業業。107吉甫褒申伯之功　吉甫，即尹吉甫，西周第十一任王周宣王時賢大夫。申伯，申國國君，周宣王之舅，為周卿士，築城於謝，尹吉甫作詩讚美他。所作之詩，即《詩・大雅・崧高》。108陳平周勃順呂后之權　陳平、周勃，兩人為西漢開國功臣，《史記》、《漢書》兩書中均有傳。高祖崩，呂太后臨朝，違高祖之約，大封諸呂為王。時陳平為相，周勃為太尉，順從呂太后之意，權宜聽從封諸呂為王，而暗中策劃誅除諸呂。109區區　一心一意。110計策兩安　規劃使國家（皇室）與外戚全都平安的策略。111絕其緜緜二句　斷絕災害的引線，堵塞禍亂的源頭。胡三省注引周人《金人銘》曰：「涓涓不壅，終為江河；緜緜不絕，或成網羅。」涓涓，細流。緜緜，細絲。112不欲令皇太后二句　不想讓皇太后有損「文德之母」的稱號，也不使陛下有發誓「黃泉相見」的譏刺。文母，周文王之母，儀範天下，詩人頌之。誓泉之譏，鄭莊公平定共叔段之亂，歸罪於母親的偏愛，置武姜於城潁，並發誓說：「不及黃泉，無相見也。」後經潁考叔勸諫，母子和好如初。113駙馬都尉瓌三句　駙馬都尉竇瓌，接連請求辭官致仕，希望抑制竇家的權勢。114至計　最高的謀略。115濟南王康　光武帝少子劉康。116嫌牾　嫌隙牴牾。117庚子　十月十八日。118阜陵質王延　阜陵王劉延，光武帝子，死後謚為質王。《謚法》曰：「名實不爽曰質。」119郡國九大水　有九個郡國發生大水災。

【校　記】1諒闇　據章鈺校，甲十六行本、乙十一行本皆作「諒陰」。按，諒闇，亦作「亮陰」、「梁闇」、「涼陰」。2也　原無此字。據章鈺校，甲十六行本、乙十一行本、孔天胤本皆有此字，今據補。3獨　原無此字。據章鈺校，甲十六行本、乙十一行本、孔天胤本皆有此字，今據補。4猥　據章鈺校，此下甲十六行本、乙十一行本、孔天胤本皆有「復」字。5稽落山　章鈺校所據胡克家本作「稽洛山」。筆者所據胡克家本作「稽落山」，「落」字稍小，似是後來改刻。據章鈺校，甲十六行本、乙十一行本皆作「稽落山」。6兵　原作「民」。據章鈺校，甲十六行本、乙十一行本皆作「兵」，張敦仁《通鑑刊本識誤》同，今據改。7大　原誤作「入」。據章鈺校，甲十六行本、乙十一行本、孔天胤本皆作「大」，張敦仁《通鑑刊本識誤》同，今據校正。

【語　譯】孝和皇帝上

永元元年（己丑　西元八九年）

春，迷唐想要重新回到舊地，鄧訓徵發湟中六千人，命令長史任尚率領，用皮革縫製成船，放在木筏上渡河，襲擊迷唐，大敗迷唐，前後殺死敵人一千八百多人，抓獲二千人，馬牛羊三萬多頭，迷唐一族幾乎被滅絕。迷唐搜集殘餘部眾西遷一千多里，那些依附迷唐的小部落都反叛他。燒當族首領東號磕頭請死投降，其餘各部羌人都叩開邊關送納人質。於是鄧訓安撫接待歸順的羌人，威信高漲，便撤除屯駐的部隊，各讓他們回到本郡，只留下解除刑具的二千多刑徒，分別進行屯田、修理城塞。

竇憲準備討伐匈奴，三公、九卿到朝堂上書勸諫，認為：「匈奴不侵犯邊塞，卻無故勞軍遠征，耗費國家財用，在萬里之外邀取功業，這不是為國家著想的計策。」奏書接連呈上，總是被擱置。宋由害怕了，就不敢再簽名奏議此事，而眾卿也逐漸自行停止進言。只有袁安、任隗堅守正道不變，甚至摘掉冠帽在朝堂上堅持諫諍，前後近十次上書，眾人都替兩人感到憂慮恐懼，袁安、任隗鎮靜自如。侍御史魯恭上疏說：「國家剛剛遭遇先帝去世的大憂，陛下正在守喪，百姓恍惚若失，夏秋冬三季沒有聽到天子出巡時的警蹕之聲，沒有不深切憂慮的，就像有所追求而得不到的樣子。現在竟然在盛春之月興起徵發軍役，擾動天下，去討伐戎夷，實在不是施恩中國百姓，改年號正時節，由內及外施政的做法。萬民是上天所降生，上天愛護它所降生的，如同父母愛他的子女，有一物沒有得到適當的安頓，那麼天氣就會為此發生錯亂，何況是人呢！所以愛人民的國君必能得到上天的回報。戎狄如同四邊怪異之氣，與鳥獸沒有區別，如果雜居在中國，就會使天氣發生錯亂，玷汙中國百姓。因此聖王的法制只是控制他們，不斷絕往來罷了。現在匈奴被鮮卑打敗，遠藏在史侯河的西邊，距離邊塞數千里，卻想乘其虛弱疲弊，利用他們的微弱，這不是正義的行為。現在剛開始徵發軍隊，而大司農財用不夠，上下相逼脅，民間急困，就已經很嚴重了。群臣百姓都說不可出征，陛下為何因為一人的計策，拋棄萬人的生命，不考慮群臣百姓的言論呢！上觀天的心意，下察人的志向，足以知道事情的得失。臣擔憂中國將不再是中國，難道只是為了匈奴而已嗎！」尚書令韓稜、騎都尉朱暉、議郎京兆人樂恢都上疏諫止，竇太后不聽從。

和帝又下詔派使者為竇憲的弟弟竇篤、竇景一起建造府第，讓百姓服勞役。侍御史何敞上疏說：「臣聽說匈奴兇暴違逆已經很久了。高祖在平城被圍困，呂后遭受冒頓單于侮慢書信的恥辱，這兩件國恥，臣子願意以必死的決心捐軀雪恥，高祖、呂后卻含忿忍怒，放棄匈奴不去誅伐。現今匈奴沒有忤逆朝廷的罪行，漢朝也沒有值得慚愧的恥辱，卻在盛春耕作時節，發動大的軍役，百姓怨恨，都心懷不悅。又隨意替衛尉竇篤、奉車都尉竇景修建館舍府第，滿街遍里。竇篤、竇景是朝廷親近貴臣，應當做百官的表率。現今出征大軍還在途中，朝廷憂心如焚，百姓憂愁苦難，國家沒有用度，卻突然建造大宅，大肆裝飾奇珍異寶，這不是用以垂示美德、傳之永久的做法。應該暫時解散工匠，專心考慮北邊的戰爭，體恤百姓的困苦。」奏書呈上，不加理會。

竇憲曾經讓門生拿著書信謁見尚書僕射郅壽，請託他辦事。郅壽當即把竇憲的門生送到詔獄，先後上書，陳述竇憲驕橫放縱，引用王莽的例子勸誡朝廷。又趁朝會時批評竇憲等人征伐匈奴、建造府第的事情，聲色嚴厲，言辭懇切。竇憲大怒，陷害郅壽買公田、誹謗朝廷，下吏治罪，判當誅殺。何敞上疏說：「郅壽是位於中樞機要的近臣，以匡正挽救朝政為職守，如果保持沉默有話不說，罪應誅殺。現在郅壽冒犯眾人秉正直言，以安定宗廟，難道是出於私心嗎！臣之所以冒死胡亂上言，並非為了郅壽。忠臣盡節，視死如歸。臣雖然不瞭解郅壽，揣測他是甘心盡忠而死。實在不希望聖明的朝廷因誹謗的罪名誅殺大臣，以傷害寬容厚道的教化，杜絕了忠正直言，留下譏諷於後世。臣何敞謬在機要之職，說了不當說的話，罪名清楚，應當關入牢獄，在郅壽之前先處死，萬死還有餘辜。」奏書呈上，郅壽被判處減免死刑，流放合浦郡。還未押送，郅壽就自殺了。郅壽是郅惲的兒子。

夏，六月，竇憲、耿秉從朔方郡雞鹿塞出擊，南單于從滿夷谷出擊，度遼將軍鄧鴻從稒陽塞出擊，均會師涿邪山。竇憲分別派遣副校尉閻盤、司馬耿夔、耿譚率南匈奴精銳騎兵一萬多人，和北單于在稽落山交戰，大敗北匈奴，北單于逃走。追擊北匈奴各部，最終到達私渠北鞮海，殺死匈奴名王以下一萬三千人，捕獲很多人，得到各種牲畜一百多萬頭，各裨王、小王率領部眾歸降的，前後有八十一部二十多萬人。竇憲、耿秉軍出塞外三千多里，登上燕然山，命令中護軍班固刻石記功，記錄漢朝的威德，然後回師。派軍司馬吳汜、梁諷拿著黃金絲綢送給北單于。當時匈奴內部大亂，吳汜、梁諷在西海附近追趕上北單于，宣示了漢朝的威信，以詔書名義進行賞賜，單于磕頭拜受。梁諷趁機勸說北單于效法呼韓邪單于歸附漢朝的舊例。單于很高興，立即率他的部眾和梁諷一起返回。到達私渠海，聽說漢軍已經進入塞內，就派弟弟右溫禺鞮王捧著貢禮進京侍奉，隨梁諷進宮。竇憲因為單于沒有親自到來，奏請送還單于入侍的弟弟。

秋，七月十一日乙未，會稽山發生崩塌。

九月初七日庚申，任命竇憲為大將軍，中郎將劉尚為車騎將軍，封竇憲為武陽侯，食邑二萬戶，竇憲堅決推辭封爵，下詔允許了。慣例，大將軍地位在三公之下，至此，下詔竇憲的地位在太傅之下、三公之上，他的長史、司馬祿秩為二千石。封耿秉為美陽侯。

竇氏兄弟驕橫放肆，而執金吾竇景尤為過分，家奴、賓客、緹騎強奪他人財貨，劫走罪犯，霸佔搶奪婦女。商人門戶緊閉，好像躲避強盜一樣。又擅自徵用沿邊各郡突擊騎兵中有武藝者，主管官員不敢揭發檢舉。袁安彈劾竇景「擅自徵發邊兵，驚擾蠱惑吏民，二千石官員未見調兵虎符就接受竇景的文書調動軍隊，應受到公開誅殺。」又彈奏「司隸校尉河南尹討好依附貴戚，不揭發彈劾，請求把他免官治罪。」這些奏書都被擱置不做批覆。唯獨駙馬都尉竇瓌喜好經書，崇尚節約，自我修養。

尚書何敞上密封奏書說：「從前鄭武姜寵幸少子叔段，衛莊公寵愛庶子州吁，溺愛而不教育，終於成為頑兇惡徒。由此看來，像這樣愛護兒子，好比兒子餓了卻餵毒藥給他，恰恰是害了他。臣私下看見大將軍竇憲，在國家剛剛遭遇大喪時，公卿接連上奏，想讓他主持國事。竇憲深執謙讓，堅決推辭高位，勤勤懇懇，言辭懇切。天下人聽了，沒有不高興的。現在才過一年多，三年的喪禮還沒有結束，突然中途改變做法，兄弟專擅朝廷，竇憲掌管三軍重職，竇篤、竇景總管宮中守衛大權，卻暴虐役使百姓，奢侈僭越，殺害無辜，肆意自快。現在人們議論紛紛，都說叔段、州吁又出現在漢朝了。臣觀察公卿大臣心懷兩端，不肯直言極諫，是認為竇憲等人如果有勤懇不懈的意願，就已經有像尹吉甫褒讚申伯那樣的功勳；如果竇憲等人陷於罪孽，就是自取陳平、周勃權且順從呂后權力的禍患，始終不因竇憲等人做事好壞而憂慮。臣何敞真誠希望能夠有兩全的計策，切斷禍患的線索，堵塞禍患的源頭，對上不想讓皇太后有損『文母』的美號，陛下受到誓與母后『黃泉相見』的譏刺，對下使竇憲等人得以永保福佑。駙馬都尉竇瓌，接連請求辭職，希望抑制竇家的權勢，可以讓他參與商議，聽從他的意見，這實在是國家最好的計策，竇家的福分。」當時濟南王劉康極其尊貴驕縱，竇憲就勸說太后把何敞調出京任濟南王太傅。劉康有過錯，何敞就進諫勸阻，劉康雖然不能聽從，但是一向敬重何敞，沒有任何嫌惡牴牾。

冬，十月十八日庚子，阜陵質王劉延去世。

這一年，九個郡國發生大水災。

二年（庚寅　西元九〇年）

春，正月丁丑❶，赦天下。

二月壬午❷，日有食之。

夏，五月丙辰❸，封皇弟壽為濟北王，開為河間王，淑為城陽王。紹封❹故淮南頃王❺子側為常山王。

竇憲遣副校尉閻盤❻[1]將二千餘騎掩擊北匈奴之守伊吾❼者，復取其地。車師❽震慴，前、後王各遣子入侍。

月氏求尚公主，班超拒還其使，由是怨恨，遣其副王謝將兵七萬攻超。超眾少，皆大恐。超譬❾軍士曰：「月氏兵雖多，然數千里踰蔥嶺來，非有運輸，何足憂邪！但當收穀堅守，彼飢窮自降，不過數十日決⑩矣！」謝遂前攻超，不下，又鈔掠無所得。超度其糧將盡，必從龜茲⑪求食，乃遣兵數百於東界要⑫之。謝果遣騎齎金銀珠玉以賂龜茲。超伏兵遮擊⑬，盡殺之，持其使首以示謝。謝大驚，即遣使請罪，願得生歸，超縱遣之。月氏由是大震，歲奉貢獻。

初，北海哀王⑭無後，肅宗以齊武王首創大業而後嗣廢絕⑮，心常愍之，遺詔令復齊、北海二國。丁卯⑯，封蕪湖侯無忌⑰為齊王，北海敬王庶子威⑱為北海王。

六月辛卯⑲，中山簡王焉⑳薨。焉，東海恭王㉑之母弟，而竇太后，恭王之甥也㉒。故加賻錢㉓一億，大為修冢塋，平夷吏民冢墓以千數，作者萬餘人，凡徵發搖動六州十八郡。

詔封竇憲為冠軍侯，篤為郾侯，瓌為夏陽侯。憲獨不受封。

秋七月乙卯㉔，竇憲出屯涼州㉕，以侍中鄧疊㉖行征西將軍㉗事為副。

北單于以漢還其侍弟，九月，復遣使款塞稱臣，欲入朝見。冬，十月，竇憲遣班固、梁諷迎之。會南單于復上書求滅北庭，於是遣左谷蠡王師子等將左右部八千騎出雞鹿塞，中郎將耿譚遣從事㉘將護之，襲擊北單于。夜至，圍之，北單于被創，僅而得免。獲閼氏㉙及男女五人，斬首八千級，生虜數千口。班固至私渠海而還。是時，南部黨眾益盛，領戶三萬四千，勝兵五萬㉚。

【章　旨】以上為第八段，寫班超在西域以少勝眾，大敗月氏國的侵犯，威震西域。竇憲遣將監護南匈奴，再次大破北匈奴。

【注　釋】❶丁丑　正月二十六日。❷壬午　二月初二日。❸丙辰　五月初七日。❹紹封　續封，封前王嗣子承繼宗祠。❺淮南頃王　孝明帝子劉昞。章和元年（西元八七年），劉昞薨，未及立嗣，而章帝崩，今乃紹封。❻閻盤　胡三省注認為即前出征北匈奴戰於稽落山之閻盤。《後漢書》卷八十八〈西域傳〉作「閻槃」。❼伊吾　西域城名，原為匈奴呼衍王所控制，在今新疆哈密西。❽車師　西域國名，西漢宣帝時分為前、後兩部。其地在今新疆吐魯番、奇臺地區。❾譬　曉諭；宣喻。❿決　謂決出勝負。⓫龜茲　西域國名，王城延城，在今新疆庫車。⓬要　通「徼」。伏擊；截擊。⓭遮擊　攔擊。⓮北海哀王　即劉基，為光武帝兄劉縯次子劉興之孫，元和三年（西元八六年）薨，無後。⓯齊武王首創大業句　齊武王，光武帝兄劉縯，首舉義旗，因功高震主為更始帝劉玄所害。光武帝封其二子為王，長子劉章為齊王，因追諡劉縯為齊武王；次子劉興為北海王。齊王劉章之孫劉晃因罪國除；北海王劉興之孫劉基無後，至是齊武王繼嗣絕。章帝憐之，遺詔令復齊、北海二國。傳見《後漢書》卷十四。⓰丁卯　五月十八日。⓱無忌　齊王劉晃之子，今復齊國，繼嗣為齊王。⓲北海敬王庶子威　劉威，劉基之弟，北海敬王劉睦之庶子，今繼嗣為北海王。⓳辛卯　六月十二日。⓴中山簡王焉　劉焉，光武帝子，諡為簡王。《諡法》：「一德不懈曰簡。」光武帝十子封王，共一傳，見《後漢書》卷四十二。㉑東海恭王　劉彊，初為太子，後廢為東海王，諡為恭王。《諡法》：「既過能改曰恭。」劉彊、劉焉為同母親兄弟，母為光武帝郭皇后。㉒竇太后二句　竇太后母沘陽公主，東海恭王劉彊之女。竇太后則為恭王劉彊的外甥女。㉓賻錢　奠儀錢。㉔乙卯　七月初七日。㉕涼州　州名，領隴西、武威等十郡二屬國。治所武威郡姑臧，在今甘肅武威。㉖鄧疊　竇憲心腹，官至衛尉，封穰侯。竇憲敗，連坐被誅。㉗行征西將軍　鄧疊以侍中代理征西將軍之職，高於侍中，故稱行。行，代理。㉘從事　屬吏名。耿譚為使匈奴中郎將，屬吏有從事。㉙閼氏　單于正妻。㉚勝兵五萬　精兵有五萬。

【校　記】①閻盤　原作「閻礱」。據章鈺校，乙十一行本作「閻盤」，與本卷上文一致，今據改。

【語　譯】二年（庚寅　西元九〇年）

春，正月二十六日丁丑，大赦天下。

二月初二日壬午，發生日蝕。

夏，五月初七日丙辰，策封皇帝的弟弟劉壽為濟北王，劉開為河間王，劉淑為城陽王。接續封原淮南頃王的兒子劉側為常山王。

竇憲派遣副校尉閻盤率領二千多騎兵截擊北匈奴守衛伊吾的軍隊，再度奪取伊吾地。車師國震恐，前、後王各派遣兒子進京侍奉皇帝。

月氏國請求娶公主，班超拒絕遣返他的使者，月氏國因此怨恨，派遣他的副王謝率領七萬士兵攻打班超。班超兵眾少，都十分驚恐。班超勸喻士兵說：「月氏軍隊雖然多，但是跋涉幾千里越過葱嶺而來，沒有後勤運輸，有什麼值得擔心的呢！只要收藏糧食堅守，他們飢餓困窘，自然歸降，不過幾十天就會決出勝負了！」謝進軍攻打班超，攻不下城池，又搶掠不到東西。班超推測月氏糧米即將吃完，必定向龜茲國求取糧食，就派幾百名兵士在東界截擊他們。謝果然派騎兵帶著金銀珠玉去賄賂龜茲國。班超的伏兵阻擊，全部殺死他們，拿著他們使者的頭給謝看。謝十分驚恐，立即派使者請罪，希望能活著回去，班超釋放他們回去。月氏國因此大為震恐，每年向朝廷進獻貢品。

當初，北海哀王沒有嫡子，肅宗因為齊武王最早開創中興大業，卻後代宗嗣斷絕，心裡常常憐惜他們，遺詔命令恢復齊、北海二國。五月十八日丁卯，策封蕪湖侯劉無忌為齊王，北海敬王的庶子劉威為北海王。

六月十二日辛卯，中山簡王劉焉去世。劉焉是東海恭王的同母弟弟，而竇太后是恭王的外甥女。所以增加喪禮錢一億，為他大修墳墓，鏟掉了吏民墳墓數以千計，修墓的有一萬多人，調發人力物資震動六州十八郡。

和帝下詔策封竇憲為冠軍侯，竇篤為郾侯，竇瓌為夏陽侯。只有竇憲不接受封侯。

秋，七月初七日乙卯，竇憲出兵屯駐涼州，以侍中鄧疊代理征西將軍職，為副將。

北匈奴單于因為漢朝遣回他派去侍奉天子的弟弟，九月，又派使者到邊塞稱臣，希望入京朝見天子。冬，十月，竇憲派班固、梁諷迎接北匈奴使者。時逢南匈奴單于再次上書請求消滅北匈奴，於是派左谷蠡王師子等率領左右部八千騎兵從雞鹿塞出發，中郎將耿譚派遣從事率領護衛南匈奴軍，襲擊北匈奴單于。夜晚到達，包圍北匈奴，北匈奴單于受傷，隻身逃了出來。生擒閼氏和男女五人，殺了八千人，生俘幾千人。班固到達私渠海然後返回。這時，南匈奴的部眾越來越多，統領三萬四千戶，精兵五萬人。

三年（辛卯　西元九一年）

春，正月甲子❶，帝用曹褒新禮❷，加元服❸。擢褒監羽林左騎❹。

竇憲以北匈奴微弱，欲遂滅之。二月，遣左校尉耿夔、司馬任尚出居延塞❺，圍北單于於金微山❻，大破之，獲其母閼氏[1]，名王已下五千餘級。北單于逃走，不知所在❼。出塞五千餘里而還，自漢出師所未嘗至也。封夔為粟邑侯。

竇憲既立大功，威名益盛，以耿夔、任尚等為爪牙，鄧疊、郭璜為心腹，班固、傅毅❽之徒典文章，刺史、守、令多出其門，競[2]賦斂吏民❾，共為賂遺。司徒袁安、司空任隗舉奏諸二千石并所連及，貶秩免官者[3]四十餘人，竇氏大恨。但安、隗素行高，亦未有以害之。尚書僕射❿樂恢⓫刺舉⓬無所回避，憲等疾之。

恢上書4曰：「陛下富於春秋⑬，纂承大業⑭，諸舅不宜幹正⑮王室，以示天下之私。方今之宜，上以義自割，下以謙自引⑯，四舅⑰可長保爵土之榮，皇太后永無慙負宗廟之憂，誠策之上者也。」書奏，不省。恢稱疾乞骸骨，歸長陵。憲風厲⑱州郡，迫脅⑲恢飲藥死。於是朝臣震慴⑳，望風承旨㉑，無敢違者。袁安以天子幼弱，外戚擅權，每朝會進見，及與公卿言國家事，未嘗不喑嗚流涕，自天子及大臣，皆恃賴㉒之。

冬，十月癸未㉓，上行幸長安，詔求蕭、曹㉔近親宜為嗣者，紹其封邑㉕。

詔竇憲與車駕會長安。憲至，尚書以下議欲拜之，伏稱萬歲㉖。尚書韓稜正色㉗曰：「夫上交不諂，下交不瀆㉘5，禮無人臣稱萬歲之制！」議者皆慙而止。尚書左丞㉙王龍私奏記㉚、上牛酒㉛於憲，稜舉奏龍，論為城旦㉜。

龜茲、姑墨、溫宿諸國皆降。十二月，復置西域都護、騎都尉、戊己校尉官㉝。以班超為都護，徐幹為長史。拜龜茲侍子白霸為龜茲王，遣司馬姚光送之。超與光共脅龜茲，廢其王尤利多而立白霸，使光將尤利多還詣京師。超居龜茲它乾城㉞，徐幹屯疏勒，惟焉耆、危須、尉犁以前沒都護㉟，猶懷二心，其餘悉定。

庚辰㊱，上至自長安6。

初，北單于既亡，其弟右谷蠡王於除鞬自立為單于㊲，將眾數千人止㊳蒲類海㊴，遣使款塞㊵。竇憲請遣使立於除鞬為單于，置中郎將領護，如南單于故事。事下公卿議，宋由等以為可許。袁安、任隗奏以為：「光武招懷南虜㊶，非謂可永安內地，正以權時之算㊷，可得扞禦北狄㊸故也。今朔漠㊹已[7]定，宜令南單于反其北庭，并領降眾，無緣更立於除鞬以增國費。」事奏，未以時定㊺。安懼憲計遂行，乃獨上封事曰：「南單于屯先父㊻舉眾歸德，自蒙恩以來四十餘年㊼，三帝㊽積累以遺陛下，陛下深宜追[8]述先志，成就其業。況屯首創[9]大謀，空盡北虜，輟而弗圖㊾，更立新降，以一朝之計，違三世之規，失信於所養㊿，建立於無功(51)。論語曰：『言忠信，行篤敬，雖蠻貊行焉。』(52)今若失信於一屯，則百蠻不敢復保誓矣。又烏桓、鮮卑新殺北單于(53)，凡人之情，咸畏仇讎，今立其弟，則二虜懷怨。且漢故事(54)，供給南單于，費直歲一億九十餘萬，西域歲七千四百八十萬。今北庭彌遠，其費過倍，是乃空盡天下，而非建策之要(55)也。」詔下其議，安又與憲更相難折(56)。憲險急負勢，言辭驕訐(57)，至詆毀(58)安，稱光武誅韓歆、戴涉故事(59)，安終不移。然上竟從憲策。

【章旨】以上為第九段，寫竇憲扶植北匈奴殘部另立單于與南匈奴抗衡，以夷制夷。

【注釋】❶甲子　正月十九日。❷曹褒新禮　曹褒重新修訂的禮儀。曹褒（？—西元一〇二年），字叔通，魯國薛（在今山東滕州南）人，官至將作大匠、河內太守、侍中。曹褒博學，為儒者宗師。傳見《後漢書》卷三十五。❸加元服　行加冠禮。元服，冠；帽子。元，首。❹監羽林左騎　為羽林左監，屬光祿勳，主領羽林左騎。❺居延塞　邊塞名，屬張掖屬國。在今內蒙古額濟納旗。❻金微山　今阿爾泰山。❼北單于逃走二句　此役金微山之戰，徹底消除了匈奴邊患。北匈奴不能在蒙古高原立足，西遷歐洲。❽傅毅　字武仲，扶風茂陵（今陝西興平東北）人。善文學。竇憲為車騎將軍，徵傅毅為主記室；憲為大將軍，以傅毅為司馬。傳見《後漢書》卷八十上〈文苑傳〉。❾競賦斂吏民　爭著向吏民百姓徵收賦役。❿尚書僕射　尚書臺副長官。⓫樂恢　見本卷永平元年。⓬刺舉　監察檢舉。⓭富於春秋　年少。時和帝年十三歲。⓮纂承大業　指繼承皇位。⓯幹正　匡正。這裡是主持的意思。⓰上以義自割二句　在上位的（指和帝），要用大義割捨私愛（意謂解除諸竇權力）；在下位的（指諸竇）要謙讓，自己辭職。⓱四舅　即竇憲、竇篤、竇景、竇瓌。⓲風厲　暗示；示意。風，通「諷」。⓳迫脅　逼迫要挾。⓴震慴　震驚懾服。㉑望風承旨　觀察動靜，迎合旨意辦事。㉒恃賴　依靠；依賴。㉓癸未　十月十二日。㉔蕭曹　指西漢功臣蕭何、曹參。㉕紹其封邑　繼承蕭何、曹參的封邑。㉖伏稱萬歲　拜伏磕頭，呼喊萬歲。㉗正色　臉色嚴肅。㉘上交不諂二句　引自《易經‧繫辭下》。意謂與在上位的人交往，不可諂媚；跟在下位的人交往，不可輕慢。㉙尚書左丞　官名，尚書令下設左丞、右丞各一人。左丞掌理文書等綜合事務，右丞管理印章及紙筆財用。㉚私奏記　私自上書。㉛上牛酒　進獻牛和酒。㉜論為城旦　判處為城旦刑。城旦，築城牆苦役。㉝西域都護句　西域都護為巡護西域諸國官。騎都尉，光祿勳屬官，本監羽林騎。戊己校尉，巡護西域各國，亦掌屯田。章帝建初元年罷置西域都護、戊己校尉，今復置。㉞它乾城　西域都護府治所，在今新疆庫車西南。㉟焉耆危須句　明帝永平十八年（西元七五年）焉耆等國附從龜茲攻陷西域都護陳睦。焉耆、危須、尉犂，西域三小國，緊鄰，在今新疆焉耆、尉犁一帶。沒，陷沒。㊱庚辰　十二月初十。㊲於除鞬自立為單于　西元九一—九三年在位。㊳止　駐屯。㊴蒲類海　即今新疆巴里坤湖，在哈密西北。㊵款塞　叩關塞，請求歸附。㊶南虜　指南匈奴。㊷權時之算　權宜之計；臨時措施。㊸北狄　指北匈奴。㊹朔漠　北方大漠。朔，北方。㊺未以時定　未及時定可否。即皇帝未立即裁定。㊻南單于屯先父　南單于屯，即休蘭尸逐侯鞮單于屯屠何，西元八八—九三年在位。先父，先人。指醢落尸逐鞮單于比，西元四八—五六年在位。西元四八年比效稽侯狦呼韓邪單于故事，率南匈奴歸附東漢。[47]蒙恩以來四十餘年　指南匈奴自單于比於光武帝建武二十四年（西元四八年）歸漢，至此和帝永元三年（西元九一年），已歷四十四年。[48]三帝　指光武帝、明帝、章帝。[49]輟而弗圖　棄而不用。輟，停止；棄置。圖，考慮。這裡指任用。[50]所養　所豢養。指南匈奴。[51]無功　指無功於漢朝的北匈奴於除鞬。[52]論語曰四句　引自《論語・衛靈公》，係孔子答子張之言。[53]烏桓鮮卑新殺北單于　章和元年（西元八七年），烏桓、鮮卑殺優留單于。[54]故事　舊例。[55]非建策之要　不是正確決策的關鍵之處。[56]難折　辯難；詰難。[57]憲險急負勢二句　竇憲陰險刻急，仗勢壓人，言辭傲慢，進行人身攻擊。訐，揭人之短。[58]詆毀　誣陷誹謗。[59]光武誅韓歆戴涉故事　韓歆、戴涉皆光武帝大司徒，因直諫觸怒光武帝，無罪被誅。事詳本書卷四十三，韓歆被責免自殺，在建武十五年；戴涉下獄死，在建武二十年。

【校記】①閼氏　張敦仁《通鑑刊本識誤》認為此下脫「斬」字，屬下句讀。②競　原無此字。據章鈺校，甲十六行本、乙十一行本、孔天胤本皆有此字，張敦仁《通鑑刊本識誤》同，今據補。③者　原無此字。據章鈺校，甲十六行本、乙十一行本、孔天胤本皆有此字，今據補。④書　據章鈺校，甲十六行本、乙十一行本、孔天胤本皆作「疏」。⑤瀆　據章鈺校，甲十六行本、乙十一行本、孔天胤本皆作「黷」。⑥庚辰上至自長安　原無此七字。據章鈺校，甲十六行本、乙十一行本、孔天胤本皆有此七字，張敦仁《通鑑刊本識誤》、張瑛《通鑑校勘記》同，今據補。⑦已　據章鈺校，甲十六行本、乙十一行本皆作「既」。⑧追　據章鈺校，甲十六行本、乙十一行本皆作「遵」。⑨創　據章鈺校，甲十六行本、乙十一行本皆作「唱」，張瑛《通鑑校勘記》同。

【語譯】三年（辛卯　西元九一年）

春，正月十九日甲子，和帝採用曹褒新制定的儀禮，行戴冠禮。提拔曹褒監管羽林左騎。

竇憲認為北匈奴衰弱，想要趁機消除他們。二月，派左校尉耿夔、司馬任尚出兵居延塞，在金微山包圍北單于，大敗他們，生擒單于的母親閼氏，殺掉名王以下五千多人。北單于逃走，不知所終。漢軍遠出塞外五千多里然後班師，自漢朝出師以來未曾到過這麼遠。策封耿夔為粟邑侯。

竇憲立了大功後，威名更加顯赫，以耿夔、任尚等作為爪牙，鄧疊、郭璜為心腹，班固、傅毅這類人掌管文書，刺史、太守、縣令大都出自他的門客，爭著向吏民強徵賦役，共同賄賂。司徒袁安、司空任隗揭發舉奏那些二千石官，互相牽連，被降職免官的有四十多人，竇憲大為痛恨。但袁安、任隗向來德行高潔，竇憲也沒辦法陷害他們。尚書僕射樂恢檢舉揭發竇憲無所避諱，竇憲等人仇恨他。樂恢上奏說：「陛下年少，繼承帝業，幾位舅舅不應該主持朝政，以此向天下顯示無私。現在恰當的做法是，皇上要以大義自行割捨私愛，在下的要謙讓自行引退，四位國舅可以長久保留爵位封土的榮耀，皇太后永遠沒有辜負宗廟的擔憂，這才真正是上策。」奏疏呈上，和帝不理睬。樂恢稱病請求辭官，回到長陵縣。竇憲示意州郡長官，脅迫樂恢服毒而死。於是朝臣震驚恐懼，觀察竇憲的動靜，奉承他的旨意，沒有敢違背的。袁安因為天子幼小，外戚專權，每次朝會進見和帝，以及與公卿大臣談論國家大事，沒有不嗚咽流淚的，從和帝到朝中大臣，都依賴袁安。

冬，十月十二日癸未，和帝巡幸長安，下詔尋找蕭何、曹參近親中適合為後嗣的，繼承他們的封邑。

和帝下詔命竇憲和皇上在長安會見。竇憲到達，尚書以下大臣商議想要跪拜他，伏地口呼萬歲。尚書韓稜嚴肅地說：「與地位高的人交往不諂媚，與地位低的人交往不輕慢，禮儀中沒有對人臣口呼萬歲的制度！」建議的人都羞愧不已而作罷。尚書左丞王龍私自上奏記給竇憲，奉獻牛肉和美酒，韓稜舉報彈劾王龍，判處王龍城旦刑。

龜茲、姑墨、溫宿等國都歸降了。十二月，重新設置西域都護、騎都尉、戊己校尉官。任命班超為西域都護，徐幹為長史。任龜茲的侍子白霸為龜茲王，派司馬姚光護送他回國。班超和姚光共同脅迫龜茲，廢掉原來的王尤多利，而立白霸為王，派姚光把尤多利帶回京城。班超住在龜茲國它乾城，徐幹駐紮疏勒國，只有焉耆國、危須國、尉犂國因為以前攻陷都護，仍然對漢朝心懷二意，其餘各國全部歸服。

十二月初十日庚辰，和帝從長安返回京城。

當初，北匈奴單于逃跑後，他的弟弟右谷蠡王於除鞬自立為單于，率領幾千人屯駐蒲類海，派遣使者到闕塞請求內附。竇憲請求派遣使者立於除鞬為單于，設置中郎將統領護衛，如同南匈奴單于慣例。事情交給公卿大臣討論，宋由等人認為可以答應。袁安、任隗上奏認為：「光武帝招徠安撫南匈奴，並不是認為可以永久安居內地，只是權宜之計，可以用以抵禦北匈奴的緣故。現在北方大漠已經平定，應該命令南匈奴單于返回北王廷，一併統領歸降的部眾，沒有理由另外立於除鞬為單于而增加國家的費用。」建議奏上，未能當即決定。袁安害怕竇憲的計畫得以施行，於是獨自上密封奏事說：「南匈奴單于屯屠何的先人率領部眾歸德漢朝，自蒙漢朝恩典以來已有四十多年，三位皇帝積累基業以傳給陛下，陛下實在應該遵循先人的遺願，成就這個事業。況且屯屠何首先提出征伐北匈奴的大計，徹底消滅北匈奴，現在朝廷棄屯屠何而不用，另立新歸降的於除鞬為單于，以一時的計策，違反三朝的規矩，失信於南單于，去扶植無功於漢的於除鞬。《論語》說：『說話忠誠守信，行為篤厚恭敬，即使在蠻貊之地也行得通。』現在如果失信於屯屠何一人，那麼所有的蠻族都不敢再遵守誓約了。而且，烏桓國、鮮卑國剛殺死北匈奴單于，按人之常情，都畏懼仇敵，現在立北匈奴單于的弟弟，那麼烏桓、鮮卑二國就會對漢朝心懷怨恨。況且漢朝的舊例，供給南匈奴單于，每年費用價值一億九十多萬，供給西域每年七千四百八十萬。現今北王廷更加遙遠，供給的費用超過一倍，這是要耗盡天下財富，而不是制定正確的決策。」和帝將此奏交給大臣討論，袁安又和竇憲互相詰難。竇憲陰險刻急，依恃權勢，言辭驕橫，揭人短處，甚至詆毀袁安，提到光武帝殺韓歆、戴涉的往事，袁安始終不為所動。但和帝竟然聽從了竇憲的建議。

【研　析】本卷集中研析竇憲其人其事，重點研析北伐匈奴的歷史功績。

一、太尉鄭弘彈劾竇憲過惡。竇憲是東漢開國功臣安豐侯竇融的第四代孫。竇憲父竇勳、祖竇穆因縱誕不法，與輕浮子弟交遊，請託郡縣，干亂政事被誅殺。導火索是竇穆假傳陰太后詔書，命令六安侯劉盱休掉妻子，改娶竇穆之女。永平五年（西元六二年），劉盱婦家揭發竇穆的醜惡，漢明帝大怒，下詔諸竇罷官，竇穆遣歸故里，竇勳因尚東海王劉彊女沘陽公主留居京師。後竇穆在鄉里又犯罪，死平陵獄，竇勳死洛陽獄，竇氏門庭衰落。謁者韓紆曾審問竇勳，竇憲含恨在心。章帝建初二年冊立竇憲妹妹為皇后，竇憲拜為郎，稍遷為侍中、虎賁中郎將。弟竇篤黃門侍郎，竇景、竇瓌中常侍。竇氏一門又顯貴起來。諸侯王，以及陰氏、馬氏外戚莫不畏憚。竇憲公然以低價強買沁水公主的園田。沁水公主是章帝之妹，竇憲也敢欺壓。鄭弘上書彈劾竇憲，說他奸惡「上達於天，下通地下」，請求章帝以虞舜誅除「四凶」的決心，誅殺竇憲，用以避免重蹈王氏新莽顛覆國家之禍，並「消除人神共有的憤怒」。作為一個貴族紈絝子弟，竇憲兄弟確實是惡棍。

二、竇憲犯禁。漢章帝駕崩，和帝即位，竇太后臨朝，竇憲肆無忌憚，為所欲為。他為了報復韓紆審判父親竇勳的往事，殺了韓紆的兒子，用韓紆兒子的人頭去祭奠父親的墳冢。皇室都鄉侯劉暢到京師弔唁明帝，受到竇太后的親愛，竇憲擔心劉暢被重用，分了他的權柄。劉暢是光武帝兄劉伯升的第五代孫。進京有禁軍保護。竇憲派刺客在禁軍營房殺了劉暢，嫁禍於劉暢之弟劉剛。劉剛在青州，不在京師。竇太后派侍御史與青州刺史組成合議庭審問劉剛。尚書韓稜抗辯說：「盜賊在京師，不應捨近求遠，恐為奸臣所笑。」竇太后大怒，嚴厲斥責韓稜，韓稜堅持不屈。太尉府賊曹何敞自告奮勇冒死請求參加合議庭會審。司徒府、司空府也派出了會審官員。在三公府與侍御史、青州刺史組成的大合議庭的審理中，查出了真兇是竇憲。竇太后感到臉面無光，把竇憲禁閉在內宮，釋放了劉剛。韓稜、何敞堅持正義，為平反冤案，敢與皇太后吵嘴，大勇精神令人敬佩。

三、竇憲北伐匈奴。竇憲有將帥之才，他害怕被誅殺，請求立功贖罪，北伐匈奴。漢章帝章和二年（西元八八年）冬十月十七日任命竇憲為車騎將軍，以執金吾耿秉為副帥，班固為中護軍，準備大舉北伐匈奴。這道出征詔書引起軒然大波，滿朝文武上奏諫止，竇太后不聽。袁安、任隗在朝堂上脫帽強爭也改變不了竇太后的決心。和帝永元元年（西元八九年）六月，竇憲帥眾出征，多路深入，漢匈兩軍主力在稽洛山決戰，大破匈奴，單于逃走，斬名王以下一萬三千級，獲生口雜畜一百餘萬頭。漢軍登燕然山刻石頌功而回。這篇刻石為班固所寫，史稱《燕然山銘》，范曄載於《後漢書》卷二十三〈竇憲傳〉中。

竇憲北伐匈奴是中國對外戰爭史上一次偉大的勝利。匈奴經過這次打擊，以後逐漸消亡了。漢武帝動員全國之力，前後征戰數十年才打敗了匈奴。當然竇憲時的匈奴，力量大衰，而竇憲運用的部隊，主力是沿邊各郡的地方部隊，以及歸義的羌胡，中央禁軍數量不多，然而獲此蓋世功勳，不能不欽佩竇憲的軍事才能，以及竇太后的全力支持。竇憲是為了立功贖罪，竇太后為的是撈回面子，重整竇家雄風，主觀動機渺小，而客觀功業巨大，有利於中原農耕民族的發展，這是應當肯定的。

竇憲急躁暴戾，本性難移，作惡多端，隨著竇太后之死，諸竇被誅殺，竇氏家庭再度衰落。

卷第四十八

漢紀四十

起玄黓執徐（壬辰　西元九二年），盡旃蒙大荒落（乙巳　西元一〇五年），凡十四年。

【題解】本卷記事起西元九二年，迄西元一〇五年，凡十四年，當和帝永元四年至元興元年，載和帝一朝史事。和帝是一個平庸之君，沒有大作為，尚不昏暴，友愛諸王，留居京師，為了減輕民勞，停止嶺南進貢鮮荔枝。和帝誅殺權臣竇憲是一快事，班固受牽連下獄死，所作《漢書》未完，由其妹班昭完成。班超在西域，不斷進取，大破焉耆國，西域五十六國附漢。班超派使者甘英出使大秦國。班超年邁，榮歸祖國，至洛陽一月而卒。北匈奴殘部被殲，南匈奴爭位內亂，匈奴勢衰，鮮卑興起。東漢最大的邊患仍是西羌，叛服不定，耗損東漢國力。東漢重置西海郡，用以安撫羌人。和帝駕崩，鄧太后臨朝，明察善斷，避免了一場宮廷冤獄大案的發生。

孝和皇帝下

永元四年（壬辰　西元九二年）

春，正月，遣大將軍左校尉❶耿夔授於除鞬印綬，使中郎將❷任尚持節衛護屯伊吾，如南單于故事❸。

初，廬江周榮❹辟袁安府，安舉奏竇景及爭立北單于事，皆榮所具草❺。竇氏客太尉掾徐齮深惡❻之，脅❼榮曰：「子為袁公腹心之謀，排奏❽竇氏，竇氏悍士❾、刺客滿城中，謹備之矣！」榮曰：「榮，江淮孤生❿，得備宰士⓫，縱為竇氏所害，誠所甘心。」因敕⓬妻子：「若卒遇飛禍⓭，無得殯斂，冀⓮以區區腐身⓯覺悟朝廷。」

三月癸丑⓰，司徒袁安薨。○閏月丁丑⓱，以太常丁鴻⓲為司徒。

夏，四月丙辰⓳，竇憲還至京師。

六月戊戌朔⓴，日有食之。丁鴻上疏曰：「昔諸呂擅權，統嗣幾移㉑；哀、平之末，廟不血食㉒。故雖有周公㉓之親，而無其德，不得行其勢也。今大將軍雖欲敕身自約㉔，不敢僭差，然而天下遠近，皆惶怖承旨。刺史㉕、二千石㉖初除㉗，謁辭㉘、求通待報㉙，雖奉符璽㉚，受臺敕㉛，不敢便去㉜，久者至數十日，背王室，向私門。此乃上威損，下權盛也。人道悖於下，效驗見於天，雖有隱謀，神照其情，垂象見戒，以告人君㉝。禁微㉞則[1]易，救末㉟則難。人莫不忽於微細以致其大(36)，恩不忍誨(37)，義不忍割(38)，去事之後(39)，未然之明鏡(40)也。夫天不可以不剛(41)，不剛則三光(42)不明；王不可以不彊(43)，不彊則宰牧從橫(44)。宜因大變，改政匡失，以塞(45)天意。」

丙辰(46)，郡國十三地震。○旱，蝗。

竇氏父子兄弟並為卿、校，充滿朝廷，穰侯鄧疊、疊弟步兵校尉(47)磊及母元、憲女壻射聲校尉(48)郭舉、舉父長樂少府(49)璜共相交結。元、舉並出入禁中，舉得幸太后(50)，遂共圖為殺害(51)，帝陰知(52)其謀。是時，憲兄弟專權，帝與內外臣僚莫由親接，所與居者閹宦而已。帝以朝臣上下莫不附憲，獨中常侍鉤盾令(53)鄭眾(54)謹敏有心幾(55)，不事豪黨，遂與眾定議誅憲。以憲在外(56)，慮其為亂，忍而未發。會憲與鄧疊皆還京師，時清河王慶(57)恩遇尤渥(58)，常入省宿止(59)。帝將發其謀，欲得外戚傳(60)，懼左右，不敢使，令慶私從千乘王(61)求，夜，獨內之(62)。又令慶傳語鄭眾，求索故事(63)。庚申(64)，帝幸北宮(65)，詔執金吾、五校尉(66)勒兵屯衛南、北宮，閉城門，收捕郭璜、郭舉、鄧疊、鄧磊，皆下獄死。遣謁者僕射(67)收憲大將軍印綬，更封為冠軍侯(68)，與篤、景、瓌皆就國。帝以太后故，不欲名誅(69)憲，為選嚴能相督察之(70)。憲、篤、景到國，皆迫令自殺(71)。

初，河南尹(72)張酺(73)數以正法繩治竇景(74)。及竇氏敗，酺上疏曰：「方憲等寵貴，羣臣阿附唯恐不及，皆言憲受顧命之託，懷伊、呂(75)之忠，至乃復比鄧夫人於文母(76)。今嚴威既行，皆言當死，不復[2]顧其前後，考折厥衷。臣伏見夏陽侯瓌每存忠善，前與臣言，常有盡節之心，檢敕(77)賓客，未嘗犯法。臣聞王政骨肉之刑，有三宥之義(78)，過厚不過薄(79)。今議者欲為瓌選嚴能相(80)，恐其迫切(81)，必不完免(82)，宜裁加(83)貸宥(84)，以崇厚德。」帝感其言，由是瓌獨得全。竇氏宗族賓客以憲為官者(85)，皆免歸故郡。

初，班固奴嘗醉罵洛陽令种兢，兢因逮考竇氏賓客，收捕固，死獄中。固嘗著漢書，尚未就，詔固女弟曹壽妻昭(86)踵而成之。

華嶠(87)論曰：「固之序事(88)，不激詭(89)，不抑抗(90)，贍(91)而不穢(92)，詳(93)而有體(94)，使讀之者亹亹而不厭(95)，信哉其能成名也！固譏(96)司馬遷是非頗謬於聖人，然其論議，常排死節(97)，否正直(98)，而不敘殺身成仁之為美(99)，則輕仁義、賤守節甚矣！」

【章旨】以上為第一段，寫漢和帝誅殺竇憲，班固被牽連下獄死，所寫《漢書》未竟，由其妹班昭續寫完成。

【注釋】❶左校尉　大將軍部屬有左、右校尉。❷使中郎將　使匈奴中郎將之省稱。南匈奴歸附，置此官，持節，主護南單于。今以任尚為使匈奴中郎將，持節，屯伊吾，主護北匈奴。❸如南單于故事　仿照南單于慣例。❹周榮　字平孫，廬江舒縣（今安徽廬江縣西南）人，辟司徒袁安府，歷官尚書令，潁川、山陽二郡太守。傳見《後漢書》卷四十五。❺具草　起草。❻深惡　深為痛恨。❼脅　威脅；恫嚇。❽排奏　排擠彈劾。❾悍士　剽悍的武士。❿孤生　孤陋書生；孤陋之人。謙稱。⓫宰士　宰相府屬吏。漢代稱之公府屬掾。⓬敕　告誡。⓭卒遇飛禍　突然遭遇飛來之禍。卒，通「猝」。⓮冀　希望。⓯腐身　指遺體。⓰癸丑　三月十四日。⓱丁丑　閏三月初九日。⓲丁鴻　（？—西元九四年）字孝公，潁川定陵（今河南舞陽北）人，精通歐陽《尚書》，章帝時參與白虎觀論議《五經》異同，官至少府。和帝即位遷太常，繼袁安為司徒，上封事誅竇憲。傳見《後漢書》卷三十七。⓳丙辰　四月十八日。⓴戊戌朔　六月初一日。㉑統嗣幾移　劉姓皇統繼嗣差點轉移。㉒廟不血食　劉姓宗廟香火斷絕。血食，古代祭祀殺牲作祭品，故稱血食。㉓周公　西周佐武王輔成王的周公旦，武王之弟，成王之叔。㉔敕身自約　潔身自好。㉕刺史　官名，漢武帝劃全國為十三部，每部置刺史一人，職司糾察郡二千石官及地方豪強。西漢成帝改為州牧，東漢光武帝建武十八年，復改為刺史。㉖二千石　指郡國守相。㉗初除　剛剛任命。㉘謁辭　初除時拜謁，赴任前辭行。㉙求通待報　請求通名大將軍，等待接見或不接見的回答。㉚奉符璽　得到皇帝賜與的符節璽印。㉛受臺敕　初除者到尚書臺接受敕令。㉜不敢便去　謂新任官員即使有符璽、臺敕，但未得大將軍竇憲的命令，不敢隨便離京赴任。㉝垂象見戒二句　上天垂示天象變易，用以告誡人君。此指戊戌朔的日蝕。㉞禁微　禁止禍亂在細微之時，即防微杜漸之意。㉟救末　挽救災禍於已成。末，末尾，指災禍不可收拾之時。㊱人莫不忽於微細句　人們沒有不是因為忽視細微，以致終於釀成大禍。㊲恩不忍誨　因恩情不忍教誨。㊳義不忍割　因仁義不忍割愛。㊴去事之後　災禍發生過後。㊵未然之明鏡　禍伏於隱微，事後才知這隱微已昭如明鏡。未然，還未成為事實。㊶剛　剛健。㊷三光　日、月、星。㊸彊　同「強」。強大。㊹宰牧從橫　宰臣肆意而為。㊺塞　回報。㊻丙辰　六月十九日。㊼步兵校尉　掌領禁衛步兵。㊽射聲校尉　掌領禁衛射箭部隊。為五校尉之一，屬北軍中候管領。㊾長樂少府　掌管皇太后所居長樂宮事務。㊿舉得幸太后　郭舉得到竇太后的寵愛。(51)共圖為殺害　共同謀劃廢殺和帝劉肇。(52)陰知　暗中瞭解。(53)鉤盾令　官名，少府屬官，掌禁苑。宦官出任。(54)鄭眾　（？—西元一一四年）字季產，南陽犨（在今河南魯山縣東南）人，與和帝定策誅竇憲，以功遷大長秋，封鄛鄉侯。東漢宦官用權，自鄭眾始。傳見《後漢書》卷七十八〈宦者列傳〉。(55)心幾　心計；有城府。(56)憲在外　時竇憲出屯涼州。(57)清河王慶　章帝長子劉慶（西元七八—一〇六年），章帝宋貴人子，建初四年（西元七九年）立為皇太子，因遭竇皇后譖毀，廢為清河王。傳見《後漢書》卷五十五。(58)尤渥　特別優厚。(59)入省宿止　入宮禁與和帝同起居。(60)欲得外戚傳　想從《漢書·

外戚傳》中尋找誅外戚的歷史根據。(61)千乘王　和帝兄劉伉，封千乘王。其母氏不詳。傳見《後漢書》卷七十八。(62)夜二句　夜裡劉慶送來〈外戚傳〉，和帝單獨召見。內，通「納」。(63)求索故事　查找前漢文帝誅薄昭，武帝誅竇嬰的例證。(64)庚申　六月二十三日。(65)帝幸北宮　和帝前往北宮，靠近禁衛北軍。(66)執金吾五校尉　執金吾掌宮外警戒，為九卿之一。北軍五校尉掌五校宮中宿衛兵，有屯騎校尉、越騎校尉、步兵校尉、長水校尉、射聲校尉，屬北軍中候。(67)謁者僕射　官名，為謁者主官。屬光祿勳。謁者，典司賓贊受事，上章報問。(68)更封為冠軍侯　永元元年（西元八九年）竇憲北征匈奴還，以功封武陽侯，憲固辭不受；今又封冠軍侯，迫其以侯就國，讓出政權。更封，改封。(69)名誅　公開誅之，即判罪正法。(70)為選嚴能相督察之　為竇憲等選擇嚴厲而幹練的人做封國相，以監督觀察竇憲等行動。(71)皆迫令自殺　憲、篤、景兄弟三人均被和帝逼迫自殺。(72)河南尹　官名，京師洛陽行政長官，位列九卿。(73)張酺　字孟侯，汝南細陽縣（舊治在安徽太和東）人，精通《尚書》，歷仕漢明帝、章帝、和帝三朝，官至太尉。傳見《後漢書》卷四十五。(74)數以正法繩治竇景　多次依法制裁竇景。據〈張酺傳〉記載，酺為魏郡太守時，魏郡人鄭據上奏竇景罪，竇景依勢派執金吾掾夏猛持私信請託張酺，讓他治鄭據兒子的罪，進行報復。張酺不受請託，逮捕夏猛下獄。張酺調任河南尹，竇景家人擊傷市卒，官吏依法逮捕。竇景怒，派人打傷市丞，張酺派屬吏嚴查此案，將傷人者流放。(75)伊呂　伊，伊尹，名阿衡，佐商湯賢相。呂，呂尚，名姜子牙，佐周文王、武王賢相。(76)比鄧夫人於文母　鄧夫人，竇憲死黨穰侯鄧疊之母，名元。文母，周文王妻、武王母，有文德賢名。群臣中趨炎附勢之徒以鄧夫人比擬文母。(77)檢敕　約束告誡。(78)王政骨肉之刑二句　謂聖王之政，對於懲治親族犯罪，應有三次赦免之義。見《禮記・文王世子》。宥，寬宥；赦免。(79)過厚不過薄　寧肯失之於寬厚，而不要失之於刻薄。(80)相　諸侯國相，官名，掌諸侯國百官。(81)迫切　急迫嚴厲。(82)完免　保全性命。(83)裁加　稍加。裁，通「纔」。(84)貸宥　寬待；寬大。(85)以憲為官者　依靠竇憲做上官的人。(86)固女弟曹壽妻昭　班固妹妹，為曹壽妻，名班昭，東漢史學家，繼班固續成《漢書》的八表及〈天文志〉。又作《女誡》，論婦女之行，在中國歷史上有很大影響。和帝召班昭入宮給皇后及諸貴人講學，賜號「大家」，故史稱曹大家。傳見《後漢書》卷八十四〈列女傳〉。(87)華嶠　（？—西元二九三年）字叔駿，西晉平原高唐（今山東禹城西南）人，官至祕書監。著有《漢後書》（一稱《後漢書》）行於世，早佚。論曰云云，即引自該書。傳附《晉書》卷四十四〈華表傳〉。(88)序事　記敘史事。(89)不激詭　不偏激，不詆毀。(90)不抑抗　不貶損，不虛譽。抑，退。抗，進。(91)贍　內容充實豐富。(92)穢　蕪雜。(93)詳　詳盡。(94)有體　有體例；有章法。(95)亹亹而不厭　津津有味而不厭煩。亹亹，勤勉不倦的樣子。(96)譏　排斥；批評。班固在《漢書・司馬遷傳》後贊中批評司馬遷：「又其是非頗繆於聖人，論大道則先黃老而後《六經》，序游俠則退處士而進奸雄，述貨殖則崇勢利而羞賤貧，此其所蔽也。」❾❼然其論議二句　班固評論人物，常常排斥死節。《漢書‧龔勝傳》記龔勝義不出仕王莽，絕食十四日而死，班固敘老父弔詞曰：「龔生竟夭天年，非吾徒也。」❾❽否正直　否定剛正、言直之士。《漢書》載王陵、汲黯兩位直臣事跡，論兩人為戇。❾❾不敘殺身成仁之為美　指《漢書》不為忠義立傳。

【校　記】①則　據章鈺校，甲十六行本、乙十一行本皆作「者」。②復　原無此字。據章鈺校，甲十六行本有此字，張敦仁《通鑑刊本識誤》同，今據補。

【語　譯】孝和皇帝下

永元四年（壬辰　西元九二年）

春，正月，派大將軍左校尉耿夔授給於除鞬印綬，令中郎將任尚持符節，護衛屯駐伊吾，仿照南單于慣例。

當初，盧江郡人周榮被徵召到袁安的司徒府任職，袁安上奏彈劾竇景和反對封立北匈奴單于這兩事情的奏章，都是周榮起草的。竇氏的賓客、太尉掾徐齮深切怨恨周榮，威脅周榮說：「你是袁公的心腹謀臣，排擠奏告竇氏，竇氏的武士、刺客布滿城中，你要小心防備他們啊！」周榮說：「我周榮是江淮孤陋書生，能夠備位宰相府屬吏，縱然被竇氏所害，實在是心甘情願。」因此告誡妻子兒女說：「如果我突然遭遇飛來橫禍，不要入棺埋葬，希望以我渺小腐朽之身使朝廷覺悟。」

三月十四日癸丑，司徒袁安去世。〇閏三月初九日丁丑，任命太常丁鴻為司徒。

夏，四月十八日丙辰，竇憲返回京師。

六月初一日戊戌，發生日蝕。丁鴻上疏說：「從前眾呂氏專擅朝權，劉姓皇統繼嗣差點轉移；到漢哀帝、漢平帝的末年，劉姓宗廟香火斷絕。所以雖然有周公那樣的親屬關係，卻沒有周公那樣的美德，不能讓他們執掌國事。現在大將軍雖然想要修身自我約束，不敢僭越等級，然而天下遠近的人，都畏懼他，仰承他的旨意。刺史、二千石官初次任命，先拜見大將軍，向他辭行，請求通名，等待回報，雖然已經拿到符節璽印，接受尚書臺敕命，卻不敢隨便離開，久的要等待幾十天，背離王室，投向私門。這便是皇上威信受損，而臣下權勢過大啊。人道悖逆於下，效驗就在天上顯現，即使只有隱祕的計謀，神明卻能照清它的實情，垂示天象顯見警戒，用以告誡人君。禁止禍亂在細微之時比較容易，挽救災禍於快成事實之時就很困難。人們沒有不忽視細微以致釀成大禍的，恩情不忍教誨，仁義不忍割捨，直至事情發生之後，對未發生前的隱情才如明鏡般清楚。天道不可以不剛健，不剛健則日月星不明亮；君王不可以不強大，不強大則宰臣就會肆意而為。應該乘著日蝕大變，改革政治，匡救過失，用以回報天意。」

六月十九日丙辰，有十三個郡國發生地震。○大旱，發生蝗災。

竇氏父子兄弟都做了九卿、校尉，布滿朝廷，穰侯鄧疊、鄧疊的弟弟步兵校尉鄧磊以及母親元、竇憲的女婿射聲校尉郭舉、郭舉的父親長樂少府郭璜互相結交。元、郭舉都出入宮中，郭舉得到竇太后的寵愛，於是共同圖謀殺害天子，漢和帝暗中知道他們的陰謀。當時，竇憲兄弟專擅朝柄，漢和帝與內外臣僚無法親身接近，與漢和帝一起居住的只有宦官。漢和帝因為朝中大臣上下沒有不依附竇憲的，只有中常侍鉤盾令鄭眾謹慎機敏，不依附豪黨，於是就與鄭眾商定謀議誅殺竇憲。因為竇憲出兵在外，擔心他作亂，忍耐著沒有採取行動。恰逢竇憲和鄧疊都回到京城，當時清河王劉慶受到皇帝恩遇尤為豐厚，常常進入宮中住宿。漢和帝將要實施謀劃，想要看《漢書・外戚傳》，害怕身邊人洩密，不敢派身邊的人，就命令劉慶私下向千乘王劉伉求取，夜間，單獨召見劉慶。又命令劉慶傳話給鄭眾，查找過去誅殺外戚的例證。六月二十三日庚申，漢和帝駕臨北宮，下詔執金吾、北軍五校尉帶兵駐守南宮、北宮，關閉城門，逮捕郭璜、郭舉、鄧疊、鄧磊，全都關在獄中處死。派謁者僕射收回竇憲大將軍的印綬，改封為冠軍侯，和竇篤、竇景、竇瓌都回到各自的封國。漢和帝因為竇太后的緣故，不想公開誅殺竇憲，為他選派嚴明能幹的人做封國相監督他們。竇憲、竇篤、竇景到達封國，全都逼迫他們自殺。

當初，河南尹張酺屢次依照法令懲治竇景。等到竇氏失敗，張酺上疏說：「當竇憲等人尊寵顯貴時，群臣阿諛依附唯恐不及，都說竇憲受先皇帝臨終遺詔託付，懷有伊尹、呂尚的忠心，甚至還將鄧夫人比作文母。現在皇上威嚴已經實行，又都說應當誅殺，不再顧及他們的前後言行，察視自己的內心。臣私下看到夏陽侯竇瓌始終保有忠誠和善良，從前和臣交談，常有盡節效死之心，約束告誡賓客，從未犯法。臣聽說聖王之政，對於懲治親族犯罪，有三次赦免的義理，寧肯失之於寬厚，不願失之於刻薄。現在議論的人希望為竇瓌選派嚴厲能幹的侯國相，擔心侯國相急切嚴厲，竇瓌一定不能保全性命，應當略加寬容宥赦，以增加天子的厚德。」漢和帝被張酺的話所感動，因此只有竇瓌一家得以保全。竇氏宗族賓客因為竇憲的關係而做官的，都被免官回歸原郡。

當初，班固的家奴曾經喝醉酒罵洛陽縣令种兢，种兢就著逮捕拷問竇家賓客的機會，逮捕班固，班固死在獄中。班固曾經編寫《漢書》，還沒有完成，漢和帝下詔讓班固的妹妹、曹壽的妻子班昭繼續完成《漢書》。

華嶠評論說：「班固記述史事，不偏激，不毀謗，不貶抑，不虛譽，內容充實而不蕪雜，詳盡而有章法，使閱讀的人津津有味而不厭倦，班固能成名確實令人信服啊！班固批評司馬遷的是非觀多背離了聖人，然而班固對人物的評論，常常排斥死節之士，否認正直的人，而不記敘殺身成仁的美德，那麼，輕視仁義、賤視守節太嚴重了！」

初，竇憲納妻，天下郡國皆有禮慶❶。漢中郡❷亦當遣吏，戶曹❸李郃❹諫曰：「竇將軍椒房之親❺，不修德禮而專權驕恣❻，危亡之禍，可翹足❼而待，願明府❽一心王室，勿與交通❾。」太守固遣之，郃不能止，請求自行，許之。郃遂所在遲留，以觀其變，行至扶風❿，而憲就國。凡交通者皆坐免官，漢中太守獨不與⓫焉。

帝賜清河王慶奴婢、輿馬、錢帛、珍寶，充牣其第⓬。慶或時不安，帝朝夕問訊，進膳藥⑬，所以垂意甚備。慶亦小心恭孝，自以廢黜，尤畏事慎法，故能保其寵祿焉。

帝除袁安子賞為郎，任隗子屯為步兵校尉⑭，鄭眾遷大長秋⑮。帝策勳班賞，眾每辭多受少，帝由是賢之，常與之議論政事，宦官用權自此始矣。

秋，七月己丑⑯，太尉宋由以竇氏黨策免，自殺。

八月辛亥⑰，司空任隗薨。○癸丑⑱，以大司農尹睦為太尉。太傅鄧彪以老病上還樞機職⑲，詔許焉，以睦代彪錄尚書事。

冬，十月己亥⑳[1]，以宗正劉方㉑為司空。

武陵、零陵、澧中蠻叛㉒。

護羌校尉鄧訓卒，吏民羌胡旦夕臨㉓者日數千人。羌胡或以刀自割，又刺殺其犬馬牛羊，曰：「鄧使君已死，我曹亦俱死耳！」前烏桓吏士㉔皆奔走道路，至空城郭㉕。吏執，不聽㉖，以狀白校尉徐傿㉗。傿歎息曰：「此為義也！」乃釋之。遂家家為訓立祠㉘，每有疾病，輒請禱求福。

蜀郡太守聶尚代訓為護羌校尉，欲以恩懷諸羌，乃遣譯使招呼迷唐，使還居大、小榆谷㉙。迷唐既還，遣祖母卑缺㉚詣尚，尚自送至塞下，為設祖道㉛，令譯田汜等五人護送至盧落㉜。迷唐遂反，與諸種共生屠裂汜等㉝，以血盟詛㉞，復寇金城塞㉟。尚坐免。

【章　旨】以上為第二段，寫李郃有先知之明，回護漢中太守免受竇憲案的牽連。鄧訓去世，西羌再次反叛。

【注　釋】❶禮慶　送禮慶祝。❷漢中郡　治所南鄭，在今陝西漢中。❸戶曹　郡府機構，主民事、農桑、祭祀。設掾、史。此時李郃任戶曹史。❹李郃　字孟節，漢中南鄭縣（今陝西漢中）人，精通《五經》和方術。官至司空、司徒。傳見《後漢書》卷八十二上〈方術列傳上〉。❺椒房之親　指外戚。椒房，皇后所居宮，此用作后妃代稱。竇憲為章帝皇后兄，故稱「椒房之親」。❻專權驕恣　專斷朝政，驕縱恣意。❼翹足　形容時間之短暫，一翹足之功夫。❽明府　對郡太守的敬稱。❾交通　交結；交往。❿扶風　郡名，為關中三輔之一，治所在槐里縣，今陝西興平。⓫與　通「預」。⓬充牣其第　塞滿了清河王府。充、牣，均為滿之意。牣，亦作「仞」。⓭進膳藥　賜送飲食和醫藥。⓮帝除袁安子二句　和帝因袁安、任隗剛正，不阿附竇氏，故重用二人子。⓯大長秋　官名，掌皇后事務。東漢時常用宦官。⓰己丑　七月二十三日。⓱辛亥　八月十五日。⓲癸丑　八月十七日。⓳樞機職　指錄尚書事。樞，戶樞。機，弩牙。故用樞機指機要部門或職務。⓴己亥　十月初四日。㉑劉方　字伯況，平原郡（今山東德州一帶）人。㉒武陵零陵澧中蠻叛　武陵郡、零陵郡及澧中所居少數民族起事反抗東漢朝廷。武陵郡治所臨沅，在今湖南常德。零陵郡治所泉陵，在今湖南零陵。澧中，澧水流域，在湖南境西北。㉓旦夕臨　早晚哭靈。臨，哭弔死者的禮儀。㉔前烏桓吏士　鄧訓任護烏桓校尉時的舊部屬。烏桓治所在代郡馬城縣，在今河北懷安。㉕至空城郭　鄧訓舊部屬奔走道路，使馬城為之一空。㉖吏執二句　巡捕官員逮捕擅離職守的鄧訓舊部屬，仍不能制止。不聽，不聽禁令。㉗校尉徐傿　繼鄧訓為護烏桓校尉的徐傿。㉘立祠　立祠堂。㉙乃遣譯使二句　迷唐離開大、小榆谷事，見上卷章和二年。鄧訓驅逐迷唐，而聶尚採取不同於鄧訓的政策，故招徠之。㉚卑缺　迷吾之母，迷唐之祖母。㉛祖道　餞行禮。㉜盧落　部落營地。㉝生屠裂汜等　活活將田汜等五人破腹挖心殺死。㉞以血盟詛　用人血詛咒盟誓。㉟金城塞　金城郡邊塞。金城郡治所允吾，在今青海民和。金城郡屬縣有金城縣，在今甘肅蘭州西固城。

【校　記】1己亥　原無此二字。據章鈺校，甲十六行本、乙十一行本、孔天胤本皆有此二字，張瑛《通鑑校勘記》同，今據補。

【語　譯】當初，竇憲娶妻，天下郡國都有禮物祝賀，漢中郡也應該派官吏送禮，戶曹史李郃勸阻太守說：「竇將軍是太后的至親，不修德行禮節，卻專權驕橫，危亡的災禍，馬上就會來臨，希望明府一心忠於朝廷，不要和他交往。」太守堅持要派人去，李郃無法阻止，就請求親自前往，太守答應了他。李郃就在路上拖延滯留，觀望事情的變化，走到扶風郡時，竇憲返回自己的封國。凡與竇憲來往的人都被論罪免官，唯獨漢中郡太守沒有受牽連。

漢和帝賞賜清河王劉慶奴婢、車馬、金錢、絲帛、珍寶，塞滿了清河王的府第。劉慶有時身體不適，漢和帝早晚問候，送膳食、藥物，關懷備至。劉慶也小心謹慎，恭敬孝順，自己認為被廢黜，尤其害怕生事，謹守法規，所以能保住他的恩寵和祿位。

漢和帝任命袁安的兒子袁賞為郎，任隗的兒子任屯為步兵校尉，鄭眾升任大長秋。漢和帝記功勳於策書，頒布獎賞，鄭眾總是推辭的多接受的少，漢和帝因此欣賞他，常和他議論政事，宦官掌權從此開始了。

秋，七月二十三日己丑，太尉宋由因是竇家同黨被策書免職，自殺。

八月十五日辛亥，司空任隗去世。〇十七日癸丑，任命大司農尹睦為太尉。太傅鄧彪因年老病重上書請求辭去機要之職，皇帝下詔書准許了，任命尹睦代替鄧彪掌管尚書事。

冬，十月初四日己亥，任命宗正劉方為司空。

武陵蠻、零陵蠻、澧中蠻發生叛亂。

護羌校尉鄧訓去世，屬吏、漢民、羌人、胡人早晚哭靈的每天數千人。羌人、胡人有的用刀子自殘，又殺死犬馬牛羊，說：「鄧使君已經死了，我們這些人也和他一起死吧！」鄧訓先前任護烏桓校尉時的吏士全來奔喪，以致城郭都空了。官吏逮捕他們，仍不聽禁令，就把情況報告校尉徐傿。徐傿歎息說：「這是為了道義啊！」便放了他們。於是家家為鄧訓立祠堂，每遇疾病，就祭祀祈禱求福。

蜀郡太守聶尚接替鄧訓任護羌校尉，想用恩信安撫眾羌，於是派翻譯使者招喚迷唐，讓他返回大、小榆谷。迷唐回來後，派遣祖母卑缺前去拜會聶尚，聶尚親自送她到塞下，為她設餞行禮，命令翻譯田汜等五人護送她回到聚落。迷唐卻造反，和羌人各種落一起活活屠殺肢解田汜等，用他們的血詛咒盟誓，又進犯金城塞。聶尚被論罪免官。

五年（癸巳　西元九三年）

春，正月乙亥❶，宗祀❷明堂❸，登靈臺❹，赦天下。○戊子❺，千乘貞王伉❻薨。○辛卯❼，封皇弟萬歲為廣宗❽王。

甲寅❾，太傅鄧彪薨。○戊午❿，隴西地震。

夏，四月壬子⓫，紹封阜陵殤王兄魴為阜陵王⓬。

九月辛酉⓭，廣宗殤王萬歲薨，無子，國除。

初，竇憲既立於除鞬為北單于，欲輔歸北庭⓮，會憲誅而止。於除鞬自畔還北，詔遣將兵長史王輔以千餘騎與任尚共追討，斬之，破滅其眾。

耿夔之破北匈奴也⓯，鮮卑因此轉徙據其地⓰。匈奴餘種留者尚有十餘萬落，皆自號鮮卑，鮮卑由此漸盛。

冬，十月辛未⑰，太尉尹睦薨。

十一月乙丑⑱，太僕張酺為太尉。酺與尚書張敏等奏：「射聲校尉曹褒，擅制漢禮，破亂聖術，宜加刑誅。」書凡五奏。帝知酺守學不通⑲，雖寢其奏，而漢禮遂不行⑳。

是歲，武陵郡兵破叛蠻，降之。

梁王暢㉑與從官卞忌祠祭求福，忌等諂媚云：「神言王當為天子。」暢與相應答，為有司所奏，請徵詣詔獄㉒。帝不許，但削成武、單父二縣㉓。暢慚懼㉔，上疏深自刻責㉕，曰：「臣天性狂愚㉖，不知防禁，自陷死罪，分伏顯誅㉗。陛下聖德，枉法㉘曲平㉙，橫赦貸臣㉚，為臣受汙㉛。臣知大貸㉜不可再得，自誓束身約妻子㉝，不敢復出入失繩墨㉞，不敢復有所橫費㉟。租入有餘，乞裁食睢陽、穀熟、虞、蒙、寧陵五縣㊱，還餘所食四縣㊲。臣暢小妻㊳三十七人，其無子者，願還本家㊴。自選擇謹敕奴婢㊵二百人，其餘所受虎賁㊶、官騎㊷及諸工技㊸、鼓吹㊹、倉頭㊺、奴婢、兵弩㊻、廄馬，皆上還本署㊼。臣暢以骨肉近親，亂聖化㊽，汙清流㊾，既得生活，誠無心面目㊿以凶惡復居大宮(51)，食大國(52)，張官屬(53)，藏雜物(54)，願陛下加恩開許。」上優詔(55)不聽。

護羌校尉貫友(56)遣譯使構離諸羌(57)，誘以財貨，由是解散(58)。乃遣兵出塞，攻迷唐於大、小榆谷，獲首虜八百餘人，收麥數萬斛。遂夾(59)逢留大河(60)築城塢，作大航(61)，造河橋(62)，欲度兵擊迷唐。迷唐率部落遠徙，依賜支河曲(63)。

單于屯屠何死，單于宣弟安國立(64)。安國初為左賢王，無稱譽。及為單于，單于適之子右谷蠡王師子以次轉(65)為左賢王(66)。師子素勇黠(67)多知(68)，前單于宣及屯屠何皆愛其氣決，數遣將兵出塞，掩擊北庭，還，受賞賜，天子(69)亦加殊異(70)。由是國中盡敬師子而不附安國，安國欲殺之。諸新降胡，初在塞外(71)數為師子所驅掠，多怨之。安國因是[1]委計降者，與同謀議。師子覺其謀，乃別居五原(72)界，每龍庭(73)會議，師子輒稱病不往。度遼將軍皇甫稜知之，亦擁護不遣，單于懷憤益甚。

【章　旨】以上為第三段，寫北匈奴殘部被殲，南匈奴爭單于位分裂，北方鮮卑坐大。護羌校尉貫友大破西羌。

【注　釋】❶乙亥　正月十一日。❷宗祀　祭祀祖先。❸明堂　帝王宣明政教、舉行重大典禮的皇家大會堂。❹靈臺　帝王觀天象之臺。❺戊子　正月二十四日。❻千乘貞王伉　千乘王劉伉，章帝子，諡曰貞。諡法，直道不撓，事君無猜，清白守節均為「貞」。❼辛卯　正月二十七日。❽廣宗　縣名，屬巨鹿郡，在今河北廣宗。❾甲寅　正月乙丑朔，無甲寅日。甲寅為二月二十一日。❿戊午　正月無戊午，當為二月二十五日。⓫壬子　四月二十日。⓬紹封皐陵殤王兄句　皐陵殤王劉沖無子，故以其兄劉魴續封。劉沖為阜陵王劉延之子，劉延又為光武帝子。傳附《後漢書》卷四十二〈光武十王阜陵質王延列傳〉。殤，諡法，未家短折稱「殤」。

⑬辛酉　按書法，當為「辛酉朔」，九月初一日。⑭初三句　事見上卷永元三年。⑮耿夔之破北匈奴也　事見上卷永元三年。⑯鮮卑因此轉徙據其地　鮮卑為古代北方民族名，原為東胡的一支，以居鮮卑山而得名。鮮卑拓拔氏從北方南徙，大約就在此時。⑰辛未　十月庚寅朔，無辛未。辛未為十一月十二日。⑱乙丑　十一月初六日。⑲守學不通　恪守家學，未能通達。⑳漢禮遂不行　漢禮指曹褒制定的新禮。此事見上卷章帝章和元年。㉑梁王暢　劉暢，明帝子。傳見《後漢書》卷五十。㉒詔獄　審理皇帝下詔立案的監獄。㉓成武單父二縣　成武縣治在今山東成武，單父縣治在今山東單縣。㉔慙懼　慚愧、恐懼。㉕深自刻責　深深地自我責備。㉖狂愚　狂妄愚蠢。㉗分伏顯誅　理受極刑處死。顯誅，公開誅戮。㉘枉法　曲法；不依法辦案。㉙曲平　曲法申恩，寬大處理。㉚橫赦貸臣　對臣下強行赦罪，強行寬大。㉛為臣受汙　替臣蒙受惡名。天下以赦暢為納汙，所以是替暢受汙。汙，汙穢。此指惡名。㉜大貸　重大赦免。此指赦死罪。㉝束身約妻子　約束自身，約束妻子兒女。㉞不敢復出入失繩墨　不敢再在行為上越軌不守規矩。繩墨，木工正曲直的器具，喻法度。㉟橫費　濫用；恣意浪費。㊱乞裁食睢陽句　乞求僅僅留下睢陽等五縣為食邑。裁，通「才」。僅僅；只。睢陽，梁國治所，在今河南商丘。穀熟，縣治在今河南商丘東南。虞，縣治在今河南虞城西北。蒙，縣治在今河南商丘東北。寧陵，縣治在今河南寧陵。㊲還餘所食四縣　奉還餘下食邑四縣給朝廷。四縣即下邑（今江蘇碭山）、蔚氏（今河南蔚氏）、薄（今山東曹縣南）、鄢（今河南鄢城南）。㊳小妻　小妾。㊴本家　娘家。㊵謹敕奴婢　謹慎小心的奴婢。㊶虎賁　即虎賁士，侍衛皇帝、諸侯王的近衛軍。㊷官騎　王室騎兵，皇室稱騶騎。㊸工技　從事手工技藝的工匠。㊹鼓吹　敲鼓吹奏樂器的樂工。㊺倉頭　奴僕。因以深青色布包頭，故稱。㊻兵弩　指皇家所賜武器弓弩。㊼皆上還本署　把所得朝廷賞賜都送還原來所屬的機關。本署，指賞賜品原所屬的機關。如虎賁郎，原屬虎賁中郎將。官騎，原屬太僕。諸工技，原屬少府尚方令。鼓吹，原屬少府黃門。倉頭、奴婢，屬少府永巷、御府、奚官等令。兵弩，屬少府考工令。廄馬，屬太僕。㊽亂聖化　擾亂聖明的教化。㊾汙清流　汙穢清明的士風。㊿無心面目　無心無顏。(51)以凶惡復居大宮　以兇惡之身仍為大國封王。(52)食大國　食邑大封國。(53)張官屬　設置官員僚屬。(54)藏雜物　享受優厚的生活。雜物，即什物，指生活器具。這裡以豐藏生活器具指代優厚的生活。(55)優詔　下恩詔，即寬赦撫恤的詔書。(56)貫友　接替聶尚任護羌校尉。(57)構離諸羌　挑撥離間西羌各部落。構，設計陷害。(58)解散　諸羌聯盟瓦解。(59)夾　從左右相持或相對，此指處沿河兩岸。(60)逢留大河　叫做逢留的這段黃河。指今青海貴德所在一段河曲。(61)作大航　製造大木筏。(62)造河橋　在河道狹窄處建橋。(63)賜支河曲　即古析支河曲，在今青海阿

尼瑪卿山河曲，黃河在此彎曲一百八十度後向東南流。64單于宣弟安國立　單于宣，即伊屠於閭鞮單于宣，西元八五－八八年在位。單于宣弟繼屯屠何為單于，是為安國單于，西元九三－九四年在位。65以次轉　依單于繼承順序升轉。66左賢王　匈奴俗，單于以下的首領分為左右。左尊右卑。左賢王高於右賢王，位僅次單于，是為儲君。安國單于原為左賢王，今已為單于，依次則右谷蠡王師子當為左賢王。67勇黠　勇敢善戰而狡黠。68多知　智慧過人。知，通「智」。69天子　東漢皇帝。70加殊異　特加殊禮。71在塞外　指南匈奴疆域之外，即以前屬北匈奴時。72五原　郡名，治所九原，在今內蒙古包頭西。73龍庭　單于所居王城。原在塞外，此時南單于居塞內，故將其所居亦稱龍庭，在西河郡美稷縣，即今內蒙古準噶爾旗境內。

【校　記】1因是　原無此二字。據章鈺校，甲十六行本、乙十一行本、孔天胤本皆有此二字，張敦仁《通鑑刊本識誤》同，今據補。

【語　譯】五年（癸巳　西元九三年）

春，正月十一日乙亥，漢和帝在明堂祭祀祖先，登上靈臺，大赦天下。○二十四日戊子，千乘貞王劉伉去世。○二十七日辛卯，冊封皇弟劉萬歲為廣宗王。

二月二十一日甲寅，太傅鄧彪去世。○二十五日戊午，隴西發生地震。

夏，四月二十日壬子，漢和帝下詔封阜陵殤王的哥哥劉魴為阜陵王。

九月初一日辛酉，廣宗殤王劉萬歲去世，沒有子嗣，撤銷封國。

當初，竇憲立於除鞬為北單于，想幫助他返回北匈奴王庭，恰在這時竇憲被殺，計畫就停止了。於除鞬自己反叛返回北方，漢和帝下詔派遣將兵長史王輔率領一千餘騎兵和任尚共同追擊討伐，殺死於除鞬，打敗並消滅了他的部眾。

耿夔攻破北匈奴後，鮮卑趁機遷移佔據了北匈奴的故地。匈奴殘留下來的部族還有十多萬戶，全都自稱鮮卑人，鮮卑因此日益強盛。

冬，十月辛未日，太尉尹睦去世。

十一月初六日乙丑，任命太僕張酺為太尉。張酺和尚書張敏等人上奏：「射聲校尉曹褒，擅自制定漢朝禮儀，毀壞聖明的法則，當判刑處死。」總共上了五次奏書。漢和帝知道張酺墨守家學不知變通，雖然擱置了他的奏書，但曹褒制定的漢禮也不施行。

這一年，武陵郡軍隊攻破反叛的蠻人，招降了他們。

梁王劉暢與隨從官卞忌祭祀求福，卞忌等奉承討好說：「神靈說王當為天子。」劉暢和卞忌等互相討論，被有關部門奏劾，請求徵召劉暢前往詔獄治罪。漢和帝沒有准許，只是削減了劉暢的封邑成武、單父兩個縣。劉暢羞愧恐懼，上疏深刻自責，說道：「臣生性狂妄愚蠢，不知防備禁忌，自己身陷死罪，理應受極刑誅殺。陛下聖明仁德，違背法律寬大處理，硬是赦免了臣，為臣蒙受惡名。臣知道如此寬大赦免不可能得到兩次，臣發誓約束自己，約束妻兒，不敢再在行為上逾越法令，不敢再有恣意浪費的行為。租稅收入有富裕，請求只食邑睢陽、穀熟、虞、蒙、寧陵五縣，歸還剩餘的食邑四個縣。臣暢有小妾三十七人，其中沒有子女的，請求將她們送還娘家。臣自己選擇謹慎守規矩的奴婢二百人，其餘所受賞賜的虎賁士、官騎以及各種工匠技人、鼓吹手、僕隸、奴婢、兵器、馬匹，全部上繳還給原來的官署。臣暢身為聖上的骨肉近親，卻擾亂神聖的教化，玷汙了清明的士風。既然得以活下來，實在無顏臉以兇惡之身繼續住巨大的王宮，食邑大封國，設立官吏僚屬，收藏豐厚的用具。希望陛下賜加恩惠答應臣的請求。」漢和帝下恩詔，不批准劉暢的請求。

護羌校尉貫友派遣翻譯使者挑撥離間眾羌，以財物金錢引誘他們，眾羌因此瓦解。貫友便派兵出塞，在大、小榆谷攻擊迷唐，殺死及俘虜了八百多人，繳獲小麥數萬斛。於是在逢留段黃河兩岸修建城堡，造大船，修河橋，想讓士兵渡河追擊迷唐。迷唐率領部落遠徙，居住到賜支河曲。

匈奴單于屯屠何死，單于宣的弟弟安國立為單于。安國當初任左賢王，沒有好名聲。等到當了單于，單于適的兒子右谷蠡王師子按次序升為左賢王。師子向來勇猛狡黠，智慧過人，前單于宣及屯屠何都喜愛師子的勇氣和果斷，多次派遣他領兵出塞，襲擊北匈奴王庭，回師後，接受賞賜，漢朝皇帝也對他特加殊禮。因此匈奴國中都敬奉師子而不歸附安國，安國想殺掉師子。那些剛投降的北匈奴人，當初在塞外屢次被師子所追擊擄掠，大多怨恨他。安國由此把計畫寄託在投降者身上，與他們一同謀劃商議。師子發覺了安國的圖謀，就遷居到五原郡界內，每次龍庭集會朝議，師子就推託生病不去。度遼將軍皇甫稜知道此事後，也擁護師子，不讓他去，單于安國更加心懷憤恨。

六年（甲午　西元九四年）

春，正月，皇甫稜免，以執金吾朱徽行度遼將軍❶。時單于與中郎將❷杜崇不相平，乃上書告崇。崇諷❸西河太守令斷單于章❹，單于無由自聞，崇因與朱徽上言：「南單于安國疏遠故胡❺，親近新降❻，欲殺左賢王師子及左臺且渠❼劉利等。又右部降者謀共迫脅安國起兵背畔，請西河、上郡、安定❽為之儆備❾。」帝下公卿議，皆以為：「蠻夷反覆，雖難測知，然大兵聚會，必未敢動搖。今宜遣有方略❿使者之單于庭，與杜崇、朱徽及西河太守并力，觀其動靜。如無他變，可令崇等就安國會其左右大臣，責其部眾橫暴為邊害者，共平罪誅⓫。若不從命，令為權時方略⓬，事畢之後，裁行賞賜⓭，亦足以威示百蠻⓮。」帝從之[1]。於是徽、崇遂發兵造其庭。安國夜聞漢軍至，大驚，棄帳⓯而去，因舉兵欲誅師子。師子先知，乃悉將廬落⓰入曼柏城⓱。安國追到城下，門閉，不得入。朱徽遣吏曉[2]譬⓲和之，安國不聽。城既不下，乃引兵屯五原。崇、徽因發諸郡騎追赴之急，眾皆大恐，安國舅骨都侯喜為等慮并被誅，乃格殺⑲安國，立師子為亭獨尸逐侯鞮單于⑳。

己卯㉑，司徒丁鴻薨。

二月丁未㉒，以司空劉方為司徒，太常張奮㉓為司空。

夏，五月，城陽懷王淑㉔薨，無子，國除。

秋，七月，京師旱。

西域都護班超發龜茲、鄯善等八國兵合七萬餘人討焉耆，到其城下，誘焉耆王廣、尉犁王汎等於陳睦故城㉕，斬之，傳首京師。因縱兵鈔掠，斬首五千餘級，獲生口萬五千人，更立焉耆左侯㉖元孟為焉耆王。超留焉耆半歲，慰撫之。於是西域五十餘國悉納質內屬，至于海濱㉗，四萬里外，皆重譯㉘貢獻。

南單于師子立，降胡五六百人夜襲師子。安集掾㉙王恬將衛護士與戰，破之。於是降胡遂相驚動，十五部二十餘萬人皆反，脅立前單于屯屠何子薁鞬日逐王逢侯為單于，遂殺略吏民，燔燒郵亭㉚、廬帳，將車重向朔方㉛，欲度幕北㉜。九月癸丑㉝，以光祿勳㉞鄧鴻行車騎將軍事，與越騎校尉馮柱、行度遼將軍朱徽將左右羽林、北軍五校士及郡國迹射㉟、緣邊兵，烏桓校尉任尚將烏桓、鮮卑，合四萬人討之。時南單于及中郎將杜崇屯牧師城㊱，逢侯將萬餘騎攻圍之。冬，十一月，鄧鴻等至美稷，逢侯乃解圍去，向滿夷谷㊲。南單于遣子將萬騎及杜崇所領四千騎，與鄧鴻等追擊逢侯於大城塞㊳，斬首四千餘級。任尚率鮮卑、烏桓要擊逢侯於滿夷谷，復大破之，前後凡斬萬七千餘級。逢侯遂率眾出塞，漢兵不能追而還。

以大司農陳寵為廷尉㊴。寵性仁矜，數議疑獄㊵，每附經典，務從寬恕，刻敝㊶之風，於此少衰㊷。

帝以尚書令江夏黃香㊸為東郡太守，香辭以「典郡從政，才非所宜，乞留備宂官㊹，賜以督責小職，任之宮臺煩事㊺。」帝乃復留香為尚書令，增秩二千石㊻，甚見親重。香亦祗勤物務㊼，憂公如家㊽。

【章　旨】以上為第四段，寫漢軍大敗南單于，班超在西域大破焉耆國，西域五十六國都順服漢朝。

【注　釋】❶度遼將軍　將軍名號，以度遼水為稱，主東北民族邊疆事務。屯五原郡曼柏縣，在今內蒙古五原南黃河北。❷中郎將　即使匈奴中郎將，武官名，屯西河郡美稷縣，監護南單于。❸諷　暗示。❹斷單于章　攔截安國單于的奏章，使其不能上報朝廷。❺故胡　指南匈奴本部。❻新降　新附的北匈奴殘部。❼左臺且渠　匈奴官名。❽西河上郡安定　界鄰南匈奴的邊郡。西河郡治所離石，在今山西呂梁離石區。上郡治所膚施，在今陝西榆林東南。安定郡治所臨涇，在今甘肅鎮原南。❾儆備　戒備。儆，戒備；防備。❿有方略　有謀略。⓫共平罪誅　由中國匈奴雙方共同評判裁決他們的罪行，該殺頭的殺頭。⑫權時方略　臨機應變，便宜行事。⑬裁行賞賜　裁量功勞多少，進行賞賜。⑭威示百蠻　向匈奴人顯示威信。⑮帳　單于所居廬帳，又稱穹廬。⑯廬落　居住在廬帳中的部眾。⑰曼柏城　五原郡縣治所。⑱曉譬　曉諭；勸導。⑲格殺　鬥殺。⑳亭獨尸逐侯鞮單于　西元九四—九八年在位。㉑己卯　正月二十一日。㉒丁未　二月二十日。㉓張奮　（？—西元一〇二年）字稺通，東漢初名臣張純之子，行義好施，為官清廉，官至司空。傳附《後漢書》卷三十五〈張純傳〉。㉔城陽懷王淑　劉淑，章帝子。傳見《後漢書》卷五十五〈章帝八王傳〉。㉕陳睦故城　西域都護陳睦所居故城，在焉耆。永平十八年（西元七五年），焉耆、龜茲趁明帝崩，國內大喪，攻沒陳睦。㉖焉耆左侯　焉耆大臣，有左右將，左右侯。㉗海濱　西海之濱。西海，指裏海、地中海。㉘重譯　幾次輾轉翻譯。㉙安集掾　使匈奴中郎將屬官，臨時設置，以安集匈奴為名。㉚郵亭　郵驛亭障。㉛朔方　郡名，治所臨戎縣，在今內蒙古磴口縣。㉜幕北　即漠北。幕，通「漠」。㉝癸丑　九月乙卯朔，無癸丑。癸丑，十月二十九日。㉞光祿勳　九卿之一，掌領諸郎，禁衛皇宮殿門戶。㉟迹射　迹射士，善射的特種部隊，能尋跡而射。㊱牧師城　漢朝在西北邊疆設牧師苑以養馬，故稱。此城在美稷縣。㊲滿夷谷　地名，當在西河郡北界。㊳大城塞　即大城縣關塞。大城縣治在今內蒙古杭錦旗東南，後屬朔方郡。㊴大司農陳寵為廷尉　大司農，九卿之一，掌財政。陳寵（？—西元一〇六年），字昭公，沛國洨（在今安徽固鎮縣東濠城）人，歷官太山、廣漢太守及大司農、廷尉、大鴻臚，官至司空。傳見《後漢書》卷四十六。廷尉，九卿之一，掌刑獄。㊵數議疑獄　多次審理疑難案件。㊶刻敝　苛薄。㊷少衰　略有收斂。㊸黃香　（？—西元一〇六年）字文強，江夏安陸（今湖北安陸北）人，卒官魏郡太守。傳見《後漢書》卷八十上〈文苑列傳上〉。㊹留備宂官　留居朝廷備員散官。㊺任之宮臺煩事　留任尚書令。宮，謂宮中。臺，尚書臺。尚書出納王命，故云宮臺煩事。㊻增秩二千石　尚書令本秩千石，今和帝特意增至二千石，與郡太守二千石相當。㊼祗勤物務　恭敬謹慎地勤勞眾務，即盡忠職守。祗，敬。物務，事務。㊽憂公如家　憂勞國事如同家事。

【校　記】①帝從之　原無此三字。據章鈺校，甲十六行本、乙十一行本皆有此三字，張敦仁《通鑑刊本識誤》同，今據補。②曉　原無此字。據章鈺校，甲十六行本、乙十一行本皆有此字，張瑛《通鑑校勘記》同，今據補。

【語　譯】六年（甲午　西元九四年）

春，正月，皇甫稜被免職，任命執金吾朱徽代理度遼將軍。當時單于和中郎將杜崇關係不好，就上書告發杜崇。杜崇暗示西河郡太守，讓他攔截安國單于的奏章，單于沒有辦法自己報告朝廷。杜崇就和朱徽上奏說：「南單于安國疏遠舊有的胡族，親近新降服的北匈奴人，想殺害左賢王師子及左臺且渠劉利等人。而且，右部歸降的胡人圖謀共同脅迫安國起兵背叛漢朝，請求西河郡、上郡、安定郡為此警戒防備。」漢和帝把此書下到公卿商議，都認為：「蠻夷反覆無常，雖然難以預知，但是大兵聚集，一定不敢動蕩，現在應該派有謀略的使者到單于王庭，與杜崇、朱徽以及西河太守合力，觀察單于的動靜。如果沒有其他叛亂行為，可以讓杜崇等人前往安國王庭，集合他的左右大臣，譴責他的部眾中橫行暴虐為害邊境的人，共同裁定罪責，以及是否該殺。如果單于不聽從命令，令杜崇等見機行事，事情完畢之後，酌量賞賜，也足以向各蠻族顯示權威。」和帝聽從了。於是朱徽、杜崇就徵發軍隊到單于王庭。安國夜裡聽到漢軍到來，大驚，丟棄廬帳離去，想趁此發兵誅殺師子。師子預先得到消息，就把部落全部遷進曼柏城。安國追到城下，城門關閉，無法進入。朱徽派遣屬吏向安國曉以利害，勸他講和，安國不聽從。安國既然攻不下曼柏城，就率兵駐守五原郡。杜崇、朱徽於是發遣各郡騎兵追趕甚急，匈奴部眾都十分驚恐，安國的舅舅骨都侯喜為等人擔心一起被殺，於是格殺了安國，立師子為亭獨尸逐侯鞮單于。

正月二十一日己卯，司徒丁鴻去世。

二月二十日丁未，任命司空劉方為司徒，太常張奮為司空。

夏，五月，城陽懷王劉淑去世，沒有兒子，撤除封國。

秋，七月，京師洛陽大旱。

西域都護班超徵發龜茲、鄯善等八國軍隊共七萬多人，討伐焉耆國。到達焉耆國城下，誘騙焉耆王廣、尉犁王汎等到陳睦舊城，殺了他們，把首級傳送到京城。於是放縱士兵抄掠，殺死五千多人，俘獲活口一萬五千人，另立焉耆國左侯元孟做焉耆王。班超停留在焉耆國半年，安慰撫慰他們。於是西域五十多國都派人質向漢朝順服，遠至西海之濱，四萬里以外的地方，都多重翻譯向漢朝進貢。

南匈奴單于師子繼位，歸降的胡人五六百名夜襲師子。安集掾王恬帶領護衛的士兵和他們交戰，打敗了反叛者。於是投降的胡人便相互驚擾騷動，十五個部族二十多萬人全部反叛，脅迫立前單于屯屠何的兒子薁鞮日逐王逢侯為單于，於是殺戮搶掠官吏百姓，焚燒郵驛亭障、廬屋帳落，拉著輜重車前往朔方，想要渡過漠北。九月癸丑日，任命光祿勳鄧鴻代理車騎將軍職務，與越騎校尉馮柱、代理度遼將軍朱徽率領左右羽林、北軍五校士以及各郡國的迹射士、緣邊各郡兵，烏桓校尉任尚率領烏桓國、鮮卑國的軍隊，合計四萬人征討反叛的胡人。當時南匈奴單于和中郎將杜崇駐守牧師城，逢侯率領一萬多騎兵進攻包圍了他們。冬，十一月，鄧鴻等人進軍到美稷，逢侯才解除包圍離去，前往滿夷谷。南單于派兒子統領一萬騎兵以及杜崇所統領的四千騎兵，與鄧鴻等人在大城塞追殺逢侯，殺死四千多人。任尚率領鮮卑國、烏桓國在滿夷谷攔擊逢侯，再次大敗他們，前後共殺了一萬七千多人。逢侯於是率領部眾逃出塞外，漢朝的軍隊無法追趕而返回。

任命大司農陳寵為廷尉。陳寵本性仁愛，屢次討論有疑問的案子，常常依據經典，力求寬大仁恕，刻薄之風，至此略有收斂。

漢和帝任用尚書令江夏人黃香做東郡太守，黃香推辭說「掌管一郡從事政務，我的才能不合適，乞求留下充數閒散的官職，賜予我督責的小職，讓我任宮中尚書臺的雜事。」漢和帝於是重新留任黃香為尚書令，增加祿秩為二千石，很受信任器重。黃香也勤於公務，憂勞國事如同家事。

七年（乙未　西元九五年）

春，正月，鄧鴻等軍還，馮柱將虎牙營❶留屯五原。鴻坐逗留❷失利，下獄死[1]。後帝知朱徽、杜崇失胡和，又禁其上書，以致❸胡反，皆[2]徵❹，下獄死。

夏，四月辛亥朔❺，日有食之。

秋，七月乙巳❻，易陽地裂❼。

九月癸卯❽，京師地震。

樂成王黨❾坐賊殺人❿，削東光、鄡二縣⓫。

八年（丙申 西元九六年）

春，二月，立貴人⓬陰氏為皇后⓭。后，識之曾孫也。

夏，四月癸亥⓮[3]，樂成靖王黨薨。子哀王崇立，尋薨[4]，無子，國除。

五月，河內⓯、陳留⓰蝗。

南匈奴右溫禺犢王烏居戰畔出塞。秋，七月，度遼將軍龐奮、越騎校尉馮柱追擊破之，徙其餘眾及諸降胡二萬餘人於安定、北地。◯車師⓱後部王涿鞮反，擊前王尉卑大，獲其妻子。

九月，京師蝗。

冬，十月乙丑⓲，北海王威以非敬王子，又坐誹謗⓳，自殺⓴。

十二月辛亥㉑，陳敬王羨㉒薨。◯丁巳㉓，南宮宣室殿火。

護羌校尉貫友卒，以漢陽太守史充代之。充至，遂發湟中羌、胡出塞擊迷唐。迷唐迎敗充兵，殺數百人。充坐徵，以代郡太守吳祉㉔代之。

【章　旨】以上為第五段，寫漢與匈奴、漢與西羌，仍不斷發生戰鬥。和帝冊立陰皇后。

【注　釋】❶虎牙營　精銳騎兵部隊的稱號。光武帝始設。❷逗留　指軍隊進軍緩慢，貽誤軍機。❸致　致使；導致。❹徵召還京師。❺辛亥朔　四月初一日。❻乙巳　七月二十六日。❼易陽地裂　易陽縣（在今河北永年）大地震裂。❽癸卯　九月二十五日。❾樂成王黨　劉黨，明帝子。諡號「靖」。傳見《後漢書》卷五十〈孝明八王列傳〉。❿坐賊殺人　被控殺人。坐，犯罪；判罪。⓫東光鄡二縣　東光縣治在今河北東光東，鄡縣縣治在今河北束鹿東。⓬貴人　皇帝嬪妃稱號，西漢位次昭儀，光武帝時省後宮，皇后下僅置貴人。⓭陰氏為皇后　史失其名，光武帝陰麗華皇后之兄陰識之曾孫。性狷狹，永元十五年因與和帝鄧貴人（後為鄧皇后）爭寵，以巫蠱詛咒事發被廢，憂死。傳見《後漢書》卷十上。⓮癸亥　四月十八日。⓯河內　郡名，治所懷縣，在今河南武陟西南。⓰陳留　郡名，治所陳留，在今河南開封東南。⓱車師　古西域國名，西漢宣帝時分為前後兩部。後王都務塗谷，在今新疆奇臺西南。前王都交河城，在今新疆吐魯番西。⓲乙丑　十月二十三日。⓳誹謗　非議朝政或皇帝，稱誹謗，罪大逆。⓴自殺　永元二年復齊、北海二國，劉威以北海敬王劉睦庶子嗣封。劉睦為光武帝兄劉縯孫。今被指控為非敬王子及誹謗，迫令自殺。史載疏略，參見《後漢書》卷十四〈齊武王縯〉附傳。㉑辛亥　十二月十日。㉒陳敬王羨　明帝子，和帝劉肇叔父。傳見《後漢書》卷五十〈孝明八王列傳〉。㉓丁巳　十二月十六日。㉔吳祉　東漢第八任護羌校尉，後坐免，改任護烏桓校尉，下獄死。

【校　記】①死　原無此字，空一格。據章鈺校，甲十六行本、乙十一行本皆有此字，張敦仁《通鑑刊本識誤》、張瑛《通鑑校勘記》同，今據補。②皆　原無此字，空一格。據章鈺校，甲十六行本、乙十一行本皆有此字，張瑛《通鑑校勘記》、熊羅宿《胡刻資治通鑑校字記》同，今據補。③癸亥　原無此二字。據章鈺校，甲十六行本、乙十一行本皆有此二字，張瑛《通鑑校勘記》同，今據補。④薨　原作「死」。據章鈺校，甲十六行本、乙十一行本、孔天胤本皆作「薨」，熊羅宿《胡刻資治通鑑校字記》同，今據改。

【語　譯】七年（乙未　西元九五年）

春，正月，鄧鴻等人的軍隊返回，馮柱率領虎牙營留下駐守五原郡。鄧鴻因行軍遲滯不前、延誤軍機罪，被下獄處死。後來漢和帝知道朱徽、杜崇與南匈奴不和，又禁止他們上疏，導致胡人背叛，將他們都徵召回京，下獄處死。

夏，四月初一日辛亥，發生日蝕。

秋，七月二十六日乙巳，易陽縣地裂。

九月二十五日癸卯，京師洛陽發生地震。

樂成王劉黨因犯殺人罪，削除東光、鄡兩個縣。

八年（丙申　西元九六年）

春，二月，立貴人陰氏為皇后。陰皇后是陰識的曾孫女。

夏，四月十八日癸亥，樂成靖王劉黨去世。兒子哀王劉崇繼立為王，不久去世，沒有兒子，撤除封國。

五月，河內郡、陳留郡發生蝗災。

南匈奴右溫禺犢王烏居戰背叛出塞。秋，七月，度遼將軍龐奮、越騎校尉馮柱追擊打敗了烏居戰，把他剩下的部眾以及那些歸降的胡人共二萬多人遷到安定郡、北地郡居住。〇車師國後部王涿鞮反叛，攻擊前王尉卑大，活捉了尉卑大的妻子。

九月，京師洛陽發生蝗災。

冬，十月二十三日乙丑，北海王劉威因為被指控為不是北海敬王劉睦的兒子，又犯非議朝政罪，被迫自殺。

十二月十日辛亥，陳敬王劉羨去世。〇十六日丁巳，南宮宣室殿發生火災。

護羌校尉貫友去世，任命漢陽郡太守史充代替他的職位。史充到任，就派湟中的羌人、胡人出塞攻打迷唐。迷唐迎擊，打敗史充的軍隊，殺死幾百人。史充論罪被召回，以代郡太守吳祉代他的職位。

九年（丁酉　西元九七年）

春，三月庚辰❶，隴西❷地震。○癸巳❸，濟南安王康❹薨。○西域長史王林擊車師後王❺，斬之。

夏，四月丁卯❻，封樂成王黨子巡為樂成王。

五月，封皇后父屯騎校尉❼陰綱為吳房❽[1]侯，以特進❾就第。

六月，旱，蝗。

秋，八月，鮮卑寇肥如❿，遼東⓫太守祭參⓬坐沮敗，下獄死。

閏月辛巳⓭，皇太后竇氏⓮崩。初，梁貴人⓯既死，宮省事祕，莫有知帝為梁氏出者。舞陰公主⓰子梁扈遣從兄⓱禪奏記⓲三府，以為「漢家舊典⓳，崇貴母氏，而梁貴人親育聖躬⓴，不蒙尊號，求得申議㉑。」太尉張酺言狀㉒，帝感慟良久㉓，曰：「於君意若何？」酺請追上尊號㉔，存錄諸舅㉕。帝從之。會貴人姊南陽樊調妻嫕㉖上書自訟㉗曰：「妾父竦冤死牢獄㉘，骸骨不掩，母氏年踰七十，及弟棠等遠在絕域㉙，不知死生，願乞收竦朽骨，使母、弟得歸本郡。」帝引見嫕，乃知貴人枉歿㉚之狀。三公上奏：「請依光武黜呂太后故事㉛，貶竇太后尊號，不宜合葬先帝。」百官亦多上言者。帝手詔曰：「竇氏㉜雖不遵法度，而太后㉝常自減損㉞。朕奉事十年㉟，深惟大義㊱。禮，臣子無貶尊上之文㊲，恩不忍離㊳，義不忍虧㊴。按前世上官太后㊵亦無降黜，其勿復議。」丙申㊶，葬章德皇后㊷。

燒當②羌迷唐率眾八千人寇隴西，脅塞內諸種羌合步騎三萬人擊破隴西兵，殺大夏長㊸。詔遣行征西將軍劉尚、越騎校尉趙世副之，將漢兵、羌、胡共三萬人討之。尚屯狄道，世屯枹罕㊹。尚遣司馬寇盱監諸郡兵，四面並會㊺。迷唐懼，棄老弱，奔入臨洮南㊻。尚等追至高山，大破之，斬虜千餘人。迷唐引去，漢兵死傷亦多，不能復追，乃還。

九月庚申㊼，司徒劉方策免㊽，自殺。

甲子，追尊梁貴人為皇太后，謚曰恭懷，追復喪制㊾。冬，十月乙酉㊿，改葬梁太后及其姊大貴人于西陵(51)。擢樊調為羽林左監(52)。追封謚皇太后父竦為褒親愍(53)侯，遣使迎其喪，葬於恭懷皇后陵旁。徵還竦妻子。封子棠為樂平(54)侯，棠弟雍為乘氏(55)侯，雍弟翟為單父侯，位皆特進，賞賜以巨萬(56)計，寵遇光於當世，梁氏自此盛矣。

清河王慶始敢求上母宋貴人冢(57)，帝許之。詔太官(58)四時給祭具。慶垂涕曰：「生雖不獲供養，終得奉祭祀，私願足矣！」欲求作祠堂，恐有自同恭懷梁后之嫌，遂不敢言，常泣向左右，以為沒齒之恨(59)。後上言：「外祖母王(60)年老，乞詣雒陽療疾。」於是詔宋氏悉歸京師(61)，除慶舅衍、俊、蓋、暹等皆為郎。

十一月癸卯(62)，以光祿勳河南呂蓋(63)為司徒。

十二月丙寅(64)，司空張奮罷。壬申(65)，以太僕韓稜為司空。

西域都護定遠侯(66)班超遣掾甘英使大秦(67)、條支(68)，窮西海，皆前世所不至，莫不備其風土(69)，傳(70)其珍怪焉。及安息(71)西界，臨大海(72)，欲度，船人謂英曰：「海水廣大，往來者逢善風(73)，三月乃得度(74)。若遇遲風(75)，亦有二歲者。故入海，人皆齎三歲糧。海中善使人思土戀慕(76)，數有死亡者。」英乃止。

【章旨】以上為第六段，寫竇太后死，和帝平反梁貴人冤獄追尊為皇太后。西域漢使甘英出使大秦國。

【注釋】❶庚辰　三月十日。❷隴西　郡名，治所狄道，在今甘肅臨洮。❸癸巳　三月二十三日。❹濟南安王康　濟南王劉康，光武帝子，謚曰安。傳見《後漢書》卷四十二〈光武十王列傳〉。❺車師後王　即涿鞮。❻丁卯　四月二十八日。❼屯騎校尉　北軍禁衛五校尉之一。❽吳房　縣名，縣治在今河南遂平。❾特進　加官，位次三公。用以尊禮有功德的大臣或外戚。❿肥如　遼西郡屬縣，縣治在今河北盧龍北。⓫遼東　郡名，治所襄平，在今遼寧遼陽。⓬祭參　明帝時太僕祭彤之子。祭彤為光武帝功臣祭遵從弟。祭參事跡附《後漢書》卷二十〈祭遵傳〉後。其文載：參「稍遷遼東太守。永元中，鮮卑入郡界，參坐沮敗，下獄死。」⓭辛巳　閏八月十四日。⓮皇太后竇氏　東漢功臣竇融之曾孫，章帝竇皇后，和帝劉肇養母。⓯梁貴人　和帝劉肇生母，為竇皇后迫害憂死。事見本書卷四十六章帝建初八年。⓰舞陰公主　光武帝長公主，梁松之妻。梁貴人少失母，為伯母舞陰公主所養。梁貴人是梁松弟梁竦之女。⓱從兄　堂兄。⓲奏記　向公府陳說意見的文書。⓳舊典　慣例。⓴親育聖躬　指誕育皇帝。㉑申議　申理討論。㉒言狀　說明事實，述說情狀。㉓感慟良久　感傷地哭泣了很長時間。㉔追上尊號　追封梁貴人尊號。尊號，指皇后謚號。和帝追封梁貴人曰恭懷皇后。㉕存錄諸舅　慰問任用各位舅舅。和帝封舅梁棠樂平侯，梁雍乘氏侯，梁翟單父侯，位皆特進。㉖嫕　梁嫕，和帝劉肇姨母。㉗訟　申訴。㉘竦冤死牢獄　章帝建初八年（西元八三年），諸竇陷害梁竦惡逆，死獄中，家屬徙九真。㉙絕域　人跡罕至的極遠之地，指九真郡，在今越南境內。㉚枉歿　冤死。㉛光武黜呂太后故事　光武帝以文帝母薄太后配食高廟，尊號曰高皇后，遷呂太后廟主於園。事見本書卷四十四光武中元元年。㉜竇氏　指竇太后家族，即竇憲兄弟等。㉝太后　指竇太后。㉞減損　減少抑制。㉟奉事十年　當做母親侍奉十年。十年，和帝嗣位至是凡十年。㊱深惟大義　深思母子大道理。㊲禮二句　按禮法，做臣子和兒子的沒有貶抑尊長君上的道理。㊳恩不忍離　從感情上說，不忍分離，指不忍讓竇太后墳穴與章帝分開。㊴義不忍虧　從道義上說，也不忍做這樣損害養母的事。㊵上官太后　昭帝上官皇后，上官桀之女。上官桀父子謀逆被誅，不累及上官后。事見本書卷二十二昭帝元鳳元年。㊶丙申　閏八月二十九日。㊷章德皇后　即竇太后。㊸大夏長　大夏縣縣長。大夏為隴西屬縣，縣治在今甘肅廣河縣。㊹枹罕　隴西郡屬縣，縣治在今甘肅臨夏東北。㊺四面並會　四面合圍。㊻臨洮南　臨洮南山。臨洮，隴西郡屬縣，縣治在今甘肅岷縣。㊼庚申　九月二十四日。㊽策免　皇帝下策書罷免。策，皇帝對臣下封土、授爵、免官等發布的文書。㊾追復喪制　重新按皇后禮服喪。㊿乙酉　十月十九日。(51)西陵　在章帝敬陵之西，故曰西陵。敬陵在洛陽西北邙山上。(52)羽林左監　羽林中郎將屬官，掌領禁軍羽林郎左騎。(53)慜　《謚法》：「在國逢難曰慜。」(54)樂平　侯國名，屬東郡，治今山東聊城西。(55)乘氏　侯國名，屬濟陰郡，治今山東巨野。(56)巨萬　萬萬。形容數目極多。(57)宋貴人冢　在洛陽城北樊濯聚。宋貴人，清河王劉慶之母。劉慶為章帝長子，最早立為皇太子。竇皇后陷害宋貴人，迫令自殺，劉慶太子亦被廢。事見《後漢書》卷五十五。(58)太官　少府屬官，掌膳食及燕享。(59)沒齒之恨　終生的遺憾。沒齒，沒齒之年；終生。(60)外祖母王　宋貴人母親姓王，史失其名。(61)詔宋氏悉歸京師　宋貴人父宋楊，即清河王劉慶外祖父，章帝時任議郎，建初七年（西元八二年）竇皇后構陷宋貴人，宋氏歸故里右扶風平陵（今陝西咸陽），被地方監管，今詔還京師。其時宋楊已故，所以清河王上奏只稱外祖母王。事見本書卷四十六章帝建初七年。(62)癸卯　十一月八日。(63)河南呂蓋　呂蓋為河南尹宛陵人，字君上。(64)丙寅　十二月初一日。(65)壬申　十二月初七日。(66)定遠侯　《東觀漢記》載，以漢中郡南鄭縣之西鄉千戶封超為定遠侯。(67)大秦　古代中國對西方羅馬帝國的稱呼。(68)條支　西亞古國名，在今伊拉克北境。(69)備其風土　詳備地考察其風土人情。(70)傳　傳遞；帶回。(71)安息　古西域國名，在今伊朗北境。(72)臨大海　到了波斯灣海邊。(73)善風　好風，指順風。(74)三月乃得度　船行三個月才能渡過海，靠岸上陸地。(75)遲風　逆風。(76)思土戀慕　思念故土，留戀愛慕不已。

【校　記】①房　據章鈺校，甲十六行本、乙十一行本皆作「防」。②當　原作「唐」。據章鈺校，甲十六行本、乙十一行本皆作「當」，熊羅宿《胡刻資治通鑑校字記》同，今據改。

【語　譯】九年（丁酉　西元九七年）

春，三月初十日庚辰，隴西郡發生地震。〇二十三日癸巳，濟南安王劉康去世。〇西域長史王林攻打車師後王，殺死了車師後王。

夏，四月二十八日丁卯，冊封樂成王劉黨的兒子劉巡為樂成王。

五月，冊封陰皇后的父親屯騎校尉陰綱為吳房侯，以特進官位入住京師府第。

六月，大旱，發生蝗災。

秋，八月，鮮卑人侵犯肥如縣，遼東郡太守祭參因打了敗仗被判罪，下獄而死。

閏八月十四日辛巳，皇太后竇氏去世。當初，梁貴人死後，發生在宮禁中的事很隱祕，沒有人知道和帝是梁氏所生。舞陰公主的兒子梁扈讓堂兄梁禪寫信給三公府，認為「漢朝以往慣例，尊崇皇帝母親家族，而梁貴人親身誕下聖明的皇帝，沒有蒙受尊號，請求得到申理討論。」太尉張酺奏明情況，漢和帝感傷哭泣了許久，說：「按您的意思該怎麼辦？」張酺請求追上尊號，慰問錄用諸位舅舅。漢和帝接受了他的建議。正逢梁貴人的姐姐南陽人樊調的妻子梁嫕上書申訴說：「妾的父親梁竦含冤死在獄中，屍骨沒有掩埋，母親年過七十，和弟弟梁棠等遠在荒蕪人煙的地方，不知是死是活，請求收埋梁竦的屍骨，讓母親、弟弟能夠回到本郡。」漢和帝召見梁嫕，才知道梁貴人冤死的情形。三公上奏：「請依照光武帝貶退呂太后的舊例，貶除竇太后的尊號，不應當和先皇帝合葬。」百官也有很多人上書進言，漢和帝親手寫詔書說：「竇氏雖不遵守法度，但竇太后常常自我克制。朕侍奉竇太后十年，深思大義。根據禮制，做大臣和兒子的沒有貶抑尊長的道理，從感情上不忍父母墳穴分開，從道義上不忍心做損害養母的事。考察前代上官太后也沒有降黜，不要再議論此事了。」二十九日丙申，安葬章德皇后。

燒當羌迷唐率領部眾八千人侵入隴西郡，脅迫塞內各羌族聚集步兵騎兵三萬人打敗隴西郡的軍隊，殺死大夏縣縣長。和帝下詔派劉尚代理征西將軍，以越騎校尉趙世為副將，率領漢朝士兵、羌人、胡人共三萬人征討迷唐。劉尚屯駐狄道縣，趙世屯駐枹罕縣。劉尚派司馬寇盱監督各郡軍隊，從四面合圍。迷唐害怕，拋棄老弱病殘，逃奔進入臨洮縣南山。劉尚等追到高山，大敗迷唐，殺敵一千多人。迷唐撤退逃離，漢朝士兵死傷也很多，不能再追擊，就撤兵返回。

九月二十四日庚申，司徒劉方被策書罷免，自殺。

九月二十八日甲子，追尊梁貴人為皇太后，謚號叫恭懷，補行皇后喪制。冬，十月十九日乙酉，改葬梁太后和她的姐姐大貴人於西陵。提拔樊調為羽林左監。追封皇太后的父親梁竦的謚號為褒親愍侯，派使者迎接他的棺柩，葬在恭懷皇后陵的旁邊。召回梁竦的妻兒。冊封梁竦的兒子梁棠為樂平侯，梁棠的弟弟梁雍為乘氏侯，梁雍的弟弟梁翟為單父侯，官位都為特進，賞賜以億萬計，恩寵耀於當世，梁氏從此興旺發達。

清河王劉慶此時才敢請求到母親宋貴人墓拜祭，漢和帝准許了。下詔太官四時供應祭祀的器具。劉慶流淚說：「生前雖不能進行供養，死後得以進行祭祀，我的心願滿足了！」劉慶還想請求建造祠堂，害怕有把自己母親等同恭懷皇后的嫌疑，於是不敢上奏，經常當著隨從流淚，認為是終身的遺憾。後來劉慶上奏說：「外祖母王氏年老，請求前往洛陽治病。」於是漢和帝下詔讓宋氏都回京城，任命劉慶的舅舅宋衍、宋俊、宋蓋、宋暹等人都為郎。

十一月初八日癸卯，任命光祿勳河南人呂蓋為司徒。

十二月初一日丙寅，罷免司空張奮。初七日壬申，任命太僕韓稜為司空。

西域都護定遠侯班超派屬吏甘英出使大秦國、條支國，直到西海，都是前代未曾到過的地方，詳細考察當地的風土人情，帶回當地的奇珍異寶。到達安息國西界，濱臨大海，想要渡海，船夫對甘英說：「海水廣闊，往來的人遇到順風，需要三個月才能渡過。如果遇到逆風，也有二年才渡過去的。所以入海，人們都要攜帶三年的糧食。海上航行容易使人思念故土，想念親人，經常有人死亡。」甘英於是停止了前行。

十年（戊戌 西元九九八年）

夏，五月，京師大水❶。

秋，七月己巳❷，司空韓稜薨。八月丙子❸，以太常太山巢堪為司空。

冬，十月，五州雨水❹。

行征西將軍劉尚、越騎校尉趙世坐[1]畏懦徵❺，下獄，免。謁者王信領尚營屯枹罕，謁者耿譚領世營屯白石❻。譚乃設購賞❼，諸種頗來內附。迷唐恐，乃請降，信、譚遂受降罷兵。十二月，迷唐等帥種人詣闕貢獻❽。

戊寅❾，梁節王暢❿薨。

初，居巢⓫侯劉般薨，子愷當嗣，稱父遺意，讓其弟憲。遁逃久之，有司奏請[2]絕愷國⓬。肅宗美其義，特優假⓭之，愷猶不出。積十餘歲，有司復奏之。侍中賈逵⓮上書曰：「孔子稱⓯『能以禮讓為國乎何有？』有司不原樂善之心，而繩⓰以循常之法⓱，懼非長⓲克讓之風⓳，成⓴含弘之化㉑也。」帝納之，下詔曰：「王法崇善，成人之美，其聽憲嗣爵。遭事之宜，後不得以為比㉒。」乃徵愷，拜為郎。

南單于師子死，單于長之子檀立，為萬氏尸逐鞮單于㉓。

十一年（己亥　西元九九年）

夏，四月丙寅㉔，赦天下。

帝因朝會召見諸儒，使中大夫㉕魯丕㉖與侍中賈逵、尚書令黃香等相難㉗數事。帝善丕說，罷朝，特賜衣冠。丕因上疏曰：「臣聞說經者，傳先師之言，非從己出，不得相讓㉘；相讓則道不明，若規矩權衡㉙之不可枉㉚也。難者㉛必明其據㉜，說者㉝務立其義㉞，浮華無用之言，不陳於前，故精思不勞而道術㉟愈章㊱。法異者各令自說師法㊲，博觀其義㊳，無令芻蕘㊴以言得罪，幽遠獨有遺失也。」

【章旨】以上為第七段，寫西羌歸降。和帝下詔褒揚劉愷讓爵。中大夫魯丕上奏，討論經學要博採眾長，不搞一言堂，不以言論定罪。

【注釋】❶京師大水　京城洛陽發生大水災。❷己巳　七月癸巳朔，無己巳。己巳為八月初八日。❸丙子　八月十五日。❹五州雨水　五個州（佔半個中國）下雨發水。雨，降雨。❺坐畏懦徵　因畏敵、懦弱被徵召論罪。坐，坐罪，被控罪。畏懦，畏懼敵人，懦弱無能。❻白石　縣名，原屬金城，此時屬隴西郡。縣治在今甘肅臨夏。❼設購賞　指懸賞購殺迷唐。❽詣闕貢獻　到京師洛陽進貢。❾戊寅　十二月十九日。❿梁節王暢　梁王劉暢，明帝子，諡節王。傳見《後漢書》卷五十〈孝明八王列傳〉。⓫居巢　侯國名，屬廬江郡，治所在今安徽合肥巢湖區。⓬有司奏請絕愷國　主管部門上奏請求撤銷劉愷的居巢侯國。絕，斷絕；撤銷。⓭假　寬貸；緩辦。⓮賈逵　（西元三〇－一〇一年）東漢經學家、天文學家，字景伯，扶風平陵（今陝西咸陽西北）人，歷官侍中及左中郎將。兼修今古文，後世稱通儒。傳見《後漢書》卷三十六。⓯孔子稱　孔子說。引文之意謂：「能夠用禮讓來治理國家，還有什麼困難呢？」見《論語・里仁》。⓰繩　約束；制裁。⓱循常之法　常規的法制。⓲長　發揚；增長。⓳克讓之風　能謙讓的風氣。克，能。⓴成　形成；完成。㉑含弘之化　含容寬厚的教化。㉒後不

得以為比 往後不准援引為例。㉓萬氏尸逐鞮單于 樂提檀，西元九八—一二四年在位。㉔丙寅 四月初九日。㉕中大夫 官名，掌論議拾遺。光祿勳屬官。㉖魯丕 (西元三六—一一一年)字叔陵，扶風平陵(今陝西咸陽西北)人，經學家，官至侍中、左中郎將。傳見《後漢書》卷二十五。㉗相難 討論經義，互相辯難。㉘不得相讓 經義分歧，因各守師法，而不得謙讓。㉙規矩權衡 規矩，古代畫圓形和方形的工具，即圓規和曲尺。規，圓規。矩，取直角的方矩。權，秤錘。衡，秤桿。㉚不可枉 不能隨意彎曲。經義師法，也如同度量衡，不可隨意改變。㉛難者 發難質疑的人。㉜據 師說根據。㉝說者 答疑解疑的人。㉞務立其義 務必據師法申說大義。㉟道術 經義的道理要旨。㊱愈章 更加明白。章，明顯。㊲法異者各令自說師法 說法不同的人就各自讓解說師承的看法。㊳博觀其義 廣泛地觀覽各家的旨義。㊴芻蕘 割草打柴的人。謙詞。

【校記】①坐 此字下原有一空格。據章鈺校，甲十六行本、乙十一行本皆無空格，今據改。按，從文義看，「坐」字下並無脫文，不當有空格。②請 原無此字。據章鈺校，甲十六行本、乙十一行本皆有此字，今據補。

【語譯】十年(戊戌 西元九八年)

夏，五月，京師洛陽發生大水災。

秋，七月己巳日，司空韓稜去世。八月十五日丙子，任命太常太山人巢堪為司空。

冬，十月，五個州下雨不止。

代理征西將軍劉尚、越騎校尉趙世因畏敵、懦弱被徵召論罪，下獄，免官。謁者王信率領劉尚的軍隊駐守枹罕縣，謁者耿譚率領趙世的軍隊駐守白石縣。耿譚於是懸賞購殺迷唐，羌人各部多來歸附。迷唐恐懼，便請求投降，王信、耿譚於是接受歸降停戰。十二月，迷唐等率領族人前往朝廷進獻貢品。

十二月十九日戊寅，梁節王劉暢去世。

當初，居巢侯劉般去世，兒子劉愷本應繼承爵位，劉愷滿足父親的遺願，把侯位讓給弟弟劉憲。逃走了很長時間，有關部門上奏請求撤除劉愷的封國。肅宗欣賞他的義行，特別優待而寬恕他，劉愷仍然不出來繼任。過了十幾年，有關部門再次奏請此事。侍中賈逵上書說：「孔子稱『能夠用禮讓來治理國家，還有什麼困難呢？』主管官員不推究劉愷樂於向善之心，反而以尋常的法度加以約束，恐怕不能助長能謙讓的風氣，形成包容寬厚的教化。」漢和帝接受他的建議，下詔書說：「王法推崇善行，成全別人的美德，同意劉憲繼承爵位。事屬權宜例外，以後不得援此為例。」於是徵召劉愷，任命他為郎。

南匈奴單于師子去世，單于長的兒子檀繼承王位，是為萬氏尸逐鞮單于。

十一年（己亥　西元九九年）

夏，四月初九日丙寅，大赦天下。

漢和帝藉朝會之機召見諸位儒者，讓中大夫魯丕和侍中賈逵、尚書令黃香等人互相辯難經義。和帝欣賞魯丕的說法，退朝後，特意賜給他衣冠。魯丕趁機上疏說：「我聽說，解經的人應當傳授先師的言論，不是出自本人的觀點，不能謙讓；謙讓就會使道義不明，如同圓規曲尺權衡不可隨意改變。發難的人必須說明他的根據，答疑解經的人務必申明師說大義，浮誇華麗的言論不得當眾陳說，所以不需要勞精傷神而經義道理卻更加明白。說法不同的人各自讓他們陳說所承師法，廣泛觀覽各家大義，不要讓鄉野之夫因為言論獲罪，深居草野之士有所遺漏。」

十二年（庚子　西元一〇〇年）

夏，四月戊辰❶，秭歸❷山崩。

秋，七月辛亥朔❸，日有食之。

九月戊午❹，太尉張酺免。丙寅❺，以大司農張禹❻為太尉。

燒當羌豪迷唐既入朝，其餘種人不滿二千，飢窘❼不立❽，入居金城。帝令迷唐將其種人還大、小榆谷。迷唐以漢作河橋❾，兵來無常，故地不可復居，辭以種人飢餓，不肯遠出。護羌校尉吳祉等多賜迷唐金帛❿，令糴穀市畜，促使出塞，種人更懷猜驚⓫。是歲，迷唐復叛，脅將湟中諸胡寇鈔⓬而去。王信、耿譚、吳祉⓭皆坐徵。

十三年（辛丑　西元一〇一年）

秋，八月己亥⓮，北宮盛饌門閣⓯火⓰。

迷唐復還賜支河曲，將兵向塞。護羌校尉周鮪⓱與金城太守侯霸⓲及諸郡兵、屬國⓳羌・胡合三萬人出塞[1]，至允川⓴。侯霸擊破迷唐，種人瓦解，降者六千餘口，分徙漢陽、安定、隴西㉑。迷唐遂弱，遠踰賜支河首，依發羌㉒居。久之，病死，其子來降，戶不滿數十。

荊州㉓雨水。

冬，十一月丙辰㉔，詔曰：「幽、并、涼㉕州戶口率少，邊役眾劇㉖，束脩㉗良吏進仕路狹。撫接夷狄，以人為本，其今緣邊郡口十萬以上，歲舉孝廉一人，不滿十萬，二歲舉一人，五萬以下，三歲舉一人。」

鮮卑寇右北平㉘，遂入漁陽㉙，漁陽太守擊破之。〇戊辰㉚，司徒呂蓋以老病致仕㉛。○巫蠻㉜許聖以郡收稅不均，怨恨，遂反。辛卯㉝，寇南郡。

【章旨】以上為第八段，寫西羌降而後叛，遭到漢軍沉重打擊後瓦解流離。

【注釋】❶戊辰　四月十六日。❷秭歸　縣名，縣治在今湖北秭歸。❸辛亥朔　七月初一日。❹戊午　九月初九日。❺丙寅　九月十七日。❻張禹　（？—西元一一三年）此與西漢成帝時丞相張禹同名。字伯達，趙國襄國（今河北邢臺）人，官至太傅。傳見《後漢書》卷四十四。❼飢窘　飢餓窮困。❽不立　指無法生存。❾漢作河橋　指永元五年護羌校尉貫友所建河橋。❿金帛　金錢和布帛。⓫猜驚　猜疑驚恐。⓬寇鈔　搶掠。⓭王信耿譚吳祉　謁者王信，屯枹罕；謁者耿譚，屯白石；護羌校尉吳祉，屯金城。⓮己亥　八月二十五日。⓯盛饌門閣　御廚房門閣。盛饌，豐盛的食物。以此為御廚名。⓰火　失火。⓱周鮪　繼吳祉為護羌校尉。⓲侯霸　與東漢初名臣侯霸同名。一年後繼周鮪為護羌校尉。⓳屬國　漢代為安置內附的羌、胡，在沿邊地區設置的行政區劃。⓴允川　地名，距賜支河曲數十里，在大、小榆谷之西。相當今青海青海湖東南、貴德西北的黃河以北地區。㉑漢陽安定隴西　皆郡名，在今甘肅東部地區。漢陽郡治所冀縣，在今甘肅甘谷縣；安定郡治所臨涇，在今甘肅鎮原東南；隴西郡治所狄道，在今甘肅臨洮。㉒發羌　羌別種。一說發羌為唐吐蕃之祖先。㉓荊州　州名，治所漢壽，在今湖南漢壽。漢末移至襄陽。轄境主要在今兩湖地區。㉔丙辰　十一月十四日。㉕幽并涼　幽州轄境主要在今河北北部及遼寧、朝鮮部分地區，并州轄境主要在今山西及陝北地區，涼州轄境主要在今甘肅地區。當時三州最大的郡有十萬餘戶，小郡戶不滿二千，涼州敦煌郡只有七百四十八戶。㉖邊役眾劇　邊郡的差役多而重。劇，沉重。㉗束脩　束髮自修。指奉公守法，約束自律。㉘右北平　郡名，治所土垠，在今河北豐潤。㉙漁陽　郡名，治所漁陽，在今北京市密雲西南。㉚戊辰　十一月二十六日。㉛致仕　退休。㉜巫蠻　居於巫山地區的少數民族。此地有巫縣，縣治在今重慶市巫山縣。㉝辛卯　十一月癸卯朔，無辛卯，辛卯，十二月十九日。

【校記】[1]出塞　原無此二字。據章鈺校，甲十六行本、乙十一行本、孔天胤本皆有此二字，張敦仁《通鑑刊本識誤》、張瑛《通鑑校勘記》同，今據補。

【語譯】十二年（庚子　西元一〇〇年）

夏，四月十六日戊辰，秭歸縣發生山崩。

秋，七月初一日辛亥，發生日蝕。

九月初九日戊午，太尉張酺被免官。十七日丙寅，任命大司農張禹為太尉。

燒當羌首領迷唐已進京朝見，其餘族人不足二千人，飢餓窘困，無法生存，遷入金城縣。漢和帝命令迷唐率領他的族人回到大、小榆谷。迷唐認為漢朝造了河橋，軍隊來去無常，原駐地不能再居住，就以族人飢餓為由推辭，不願出塞遠去。護羌校尉吳祉等賜給迷唐很多金錢布帛，讓他們買米、賣牲畜，促使他們出塞，羌人更加心懷猜疑驚恐。這年，迷唐再次反叛，脅迫湟中各胡族人搶掠而去。王信、耿譚、吳祉都被論罪召回。

十三年（辛丑　西元一〇一年）

秋，八月二十五日己亥，北宮御廚房盛饌門閣發生火災。

迷唐又返回賜支河曲，率兵逼近邊塞。護羌校尉周鮪和金城太守侯霸，以及各郡的軍隊、屬國的羌人、胡人共三萬人出塞，抵達允川。侯霸打敗迷唐，族人瓦解，投降的六千多人分別被遷徙到漢陽郡、安定郡、隴西郡。迷唐於是衰弱，遠遠渡過賜支河頭，靠著發羌居住。過了很久，迷唐病死，他的兒子來歸降，戶數不到幾十家。

荊州降雨發水。

冬，十一月十四日丙辰，漢和帝下詔說：「幽州、并州、涼州人口都稀少，邊地徭役頻繁沉重，奉公自律的良吏仕進之路狹窄。安撫接納夷狄，用人為關鍵，現命令人口在十萬以上的邊郡，每年推薦一名孝廉，人口不滿十萬的郡，每兩年推薦一名，人口在五萬以下的郡，每三年推薦一名。」

鮮卑人侵犯右北平郡，就勢進入漁陽郡，漁陽太守打敗了他們。〇十一月二十六日戊辰，司徒呂蓋因年老多病辭官回家。〇巫縣蠻人許聖因郡府收稅不公，非常怨恨，於是反叛。辛卯日，入侵南郡。

十四年（壬寅　西元一〇二年）

春，安定降羌燒何❶種反，郡兵擊滅之。時西海❷及大、小榆谷左右無復羌寇，隃麋❸相❹曹鳳上言：「自建武以來，西羌犯法者，常從燒當種起。所以然者，以其居大、小榆谷，土地肥美，有西海魚鹽之利❺，阻大河以為固。又近塞[1]諸種，易以為非，難以攻伐，故能彊大，常雄諸種，恃其拳勇❻，招誘羌、胡。今者衰困，黨援壞沮❼，亡逃棲竄，遠依發羌。臣愚以為宜及此時建復西海郡縣❽，規固二榆❾，廣設屯田，隔塞羌、胡交關❿之路，遏絕⓫狂狡⓬窺欲之源⓭。又殖穀富邊，省委輸之役⓮，國家可以無西方之憂。」上從之，繕修故西海郡，徙金城西部都尉以戍之⓯，拜鳳為金城西部都尉，屯龍耆⓰。後增廣屯田，列屯夾河，合三十四部⓱。其功垂立，會永初中⓲，諸羌叛，乃罷。

三月戊辰⓳，臨辟雍⓴饗射㉑，赦天下。

夏，四月，遣使者督荊州兵萬餘人，分道討巫蠻許聖等，大破之。聖等乞降，悉徙置江夏㉒。

陰皇后多妒忌，寵遇浸衰㉓，數懷恚恨㉔。后外祖母鄧朱出入宮掖，有言后與朱共挾巫蠱㉕道者，帝使中常侍張慎與尚書陳褒案㉖之，劾以大逆無道，朱二子奉、穀，后弟輔，皆考死[27]獄中。六月辛卯[28]，后坐廢，遷于桐宮，以憂死。父特進綱自殺，后弟軼、敞及朱家屬徙日南比景[29]。

秋，七月壬子[30]，常山殤王側[31]薨，無子，立其兄防子侯章為常山王。○三州大水。

班超久在絕域[32]，年老思土，上書乞歸曰：「臣不敢望到酒泉郡[33]，但願生入玉門關[34]。謹遣子勇隨安息獻物入塞，及臣生在，令勇目見中土。」朝廷久之未報[35]。超妹曹大家[36]上書曰：「蠻夷之性，悖逆侮老[37]。而超旦暮入地[38]，久不見代[39]，恐開姦宄之原，生逆亂之心。而卿大夫咸懷一切[40]，莫肯遠慮，如有卒暴[41]，超之氣力不能從心，便為上損國家累世之功，下棄忠臣竭力之用，誠可痛也！故超萬里歸誠[42]，自陳苦急[43]，延頸踰望[44]，三年於今，未蒙省錄[45]。妾竊聞古者十五受兵[46]，六十還之[47]，亦有休息，不任職也。故妾敢觸死為超求哀[48]，匄超餘年[49]，一得生還，復見闕庭，使國家無勞遠之慮，西域無倉卒之憂，超得長蒙文王葬骨[50]之恩，子方哀老[51]之惠。」帝感其言，乃徵超還。八月，超至雒陽，拜為射聲校尉。九月，卒。

超之被徵，以戊己校尉[52]任尚代為都護。尚謂超曰：「君侯在外國三十餘年，而小人[53]猥承君後[54]，任重慮淺，宜有以誨[55]之。」超曰：「年老失智。君數當大位，豈班超所能及哉！必不得已，願進愚言：塞外吏士，本非孝子順孫，皆以罪過徙補邊屯[56]。而蠻夷懷鳥獸之心，難養易敗。今君性嚴急，水清無大魚，察政不得下和[57]，宜蕩佚[58]簡易，寬小過，總大綱[59]而已。」超去後[2]，尚私謂所親曰：「我以班君當有奇策，今所言平平耳。」尚後竟失邊和，如超所言。

【章旨】以上為第九段，寫東漢安羌，重置西海郡。班超年老，榮歸故里，八月到達洛陽，九月去世。

【注釋】❶燒何　西羌種落名，與燒當羌分別為兩種。❷西海　即今青海湖。❸隃麋　侯國名，屬右扶風，故城在今陝西千陽東。❹相　凡封國皆置相，掌治民。侯國相，與縣令同等。❺魚鹽之利　魚，指青海湖產的魚。鹽，西海有允吾鹽池。❻拳勇　勇力。《詩經・巧言》：「無拳無勇。」毛傳云：「拳，力也。」❼黨援壞沮　黨羽外援崩壞衰弱。❽建復西海郡　重新恢復西海郡。建，立。西漢平帝元始四年（西元四年）大司馬王莽始置西海郡，治龍夷（又作龍耆），在今青海民和。❾規固二榆　籌劃牢固地控制大、小榆谷。規，謀劃。❿交關　交通；往來。⓫遏絕　杜絕；堵死。⓬狂狡　瘋狂狡黠之徒。⓭窺欲之源　覬覦非分之想的源泉。⓮省委輸之役　減少向邊地轉運的勞役。⓯徙金城西部都尉以戍之　將駐屯在金城（在今甘肅蘭州西固區）的西部都尉遷移到故西海郡進行戍衛。⓰屯龍耆　即西部都尉移屯於龍耆城。龍耆舊城在今青海民和。⓱合三十四部　沿黃河兩岸的屯田衛戍點有三十四處。合，總計。⓲會永初中　當永初年間。永初，安帝第一個年號（西元一〇七－一一三年），凡七年。永初元年西羌（塞外羌）、東羌（歸附漢朝的塞內羌）聯合大暴動，漢羌鬥爭進入新階段。湟水流域的屯田，功敗垂成。⓳戊辰　三月二十七日。⓴辟雍　為尊儒學、行典禮的場所。為三雍宮之一。㉑饗射　舉行射箭比賽的禮儀。㉒江夏　郡名，治所西陵，在今湖北武漢新洲區。㉓寵遇浸衰　寵愛恩遇日漸淡薄。㉔恚恨　憤怒、仇恨。㉕巫蠱　巫師為蠱，故曰巫蠱。其術是刻木像人詛咒以害人。漢武帝晚年，太子劉據就死於巫蠱之禍，今又重現。㉖案　審理。㉗考死　拷打致死。考，通「拷」。㉘辛卯　六月二十二日。㉙日南比景　日南，郡名。比景，縣名。在今越南境內。㉚王

子　七月十三日。㉛常山殤王側　常山王劉側，明帝子淮陽王劉昞少子，諡殤。事附《後漢書》卷五十〈孝明八王淮陽頃王昞列傳〉。㉜班超久在絕域　班超始出西域，見本書卷四十五明帝永平十六年。㉝酒泉郡　治所祿福，在今甘肅酒泉。㉞玉門關　關名，屬敦煌郡，在今甘肅敦煌西北。㉟朝廷久之未報　朝廷拖延很久（三年）不作回答。㊱曹大家　班超妹班昭，嫁扶風人曹壽。博學高才，有節行法度。帝數召入宮為皇后諸貴人講學，號曰大家，故史稱曹大家。大家，宮中相尊之稱。㊲悖逆侮老　違犯禮義，輕侮老人。㊳旦暮入地　謂班超步入老年，朝不保夕，隨時會死亡。㊴代　接替。㊵卿大夫咸懷一切　朝中大臣都抱著一時權宜之計，得過且過。一切，一時權宜。㊶卒暴　爆發突然事件。卒，通「猝」。㊷歸誠　傾訴誠心。㊸自陳苦急　親自陳述艱難困苦。㊹延頸踰望　伸長脖子遙望。踰，胡三省注：「當作『隃』，讀曰遙，傳寫誤作『踰』。」㊺省錄　審閱採納。㊻十五受兵　十五歲接受武器，指從軍。㊼六十還之　六十歲退役還家。㊽觸死為超求哀　冒死罪為班超求情乞憐。㊾匄超餘年　乞求班超的晚年。匄，乞求。㊿文王葬骨　周文王葬無主之枯骨。典出《新序》，周文王作靈臺，掘地得死人之骨，命吏埋葬。(51)子方哀老　田子方憐愛老馬。子方，田子方，戰國時魏文侯師，見魏文侯遺棄老馬，認為「少盡其力，老而棄之，非仁也」，於是收而養之。(52)戊己校尉　官名，掌西域屯田兵。(53)小人　任尚謙稱。(54)猥承君後　接替您的工作。猥，謙詞，猶言辱。(55)誨　指教。(56)皆以罪過徙補邊屯　都是因犯法有過，被貶徙補充邊疆戍屯。(57)察政不得下和　苛察的政治得不到下邊人的擁護。(58)蕩佚　放蕩縱逸，不拘恆節。(59)寬小過二句　寬恕小的過失，總攬大的原則。

【校　記】[1]塞　據章鈺校，甲十六行本、乙十一行本、孔天胤本此字下皆有「內」字。[2]後　原無此字。據章鈺校，甲十六行本、乙十一行本、孔天胤本皆有此字，張敦仁《通鑑刊本識誤》同，今據補。

【語　譯】十四年（壬寅　西元一〇二年）

春，安定郡歸降的羌人燒何部反叛，郡中軍隊消滅了他們。當時西海和大、小榆谷附近不再有羌人侵略，隃麋國相曹鳳上奏說：「自建武以來，西羌犯法的事，常常是從燒當部開始。之所以這樣，是因為他們居住在大、小榆谷，土地肥美，有西海魚鹽的利益，憑藉大河作為險固。還有，靠近邊塞的種族容易為非作歹，難以討伐，所以能夠強大，常常在羌人各部中稱雄，依仗他們的武力勇氣，招致引誘羌人、胡人。現今西羌衰困，外援崩毀，逃亡流竄，遠去投靠發羌。臣愚見認為應當乘此時重新設置西海郡縣，籌劃控制大、小榆谷，廣泛設置屯田，隔離羌人、胡人交通路線。斷絕狂妄狡黠之徒圖謀不軌的根源。再種植穀物，富裕邊地，減少向邊地轉運的勞役，國家可以沒有西邊的憂患。」漢和帝聽從了他的建議，修繕原來的西海郡，調遣金城西部都尉駐防這裡，任命曹鳳為金城西部都尉，駐守屯田龍耆縣。後來增加屯田，沿黃河兩岸設屯墾田，總共三十四部。大功將要告成，時逢永初年間，各羌族背叛，於是作罷。

三月二十七日戊辰，漢和帝親臨辟雍舉行鄉射禮，大赦天下。

夏，四月，漢和帝遣使者監督荊州兵一萬多人，分路討伐巫縣蠻許聖等人，大敗他們。許聖等人乞求歸降，把他們全部遷往江夏郡安置。

陰皇后妒嫉心強，寵愛恩遇日漸淡薄，常常心懷忿恨。陰皇后的外祖母鄧朱出入後宮掖廷，有人報告說皇后和鄧朱共同施用巫蠱道術，漢和帝派中常侍張慎與尚書陳褒辦理此案，他們劾罪為大逆不道。鄧朱的兩個兒子鄧奉、鄧毅，陰皇后的弟弟陰輔，都受到拷問，死在獄中。六月二十二日辛卯，陰皇后因犯罪被廢，遷至桐宮，憂鬱而死。陰皇后的父親特進陰綱自殺，陰皇后的弟弟陰軼、陰敞和鄧朱的家屬被流放到日南郡比景縣。

秋，七月十三日壬子，常山殤王劉側去世，沒有兒子，冊封他哥哥劉防的兒子列侯劉章為常山王。〇三個州發生大水。

班超久在遠疆，年老思鄉，上書請求回國說：「臣不敢奢望回到酒泉郡，只希望活著進入玉門關，恭謹地派兒子班勇隨著安息國進獻貢品進入塞內，趁臣還活著，讓班勇親眼看到中國的土地。」朝廷很久沒有回覆。班超的妹妹曹大家上書說：「蠻夷的本性，忤逆不道，欺侮老人。而班超旦夕入土，隨時會死去，很久不見人接替他，恐怕會開啟蠻族奸邪的源頭，產生叛亂之心。而卿大夫都抱著權宜將就的想法，不肯作長遠的打算，如有意外爆發事件，班超的氣力已不能從心，在上將破壞國家積累幾代的功業，在下就會丟掉忠臣竭力效命的成果，實在讓人痛惜！所以班超從萬里之外表達誠心，自己陳述痛苦急迫之情，伸長脖子遙望等待，至今已三年，沒有得到朝廷的審閱採納。妾聽說古代十五歲服兵役，六十歲退役回家，也都有休息停歇，不再任職。所以妾敢於冒死為班超請求朝廷的哀憫，乞求班超殘年生還，一旦生還，再見到朝廷，使國家沒有勞師邊疆的擔心，西域沒有突然發生事變的憂患，班超能長久蒙受文王葬骨那樣的恩典，田子方哀憐老馬那樣的仁惠。」漢和帝被她的話感動了，於是徵召班超回朝。八月，班超到達洛陽，任命為射聲校尉。九月，去世。

班超被徵召回朝後，以戊己校尉任尚接替班超做都護。任尚對班超說：「君侯在國外三十多年，而小人我有幸接替您的職務，任務重大，我卻思慮淺薄，您應該有教導我的話。」班超說：「我已經年老糊塗了。你多次擔當大任，哪裡是我班超所能趕得上的！如果一定要說，希望說幾句愚淺的話：塞外的官吏士兵，本來就不是孝子賢孫，都是因犯罪過而被流放擔任邊疆屯戍。而蠻夷懷著禽獸樣的心腸，很難養育，容易叛變。現在您的性情嚴急，水清就沒有大魚，苛察政治就得不到下邊人的擁護，應該放鬆管理順其自然，實施簡單易行的政策，寬恕小過，總攬大的原則而已。」班超離開後，任尚私下對他的親信說：「我以為班君會有新奇的策略，今天所說的平平淡淡罷了。」任尚後來最終失去邊疆的和睦，正如班超所說的那樣。

初，太傅❶鄧禹❷嘗謂人曰：「吾將百萬之眾，未嘗妄殺一人，後世必有興者。」其子護羌校尉訓，有女曰綏，性孝友，好書傳，常晝修婦業❸，暮誦經典，家人號曰「諸生❹」。叔父陔曰：「嘗聞活千人者，子孫有封。兄訓為謁者，使修石臼河❺，歲活數千人❻。天道可信，家必蒙福。」綏後選入宮為貴人，恭肅小心，動有法度❼，承事陰后，接撫同列❽，常克己以下之❾，雖宮人隸役，皆加恩借❿，帝深嘉焉。嘗有疾，帝特令其母、兄弟入親醫藥，不限以日數。貴人辭曰：「宮禁至重，而使外舍⑪久在內省⑫，上令陛下有私幸⑬之譏，下使賤妾獲不知足之謗，上下交損⑭，誠不願也。」帝曰：「人皆以數入⑮為榮，貴人反以為憂邪！」每有讌會⑯，諸姬競自修飾，貴人獨尚質素。其衣有與陰后同色者，即時解易⑰。若並時進見⑱，則不敢正坐離立⑲；行則僂身自卑⑳，帝每有所問，常逡巡後對㉑，不敢先后言。陰后短小㉒，舉止[1]時失儀，左右掩口而笑，貴人獨愴然㉓不樂，為之隱諱，若己之失。帝知貴人勞心曲體㉔，歎曰：「修德之勞，乃如是乎！」後陰后寵衰，貴人每當御見㉕，輒辭以疾。時帝數失皇子，貴人憂繼嗣不廣，數選進才人㉖，以博帝意。陰后見貴人德稱日盛，深疾㉗之。帝嘗寢病，危甚㉘，陰后密言：「我得意㉙，不令鄧氏復有遺類㉚！」貴人聞之，流涕言曰：「我竭誠盡心以事皇后，竟不為所祐㉛。今我當從死㉜，上以報帝之恩，中以解宗族之禍，下不令陰氏有人豕之譏㉝。」即欲飲藥㉞。宮人趙玉者固禁止[2]之，因詐言「屬㉟有使來，上疾已愈」，貴人乃止。明日，上果瘳㊱。及陰后之廢，貴人請救，不能得。帝欲以貴人為皇后，貴人愈稱疾篤，深自閉絕㊲。冬，十月辛卯㊳，詔立貴人鄧氏為皇后。后辭讓，不得已，然後即位。郡國貢獻，悉令禁絕㊴，歲時但供紙墨而已。帝每欲官爵鄧氏，后輒哀請㊵謙讓，故兄騭㊶終帝世不過虎賁中郎將。

丁酉[42]，司空巢堪罷。

十一月癸卯[43]，以大司農沛國徐防[44]為司空。防上疏，以為：「漢立博士十有四家[45]，設甲乙之科[46]，以勉勸[47]學者。伏見太學試博士弟子，皆以意說[48]，不修家法[49]，私相容隱，開生姦路。每有策試[50]，輒興諍訟[51]，論議紛錯[52]，互相是非。孔子稱『述而不作』[53]，又曰『吾猶及史之闕文』[54]。今不依章句，妄生穿鑿，以遵師為非義，意說為得理，輕侮道術[55]，浸[3]以成俗[56]，誠非詔書實選[57]本意。改薄從忠，三代常道[58]，專精務本，儒學所先[59]。臣以為博士及甲乙策試，宜從其家章句[60]，開五十難[61]以試之，解釋多者為上第，引文明者為高說[62]。若不依先師，義有相伐[63]，皆正以為非[64]。」上從之。

是歲，初封大長秋鄭眾為鄛鄉侯[65]。

【章旨】以上為第十段，寫和帝冊立鄧皇后。

【注釋】❶太傅　官名，皇帝輔弼官，東漢皇帝初即位多設此官，尊禮大臣，無實職，位在三公上。❷鄧禹　東漢開國功臣。傳見《後漢書》卷十六。❸晝修婦業　白天修習女紅。❹諸生　儒生。❺修石臼河　事見本書卷四十六章帝建初三年。❻歲活數千人　每年從苦役中救活數千人。❼法度　規矩。❽接撫同列　交往安撫諸嬪妃。❾克己以下之　克制自己，謙虛下人。❿恩借　恩惠。⓫外舍　外家。⓬內省　內禁；內宮。⓭私幸　私於所寵幸的人。⓮上下交損　上，指和帝劉肇。下，指貴人鄧綏。交損，同時受到損害。和帝有損偏心，鄧貴人有損不知足。⑮數入　外戚多次入宮。⑯讌會　宴會。⑰解易脫去更換。⑱並時進見　指鄧貴人與陰皇后同時進見和帝。⑲正坐離立　「正」與「離」互文同義，皆「並」也。指鄧貴人不敢與陰皇后並肩而坐，並肩而立。⑳行則僂身自卑　行走時微屈身軀，表示自己身分卑微。㉑逡巡後對　謂鄧貴人回答和帝問話，總是拖延在陰皇后之後回答。㉒短小　矮小。㉓愴然　悲傷的樣子。㉔勞心曲體　苦心委曲自己。㉕御見　和帝召見。㉖才人　地位低於貴人的嬪妃之號。㉗疾　通「嫉」。㉘危甚　病情惡化；病危。㉙得意　得遂心意，指做皇太后。㉚不令鄧氏復有遺類　全家誅滅，不留下一個活口。㉛祐　寬容。㉜從死　從殉皇帝而死。㉝人豕之譏　落下人豕的話柄。人豕，呂太后殘害戚夫人，斷其手足，挖眼，割耳，飲啞藥，然後棄置廁中，稱為「人彘」。事見本書卷十二惠帝元年。㉞飲藥　服毒。㉟屬　適才；剛才。㊱上果瘳　和帝病情果然好轉。㊲閉絕　杜門不出。㊳辛卯　十月二十四日。㊴郡國貢獻二句　各郡、封國的進貢，一律禁止。漢制，郡國貢獻，一式兩份，一份送皇帝，一份送皇后。鄧皇后禁絕自己的一份。㊵哀請　哀告；哀求。㊶兄騭　鄧皇后兄鄧騭，鄧訓長子，安帝時官至大將軍。傳附《後漢書》卷十六〈鄧禹傳〉。㊷丁酉　十月三十日。㊸癸卯　十一月初六日。㊹徐防　字謁卿，沛國銍（在今安徽宿州西）人，十四年拜司空，十六年拜司徒，延平元年遷太尉，錄尚書事。傳見《後漢書》卷四十四。㊺漢立博士十有四家　《易》有施、孟、梁丘賀、京房四家；《書》有歐陽和伯、夏侯勝、夏侯建三家；《詩》有申公、轅固、韓嬰三家；《春秋》有嚴彭祖、顏安樂兩家；《禮》有戴德、戴聖兩家，凡十四家博士。㊻設甲乙之科　考試定出甲乙等級。《漢書・儒林傳》載，漢制，博士弟子，每年考試一次，甲等錄取四十人任郎中，乙等錄取二十人為太子舍人，丙等錄取四十人為郡國文學掌故。㊼勉勸　勸勉；鼓勵。㊽意說　自我發揮創意為說。㊾家法　師訓，即太學十四家博士所立家法。㊿策試　射策為試。考試時把問題書於簡，置諸案上，考生隨意投射，取而作答，稱為策射。策，編簡。(51)諍訟　爭議責難。(52)紛錯　紛紜交錯。(53)孔子稱述而不作　孔子說，「我只是轉述先聖之言，不自創作。」語見《論語・述而》。(54)又曰吾猶及史之闕文　孔子又說，「我還能夠看到史書存疑的地方。」語見《論語・衛靈公》。(55)輕侮道術　輕視侮慢經典的傳統解說。(56)浸以成俗　逐漸成為風氣。(57)實選　依實學遴選人才。(58)改薄從忠二句　改變澆薄的習俗而崇尚質樸，這是三代通常的做法。司馬遷有言：「夏之政忠，忠之敝小人以野，故殷人承之以敬；敬之敝小人以鬼，故周人承之以文；文之敝小人以僿（一作薄），故救僿莫若以忠。三王之道若循環，終而復始。」（《史記・高祖本紀贊》）司馬遷原意，忠，指政治質樸；僿，即薄，澆薄，指政治繁浮，重形式，少忠厚。糾正虛偽莫過於提倡純樸。(59)專精務本二句　專心精致地研究師說本義，是儒家學者應最先追求的。本，指師說家法。(60)其家章句　其所學家法解說經義。章句，分章斷句解說經義。61開五十難　出五十道題。62解釋多者為上第二句　解答問題最多的為第一等，將引文注明出處的為最高級。63義有相伐　申說經義而違背師承。伐，攻伐；駁難。此指違背師說。64皆正以為非　都要糾正，凡違背師承都是錯的。65封大長秋鄭眾為鄛鄉侯　鄭眾定策誅竇憲，論功封侯。東漢宦官封侯自鄭眾始。鄛鄉，屬南陽郡棘陽縣，在今河南新野。

【校記】1止　原誤作「指」。據章鈺校，甲十六行本、乙十一行本皆作「止」，當是，今據校正。2止　據章鈺校，甲十六行本、乙十一行本皆無此字。3浸　據章鈺校，甲十六行本、乙十一行本皆作「寖」。按，二字同。

【語譯】當初，太傅鄧禹曾經對人說：「我率領百萬軍隊，從未隨便殺死一人，後代子孫中必有發達的。」他的兒子護羌校尉鄧訓，有個女兒名綏，本性孝順善良，喜歡讀經書傳注，經常白天修習女紅，晚上誦讀經典，家人稱她為「諸生」。叔父鄧陔說：「聽說救活一千人的，子孫必有封爵。哥哥鄧訓做謁者，讓他修理石臼河，每年救活幾千人。天道可以信賴，家族必定蒙受福祐。」鄧綏後來選進宮做貴人，恭敬嚴肅，小心謹慎，舉止遵守規矩，侍奉陰皇后，對待同輩嬪妃，常常克制自己，謙卑待人，即便是宮人奴隸僕役，都施以恩惠，漢和帝很讚賞她。鄧綏曾患病，漢和帝特地下令鄧綏的母親、兄弟入宮親自侍奉醫藥，不限制天數。鄧貴人推辭說：「宮禁是非常重要的地方，卻讓外家久住後宮，在上使皇上受到偏愛的批評，在下使賤妾我受到不知足的毀謗，上下都受到損失，實在不希望這樣。」漢和帝說：「別人都以外家經常入宮為榮耀，貴人反以為憂慮啊！」每次有宴會，眾妃都競相打扮，只有鄧貴人崇尚樸素。她的衣服有與陰后同顏色的，馬上換掉。如果與陰皇后同時進見皇上，則不敢並肩坐立；走路時屈身以示謙卑，漢和帝每次有所詢問，常延遲後答，不敢先於陰皇后回答。陰皇后矮小，舉止時有失態，旁邊的人捂著嘴竊笑，只有鄧貴人傷感不樂，為陰皇后隱瞞，好像是自己犯了錯一樣。漢和帝知道鄧貴人的苦心和委屈，歎息說：「修養道德的勞苦，竟然做到這樣了啊！」後來陰皇后寵愛衰減，鄧貴人每當被漢和帝召見時，就以生病推辭。當時漢和帝屢次失去皇子，鄧貴人擔心和帝子嗣不多，多次選進才人，來博得漢和帝喜歡。陰皇后見鄧貴人的德譽日增，很妒嫉她。漢和帝曾經病重，十分危險，陰皇后暗中說：「如果我得遂心意，不讓鄧家再有一個活著的！」鄧貴人聽到這話，流淚說：「我竭誠盡心地侍奉皇后，竟不能得到她的寬容。現今我應當跟從皇帝死去，上可報答皇帝的恩寵，中可以此解除家族的禍患，下可不讓陰氏落下人彘的譏評。」當即就要喝下毒藥。宮人叫趙玉的堅決阻止她，就騙她說「剛才有使者來報，皇上的病已經痊癒」，鄧貴人才作罷。第二天，漢和帝的病果然轉好。等到陰皇后被廢，鄧貴人為她求情挽救，沒能做到。漢和帝準備立鄧貴人為皇后，鄧貴人宣稱病重，閉門不出。冬，十月二十四日辛卯，和帝下詔立貴人鄧氏為皇后。皇后推讓，不得已，然後就位皇后。各郡、封國進貢，一律下令禁止，每年只讓供應紙墨而已。漢和帝每次想給鄧氏家族的人加官進爵，鄧皇后總是哀求謙讓，所以鄧貴人的哥哥鄧騭在漢和帝在世時官不過虎賁中郎將。

十月三十日丁酉，司空巢堪被罷免。

十一月初六日癸卯，任命大司農沛國人徐防為司空。徐防上疏，認為：「漢朝設立博士十四家，設甲乙等級，用以勉勵勸導學習的人。臣見到太學考試博士弟子，都是隨意解說，不修習師法，私下互相容忍隱瞞，開啟奸邪之路。每次舉行策試，總是發生爭議責難，議論紛紜交錯，互相攻擊。孔子說『只是轉述先聖的言論，而不自我創作』，又說『我還能夠看到史書存疑的地方』。現在不依照師說章句，妄自穿鑿附會，以遵從師道為不合義理，隨意解說為合理，輕視侮慢經典的傳統解說，逐漸形成風氣，實在違背了詔書依照真才實學選拔人才的本意。改變澆薄的習俗而崇尚質樸，是三代的一般做法，專心精密地務求師說本義，是儒家學者最先要務。臣認為博士和甲乙科策試，應該遵照它的家法章句，出五十道題來測試他們，解答問題最多的為第一等，把引文注明出處的為最高級。如果不依照先師的說法，申說義理有批評師說的，都應糾正，指出其錯誤。」漢和帝聽從了這一建議。

這一年，初次封大長秋鄭眾為鄛鄉侯。

十五年（癸卯　西元一〇三年）

夏，四月甲子晦❶，日有食之。時帝遵肅宗故事，兄弟皆留京師。有司以日食陰盛，奏遣諸王就國。詔曰：「甲子之異，責由一人。諸王幼稺，早離顧復❷，弱冠相育❸，常有蓼莪、凱風之哀❹。選懦之恩，知非國典，且復宿留❺。」

秋，九月壬午❻，車駕南巡，清河、濟北、河間三王❼並從。○四州雨水。

冬，十月戊申❽，帝幸章陵❾。戊午❿，進幸雲夢⓫。時太尉張禹留守，聞車駕當幸江陵⓬，以為不宜冒險遠遊，驛馬上諫⓭。詔報曰：「祠謁既訖⓮，當南禮大江⓯。會得君奏，臨漢回輿而旋⓰。」十一月甲申⓱，還宮。

嶺南⓲舊貢[1]生龍眼、荔枝，十里一置，五里一候⓳，晝夜傳送。臨武長⓴汝南唐羌上書曰：「臣聞上不以滋味為德，下不以貢膳㉑為功。伏見交趾七郡㉒獻生龍眼㉓等，鳥驚風發㉔。南州土地炎熱，惡蟲猛獸，不絕於路，至於觸犯死亡之害。死者不可復生，來者猶可救也。此二物升殿，未必延年益壽。」帝下詔曰：「遠國珍羞㉕，本以薦奉宗廟㉖，苟有傷害，豈愛民之本，其敕太官勿復受獻。」

是歲，初令郡國以日北㉗至按薄刑㉘。

【章旨】以上為第十一段，寫漢和帝親愛諸王，留居京師。為了減輕民勞，停止嶺南進貢鮮荔枝。

【注釋】❶甲子晦　四月三十日。❷早離顧復　早早失去親人照顧。顧復，養育；照顧。典出《詩經・蓼莪》。詩曰：「父兮生我，母兮鞠我，顧我復我，出入腹我。」鄭玄箋曰：「顧，旋視也；復，反覆也。」❸弱冠相育　撫育到成人。此句上承「早離」，謂不能撫育到成人。弱冠，古時以男子二十歲為成人，初加冠，曰弱冠。❹常有蓼莪凱風之哀　常常有〈蓼莪〉、〈凱風〉那樣的哀傷。《詩經·蓼莪》是一首追念父母的詩，詩句除前「早離顧復」條注所引外，前面尚有以下數句：「蓼蓼者莪，匪莪伊蒿。哀哀父母，生我劬勞。」〈凱風〉見《詩經·邶風》，是一首思母詩篇。詩曰：「凱風自南，吹彼棘心。棘心夭夭，母氏劬勞。」❺選懦之恩三句　眷戀不忍的恩情，明知違背國家法典，仍暫時再留宿京師。選懦，戀戀不捨。且，暫且。❻壬午　九月二十日。❼清河濟北河間三王　清河王劉慶，濟北王劉壽，河間王劉開，皆章帝子，和帝劉肇兄弟。傳見《後漢書》卷五十五〈章帝八王傳〉。❽戊申　十月十七日。❾章陵　東漢皇室祖陵（光武帝劉秀父祖陵）所在，光武帝置縣，在今湖北棗陽。❿戊午　十月二十七日。⓫雲夢　澤名，為古帝王巡遊之地，在今湖北安陸。⓬江陵　縣名，為南郡治所，在今湖北江陵。⓭驛馬上諫　發驛站馬呈上奏章，勸阻和帝遠行。⓮祠謁既訖　祭祀拜謁章陵祖廟已畢。⓯南禮大江　南下觀禮長江。⓰臨漢回輿而旋　到漢水邊就掉轉車駕而返回京師。⓱甲申　十一月二十三日。⓲嶺南　五嶺以南。⓳十里一置二句　為運送龍眼、荔枝，每十里設一個驛站，每五里設一個哨所。置，驛站。候，即「堠」，哨所，用以伺望的設施。⓴臨武長　臨武縣縣長。臨武縣治所在今湖南臨武，為嶺南入貢赴洛陽的必經之路。㉑貢膳　進貢膳食。㉒交趾七郡　嶺南交趾州轄境七郡，為南海、蒼梧、鬱林、合浦、交趾、九真、日南。㉓獻生龍眼　貢獻鮮龍眼。㉔鳥驚風發　形容迅疾，驚起飛鳥，帶起陣風。㉕珍羞　珍稀美味。㉖薦奉宗廟　祭祀供奉宗廟。當時祭祀宗廟的供品，均為各地送來的土特產，貴其為遠方之物。㉗日北　太陽行至北回歸線，即夏至日，在陽曆的六月二十一日或二十二日。㉘按薄刑　審決輕罪犯。

【校　記】①貢　據章鈺校，甲十六行本、乙十一行本皆作「獻」。

【語　譯】十五年（癸卯　西元一〇三年）

夏，四月最後一天三十日甲子，發生日蝕。當時漢和帝遵照漢章帝慣例，兄弟都留在京師洛陽。有關部門認為日蝕是陰氣太重，上奏請求遣送各位諸侯王回到封國。漢和帝下詔說：「甲子日的異常天象，責任在朕一人。諸位諸侯王年齡幼小，早早失去父母照顧，未養育到成年，我常常有〈蓼莪〉、〈凱風〉那樣的悲傷。心中戀戀不捨，明知不合國家法典，暫且再留他們住在京城。」

秋，九月二十日壬午，漢和帝南巡，清河王、濟北王、河間王三王一起隨從。〇四個州發生水災。

冬，十月十七日戊申，漢和帝巡幸章陵。二十七日戊午，前往巡幸雲夢。當時太尉張禹留守京城，聽說漢和帝的車駕要前往巡幸江陵，認為不應該冒險遠遊，派驛馬上奏勸諫。漢和帝下詔回覆說：「已祭祀拜謁陵廟完畢，正要向南邊祭禮大江。恰好收到您的奏書，朕到達漢水邊就掉轉車輿返回。」十一月二十三日甲申，回宮。

嶺南過去進貢新鮮龍眼、荔枝，十里設一驛站，五里設一候，日夜傳遞運送。臨武縣長汝南人唐羌上奏書說：「臣聽說君上不把口味的享受作為美德，臣下不把進貢食物作為功績。臣見到交阯州七郡進獻新鮮龍眼等，迅疾地驚動鳥兒帶起風兒。南州地區氣候炎熱，惡蟲猛獸，沿路隨處可見，以至於碰上有死亡的危險。死的人不可復生，活著的人還可以挽救。這新鮮龍眼、荔枝供上殿堂，未必能延年益壽。」漢和帝下詔說：「邊遠地域的珍稀美味，本是用來祭祀供奉宗廟的，若對百姓有傷害，怎能是愛民的本意，告訴太官不再接受貢獻禮品。」

這一年，開始命令郡國在夏至日審判罪輕的刑案。

十六年（甲辰　西元一〇四年）

秋，七月，旱。○辛酉❶，司徒魯恭免。○庚午❷，以光祿勳張酺為司徒。

八月己酉❸，酺薨。冬，十月辛卯❹，以司空徐防為司徒，大鴻臚陳寵為司空。

十一月己丑❺，帝行幸緱氏❻，登百岯山❼。

北匈奴遣使稱臣貢獻，願和親，修呼韓邪故約。帝以其舊禮不備❽，未許，而厚加賞賜，不答其使❾。

元興元年（乙巳　西元一〇五年）

春，高句驪⑩王宮⑪入遼東⑫塞，寇略六縣。

夏，四月庚午⑬，赦天下，改元。

秋，九月，遼東太守耿夔⑭擊高句驪，破之。

冬，十二月辛未⑮，帝崩于章德前殿。初，帝失皇子，前後十數，後生者輒隱祕養於民間，羣臣無知者。及帝崩，鄧皇后乃收皇子於民間。長子勝，有痼疾⑯。少子隆，生始百餘日，迎立以為皇太子，是夜，即皇帝位。尊皇后曰皇太后，太后臨朝。是時新遭大憂，法禁未設，宮中亡大珠一篋⑰。太后念欲考問，必有不辜⑱。乃親閱⑲宮人，觀察顏色，即時首服⑳。又，和帝幸人㉑吉成，御者㉒共枉㉓吉成以巫蠱事，下掖庭考訊㉔，辭證明白㉕。太后以吉成先帝左右㉖，待之有恩，平日尚無惡言，今反若此，不合人情㉗，更自呼見實覈㉘，果御者所為，莫不歎服以為聖明。

北匈奴重遣使詣敦煌貢獻，辭以國貧未能備禮，願請大使，當遣子入侍。太后亦不答其使，加賜而已。

雒陽令廣漢王渙㉙居身平正，能以明察發擿㉚姦伏㉛，外行猛政，內懷慈仁。

凡所平斷㉜，人莫不悅服，京師以為有神。是歲卒官，百姓市道㉝[1]，莫不咨嗟流涕。渙喪西歸，道經弘農㉞，民庶皆設槃案於路㉟。吏問其故，咸言：「平常持米到雒，為吏卒所鈔㊱，恆亡其半㊲。自王君在事㊳，不見侵枉，故來報恩。」雒陽民為立祠、作詩，每祭，輒弦歌㊴而薦㊵之。太后詔曰：「夫忠良之吏，國家之所以為治也，求之甚勤，得之至寡。今以渙子石為郎中，以勸勞勤。」

【章旨】以上為第十二段，寫和帝駕崩，鄧太后臨朝，明察善斷，避免了一場宮中冤獄大案。洛陽令王渙清廉正直，死後，百姓為之立祠祭祀。

【注釋】❶辛酉 七月初四日。❷庚午 七月十三日。❸己酉 八月二十二日。❹辛卯 十月初五日。❺己丑 十一月丙辰朔，無己丑。己丑，十二月初四日。❻緱氏 縣名，屬河南尹，縣治在今河南偃師南緱氏鎮。❼百岯山 即百丕山，在今緱氏鎮南。❽舊禮不備 指北匈奴過去未能遵守漢匈和親時的禮數，向漢朝納貢稱臣。❾不答其使 皇帝不接見北匈奴使臣，不回答其請。❿高句驪 古東夷國名，王城在今吉林集安。⓫宮 高句驪王高宮。事詳《後漢書》卷八十五〈東夷傳〉。⓬遼東 郡名，治所襄平，在今遼寧遼陽。⓭庚午 四月甲申朔，無庚午。庚午，五月十八日。⓮耿夔 字定公，開國名將耿弇的姪子。歷官五原、遼東、雲中等郡太守，官至度遼將軍。傳附《後漢書》卷十九〈耿弇傳〉。⓯辛未 十二月二十二日。⓰痼疾 積久難治的病。⓱篋 竹箱。⓲不辜 無辜。下獄拷問，辭所連及，必有無辜受害者。⓳閱 召見審視。⓴首服 自首認罪。㉑和帝幸人 和帝寵愛的人，指吉成。㉒御者 侍奉吉成的宮婢。㉓共枉 共同誣陷。㉔下掖庭考訊 交給掖庭令拷打審訊。掖庭，後宮嬪妃居住的地方。㉕辭證明白 證據確鑿。辭，告者之辭。證，佐證。㉖先帝左右 先帝身邊的親信。先帝，指章帝。㉗不合人情 不合人之常情。吉成在先帝之時，鄧皇后待之有恩，當時尚未恃寵對鄧皇后有惡言，今和帝已死，鄧太后臨朝，反為巫蠱，不合人情。㉘實覈 審考其實。㉙王渙 （？—西元一〇五年）字稚子，廣漢郪（在今四川中江縣東南）人，為東漢循吏，終官洛陽令。傳見《後漢書》卷七十六〈循吏傳〉。㉚發擿 揭發；舉發。㉛姦伏 隱藏的奸人。

㉜平斷　評判；審決。㉝百姓帀道　百姓遍布道路。帀，同「匝」。㉞弘農　郡名，治所弘農，在今河南靈寶東北。㉟設槃案於路　以槃案盛祭物陳列於王渙靈柩所經的道路。㊱鈔　掠奪，此指勒索。㊲恆亡其半　常損失一半。恆，常。㊳在事　指在官任事。㊴弦歌　讚頌王渙的祭詩，被之管絃以歌之。㊵薦　祭奠。

【校記】①帀道　原作「市道」。張敦仁《通鑑刊本識誤》作「帀道」，其義長，今據以校正。

【語譯】十六年（甲辰　西元一〇四年）

秋，七月，發生旱災。〇初四日辛酉，司徒魯恭被罷免。〇十三日庚午，任命光祿勳張酺為司徒。八月二十二日己酉，張酺去世。冬，十月初五日辛卯，任命司空徐防為司徒，大鴻臚陳寵為司空。

十一月己丑日，漢和帝巡幸緱氏縣，登百岯山。

北匈奴派使者向漢稱臣貢獻禮物，希望通婚和好，重新遵守呼韓邪舊約。漢和帝因為北匈奴沒有踐行舊禮，未予允許，但對北匈奴厚加賞賜，不接見北匈奴使臣。

元興元年（乙巳　西元一〇五年）

春，高句驪王宮侵入遼東塞，擄掠六個縣。

夏，四月庚午日，大赦天下，改年號。

秋，九月，遼東郡太守耿夔攻打高句驪，大敗敵人。

冬，十二月二十二日辛未，漢和帝在章德前殿去世。當初，漢和帝失去皇子，前後十幾個，後來出生的就暗地在民間養育，群臣沒有知道的。等到漢和帝去世，鄧皇后才從民間接回皇子。長子劉勝患有頑疾。少子劉隆出生才一百多天，被迎立為皇太子，當晚即皇帝位。尊稱鄧皇后為皇太后，鄧太后臨朝攝政。這時剛剛遭遇大喪，法律禁令尚未設立，宮中丟失一箱大珠。鄧太后考慮到如果審問，一定會有無罪受牽連的人。於是親自召見宮人，觀察神色，偷珠者很快就自服認罪。此外，漢和帝寵幸的人吉成的侍者一起誣陷吉成用巫蠱害太后，送交掖庭拷問，告者之辭和證據都很清楚。鄧太后認為吉成是先帝身邊的人，自己對吉成有恩，平日尚且沒有說過壞話，現在反而如此，不合乎人之常情，便親自召見，審考其實，果然是侍者誣陷，沒有人不歎服鄧太后，認為她聖明。

北匈奴又派使者到敦煌貢獻禮物，藉口國家貧窮，沒能備辦禮數，希望漢朝派出大使，單于當派兒子入侍朝廷。鄧太后也不答覆他們的使者，只予以賞賜而已。

洛陽縣令廣漢人王渙為人公平正直，能夠明察秋毫，揭發隱藏的奸罪，外表看他推行嚴厲的政治，內心卻懷有仁慈。凡是王渙所審決的案子，人們沒有不心悅誠服的，京城的人認為他有神明相助。這一年，王渙死在任上，百姓布滿道路，沒有不歎息流淚的。王渙的棺柩往西運回故鄉，路過弘農郡，百姓都在路上設祭案。官吏問百姓原因，都說：「平常拿著米到洛陽，被吏卒勒索，常常損失一半。自從王渙在官任事，沒有被搶奪，所以來報恩。」洛陽百姓為王渙立祠堂，作詩，每次祭祀，就伴著琴絃歌誦來祭祀他。鄧太后下詔書說：「忠良的官吏使得國家能夠治理，朝廷勤於尋求這樣的官吏，找到的卻很少。現今再任命王渙的兒子王石做郎中，用以勉勵辛勞勤奮的官吏。」

【研　析】本卷研析不同類型和社會地位的幾個人物，以小喻大，從一件事看一個人的品性與人格魅力。

一、張酺守正。張酺字孟侯，汝南細陽（在今安徽太和東）人。西漢趙王張敖之後，少小從祖父學習《尚書》，又為太常桓榮弟子，經明行修，講學鄉里，聚徒以百數。歷仕漢明帝、章帝、和帝三朝，官至太尉。永元四年（西元九二年），和帝打擊竇憲權貴集團，不分青紅皂白，全面清洗。竇憲有三個弟弟，竇篤、竇景、竇瓌。竇景跋扈，竇瓌謹守法度，約束家奴賓客，沒有過錯。張酺上書和帝為竇瓌申訴。張酺說：「竇憲得勢之時，文武官員趨炎附勢唯恐不及，眾口一詞稱讚竇憲有伊尹、姜尚的忠心。而今，這些唱讚歌的人見風轉舵，又眾口一詞說竇家的人全都該殺。臣瞭解竇瓌，忠心善良，有報國之心，沒有過錯，應網開一面。」張酺是一個嚴正有操守，秉持正義的賢士。他多次打擊竇家惡霸的行為。張酺為魏郡太守，竇景派人請託張酺枉法辦案，張酺逮捕法辦了竇景的請託人。張酺調任河南尹，竇景的家人在光天化日之下打傷街頭的巡警，張酺毫不留情懲辦了竇景的人。當時竇景任執金吾，炙手可熱。張酺不畏權勢，為時人所重。張酺出來為竇家說話，極有分量。和帝輕辦了竇瓌。

東漢政治，自和帝打擊竇氏外戚始，朝中存在三股勢力交織，即外戚、宦官、朝官士大夫。和帝不是竇太后的親生子，竇太后臨朝，外戚得勢。和帝奪回權力，依靠宦官。中常侍鄭眾為和帝策劃，發動流血政變打擊權勢外戚，為東漢政治開了一個惡例。張酺為竇氏說話，表明朝官士大夫與外戚既有鬥爭，又可以聯合。外戚勢力過大，宦官與朝官士大夫都推擠外戚，但絕不聯手。東漢中後期，一再上演諸侯入繼大統，小皇帝身邊主要是宦官，所以宦官勢力有皇權護身，越來越大，桓靈以後達於顛峰，東漢也就滅亡了。

二、班固下獄。班固寫《漢書》與司馬遷齊名，並稱馬班，或《史》、《漢》。華嶠評論說：「班固記述史事，不偏激毀謗，不貶抑虛譽，內容豐富而不蕪雜，詳盡而有條理，使閱讀的人津津有味而不厭倦，班固能成名是令人信服的！班固譏評司馬遷，認為司馬遷的是非背離了聖人的原則，然而班固對人物的評論常常排斥死節之士，非議正直的人，而不記敘殺身成仁是美德，這是輕視仁義，卑賤守節到了極點！」華嶠是西晉著名史學家，他對班固的評論是中肯的。華嶠肯定《漢書》是實錄，豐贍而文字華美，批評班固譏評司馬遷不公允，在對待死節、公正、忠義等大節上班固不如司馬遷。班固還譏評司馬遷受腐刑，不能做到明哲保身，而自己卻下獄而死。班固受竇憲案牽連下獄有些冤屈，竇憲任用班固是公事，而班固也並沒有捲入竇憲謀反案。再說，竇憲也沒有謀反，但竇憲專橫霸道應當打擊，礙於竇太后的面子，不定謀反罪不能打擊竇憲，朝廷於是控告竇憲同黨鄧疊、鄧磊兄弟及其母親元等人有謀害和帝意圖，如此株連，竇氏謀反罪成立。再由竇氏擴大到班固頭上，更沒道理。因此班固下獄是皇帝與外戚權力之爭的犧牲品，著實令人同情。但是班固趨附權勢，藉竇家勢力為非作歹，也是罪有應得。史書沒有記載班固本身有什麼惡行，但他的一個家奴竟敢辱罵洛陽縣令种兢，种兢並非柔弱之輩，他藉手中權力逮捕竇氏家庭賓客，把班固也擴大進去。班固死得冤，也是自找。文如其人，華嶠批評《漢書》的缺點，不就是班固人格缺點的顯現嗎！在人格上，班固不如司馬遷。

班固死時，《漢書》沒有寫完，由他的妹妹班昭完成。班昭是一位才女，她替兄長完成未竟事業，名垂千古，可使人折腰。

三、西羌迷唐反叛。西羌居於今青海境。迷唐是西羌中燒當羌部種酋。其父迷吾，在章帝建初元年（西元七六年）反叛，東漢官兵征討。章帝元和元年（西元八四年），迷吾打敗官軍，殺了護羌校尉傅育。張紆繼任護羌校尉用招降辦法，騙誘迷吾投降，會盟，用毒酒灌醉羌人，殺降八百餘人，此為反人道的卑鄙屠殺。迷吾之子迷唐與官兵血海深仇，雙方血戰了十餘年，迷唐種人絕大部分被消滅、投降。迷唐率領一千餘眾遠走賜支河。蜀郡太守聶尚繼任護羌校尉，改征剿為招撫，迷唐接受招降，還回原居住地大小榆谷。迷唐派祖母卑缺為特使到聶尚駐地獻禮。聶尚隆重接待卑缺，親自設宴送行，派翻譯官田汜等五人護送卑缺回到迷唐廬落。迷唐會聚諸種羌人頭目，一起把田汜等五人屠殺分屍，報當年張紆殺降之仇。由此種下了東漢與西羌不可和解的仇怨。護羌校尉聶尚被罷了官。

四、甘英通使大秦。和帝永元六年（西元九四年），西域都護班超殺焉耆王，傳首京師，西域北道暢通。班超因功封定遠侯。班超目光遠大，他不滿足開通西域，他要探險已知的全世界。西元九五年，班超派甘英為大使向西去交通大秦國，即古羅馬帝國。甘英首次越過葱嶺，經過今阿富汗、伊朗、巴勒斯坦，都是前人沒有走過的路。甘英記載沿途的風土人情，收購土特產品，帶回中國，擴大了中國對西方的瞭解，是東西方的文化使者，甘英是有功的。可惜甘英怕水，到了地中海東岸，望洋而歎，折返回來，編造說要水行三個月才能到達大秦，缺少船隻水手，沒法到達。就這樣，當時東西方兩個強大帝國的直接交往失之交臂，甘英的怯懦，不能辭其咎。

五、皇太后鄧綏審案。和帝永元十七年，改元元興，即西元一〇五年，十二月，和帝駕崩。皇后鄧綏立嬰孩皇子劉隆即位，是為殤帝。皇后尊為皇太后。在新舊皇帝交替之中，宮中發生一些混亂，和帝身邊的侍者趁和帝之死，合起來誣陷吉成，妄說吉成使用巫蠱詛咒和帝，這引起了鄧太后的警覺。和帝對吉成有恩，吉成在和帝死後還要詛咒，太不合人情。鄧太后決定親自審訊，結果真相大白，吉成獲救。詛咒皇帝，人證物證俱在，苦打誣服，不只吉成一個人頭落地，牽連家屬，不知有多少人伏屍法場。鄧綏太后，料理國喪，萬機事務纏身，還能生出心來平反冤案，這一件善事，就足以使上天保佑鄧太后長命百歲。那幾個誣陷吉成於死地，還要害其家屬的侍者，應該下地獄。一盆妒火，燒得人喪失了人性。

卷第四十九

漢紀四十一

起柔兆敦牂（丙午　西元一〇六年），盡旃蒙單閼（乙卯　西元一一五年），凡十年。

【題　解】本卷記事起西元一〇六年，迄西元一一五年，凡十年。當殤帝延平元年至安帝元初二年，載安帝一朝前期史事。實際執政為鄧太后，安帝垂拱。鄧太后名綏，平定西羌的護羌校尉鄧訓之女，寬仁果決，臨大事方寸不亂，是東漢繼明德馬太后又一賢太后。殤帝、安帝，皆鄧太后策立。此時東漢內災外患嚴重，鄧太后倡導節儉，停止方國貢獻，敕令各級官員如實奏報災情，約束外戚，關注西域、西羌軍事。鄧太后敕令減刑獄，死罪覆核。鄧太后挫敗了司空周章發動的宮廷政變，安帝得以不廢。東漢國力支絀，裁撤西域都護。西羌大起叛亂，官軍連戰皆敗，徙金城郡治以避其鋒。西疆漢陽、安定、武都、漢中諸郡，並受羌禍，三輔告警。大將軍鄧騭提出丟棄邊郡之議，受到郎中虞詡的批評。虞詡赴任武都太守，用增灶法神速到任，大破羌人，穩固了西疆。政論家仲長統著《昌言》，論東漢皇權過度集權之弊。

孝殤皇帝❶

延平元年（丙午　西元一〇六年）

春，正月辛卯❷，以太尉張禹為太傅，司徒徐防為太尉，參錄尚書事。太后以帝在襁褓，欲令重臣居禁內。乃詔禹舍❸宮中，五日一歸府❹。每朝見，特贊❺，與三公絕席❻。○封皇兄勝為平原王。○癸卯❼，以光祿勳梁鮪為司徒。

三月甲申❽，葬孝和皇帝于慎陵❾，廟曰穆宗。

丙戌❿，清河王慶、濟北王壽、河間王開、常山王章始就國，太后特加慶以殊禮⓫。慶子祜，年十三，太后以帝幼弱，遠慮不虞，留祜與嫡母耿姬居清河邸⓬。耿姬，況⓭之曾孫也。祜母，犍為左姬⓮也。

夏，四月，鮮卑寇漁陽⓯，漁陽太守張顯率數百人出塞追之。兵馬掾⓰嚴授諫曰：「前道險阻，賊勢難量，宜且結營⓱，先令輕騎⓲偵視⓳之。」顯意甚銳⓴，怒，欲斬之。遂進兵，遇虜伏發，士卒悉走㉑，唯授力戰，身被十創㉒，手殺數人而死。主簿㉓衛福、功曹㉔徐咸皆自投赴顯，俱沒於陳。

丙寅㉕，以虎賁中郎將鄧騭為車騎將軍、儀同三司㉖，騭弟黃門侍郎悝為虎賁中郎將。弘、閶皆侍中。○司空陳寵薨。

五月辛卯㉗，赦天下。○壬辰㉘，河東㉙垣㉚山崩。

六月丁未㉛，以太常尹勤為司空。○郡國三十七雨水。

己未㉜，太后詔減太官、導官、尚方、內署㉝諸服御、珍膳、靡麗難成之物㉞，自非供陵廟㉟，稻粱米㊱不得導擇㊲，朝夕一肉飯㊳而已。舊太官、湯官㊴經用歲且二萬萬，自是裁數千萬。及郡國所貢，皆減其過半。悉斥賣㊵上林㊶鷹犬，離宮、別館㊷儲峙米糒、薪炭，悉令省之。

丁卯㊸，詔免遣掖庭宮人㊹及宗室沒入者㊺皆為庶民。

秋，七月庚寅㊻，敕司隸校尉、部刺史㊼曰：「間者㊽郡國或有水災，妨害秋稼，朝廷惟咎㊾，憂惶悼懼㊿。而郡國欲獲豐穰虛飾之譽，遂覆蔽災害(51)，多張墾田(52)，不揣流亡(53)，競增戶口，掩匿盜賊，令姦惡無懲(54)，署用非次(55)，選舉乖宜(56)，貪苛慘毒(57)，延及平民(58)。刺史垂頭塞耳(59)，阿私下比(60)，不畏于天，不愧于人(61)。假貸之恩(62)，不可數恃(63)。自今以後，將糾其罰(64)。二千石長吏(65)其各實覈所傷害(66)，為除田租芻稾(67)。」

八月辛卯(68)，帝崩。癸丑(69)，殯(70)于崇德前殿(71)。太后與兄車騎將軍騭、虎賁中郎將悝等定策禁中，其夜，使騭持節以王青蓋車(72)迎清河王子祜，齋(73)于殿中。皇太后御崇德殿，百官皆吉服(74)陪位，引拜(75)祜為長安侯(76)。乃下詔，以祜為孝和皇帝嗣，又作策命[77]。有司讀策畢，太尉奉上璽綬，即皇帝位，太后猶臨朝。

詔告[78]司隸校尉、河南尹、南陽太守曰：「每覽前代，外戚賓客濁亂奉公[79]，為民患苦，咎在執法怠懈，不輒行其罰[80]故也。今車騎將軍騭等雖懷敬順之志，而宗門廣大，姻戚不少，賓客姦猾，多干[81]禁憲[82]，其明加檢敕[83]，勿相容護[84]。」自是親屬犯罪，無所假貸。

九月，六州大水。○丙寅[85]，葬孝殤皇帝于康陵[86]。以連遭大憂[87]〔1〕，百姓苦役，方中祕藏[88]及諸工作事[89]，減約十分居一[90]。○乙亥[91]，殞石于陳留[92]。

詔以北地梁慬[93]為西域副校尉。慬行至河西，會西域諸國反，攻都護任尚於疏勒。尚上書求救，詔慬將河西四郡[94]羌、胡五千騎馳赴之。慬未至而尚已得解，詔徵尚還，以騎都尉段禧為都護，西域長史趙博為騎都尉。禧、博守它乾城[95]，城小，梁慬以為不可固，乃譎說龜茲王白霸，欲入共保其城。白霸許之，吏民固諫，白霸不聽。慬既入，遣將急迎段禧、趙博，合軍八九千人。龜茲吏民並叛其王，而與溫宿、姑墨數萬兵反，共圍城。慬等出戰，大破之。連兵數月，胡眾敗走，乘勝追擊，凡斬首萬餘級，獲生口數千人，龜茲乃定。

冬，十月，四州大水，雨雹。

清河孝王慶病篤，上書求葬樊濯宋貴人[96]冢旁。十二月甲子[97]，王薨。○乙酉[98]，罷魚龍曼延戲[99]。

尚書郎[100]南陽樊準[101]以儒風寖衰[102]，上疏曰：「臣聞人君不可以不學。光武皇帝受命中興，東西誅戰，不遑啓處[103]。然猶投戈講藝[104]，息馬論道。孝明皇帝庶政萬機[105]，無不簡心[106]。而垂情古典[107]，游意經藝。每饗射[108]禮畢，正坐[109]自講，諸儒並聽，四方欣欣。又多徵名儒，布在廊廟[110]，每讌會[111]則論難衎衎[112]，共求政化，期門、羽林介冑之士[113]，悉通孝經。化自聖躬[114]，流及蠻荒。是以議者每稱盛時，咸言永平[115]。今學者益少，遠方尤甚。博士倚席不講[116]，儒者競論浮麗[117]，忘謇謇之忠，習諓諓之辭[118]。臣愚以為宜下明詔，博求幽隱[119]，寵進儒雅，以俟聖上講習之期。」太后深納其言，詔：「公、卿、中二千石各舉隱士、大儒，務取高行[120]，以勸後進，妙簡[121]博士，必得其人。」

【章　旨】以上為第一段，寫鄧太后臨朝，倡導節儉，敕令各級官員如實反映災情民生，約束外戚，關注西域軍事。冷靜處置殤帝之死，安帝平穩即位。

【注　釋】❶孝殤皇帝　和帝劉肇之子，名隆，西元一〇五－一〇六年在位。即位時只有三個多月大，在位八個月即夭亡。胡三省注引《伏侯古今注》曰：「隆之字曰盛。」《謚法》：「短折不成曰殤。」❷辛卯　正月十三日。❸舍　留宿；住宿。

❹歸府　回太尉府。❺特贊　在三公之前先獨贊。贊，呼其名而朝拜皇帝。❻與三公絕席　不與三公聯席而坐，獨坐於百僚之上。❼癸卯　正月二十五日。❽甲申　三月初七日。❾慎陵　東漢和帝陵，在洛陽東南三十里。❿丙戌　三月初九日。⓫殊禮　給予不同於其他諸侯王的優厚禮遇。殊，異。⓬清河邸　清河王劉慶在京師的王邸。邸，即諸侯王在京的府第。⓭況　耿況，東漢初開國功臣之一耿弇之父，為王莽上谷太守，助光武平定河北，功封隃麋侯。⓮左姬　清河王劉慶之妾，劉祜之母。耿姬為劉慶嫡妻，故為劉祜之嫡母，即大母。此為殤帝死，劉祜得入繼大統伏筆。⓯漁陽　郡名，治所在今北京市密雲西南。⓰兵馬掾　郡太守屬吏，掌軍政，東漢沿邊諸郡設置。⓱結營　軍隊駐紮。⓲輕騎　輕裝騎兵。⓳偵視　偵察。⓴意甚銳　決戰銳氣高昂。㉑走　逃跑。㉒創　傷口。㉓主簿　官名，中央及地方凡開府治事均設此官，掌理文書，處理日常事務。㉔功曹　助郡太守掌理人事等事務的重要屬吏。㉕丙寅　四月十九日。㉖儀同三司　官名，東漢從鄧騭起始置此官，即非三公而給以與三公同等的待遇。鄧騭及其弟悝、弘、閶，皆鄧訓之子，和帝鄧綏皇后的兄弟。㉗辛卯　五月十五日。㉘壬辰　五月十六日。㉙河東　郡名，治所安邑，在今山西夏縣北。㉚垣　縣名，屬河東郡，治所在今山西垣曲東南。㉛丁未　六月初一日。㉜己未　六月十三日。㉝太官導官尚方內署　皆少府屬官，太官管理皇宮膳食，導官管理食糧採購，尚方製造皇室刀劍等器物，內署管理衣物。㉞靡麗難成之物　華貴而代價高昂的物品。㉟供陵廟　供奉皇帝祖考陵墓以及宗廟的物品。㊱稻粱米　稻米和粱米。粱，精細的小米。㊲導擇　精選。㊳朝夕一肉飯　一天只吃一次帶肉的飯。㊴湯官　少府屬官，管理皇帝點心、水果、飲料。㊵斥賣　拍賣。㊶上林　東都上林苑，在洛陽西。㊷離宮別館　在京師之外所建造的宮殿，供皇帝巡幸居住。此句謂散布於全國各地的離宮、別館，所儲蓄的米糧、薪炭，一律裁省，不再貯存。㊸丁卯　六月二十一日。㊹掖庭宮人　後宮無位號的一般宮婢。掖庭，皇宮中嬪妃居住的地方，亦指掌管其事務的官署。㊺宗室沒入者　皇族宗室婦女因犯罪而被囚入宮廷做奴婢的人。此句謂鄧太后下詔讓以上兩種人皆釋放回家當普通平民。㊻庚寅　七月十五日。㊼部刺史　十三州刺史。京畿地區設司隸校尉，不置刺史。㊽間者　近來。㊾朝廷惟咎　政府反思過失。㊿憂惶悼懼　憂愁惶恐，戰戰兢兢。(51)覆蔽災害　遮蓋隱瞞災情。(52)多張墾田　誇大虛報墾田數字。(53)不揣流亡　不考慮流亡的人口。揣，估量；考慮。(54)令姦惡無懲　使得奸惡罪犯逃避國法懲處。因隱瞞盜賊，於是不加誅討、懲處。(55)署用非次　任用官員，不按法律規定。(56)選舉乖宜　向朝廷推薦人才，背離標準。(57)貪苛慘毒　貪汙嚴酷殘忍狠毒。(58)延及平民　波及善良的平民。(59)垂頭塞耳　指部刺史低著頭，塞著耳朵，不聞不問。(60)阿私下比　徇私情，包庇屬下。(61)不畏于天二句　上不怕天，下不愧人。語出《詩・小雅・何人斯》，原文作「不愧于人，不畏于天。」(62)假貸之恩　指朝廷的寬大政策。(63)數恃　一再依恃。(64)將糾

其罰　將要糾察懲處。(65)二千石長吏　指郡國守相。(66)各實覈所傷害　各郡切實查清本郡的實際災情。(67)為除田租芻藁　免除災區田租及芻藁稅。芻藁，徵收的草料稅，包括作物秸桿、青草等。(68)辛卯　八月丙午朔，無辛卯。辛卯疑為辛亥，即八月初六日，在癸丑之前。(69)癸丑　八月初八日。(70)殯　死者入殮後停柩以待葬。(71)崇德前殿　殿名，在洛陽南宮。(72)青蓋車　皇太子、皇子所乘之車。皇孫則乘綠蓋車。(73)齋　齋戒。擁立新君前夕的虔誠儀式。(74)吉服　禮服。迎立新君，改喪服為吉服。(75)引拜　引導上殿拜鄧太后加封。(76)祜為長安侯　白衣不可為天子，故先加封劉祜為侯，效法漢宣帝即位故事。(77)作策命　製作冊封劉祜為和帝繼嗣的詔命。(78)詔告　下詔宣告。(79)外戚賓客濁亂奉公　皇后家族及其賓客，破壞攪亂奉公執法的官吏。奉公，指秉公執法的官吏。(80)不輒行其罰　不立即依法進行懲處。(81)干　冒犯。(82)禁憲　禁令法律。(83)明加檢敕　明確地嚴加檢查約束。(84)勿相容護　不允許互相縱容包庇。(85)丙寅　九月乙亥朔，無丙寅。(86)康陵　殤帝陵。在洛陽東南慎陵塋區內。(87)連遭大憂　國家接連遭遇皇帝死喪的大變故。指和帝、殤帝相繼去世。(88)方中祕藏　皇帝陵中殉葬物。方中，皇帝墓穴，掘地為方壙，稱方中。墓穴所藏，故稱祕。(89)諸工作事　其他各項工程。(90)減約十分居一　裁省百分之九十，只留下百分之十。十分居一，十分中佔一分。(91)乙亥　九月初一日。(92)陳留　郡名，治所陳留縣，在今開封東南。(93)梁慬　字伯威，北地郡弋居縣（在今甘肅寧縣南）人，安帝時撫護西域及羌人的名將。傳見《後漢書》卷四十七。(94)河西四郡　即武威、張掖、酒泉、敦煌。(95)它乾城　西域都護治所，在龜茲境內，位於今新疆庫車西南。(96)宋貴人　章帝妃，清河王劉慶之母，葬於樊濯。樊濯，聚落名，在洛陽城北。(97)甲子　十二月二十一日。(98)乙酉　十二月甲辰朔，無乙酉。乙酉，疑為己酉。己酉，十二月初六日。(99)魚龍曼延戲　魚龍戲，在水池裡變化成比目魚和黃龍的舞蹈戲。曼延戲，裝扮成巨獸舞蹈的遊戲。魚龍曼延之戲，起於漢武帝元封三年。(100)尚書郎　即尚書侍郎，尚書令屬官，分六曹，每曹六人，秩四百石。(101)樊準　字幼陵，南陽郡湖陽（在今河南唐河縣湖陽鎮）人，光武帝舅樊宏的族曾孫。傳附《後漢書》卷三十二〈樊宏傳〉。(102)儒風寖衰　經學教育日益惡化。(103)不遑啟處　沒有閒暇時間。(104)投戈講藝　在戰爭停頓的間隙抓緊學習。投戈，放下武器，指戰爭間隙。講藝，講說儒家經典六藝。下句「息馬論道」是對偶重文。(105)庶政萬機　政務繁多；各種政務。庶，眾。(106)簡心　操心。簡，閱。(107)垂情古典　留意古代典籍。(108)饗射　古代於春秋二季舉行的宴飲賓客並射箭比武選舉賢才的禮儀活動，又稱鄉射禮。饗，宴會。射，射箭。(109)正坐　端坐。(110)布在廊廟　安置在政府各部門。廊廟，宮殿迴廊和太廟，指朝廷各機構。(111)讌會　即宴會。(112)論難衎衎　討論辯難，十分融洽。衎衎，和樂的樣子。(113)介冑之士　甲冑之士，此指期門郎、羽林郎禁衛軍。(114)化自聖躬　教化源自皇帝。(115)永平　明帝年號，指代明帝。(116)博士倚席不講　博士，太學講官。坐席倚於一側，不設講坐，不講學。117競論浮麗　爭相追求浮華的表面文章。118習諓諓之辭　修習諂媚阿諛的言辭。119博求幽隱　廣求隱逸之士。120高行　高尚的德行。121妙簡　精選。

【校　記】1憂　原作「水」。據章鈺校，甲十六行本、乙十一行本、孔天胤本皆作「憂」，張瑛《通鑑校勘記》同，今據改。

【語　譯】孝殤皇帝

延平元年（丙午　西元一〇六年）

春，正月十三日辛卯，任命太尉張禹為太傅，司徒徐防為太尉，參與主管尚書事務。鄧太后因為漢殤帝還在襁褓之中，想讓重臣住在宮內。於是下詔令張禹住在宮中，五天回府一次。每次朝會，先單獨呼張禹的名字，不與三公聯席而坐。〇冊封漢殤帝的哥哥劉勝為平原王。〇二十五日癸卯，任命光祿勳梁鮪為司徒。

三月初七日甲申，安葬漢和帝於慎陵，廟號為穆宗。

三月初九日丙戌，清河王劉慶、濟北王劉壽、河間王劉開、常山王劉章始前往封國，鄧太后特別對劉慶給予特殊的禮遇。劉慶的兒子劉祜，十三歲，鄧太后因為漢殤帝年紀幼小，長遠考慮為防不測，留下劉祜和他的嫡母耿姬居住在清河王府邸。耿姬，是耿況的曾孫女。劉祜的母親，是犍為人左姬。

夏，四月，鮮卑人入侵漁陽郡，漁陽郡太守張顯率領幾百人出關塞追擊他們。兵馬掾嚴授進諫說：「前面道路險阻，盜賊勢力難以估量，應暫且安營駐紮，先派輕騎兵偵察他們的情況。」張顯的鬥志正盛，大怒，想要斬殺嚴授。於是進軍，遭遇敵人伏擊，士兵都逃走了，只有嚴授奮力作戰，身受十處創傷，親手殺死好幾個敵人後死去。主簿衛福、功曹徐咸都主動前往張顯身邊護衛，全部在陣中戰死。

四月十九日丙寅，任命虎賁中郎將鄧騭為車騎將軍，儀制如同三公，鄧騭的弟弟黃門侍郎鄧悝為虎賁中郎將。鄧弘、鄧閶都為侍中。〇司空陳寵去世。

五月十五日辛卯，大赦天下。〇十六日壬辰，河東郡垣縣發生山崩。

六月初一日丁未，任命太常尹勤為司空。〇三十七個郡國下雨發水。

六月十三日己未，鄧太后下詔減少太官、導官、尚方、內署各種衣服車馬、美味佳餚、奢靡華麗而難以作成的物品，倘若不是供奉陵墓和祖廟，稻粱米不得精選，早晚只吃一個有肉的飯而已。過去太官、湯官日常費用每年將近二萬萬，自此才幾千萬。還有各郡國所獻貢品，都減少一半以上。命令把上林苑的鷹犬全部賣掉，離宮、別館儲存的米糧、薪炭，下令一律裁省。

六月二十一日丁卯，鄧太后下詔將後宮中的宮女，以及皇室因罪收押在宮廷做奴婢的人全部遣散回家，當普通平民。

秋，七月十五日庚寅，敕令司隸校尉、部刺史說：「近來有些郡國發生水災，妨害秋天莊稼，朝廷思過，憂傷惶恐，而郡國卻想獲得豐收的虛譽，就隱瞞災害，誇大墾田數字，不想著逃亡的人，虛報戶口，隱蔽有盜賊的情況，使奸惡得不到懲罰，官署用人不按規定，推舉失宜，貪汙苛削極其慘烈，禍及百姓。刺史低頭塞耳，偏私包庇，不畏懼上天，不愧於民眾。寬貸的恩典，不能一再依恃。從今以後，將要糾舉他們的罪行。二千石大吏要切實查清本郡的實際災情，為受災者減免田租草料稅。」

八月辛卯日，漢殤帝去世。初八日癸丑，在崇德前殿殯殮。鄧太后與她哥哥車騎將軍鄧騭、虎賁中郎將鄧悝等人在宮中確定皇位繼承人，當天晚上，派鄧騭持節，以諸侯王的青蓋車迎接清河王的兒子劉祜，在崇德殿齋戒。皇太后親臨崇德殿，百官都穿著吉服陪侍，指引劉祜上殿封拜為長安侯。於是下詔，以劉祜為孝和皇帝的嗣子，又製作即位策命。有關官員宣讀策命完畢，太尉奉上玉璽綬帶，劉祜即皇帝位，太后繼續臨朝聽政。

下詔通告司隸校尉、河南尹、南陽太守說：「每次覽讀前代事跡，外戚的賓客擾亂奉行公事的官吏，被百姓所痛恨，錯在執法鬆懈，不能對他們嚴明處罰。現今車騎將軍鄧騭等人雖懷有恭敬順從的志向，但宗族廣大，姻戚不少，賓客奸詐狡猾，大多冒犯朝廷禁令，要明確加以檢查約束，不准互相包容庇護。」從此鄧氏親屬犯罪，毫不寬恕。

九月，六個州發生大水災。○丙寅日，把漢殤帝安葬在康陵。因為連遭國喪，百姓苦於勞役，陵墓中祕藏之物以及各種工程，都裁省減少至十分之一。○初一日乙亥，有隕石落在陳留郡。

鄧太后下詔任命北地人梁慬為西域副校尉。梁慬走到河西時，適逢西域各國反叛，在疏勒國攻擊都護任尚。任尚上書請求救援，下詔命令梁慬率領河西四郡的羌人、胡人五千騎兵奔馳前往疏勒。梁慬還沒到而任尚已解圍，詔書徵召任尚回京，任命騎都尉段禧為都護，西域長史趙博為騎都尉。段禧、趙博駐守它乾城，城規模小，梁慬認為不能堅守，於是用謊話勸說龜茲王白霸，想讓他入城一起保衛此城。白霸答應了，龜茲國的官吏和百姓執意進諫反對，白霸不聽。梁慬進入它乾城以後，派部將急忙迎接段禧、趙博，集合軍隊八九千人。龜茲的官吏百姓一起背叛他們的國王，而與溫宿國、姑墨國幾萬軍隊反叛，共同包圍它乾城。梁慬等人出來迎戰，把他們打得大敗。接連戰鬥數月，胡人的部眾敗逃，梁慬乘勝追擊，共殺死一萬多人，俘虜幾千人，龜茲這才安定。

冬，十月，四個州發大水，下冰雹。

清河孝王劉慶病重，上書請求埋葬在樊濯宋貴人的墓旁。十二月二十一日甲子，劉慶去世。○乙酉日，取消魚龍戲和曼延戲。

尚書郎南陽人樊準因為儒學風氣日漸衰敗，上奏說：「臣聽說國君不可以不學習。光武皇帝受天命中興漢室，東西誅伐征戰，沒有閒暇休息。但是只要有投戈休戰的間隙，就講論儒家經藝，利用戰馬休息時刻討論聖道。孝明帝政務繁多，沒有不操心的。但仍留意古代典籍，注意經典六藝。每次鄉射禮完畢，端坐親自講讀，眾儒一起傾聽，四方歡欣。又多次徵召名儒，安置在朝廷官府，每次宴會都討論辯難，其樂融融，一起謀求政治教化，期門郎、羽林郎這些甲冑之士，都通曉《孝經》。教化源自皇上本人，播及蠻荒地區。因此議論的人每稱頌盛世，全都說是永平年代。現今學者日益減少，偏遠地區尤為嚴重。博士倚席不講學，儒士爭相討論浮華的學問，忘記樸素正直的忠心，修習諂諛的言辭。臣愚見認為應該下一道明確的詔書，廣求隱居的學者，尊寵拔擢儒雅的人士，用以等待皇上講習的需要。」鄧太后很贊成樊準的進言，下詔說：「公、卿、中二千石的官吏，各推舉隱士、大儒，務必選取有高貴德行的，以此勸勉晚生後學，精選博士，一定可以得到合適的人選。」

孝安皇帝❶上

永初❷元年（丁未　西元一〇七年）

春，正月癸酉朔❸，赦天下。○蜀郡徼外❹羌內屬。

二月丁卯❺，分清河國封帝弟常保為廣川王。○庚午❻，司徒梁鮪薨。

三月癸酉❼，日有食之。○己卯❽，永昌❾徼外僬僥種夷陸類等舉種內附。○甲申❿，葬清河孝王於廣丘⓫，司空、宗正護喪事，儀比東海恭王⓬。

自和帝之喪，鄧騭兄弟常居禁中。騭不欲久在內，連求還第，太后許之。

夏，四月，封太傅張禹、太尉徐防、司空尹勤、車騎將軍鄧騭、城門校尉鄧悝、虎賁中郎將鄧弘、黃門郎鄧閶皆為列侯⓭，食邑各萬戶，騭以定策功增三千戶。騭及諸弟辭讓不獲，遂逃避使者⓮，間關詣闕⓯，上疏自陳⓰，至于五六，乃許之。

五月甲戌⓱，以長樂衛尉⓲魯恭⓳為司徒。恭上言：「舊制，立秋⓴乃行薄刑㉑。自永元十五年以來，改用孟夏。而刺史、太守因以盛夏徵召農民，拘對考驗㉒，連滯無已㉓，上逆時氣㉔，下傷農業。按月令『孟夏㉕斷薄刑』者，謂其輕罪已正㉖，不欲令久繫㉗，故時斷之也。臣愚以為今孟夏之制，可從此令，其決獄案考，皆以立秋為斷㉘。」又奏：「孝章皇帝欲助三正㉙之微，定律著令，斷獄皆以冬至之前㉚。小吏不與國同心者，率入[1]十一月㉛得死罪賊，不問曲直㉜，便即格殺㉝，雖有疑罪，不復讞正㉞。可令大辟之科㉟，盡冬月乃斷㊱。」朝廷皆從之。

丁丑㊲，詔封北海王睦孫壽光侯普㊳為北海王。○九真㊴徼外、夜郎㊵蠻夷舉土內屬。

西域都護段禧等雖保龜茲，而道路隔塞，檄書不通㊶。公卿議者以為「西域阻遠㊷，數有背叛，吏士屯田，其費無已。」六月壬戌㊸，罷西域都護㊹，遣騎都尉㊺王弘發關中兵迎禧及梁慬、趙博㊻、伊吾盧、柳中㊼屯田吏士而還。

初，燒當羌㊽豪東號之子麻奴隨父來降，居于安定㊾。時諸降羌布在郡縣，皆為吏民豪右㊿所傜役(51)，積以愁怨。及王弘西迎段禧，發金城、隴西、漢陽(52)羌數百千騎與俱，郡縣迫促發遣。羣羌懼遠屯不還，行到酒泉，頗[2]有散叛。諸郡各發兵邀遮(53)，或覆其廬落(54)。於是勒姐、當煎(55)大豪東岸等愈驚，遂同時奔潰。麻奴兄弟因此與種人俱西出塞(56)，先零(57)別種[3]滇零與鍾羌(58)諸種大為寇掠，斷隴道㊾。時羌歸附既久，無復器甲，或持竹竿木枝以代戈矛，或負板案以為楯(60)，或執銅鏡以象兵(61)，郡縣畏懦不能制(62)。丁卯(63)，赦除諸羌相連結謀叛逆者罪。

秋，九月庚午(64)，太尉徐防以災異、寇賊策免。三公以災異免，自防始。○辛未(65)，司空尹勤以水雨漂流(66)策免。

【章旨】以上為第二段，寫鄧太后減輕刑獄，死罪覆核。東漢裁撤西域都護，徵召羌人迎接西域將士，郡縣催逼，羌人大起反叛。

【注釋】❶孝安皇帝　章帝之孫，清河王劉慶之子，名祜。西元一〇七－一二五年在位。胡三省注引《伏侯古今注》曰：「祜之字曰福。」❷永初　安帝第一個年號，西元一〇七－一一三年，凡七年。❸癸酉朔　正月初一日。❹徼外　塞外。徼，邊境亭障，也用以指邊塞。❺丁卯　二月二十五日。❻庚午　二月二十八日。❼癸酉　三月初二日。❽己卯　三月初八日。❾永昌　郡名，治所不韋，在今雲南保山市東北。❿甲申　三月十三日。⓫廣丘　縣名，後更名甘陵縣，縣治在今河北邢臺清河縣。⓬儀比東海恭王　葬禮規格比照東海恭王。東海王劉彊，光武帝長子，初為太子，後被廢為東海王，死諡恭王。傳見《後漢書》卷四十二。東海恭王的隆重葬禮見本書卷四十五明帝永平元年。⓭皆為列侯　諸大臣盡封為列侯。張禹，安鄉侯；徐防，龍鄉侯；鄧騭，上蔡侯；鄧悝，葉侯；鄧弘，西平侯；鄧閶，西華侯。⓮逃避使者　躲開朝廷使者，不奉詔。⓯間關詣闕　繞道輾轉到皇宮門前。⓰上疏自陳　上書陳述自己的想法，即請求辭去食邑和侯位。⓱甲戌　五月初三日。⓲長樂衛尉　官名，掌管太后所居長樂宮警衛長官，秩二千石。⓳魯恭　（西元三二－一一二年）字仲康，扶風平陵縣（在今陝西咸陽西）人，和帝時官至司徒，坐事免，安帝時再任司徒。精通《魯詩》。傳見《後漢書》卷二十五。⓴立秋　二十四節氣之一。㉑行薄刑　施行輕刑。㉒拘對考驗　拘捕傳訊，對簿公堂，調查取證。㉓連滯無已　牽連拖延沒完沒了。㉔逆時氣　違背天時。㉕孟夏　夏季第一月，即四月。㉖正　結正；審決。㉗久繫　長久拘押不判決。㉘其決獄案考二句　凡孟夏所立案審理的輕罪徒，判決的最後期限，至立秋之日為止。㉙三正　天、地、人之正道。㉚斷獄皆以冬至之前　指全部重罪犯的判決，都要在冬至日之前審斷完畢。冬至，二十四節氣之一，在陽曆的十二月二十二日前後，農曆則在十一月的上半月中。事見本書卷四十七章帝元和三年。㉛率入十一月　此謂不公正的審判官，一到十一月，凡被控有死罪的重罪犯，不問是非，一律當即處死。㉜曲直　是非。此指是否有冤情。㉝格殺　擊殺；誅殺。㉞讞正　漢代有讞獄制度，疑罪需上讞，由上級機構討論定罪。㉟大辟之科　被判死刑的重罪。為古代五刑之一。㊱盡冬月乃斷　可延長至農曆十二月底審決。㊲丁丑　五月初六日。㊳北海王睦孫壽光侯普　北海王劉睦，其父劉興，光武帝兄劉縯之次子，繼嗣光武帝二兄劉仲，封北海王。劉睦嗣位北海王，傳子劉基，基死無子。和帝封睦庶子劉威為北海王，永元八年，因罪自殺。今又紹封劉睦庶孫劉普為北海王。壽光，縣名，劉普封邑。劉睦、劉普，傳見《後漢書》卷十四。㊴九真　郡名，在今越南中部。治胥浦（今越南清化）。㊵夜郎　西南夷國名，西漢武帝時內屬為牂柯郡屬國，仍保留王號。㊶檄書不通　謂交通受阻，朝廷公文無法送出。檄書，官府用以徵召、曉諭的文書。㊷阻遠　道路險阻而又遙遠。㊸壬戌　六月二十二日。㊹罷西域都護　撤銷西域都護。東漢西域都護，和帝永元三年（西元九一年）置。㊺騎都尉　光祿勳下屬武官，秩比二千石。本置以監羽林騎，常派出領兵。㊻迎禧及梁慬趙博　迎，迎接。段禧，西域都護。梁慬，西域副校尉。趙博，騎都尉。㊼伊吾盧柳中　西域屯守城名，伊吾盧在今新疆哈密西，柳中在鄯善西南魯克沁。㊽燒當羌　東漢時西羌的最大部族。燒當羌酋長東號歸降，見本書卷四十七和帝永元元年。㊾居于安定　東號降，被安置於安定郡。安定郡治所臨涇，在今甘肅涇川縣。西羌本居於今青海高原，歸附後安置於內郡則稱東羌。㊿豪右　豪強。秦漢時富人居於里門右側，故稱豪右。(51)傜役　使役。(52)金城隴西漢陽　皆郡名，金城郡治所允吾，在今青海民和，隴西郡治所狄道，在今甘肅臨洮，漢陽郡治所冀縣，在今甘肅甘谷縣。(53)邀遮　伏擊攔捕。(54)覆其廬落　將叛逃羌人整個部落居地廬帳掃蕩踏平。(55)勒姐當煎　西羌種族名。(56)出塞　指脫離所歸屬的郡縣，出至塞外故地。(57)先零　先零羌居於青海湖、大小榆谷一帶。(58)鍾羌　居於隴西郡臨洮谷，今甘肅洮河上游。部族有九千餘戶。(59)斷隴道　切斷關中通涼州的隴山通道。從此，西羌與東漢之爭進入了新階段，成為東漢西疆長期的邊患。(60)負板案以為楯　舉負木板几案當做盾牌。(61)執銅鏡以象兵　拿著銅鏡反射陽光偽裝兵器。(62)畏懦不能制　畏懼懦弱，無法控制。(63)丁卯　六月二十七日。(64)庚午　九月初一日。(65)辛未　九月初二日。(66)水雨漂流　大雨造成水災，沖毀民屋。

【校　記】[1]入　原無此字。據章鈺校，甲十六行本、乙十一行本、孔天胤本皆有此字，今據補。[2]頗　據章鈺校，甲十六行本、乙十一行本皆作「多」，張敦仁《通鑑刊本識誤》同。[3]先零別種　原無此四字。據章鈺校，甲十六行本、乙十一行本、孔天胤本皆有此四字，張敦仁《通鑑刊本識誤》、張瑛《通鑑校勘記》同，今據補。

【語　譯】孝安皇帝上

永初元年（丁未　西元一〇七年）

春，正月初一日癸酉，大赦天下。〇蜀郡塞外的羌族內附。

二月二十五日丁卯，分割清河國一部分封給安帝的弟弟劉常保為廣川王。〇二十八日庚午，司徒梁鮪去世。

三月初二日癸酉，發生日蝕。〇初八日己卯，永昌郡界外僬僥族夷人陸類等率領全族人歸附。〇十三日甲申，在廣丘安葬清河孝王，司空、宗正督辦喪事，儀式比照東海恭王。

自從漢和帝逝世以後，鄧騭兄弟經常住在宮中。鄧騭不願久住宮內，接連請求返回私第，鄧太后答應了他。

夏，四月，封太傅張禹、太尉徐防、司空尹勤、車騎將軍鄧騭、城門校尉鄧悝、虎賁中郎將鄧弘、黃門郎鄧閶全為列侯，食邑每人萬戶，鄧騭因有決策帝位的功勞增加三千戶食邑。鄧騭和幾個弟弟推讓沒有獲准，於是躲避使者，繞道到宮門，上奏陳述自己的請求，到了五、六次，鄧太后才答應了他們。

五月初三日甲戌，任命長樂衛尉魯恭為司徒。魯恭上奏說：「舊制，立秋才施行輕刑。自永元十五年以來，改用孟夏。而刺史、太守因此在盛夏徵召農民，拘留審訊查驗，牽連拖延沒完沒了，上違天時，下損農業。按〈月令〉『初夏決斷輕刑』之語，說的是那些輕罪已經審決，不想讓他們長期囚禁，所以要及時決斷案件。臣愚見認為現在孟夏斷刑的制度，可遵從這一月令，判案考問，都以立秋為最後期限。」又上奏說：「孝章皇帝想有助天地人三正的精妙，制定律令，決斷案獄都在冬至之前。小吏有的不和朝廷同心，凡是十一月抓獲的死罪囚，不管是不是冤枉，就立即處死，即使發現案情有疑問，也不再上請審正。應該命令死刑的重罪，延長到冬月結束才作判決。」朝廷都接受了他的建議。

五月初六日丁丑，下詔冊封北海王劉睦的孫子壽光侯劉普為北海王。○九真郡界外的蠻人和夜郎國的蠻人全部歸附朝廷。

西域都護段禧等人雖然堅守龜茲國，但道路阻隔不通，官府公文都無法傳遞。參加議論的公卿認為「西域險阻遙遠，屢次發生背叛，官吏士兵屯田，耗費無窮。」六月二十二日壬戌，撤銷西域都護，派遣騎都尉王弘徵發關中軍隊，迎接段禧和梁慬、趙博、伊吾盧、柳中屯田的將吏士卒回歸。

當初，燒當羌首領東號的兒子麻奴隨父歸降，安置在安定郡。當時那些來降的羌人分布在各個郡縣，都被吏民豪強所役使，愁苦怨恨蓄積。等到王弘西去迎接段禧，徵發金城郡、隴西郡、漢陽郡羌人成百上千騎兵一起前往，郡縣緊急催促他們出發。眾羌擔心遠方屯駐不能回來，行進到酒泉郡，很多叛逃。各郡發兵攔截，或者毀掉他們的部落廬舍。於是勒姐族、當煎族的大酋長東岸等人更加驚懼，就同時奔散。麻奴兄弟因此與族人都西出塞外，先零羌的一支部族滇零羌與鍾羌各族大肆搶掠，阻斷隴道。當時羌人歸附已久，不再有武器鎧甲，有的拿著竹竿樹枝用來代替戈矛，有的背負著木板几案作為盾牌，有的拿著銅鏡偽裝兵器，郡縣官兵害怕怯懦，不能控制他們。六月二十七日丁卯，赦免了各羌族部落互相勾結謀反叛逆人員的罪行。

秋，九月初一日庚午，太尉徐防因為發生災異、寇賊橫行而被策書罷免。三公因為災異而被免職，從徐防開始。○初二日辛未，司空尹勤因為雨水氾濫成災而被策書免職。

仲長統❶昌言曰：「光武皇帝慍❷數世之失權❸，忿強臣之竊命❹，矯枉過直❺，政不任下，雖置三公，事歸臺閣❻。自此以來，三公之職，備員❼而已。然政有不治，猶加譴責。而權移外戚之家，寵被近習之豎❽，親其黨類❾，用其私人，內充京師，外布州郡❿，顛倒賢愚⓫，貿易選舉⓬，疲駑守境⓭，貪殘牧民⓮，撓擾百姓，忿怒四夷，招致乖叛⑮，亂離斯瘼⑯，怨氣並作⑰，陰陽失和，三光虧缺⑱，怪異數至，蟲螟食稼，水旱為災。此皆戚宦之臣所致然也⑲，反以策讓三公，至於死、免，乃足為叫呼蒼天，號咷⑳泣血者矣！又中世㉑之選三公也，務於清愨謹慎㉒，循常習故者㉓，是乃婦女之檢柙㉔，鄉曲之常人㉕耳，惡㉖足以居斯位㉗邪！勢既如彼，選又如此㉘，而欲望三公勳立於國家，續加於生民，不亦遠㉙乎？昔文帝之於鄧通，可謂至愛，而猶展申徒嘉之志㉚。夫見任如此，則何患於左右小臣哉！至如近世㉛，外戚宦豎，請託不行，意氣不滿，立能陷人㉜於不測之禍，惡可得彈正者哉！曩者㉝任之重而責之輕，今者㉞任之輕而責之重。光武奪三公之重，至今而加甚。不假后黨㉟以權，數世而不行，蓋親疏之勢異也。今人主誠專委三公，分任責成，而在位病民㊱，舉用失賢，百姓不安，爭訟不息，天地多變，人物多妖，然後可以分此罪矣！」

壬午㊲，詔太僕、少府減黃門鼓吹以補羽林士㊳，廄馬㊴非乘輿常所御者㊵皆減半食，諸所造作，非供宗廟園陵之用㊶，皆且止。

庚寅㊷，以太傅張禹為太尉，太常周章㊸為司空。

大長秋鄭眾㊹、中常侍蔡倫㊺等皆秉勢豫政，周章數進直言，太后不能用。

初，太后以平原王勝[46]有痼疾[47]，而貪殤帝孩抱，養為己子，故立焉。及殤帝崩，羣臣以勝疾非痼，意咸歸之。太后以前不立勝，恐後為怨，乃迎帝而立之。周章以眾心不附，密謀閉宮門，誅鄧騭兄弟及鄭眾、蔡倫，劫尚書，廢太后於南宮，封帝為遠國王[48]而立平原王。事覺，冬，十一月丁亥[49]，章自殺。

戊子[50]，敕司隸校尉、冀・并二州刺史，「民訛言[51]相驚，棄捐舊居，老弱相攜，窮困道路[52]。其各敕所部長吏躬親曉喻[53]，若欲歸本郡，在所為封長檄[54]；不欲[55]，勿彊。」

十二月乙卯[56]，以潁川太守張敏[57]為司空。○詔車騎將軍鄧騭、征西校尉任尚將五營[58]及諸郡兵五萬人，屯漢陽[59]以備羌。

是歲，郡國十八地震，四十一大水，二十八大風，雨雹。

鮮卑大人燕荔陽詣闕朝賀。太后賜燕荔陽王印綬、赤車[60]、參駕[61]，令止烏桓校尉所居甯城[62]下，通胡市[63]，因築南、北兩部質館[64]。鮮卑邑落百二十部各遣入質。

【章　旨】以上為第三段，寫仲長統《昌言》論君王過度集權之弊。鄧太后挫敗司空周章發動的宮廷政變，漢安帝得以不廢。

【注釋】❶仲長統　字公理，山陽高平（在今山東微山縣）人，東漢政論家，著有《昌言》行於世。《昌言》書已佚，《後漢書・仲長統傳》中有摘要。傳見《後漢書》卷四十九。❷愠　怨恨。❸數世之失權　指西漢後期元、成、哀、平時政權旁落外戚手中。❹強臣之竊命　權臣竊取了國家政權。強臣，指王莽。❺矯枉過直　糾正偏差而超過中正。此指光武帝削奪三公權力，避免權臣竊命，但改正過火，導致朝政旁落於群豎。❻臺閣　指尚書臺。東漢尚書出納章奏，總樞機之任。三公須加「錄尚書事」，才能參與行政。❼備員　充數擺樣子，有職無權。❽寵被近習之豎　恩寵只施加給皇帝身邊的侍從小人。近習，親近，指皇帝寵愛親信的人。豎，地位低微的人，多指宦官。❾黨類　朋黨同類。❿內充京師二句　在朝內充斥京師各官府，在地方遍布州郡要職。⓫顛倒賢愚　愚人統治賢者。⓬貿易選舉　把推薦人才用作交易。⓭疲駑守境　軟弱無能的人守衛邊疆。駑，劣馬。喻庸才。⓮貪殘牧民　貪汙殘暴的官吏治理百姓。牧民，治民。⓯忿怒四夷二句　觸怒四方民族，引起反叛。⓰亂離斯瘼　政治紛亂，國家面臨憂患。語出《詩經・四月》：「亂離瘼矣。」離，憂。瘼，病。⓱並作　一起爆發。⓲三光虧缺　日、月、星缺損不圓。⓳此皆戚宦之臣所致然也　水旱蟲災、三光虧缺等災異，都是外戚和宦官專權所引起的上天警告。⓴號咷　放聲大哭。㉑中世　指西漢中期以後。㉒清慤謹慎　指清廉忠厚、謹慎小心的人。㉓循常習故者　循規蹈矩、熟悉典章故事的人。㉔婦女之檢柙　婦人的規矩。檢柙，規矩。㉕鄉曲之常人　鄉里的平庸人。㉖惡　怎能。㉗斯位　指三公的高位。㉘勢既如彼二句　形勢既然是三公無權，而用人又盡庸碌之輩。㉙遠　指實際與要求相差很遠。㉚展申徒嘉之志　展，施展，此指行使丞相職權。申徒嘉，漢文帝時丞相，他曾經懲治文帝寵臣鄧通，幾乎將鄧通置於死地。事見本書卷十四文帝後元二年。㉛近世　指東漢中期以後。㉜立能陷人　立即能陷害別人。「外戚、宦豎，請託不行，意氣不滿，立能陷人於不測之禍」等句，意謂外戚、宦官專權，朝廷官員若不聽從他們的請託，他們的願望得不到滿足，立即就陷他們於不測之禍，又怎能彈劾糾正他們呢。㉝曩者　從前，指西漢前期。㉞今者　現在。指東漢一朝。㉟后黨　外戚。㊱病民　禍害百姓。㊲壬午　九月十三日。㊳減黃門鼓吹以補羽林士　減少後宮樂隊的人數，將所減定員轉撥給羽林軍以增加羽林武士的人數。黃門鼓吹，定員一百四十五人，後宮典禮時掌奏樂。羽林軍，左監定員八百人，右監定員九百人。㊴廄馬　皇帝御用馬。㊵非乘輿常所御者　不是皇帝經常使用的馬。乘輿，皇帝乘坐的車子。代指皇帝。㊶非供宗廟園陵之用　謂尚方所造不是供祭享宗廟陵園的器物。㊷庚寅　九月二十一日。㊸周章　字次叔，南陽隨縣（今湖北隨州）人，官至司空。周章反對立安帝，欲發動宮廷政變立和帝長子劉勝，事敗自殺。傳見《後漢書》卷三十三。㊹鄭眾　字季產，助和帝誅竇憲，官拜大長秋。東漢宦官用權自鄭眾始。傳見《後漢書》卷七十八。㊺蔡倫　即東漢改進造紙術的宦官，與鄭眾同傳。㊻平原王勝和帝長子劉勝，因有痼疾，鄧太后不立為帝，封為平原王。傳見《後漢書》卷五十五。㊼痼疾　不治之症。㊽遠國王　邊遠地區的諸侯國王。㊾丁亥　十一月十九日。㊿戊子　十一月二十日。㊿訛言　謠言。㊿窮困道路　飢困於道路。㊿曉喻　勸導。㊿長檄　即長牒，書於長簡上的公文書。此謂流離他鄉之民，願歸本鄉者，由所在地政府出具加封的長簡文書，以便獲得政府安置。㊿不欲　指不願意回歸本郡的人。㊿乙卯　十二月十八日。㊿張敏　字伯達，河間鄚縣（今河北任丘北）人，歷官郡太守、司隸校尉，為政簡約，用刑平正，官至司空。傳見《後漢書》卷四十四。㊿五營　北軍五校尉營，即屯騎、步兵、越騎、長水、射聲五校。㊿漢陽　郡名，治所冀縣，在今甘肅甘谷縣。㊿赤車　車帷、車衺、車衡、車軛皆紅色。㊿參駕　三馬駕車。㊿甯城　上谷郡屬縣，縣治在今河北萬全。㊿通胡市　開放邊塞漢胡交易市場。㊿質館　供外國投降者、人質所居館舍。質，留居出使國以示信的人質。

【語　譯】仲長統《昌言》說：「光武皇帝痛恨幾代皇帝失去權柄，氣憤強臣竊奪政權，矯枉過正，政權不交給臣下，雖然設立三公，政事卻歸尚書臺。從此以後，三公的職位，虛設罷了。然而遇到政務有不治理的情況，還要譴責三公。而大權轉移到外戚之家，恩寵施予身邊親近的侍從小人，親信他們的同黨，重用他們的親朋，在內充滿了京師，在外分布於州郡，賢愚顛倒，把選舉人才當做交易，愚鈍無能之人守衛國境，貪婪殘酷的人治理民眾，煩擾百姓，激怒四夷，導致他們反叛，政治紛亂，國家憂患，怨恨之氣一起爆發，陰陽失調，日月星殘缺不明，怪異現象多次出現，蝗蟲吞噬莊稼，水旱成災。這些都是外戚宦官之臣所使然，反而下詔譴責三公，甚至處死、免職，這足以讓人呼叫蒼天，泣血大哭啊！還有，漢代中葉選舉三公，注重清廉忠厚小心謹慎、循規蹈矩而熟悉典章故事的人，這是對婦人的規矩，鄉里的平庸人而已，怎麼能擔任這樣的要職呢！形勢既然是那樣，選用人才又是如此，卻希望三公為國家建立功勳，管理人民有政績，豈不是太遙遠了嗎？從前漢文帝對待鄧通，可以稱得上極盡寵愛，但仍讓丞相申徒嘉施展心志。三公大臣如此受信任，又何必擔心身邊的小臣呢！到了近世，外戚宦官，請託不能如願，心願得不到滿足，立即就陷他人於無法預測的禍患，怎麼可能彈劾糾正他們呢！過去，大臣的權力大而受責備輕，現在卻是權力小而受責備重。光武帝剝奪三公的大權，到今天更加嚴重。光武帝不把權力給與外戚，但幾代以後就行不通了，這是因為親疏形勢不同的緣故。現今皇上如果真的把權力都委任於三公，分別責任各負其責，那麼，三公在任時若禍害百姓，用人不當，百姓不安，爭訟不止，天地多變，人與物怪異很多，這時就能讓三公承擔這些罪責了！」

九月十三日壬午，下詔：太僕、少府減少黃門鼓吹員數以補充羽林士，御廄的馬若不是皇帝經常駕御的都減少一半飼料，各項建造，凡不是供宗廟陵園使用的，都暫時停止。

九月二十一日庚寅，任命太傅張禹為太尉，太常周章為司空。

大長秋鄭眾、中常侍蔡倫等都秉持權勢干預政務，周章數進直言，鄧太后不聽。當初，鄧太后因為平原王劉勝患了不治之症，而貪圖漢殤帝還在襁褓之中，就收養為自己的兒子，因此立漢殤帝當皇帝。等到漢殤帝去世，群臣認為劉勝的病並非不治，心意都向著他。鄧太后因為過去沒有立劉勝為帝，擔心劉勝日後怨恨自己，就迎安帝立為皇帝。周章因為眾心不服，密謀關閉宮門，誅殺鄧騭兄弟和鄭眾、蔡倫，劫持尚書，廢除鄧太后，軟禁在南宮，封漢安帝為偏遠的諸侯國國王，而擁立平原王為帝。事情洩露，冬，十一月十九日丁亥，周章自殺。

十一月二十日戊子，下詔司隸校尉、冀州、并州二州刺史，「民間謠言相互驚擾，拋棄舊居，老弱扶攜，飢困於道路。敕令所屬官吏親自勸導，如果有人想要回本郡，所在地給他們長牒文書作為憑證；不想回本郡的人，不要強迫。」

十二月十八日乙卯，任命潁川太守張敏為司空。○詔令車騎將軍鄧騭、征西校尉任尚率領北軍五校營以及各郡兵共計五萬人，屯駐漢陽以防備羌人。

這一年，十八個郡國發生地震，四十一個郡國發生大水災，二十八個郡國颳大風、下冰雹。

鮮卑族首領燕荔陽到宮闕朝賀。鄧太后賜給燕荔陽王的印綬、赤車、三匹馬拉的車子，命令在烏桓校尉所居住的甯城旁居住，開放邊塞漢胡貿易市場，就勢建造南、北兩部受降人質的館第。鮮卑的一百二十個部落分別遣送人質。

二年（戊申　西元一〇八年）

春，正月，鄧騭至漢陽。諸郡兵未至，鍾羌數千人擊敗騭軍于冀西❶，殺千餘人。梁慬還，至敦煌，逆詔慬留為諸軍援❷。慬至張掖❸，破諸羌萬餘人，其能脫者十二三。進至姑臧❹，羌大豪三百餘人詣慬降，並慰譬，遣還故地。

御史中丞樊準以郡國連年水旱，民多飢困，上疏：「請令太官、尚方、考功、上林池籞諸官❺，實減無事之物，五府調省中都官吏、京師作者❻。又被災之郡，百姓凋殘❼，恐非賑給所能勝贍❽，雖有其名，終無其實。可依征和元年故事❾，遣使持節慰安，尤困乏者徙置荊、揚孰[1]郡❿。今雖有西屯之役⓫，宜先東州之急⓬。」太后從之，悉以公田賦與貧民⓭，即擢準與議郎呂倉並守⓮光祿大夫。二月乙丑⓯，遣準使冀州、倉使兗州稟貸⓰，流民咸得蘇息⓱。

夏，旱。五月丙寅⓲，皇太后幸雒陽寺⓳及若盧獄⓴，錄囚徒㉑。雒陽有囚，實不殺人，而被考自誣㉒，羸困輿見㉓，畏吏不敢言。將去，舉頭若欲自訴。太后察視覺之，即呼還問狀，具得枉實㉔，即時收雒陽令下獄抵罪㉕。行未還宮，澍雨㉖大降。

六月，京師及郡國四十大水，大風，雨雹㉗。

秋，七月，太白入北斗㉘。

閏月辛丑㉙[2]，廣川王常保㉚薨，無子，國除。○癸未㉛，蜀郡徼外羌舉土內屬。

冬，鄧騭使任尚及從事中郎河內司馬鈞率諸郡兵與滇零等數萬人戰于平襄㉜，尚軍大敗，死者八千餘人。羌眾遂大盛，朝廷不能制。湟中諸縣㉝粟石萬錢，百姓死亡不可勝數，而轉運難劇㉞。故左校令㉟河南龐參㊱先坐法輸作若盧㊲，使其子俊上書㊳曰：「方今西州㊴流民擾動，而徵發不絕，水潦不休㊵，地力不復，重之以大軍㊶，疲之以遠戍㊷，農功消於轉運，資財竭於徵發，田疇㊸不得墾闢，禾稼不得收入，搏手困窮㊹，無望來秋，百姓力屈㊺，不復堪命㊻。臣愚以為萬里運糧，遠就羌戎，不若總兵養眾㊼，以待其疲。車騎將軍騭宜且振旅㊽，留征西校尉任尚，使督涼州士民轉居三輔㊾，休徭役㊿，以助其時，止煩賦(51)，以益其財，令男得耕種，女得織紝(52)。然後畜精銳，乘懈沮(53)，出其不意，攻其不備，則邊民之仇報，奔北(54)之恥雪矣。」書奏，會樊準上疏薦參，太后即擢參於徒中，召拜謁者，使西督三輔諸軍屯。十一月辛酉(55)，詔鄧騭還師，留任尚屯漢陽為諸軍節度(56)。遣使迎拜騭為大將軍。既至，使大鴻臚親迎，中常侍郊勞(57)，王、主(58)以下候望於道，寵靈顯赫[59]，光震都鄙[60]。

滇零自稱天子於北地，招集武都參狼[61]、上郡、西河諸雜種羌斷隴道，寇鈔三輔，南入益州，殺漢中太守董炳。梁慬受詔當屯金城，聞羌寇三輔，即引兵赴擊，轉戰武功、美陽[62]間，連破走之，羌稍退散。

十二月，廣漢[63]塞外參狼羌降。

是歲，郡國十二地震。

【章　旨】以上為第四段，寫鄧太后節省支出，賑濟災民。朝廷征討西羌，互有勝敗。

【注　釋】❶冀西　冀縣之西。❷逆詔慬留為諸軍援　梁慬迎奉詔書，令其留下來作為討羌諸軍的後援。逆，迎。援，機動援軍。❸張掖　河西四郡之一，在河西走廊中部。治所觻得，在今甘肅張掖西北。❹姑臧　縣名，武威郡治所，在今甘肅武威。❺太官尚方句　考功，當為考工。皆少府屬官。太官管理皇帝膳食，尚方製造刀劍，考工製作器械。上林池籞，上林苑中共有十池監，分掌上林苑各園池林木鳥獸。❻五府調省中都官吏句　五府盡量減少徵調中央各官府官吏，以及京城營造工匠。五府，指太傅府、太尉府、司徒府、司空府、大將軍府（或車騎將軍府）。調，徵調。省，裁減；縮小編制。中都官吏，中央政府官員。❼凋殘　凋零殘破。❽恐非賑給所能勝贍　恐怕不是政府救濟所能充分供給。勝，能夠承受；禁得起。贍，供給。❾征和元年故事　漢武帝征和元年賑給百姓，史實缺載。征和四年下輪臺詔，與民休息，曰：「當今務在禁苛暴，止擅賦，力本農桑，毋乏武備而已。」❿孰郡　豐收的各郡。孰，通「熟」。指豐收。⓫西屯之役　西疆屯兵討伐西羌之戰。⓬宜先東州之急　應當首先救濟東方冀州、兗州災區人民。東，洛陽以東。⓭悉以公田賦與貧民　把政府控制的公田全部授給貧民耕種。賦，授；給與。⓮守　代理。⓯乙丑　二月二十九日。⓰稟貸　賑濟借貸。稟，給。貸，借貸。⓱蘇息　死而復生稱蘇，氣絕又重新呼吸稱息。⓲丙寅　五月初一日。⓳皇太后幸雒陽寺　鄧綏皇太后巡察洛陽縣府衙。寺，官府。⓴若盧獄少府所屬特別監獄，關押審訊將相大臣。東漢初省，和帝永元五年重置。㉑錄囚徒　上級官員為考察吏政而審訊囚犯。錄，省察；甄別。㉒被考自誣　屈打成招。被，受。考，通「拷」。嚴刑拷打。自誣，自己被迫承認有罪。㉓羸困輿見　衰弱困乏，用竹床抬著見皇太后。輿，箯輿，竹編的輿床。㉔枉實　被冤枉的實情。㉕抵罪　因失職而受到相應的處罰。㉖澍雨　及時雨。㉗大風二句　據《東觀漢記》載，這次風災，拔樹發屋；這次冰雹，大如芋頭、雞蛋。㉘太白入北斗　太白星進入北斗。按照古代的天文占法的解釋，太白入北斗，象徵宰相有凶。㉙辛丑　閏七月初七日。㉚廣川王常保　清河王劉慶少子，安帝之弟。㉛癸未　閏七月乙未朔，無癸未。癸未，應為八月二十日。㉜平襄　縣名，屬漢陽郡，縣治在今甘肅通渭西北。㉝湟中諸縣　金城郡湟水流域各縣，即臨羌、破羌、允吾等縣。㉞轉運難劇　運輸十分困難。劇，甚。㉟左校令　官名，將作大匠屬官，有左、右校令。左校令掌左營工匠罪徒。㊱龐參　（？—西元一三六年）字仲達，河南緱氏（在今河南偃師東南）人，歷官左校令、漢陽太守、護羌校尉、度遼將軍，為東漢安邊名將。後官至太尉。傳見《後漢書》卷五十一。㊲坐法輸作若盧　犯法被拘繫在若盧監獄服役。㊳子俊上書　罪徒不能直接上書皇帝，故龐參使其子龐俊上書。㊴西州　指西部的涼州。㊵水潦不休　大水不斷。不休，無休止。㊶重之以大軍　加之大軍征討。重，又。㊷疲之以遠戍　徵發去遠方戍邊，使農夫精疲力竭。㊸田疇　田地。㊹搏手困窮　兩手相搓，無計可施，窘迫困頓。㊺力屈　力竭。㊻不復堪命　不再能役使。㊼總兵養眾　統領軍隊，讓兵眾休養。㊽振旅　班師。㊾轉居三輔　遷居關中。三輔，京兆尹、左馮翊、右扶風。㊿休傜役　停止徵調民夫及兵役。(51)止煩賦　停止徵收苛重的賦稅。(52)織紝　織作布帛。(53)乘懈沮　利用敵人懈怠以及士氣低落的時機。(54)奔北　敗逃。(55)辛酉　十一月二十九日。(56)節度　調度。(57)郊勞　在京郊迎接慰勞。這是禮遇立大功還朝的重臣所享受的隆重待遇。(58)王主　諸侯王及諸公主。(59)寵靈顯赫　恩寵聲威顯赫。靈，顯赫的聲威。(60)光震都鄙　聲震京師。(61)參狼　西羌部種名，居於武都郡。武都郡治所下辨，在今甘肅成縣西北。(62)武功美陽　二縣名，屬左扶風。二縣相鄰，美陽在武功北。武功縣治在今陝西武功西，美陽縣治在今武功西北。(63)廣漢　郡名，屬益州。廣漢郡與武都郡連界，在武都之南。故廣漢郡內的參狼羌與武都郡內的參狼羌為同種。

【校記】[1]孰　據章鈺校，孔天胤本作「熟」。按，二字同。[2]辛丑　原無此二字。據章鈺校，甲十六行本、乙十一行本皆有此二字，張瑛《通鑑校勘記》同，今據補。

【語譯】二年（戊申　西元一〇八年）

春，正月，鄧騭到達漢陽郡。各郡軍隊尚未到達，鍾羌幾千人在冀縣西邊打敗鄧騭的軍隊，殺死一千多人。梁慬從西域回師，到了敦煌郡，接到詔書要他留下作為各軍援軍。梁慬到達張掖，打敗各部羌人一萬多人，能逃脫的有十之二三。前進到姑臧縣，羌人首領三百多人前往梁慬處投降，梁慬一一撫慰曉諭他們，遣送回原來的居住地。

御史中丞樊準因為郡國連年發生水旱災害，人民大多飢餓貧困，上疏說：「請命令太官、尚方、考工、上林池籞等官，切實減少不必要的物品，五府減少徵調中央的官吏和京城營建工匠。還有，受災的郡，百姓凋零殘破，恐怕不是賑濟所能充分供給，雖然有賑救的名義，終歸沒有實效。可以按照征和元年的慣例，派使者持節慰問安撫，把尤為貧困的人遷徙安置到荊州、揚州豐收的各郡。現今雖然有西疆屯兵討伐西羌之戰，但應先解決東邊各州的災害之急。」鄧太后聽從了他的建議，把政府控制的公田全部給與貧民，當即提升樊準和議郎呂倉一起代理光祿大夫之職。二月二十九日乙丑，派樊準出使冀州、呂倉出使兗州賑濟借貸，流民都得到緩解喘息。

夏，旱災。五月初一日丙寅，鄧太后駕臨洛陽縣官衙和若盧獄，審查囚犯。洛陽縣有個囚犯，確實沒有殺人，卻被屈打成招，衰弱萎靡不堪，用竹床抬著見皇太后，他害怕官吏不敢喊冤。要離去時，抬頭似乎要自己訴說什麼。鄧太后觀察發覺這種狀況後，立即呼叫這個囚犯回來詢問情況，全部得知冤情，當即收捕洛陽縣令下獄抵罪。御駕尚未返回到皇宮，就下了一場大的及時雨。

六月，京城和四十個郡國發生大水災，颳大風，下冰雹。

秋，七月，太白星進入北斗。

閏七月初七日辛丑，廣川王劉常保去世，沒有子嗣，廢除封國。○癸未日，蜀郡界外的羌族全部內附朝廷。

冬，鄧騭派任尚及從事中郎河內人司馬鈞率領各郡軍隊和滇零羌等幾萬人在平襄縣交戰，任尚的軍隊大敗，死了八千多人。於是羌人勢力強盛，朝廷無法控制。湟中各縣粟米每石一萬錢，百姓死亡的人無法計算，而運輸十分困難。前左校令河南人龐參因犯法在若盧獄服役，叫他的兒子龐俊上書說：「現今西州的流民騷動不安，而徵發不斷，大水不停，地力無法恢復，加之大軍征討，百姓疲於戍邊遠方，農事被糧餉轉運取代，民眾資財被徵發光了，田地得不到開墾，莊稼無法收割入倉，搓著兩手無計可施，窘迫窮困，來年的秋收沒有希望，百姓力量耗盡，不再能役使。臣愚見認為與其運糧萬里到遙遠的地方去與羌人作戰，不如統領軍隊，休養士卒，等待敵人疲乏。車騎將軍鄧騭應當暫時回師，留下征西校尉任尚，讓他監督涼州士兵和百姓遷居三輔，停止徵發徭役、兵役，以助農時，停止徵收繁重的賦稅，增加人民的財產，使男人能耕種，婦女能織布。然後蓄精養銳，乘著敵人懈怠和士氣低落時，出其不意，攻其不備，就可以報邊民之仇，雪敗逃之恥。」奏書呈進，正好樊準上疏推薦龐參，鄧太后當即從刑徒中提拔龐參，召見任命為謁者，派他到西邊監督三輔各駐軍。十一月二十九日辛酉，下詔鄧騭回師，留下任尚屯駐漢陽郡做各軍調度。派使者迎接鄧騭，拜為大將軍。鄧騭抵達京城後，派大鴻臚親自迎接，中常侍在城郊慰勞，諸侯王、公主以下在道路旁守候，恩寵聲威顯赫，聲震京城。

滇零族首領在北地郡自稱天子，招集武都郡的參狼羌、上郡和西河郡的各雜種羌人，截斷隴西道路，寇掠三輔，南邊進入益州，殺死漢中郡太守董炳。梁慬奉詔書之命應當駐守金城郡，聽說羌人入犯三輔，馬上率兵前往攻擊，轉戰在武功縣、美陽縣之間，連續打跑了他們，羌人稍稍後退離散。

十二月，廣漢郡塞外的參狼羌投降。

這年，十二個郡國發生地震。

三年（己酉　西元一〇九年）

春，正月庚子❶，皇帝加元服❷，赦天下。

遣騎都尉任仁督諸郡屯兵救三輔。仁戰數不利，當煎、勒姐羌攻沒破羌縣❸，鍾羌攻沒臨洮縣❹，執隴西南部都尉。

三月，京師大饑，民相食。壬辰❺，公卿詣闕謝❻。詔「務思變復，以助不逮。」❼

壬寅❽，司徒魯恭罷。恭再在公位❾，選辟❿高第至列卿、郡守者數十人。而門下耆[1]生⓫，或不蒙薦舉，至有怨望者。恭聞之，曰：「學之不講，是吾憂也⓬。諸生不有鄉舉⓭者乎！」終無所言，亦不借之議論。學者受業，必窮核⓮問難⓯，道成⓰，然後謝遣⓱之。學者曰：「魯公謝與議論⓲，不可虛得。」

夏，四月丙寅⓳，以大鴻臚九江夏勤為司徒。◯三公以國用未足，奏令吏民入錢穀得為關內侯⓴、虎賁、羽林郎、五官㉑、大夫㉒、官府吏㉓、緹騎㉔、營士㉕各有差㉖。

甲申㉗，清河愍王虎威薨，無子。五月丙申㉘，封樂安王寵子延平為清河王，奉孝王後。

六月，漁陽烏桓與右北平㉙胡千餘寇代郡、上谷㉚。◯漢人韓琮隨匈奴南單于入朝。既還，說南單于云：「關東水潦，人民飢餓死盡，可擊也。」單于信其言，遂反。

秋，七月，海賊張伯路等寇濱海九郡，殺二千石、令、長。遣侍御史㉛巴郡龐雄督州郡兵擊之，伯路等乞降，尋復屯聚。

九月，鴈門㉜烏桓率眾王無何允與鮮卑大人丘倫等，及南匈奴骨都侯㉝[2]，合七千騎寇五原㉞，與太守戰于高渠谷㉟，漢兵大敗。

南單于圍中郎將㊱耿种於美稷㊲。冬，十一月，以大司農陳國何熙行車騎將軍事，中郎將龐雄為副，將五營及邊郡兵二萬餘人，又詔遼東太守耿夔率鮮卑及諸郡兵[3]共擊之。以梁慬行度遼將軍事。雄、夔擊南匈奴薁鞬日逐王，破之。

十二月辛酉㊳，郡國九地震。○乙亥㊴，有星孛于天苑㊵。

是歲，京師及郡國四十一雨水。并、涼二州大飢，人相食。

太后以陰陽不和，軍旅數興，詔歲終饗遣衛士勿設戲作樂㊶，減逐疫侲子之半㊷。

【章旨】以上為第五段，寫司徒魯恭為官公正，兩為三公，用人不徇私情。烏桓侵擾邊郡。

【注釋】❶庚子　正月初九日。❷皇帝加元服　安帝行加冠禮。是年安帝十六歲。古男子二十加冠，以示成人。皇帝行加冠禮始得親政。元服，加於首上之服，即冠。❸破羌縣　縣名，屬金城郡，縣治在今青海樂都東。❹臨洮縣　縣名，隴西郡南部都尉治所，縣治在今甘肅岷縣。❺壬辰　三月二日。❻公卿詣闕謝　三公九卿因京師大饑而到宮門前向皇帝請罪。❼務思變復二句　意謂要致力於思考改變過錯，恢復正規，以輔佐我的不足。務，致力於。變復，改正錯誤，回到正確的軌道上。❽壬寅　三月十二日。❾恭再在公位　魯恭兩次在三公位。和帝永元十二年，代呂蓋為司徒；安帝永初元年代梁鮪為司徒。❿選辟　選舉徵召。⓫門下耆生　魯恭門下的老弟子。耆，六十歲老人之稱。⓬學之不講二句　不講習學問，這是我所憂慮的。講，講習；研求。此引孔子之言，見《論語・述而》。⓭鄉舉　家鄉的鄉里進行舉薦。⓮窮核　深究考查義理。⓯問難　詰問辯難。⓰道成　學業成功。⓱謝遣　辭謝讓其離去。⓲謝與議論　辭謝和評議。⓳丙寅　四月初七日。⓴關內侯　秦漢二十級爵之第十九級，位僅次列侯。㉑虎賁羽林郎五官　皆郎官之名。㉒大夫　有光祿大夫、太中大夫、中散大夫、諫議大夫。㉓官府吏　中央各官府執事人員。㉔緹騎　身著赤黃色衣的騎士，為執金吾部屬。㉕營士　北軍五校營兵。㉖各有差　各有不同的等級。㉗甲申　四月二十五日。㉘丙申　五月初七日。㉙右北平　郡名，郡治土垠，在今河北豐潤。㉚代郡上谷　皆郡名。代郡治高柳，在今山西陽高。上谷郡治沮陽，在今河北懷來東南。㉛侍御史　御史大夫府屬官，受公卿奏事，彈劾舉奏大臣犯法者。㉜鴈門　郡名，雁門郡治所陰館，在今山西代縣西北。㉝骨都侯　匈奴貴族官名，位在大當戶下。㉞五原　郡名，治所九原，在今內蒙古包頭西。㉟高渠谷　地名，在九原境內。據《東觀漢記》載：「戰於九原高梁谷」，梁與渠兩字相似，不知孰誤。㊱中郎將　此為「使匈奴中郎將」之省稱。㊲美稷　縣名，屬西河郡，縣邑在今內蒙古準噶爾旗西北。㊳辛酉　十二月初五日。㊴乙亥　十二月十九日。㊵有星孛于天苑　有彗星出現在天苑星區。《晉書・天文志》：「天苑十六星在昴、畢南，天子之苑囿，養獸之所也。」㊶詔歲終饗遣衛士句　鄧太后下詔，年終舉行歡送期滿衛士的宴會上，停止角抵戲表演和奏樂。西漢舊制，宮廷衛士，年終移交換班，皇帝設宴招待期滿衛士，儀式極為隆重。文武百官出席，各就各位，禮賓官（謁者）持節引導衛士從端門進宮，衛司馬拿著旗幟、樂器在旁並行，站定位置。再由侍御史持節慰勞，宣讀詔書慰問疾苦，接受衛士的上書。然後賜宴奏樂，觀看摔跤遊戲。禮畢，遣送衛士回鄉種田。㊷減逐疫侲子之半　減少一半逐疫童子。侲子，幼童。逐疫童子定員一百二十人，選中黃門子弟十歲以上，十二歲以下。大儺，執大鞉而舞。

【校　記】①耆　據章鈺校，乙十一行本作「舊」。②侯　原無此字。據章鈺校，甲十六行本、乙十一行本、孔天胤本皆有此字，張敦仁《通鑑刊本識誤》、張瑛《通鑑校勘記》同，今據補。③兵　原無此字。據章鈺校，甲十六行本、乙十一行本、孔天胤本皆有此字，張敦仁《通鑑刊本識誤》、張瑛《通鑑校勘記》同，今據補。

【語譯】三年（己酉　西元一〇九年）

春，正月初九日庚子，漢安帝行加冠禮，大赦天下。

朝廷派騎都尉任仁督率各郡駐兵援救三輔。任仁戰鬥屢次失利，當煎羌、勒姐羌攻陷破羌縣，鍾羌攻下臨洮縣，活捉了隴西南部都尉。

三月，京城大饑荒，人吃人。初二日壬辰，公卿大臣到宮門前向皇上謝罪。安帝下詔說：「要致力於思考改正錯誤，恢復正規，以輔助我的不足。」

三月十二日壬寅，司徒魯恭被免職。魯恭兩次在三公位，選舉徵辟的人官至列卿、郡守的有幾十人。而他門下的老弟子，有的沒有得到推薦，以致有人抱怨他。魯恭聽到後說：「不講習學問，這是我所憂慮的。諸生不是有鄉里選舉的機會嗎！」始終不替他們說話，也不憑藉議論提高聲名。學生們跟隨他學習，魯恭一定要他們深究考查義理，詰問辯難，學業成功後，辭謝讓其離去。學生們說：「魯公辭謝和評議，都不可虛得。」

夏，四月初七日丙寅，任命大鴻臚九江人夏勤為司徒。〇三公因為國家經費不足，奏請令吏民捐獻錢財穀米可以做關內侯、虎賁郎、羽林郎、五官郎、大夫、官府吏、緹騎和營士，各有等差。

四月二十五日甲申，清河愍王劉虎威去世，沒有兒子。五月初七日丙申，冊封樂安王劉寵的兒子劉延平為清河王，作為孝王劉慶的後代。

六月，漁陽郡的烏桓人與右北平的胡人共一千多人侵擾代郡、上谷郡。〇漢人韓琮隨匈奴南單于入京朝拜。回去後，建議南單于說：「關東水災，人民飢餓死亡殆盡，我們可以進攻他們。」單于相信了他的話，於是反叛。

秋，七月，海賊張伯路等人侵入臨海的九個郡，殺死二千石、縣令、長。派侍御史巴郡人龐雄督率州郡的軍隊攻打他們。張伯路等人乞求歸降，不久又聚合在一起。

九月，雁門郡的烏桓率眾王無何允和鮮卑族首領丘倫等人，以及南匈奴骨都侯，集合七千騎兵寇掠五原郡，與五原郡太守在高渠谷交戰，漢軍大敗。

南匈奴單于在美稷縣包圍使匈奴中郎將耿种。冬，十一月，任命大司農陳國人何熙代理車騎將軍事務，中郎將龐雄為副職，率領五營與邊郡士兵共二萬多人，又下詔遼東郡太守耿夔率領鮮卑和諸郡一起攻擊南匈奴。任命梁慬代理度遼將軍事務。龐雄、耿夔進攻南匈奴薁鞬日逐王，擊敗了他們。

十二月初五日辛酉，九個郡國發生地震。○十九日乙亥，有彗星出現在天苑星區。

這一年，京城和四十一個郡國雨水成災。并州、涼州大饑荒，人吃人。

鄧太后因為陰陽不和，戰事不斷發生，下詔年底設宴慰勞復員衛士時，不再設角抵戲奏樂，逐疫童子減少一半人數。

四年（庚戌　西元一一〇年）

春，正月，元會❶，徹樂，不陳充庭車❷。

鄧騭在位，頗能推進賢士，薦何熙❸、李郃❹等列於朝廷。又辟弘農楊震❺、巴郡陳禪❻等置之幕府，天下稱之。震孤貧好學，明歐陽尚書，通達博覽，諸儒為之語曰「關西❼孔子楊伯起」。教授二十餘年，不答州郡禮命❽，眾人謂之晚暮❾，而震志愈篤。騭聞而辟之，時震年已五十餘，累遷荊州刺史、東萊❿太守。當之郡，道經昌邑⓫，故所舉荊州茂才王密為昌邑令，夜懷金十斤以遺震。震曰：「故人知君，君不知故人，何也？」密曰：「暮夜無知者。」震曰：「天知，地知，我知，子知，何謂無知者！」密愧而出。後轉涿郡⑫太守。性公廉⑬，子孫常蔬食⑭、步行⑮。故舊或欲令為開產業⑯，震不肯，曰：「使後世稱為清白吏子孫，以此遺之，不亦厚乎！」

張伯路復攻郡縣，殺守令，黨眾浸盛⑰。詔遣御史中丞王宗持節發幽、冀諸郡兵，合數萬人，徵宛陵⑱令扶風法雄⑲為青州刺史，與宗并力討之。

南單于圍耿种數月，梁慬、耿夔擊斬其別將於屬國故城⑳。單于自將迎戰，慬等復破之，單于遂引還虎澤㉑。

丙午㉒，詔減百官及州郡縣奉各有差。

二月，南匈奴寇常山㉓。○滇零遣兵寇褒中㉔，漢中太守鄭勤移屯褒中。

任尚軍久出無功，民廢農桑，乃詔尚將吏兵[1]還屯長安，罷遣南陽、潁川、汝南吏士。

乙丑㉕，初置京兆虎牙都尉於長安，扶風都尉於雍㉖，如西京三輔都尉故事㉗。

謁者龐參㉘說鄧騭，徙邊郡不能自存者入居三輔。騭然之，欲棄涼州，并力北邊。乃會公卿集議，騭曰：「譬若衣敗壞，一以相補，猶有所完㉙。若不如此，將兩無所保。」公卿皆以為然[2]。郎中陳國虞詡㉚言於太尉張禹曰：「若大將軍之策，不可者三：先帝開拓土宇，劬勞[31]後定，而今憚小費，舉而棄之，此不可一也。涼州[32]既棄，即以三輔為塞[33]，則園陵單外[34]，此不可二也。諺[35]曰：『關西出將，關東出相[36]。』烈士武臣，多出涼州，土風壯猛，便習兵事。今羌、胡所以不敢入據三輔為心腹之害者，以涼州在後故也。涼州士民所以推鋒執銳[37]，蒙矢石於行陳[38]，父死於前，子戰於後，無反顧[39]之心者，為臣屬於漢故也。今推而捐之[40]，割而棄之[41]，民庶[42]安土重遷，必引領而怨曰：『中國棄我於夷狄！』雖赴義從善之人，不能無恨。如卒然起謀[43]，因天下之饑敝，乘海內之虛弱，豪雄相聚，量材立帥[44]，驅氐、羌以為前鋒，席卷而東[45]，雖賁、育[46]為卒，太公[47]為將，猶恐不足當禦。如此則函谷[48]以西，園陵舊京非復漢有，此不可三也。議者喻以補衣猶有所完，詡恐其疽食侵淫[49]而無限極也。」禹曰：「吾意不及此，微子之言[50]，幾敗國事。」詡因說禹：「收羅涼土豪桀，引其牧守子弟於朝[51]，令諸府各辟數人[52]，外以勸厲答其功勤[53]，內以拘致防其邪計[54]。」禹善其言，更集四府[55]，皆從詡議。於是辟西州豪桀為掾屬，拜牧守、長吏子弟為郎，以安慰之。

鄧騭由是惡詡，欲以吏法中傷之[56]。會朝歌[57]賊甯季等數千人攻殺長吏，屯聚連年，州郡不能禁，乃以詡為朝歌長。故舊皆弔(58)之，詡笑曰：「事不避難，臣之職也(59)。不遇槃根錯節，無以別利器(60)，此乃吾立功之秋(61)也。」始到，謁河內太守馬稜。稜曰：「君儒者，當謀謨(62)廟堂(63)，乃在朝歌，甚為君憂之。」詡曰：「此賊犬羊相聚，以求溫飽耳，願明府不以為憂。」稜曰：「何以言之？」詡曰：「朝歌者，韓、魏之郊(64)，背太行(65)，臨黃河，去敖倉(66)不過百里。而青、冀之民流亡萬數，賊不知開倉招眾，劫庫兵(67)，守成皋(68)，斷天下右臂(69)，此不足憂也。今其眾新盛，難與爭鋒(70)。兵不厭權(71)，願寬假轡策(72)，勿令有所拘閡(73)而已。」及到官，設三科以募求壯士(74)，自掾史(75)以下各舉所知，其攻劫者為上，傷人偷盜者次之，不事家業者為下，收得百餘人。詡為饗會(76)，悉貰其罪(77)，使入賊中誘令劫掠(78)，乃伏兵以待之，遂殺賊數百人。又潛遣貧人能縫者傭作賊衣(79)，以采線(80)縫其裾，有出市里(81)者，吏輒禽(82)之。賊由是駭散(83)，咸稱神明，縣境皆平。

【章旨】以上為第六段，寫大將軍鄧騭欲丟棄邊郡以避西羌，受到郎中虞詡的批評。鄧騭懷恨，借刀殺人，任用虞詡為朝歌長，虞詡到任，盜賊悉平，一方安定。

【注釋】❶元會　元旦朝會。❷徹樂二句　在元會上不奏樂，不在大殿陳列皇帝儀式用車輦。陳，陳列。充庭車，每逢大朝會，展覽皇帝的車輛儀仗，稱充庭車。因本年大饑饉，又有戰事，從簡。❸何熙　字孟孫，陳國（今河南淮陽）人，歷官司隸校尉、大司農。傳附《後漢書》卷四十七〈班梁傳〉。❹李郃　字孟節，漢中南鄭（今陝西漢中）人，官至司空、司徒。傳見《後漢書》卷八十二上。❺楊震　（約西元五四—一二四年）字伯起，弘農華陰（今陝西華陰東）人，官至太尉，敢直諫，為權奸不容，飲鴆而死。傳見《後漢書》卷五十四。❻陳禪　（？—西元一二七年）字紀山，巴郡安漢（在今四川南充）人，曾為遼東太守，東胡歸義。傳見《後漢書》卷五十一。❼關西　弘農在函谷關之西，故稱。❽不答州郡禮命　不接受地方州郡長官的徵辟。禮，指延聘之禮。❾晚暮　遲暮，指年已老，出仕太遲。❿東萊　郡名，治所黃縣，在今山東龍口。⓫昌邑　縣名，屬山陽郡，縣治在今山東巨野。⓬涿郡　郡名，治所涿縣，在今河北涿州。⓭性公廉　品性公正廉潔。⓮蔬食　素食。⓯步行　徒步走路，不乘用公家車騎。⓰為開產業　替子孫置產業。開，置。⓱浸盛　日益眾多。⓲宛陵　縣名，屬河南尹，縣治在今安徽宣州。⓳法雄　字文強，扶風郿（在今陝西眉縣東北）人，戰國時齊襄王法章之後裔。歷官宛陵令、青州刺史、南郡太守，所在有政聲。傳見《後漢書》卷三十八。⓴屬國故城　指屬國都尉治所，在西河郡美稷縣界。㉑虎澤　地名，在美稷縣西北，今內蒙古鄂爾多斯東勝東南。㉒丙午　正月二十一日。㉓常山　封國名，治所元氏，在今河北元氏西北。㉔褒中　縣名，屬漢中郡，縣治在今陝西漢中西北。㉕乙丑　二月初十日。㉖雍　縣名，縣治在今陝西鳳翔。㉗如西京三輔都尉故事　仿效西漢置三輔都尉的前例。西京，長安，此指西漢。西京三輔都尉，京兆有京輔都尉，馮翊有左輔都尉，扶風有右輔都尉。三輔都尉統轄三輔地區軍隊治安。東漢安帝始在長安置京兆虎牙都尉，在雍置扶風都尉，因涼州近羌屢屢進犯三輔，故置以率兵護衛西漢帝陵。㉘龐參　東漢安羌名將。傳見《後漢書》卷五十一。㉙一以相補二句　犧牲一件壞衣去補另一件，還可以有一件好衣。此為鄧騭欲棄守涼州的託詞。㉚虞詡　字升卿，陳國武平（在今河南柘城南）人，為人剛正不阿，仕安帝、順帝兩朝，九次被降職，三次入獄，剛正之性，終老不改。傳見《後漢書》卷五十八。㉛劬勞　勤勞。㉜涼州　指隴西、安定、北地郡，均為涼州所部。㉝即以三輔為塞　等於是把關中三輔地區作為邊塞。㉞園陵單外　祖宗墳墓孤單在外。西漢諸帝墓在三輔，三輔既為邊塞，祖陵孤懸，安全不可保障。㉟諺　傳言；諺語。㊱關西出將二句　秦漢時民諺。秦將白起、王翦，漢興公孫賀、傅介子、李廣、李蔡、趙充國、辛武賢等名將皆出於函谷關以西涼州。丞相蕭何、曹參、魏相、邴吉、韋賢、韋玄成、平當、孔光等皆出於關東。㊲推鋒執銳　手執銳利武器。㊳蒙矢石於行陳　在軍陣中冒著敵人的箭矢滾石。蒙，冒著；承受。陳，通「陣」。㊴反顧　回頭看，退縮。㊵推而捐之　把他們推開扔掉。㊶割而棄之　把他們忍心割捨丟棄。㊷民庶　庶民；百姓。㊸卒然起謀　突然起來謀叛朝廷。卒，通「猝」。㊹量材立帥　衡量才能推立為統帥。

45席卷而東　像捲席子一樣向東挺進。席卷，形容氣勢迅猛，橫掃無餘。46賁育　孟賁、夏育，傳說的古代勇士。47太公　西周開國宰相姜子牙。48函谷　關名，在今河南靈寶北。49疽食侵淫　膿瘡潰爛，日益擴大，以致體無完膚。疽，惡瘡。食，通「蝕」。潰爛。50微子之言　沒有您的建言。微，無；沒有。51引其牧守子弟於朝　引薦涼州地方官子弟在京師做官。52令諸府各辟數人　規定各官府都要任用幾個涼州人。辟，辟除；任用。53外以勸厲答其功勤　外表是勉勵回報他們父兄的功勳。答，報答。54內以拘致防其邪計　內裡實際是控制他們，防止他們的邪謀。拘致，控制。邪計，邪謀；謀反。55四府　太傅、太尉、司徒、司空四府，集議以駁正大將軍鄧騭棄涼州之議。56以吏法中傷之　用官吏之法來誣蔑迫害虞詡，假公報私。57朝歌　縣名，屬河內郡，縣治在今河南淇縣。58弔　慰問；安慰。59事不避難二句　做事不迴避艱難，這是臣下應有的責任。60不遇槃根錯節二句　不遇到盤根錯節，就無法分辨鋒利的工具。61秋　收穫時節，喻關鍵時機、緊要時刻。62謀謨　謀劃；制定謀略。63廟堂　朝廷。64韓魏之郊　戰國時韓、魏兩國的交界地。65背太行　背靠太行山。66敖倉　秦漢時築於軍事要地的大糧倉，在今河南滎陽東北敖山，地當黃河和濟水分流處。67劫庫兵　搶劫武庫的兵器。68成皋　縣名，自古為軍事要地，舊城在今河南滎陽西。69右臂　指要害部分。因人習慣以右手做事，故喻之。70爭鋒　爭勝。71兵不厭權　兵不厭詐。權，權謀。72寬假轡策　放寬法律尺度。轡策，馬轡繩和馬鞭，用以喻法律。73拘閡　拘束。74設三科以募求壯士　制定三等標準召募勇士。即下文的公開搶人的人為上等，打架傷人及偷盜的人為中等，遊手好閒的人為下等。這些都是惡少年，虞詡召募他們深入敵人內部為奸細，用其所長。75掾史　此指縣屬吏，掾有廷掾，為百石小吏，史有獄史、佐史、斗食、令史、掾史等。76饗會　宴會。77貰其罪　赦免他們的罪行。78誘令劫掠　引誘賊人離開駐地出來搶劫。79傭作賊衣　受雇為賊人做衣服。80采線　彩色的線。81出市里　出現在街市鄉里。82禽　通「擒」。83駭散　受驚逃散。

【校記】1兵　原作「民」。據章鈺校，甲十六行本、乙十一行本皆作「兵」，今據改。2公卿皆以為然　原無此六字。據章鈺校，甲十六行本、乙十一行本、孔天胤本皆有此六字，張敦仁《通鑑刊本識誤》、張瑛《通鑑校勘記》同，今據補。

【語譯】四年（庚戌　西元一一〇年）

春，正月，元旦朝會，停止演奏音樂，不在庭中陳列皇帝儀仗車輦。

鄧騭在位，很善於推薦賢士，薦舉何熙、李郃等人列位朝廷。又徵辟弘農郡人楊震、巴郡人陳禪等人在自己的幕府任職，天下人讚揚鄧騭。楊震少孤家貧好學，通曉歐陽《尚書》，博覽通識，眾儒生稱他為「關西孔子楊伯起」。教授學生二十多年，不接受州郡的徵辟，大家說他年老以後再出仕就太晚了，而楊震的志向更加堅定。鄧騭聽說後就徵召他。當時楊震已經五十多歲，接連升任荊州刺史、東萊郡太守。楊震應當前往東萊郡上任時，途中經過昌邑縣，過去他推薦的荊州茂才王密擔任昌邑縣令，夜晚懷揣十斤黃金來送給楊震，楊震說：「老朋友瞭解你，你卻不瞭解老朋友，為什麼呢？」王密說：「夜晚無人知道。」楊震說：「天知，地知，我知，你知，怎麼能說無人知道呢！」王密慚愧而去。楊震後來改任涿郡太守，品性公正廉潔，子孫經常吃素食，徒步出行。故友舊交中有人想讓他置辦產業，楊震不肯，說：「讓後世稱讚他們是清白官吏的子孫，把這個留給他們，不也是很豐厚嗎！」

海賊張伯路再次攻打郡縣，殺死太守縣令，黨徒逐漸眾多。皇帝下詔派御史中丞王宗持符節前往，調動幽州、冀州各郡的軍隊，合計幾萬人，徵召宛陵縣令扶風人法雄任青州刺史，與王宗合力討伐海賊。

南匈奴單于包圍了耿种幾個月，梁慬、耿夔在屬國故城擊殺他的大將。單于親自率兵迎戰，梁慬等人再次擊敗他們，單于便率兵退回虎澤。

正月二十一日丙午，下詔按等級減少百官和各州郡縣官吏的俸祿。

二月，南匈奴寇掠常山郡。○滇零派兵寇掠褒中縣，漢中郡太守鄭勤移兵駐守褒中縣。

任尚長期出兵沒有戰功，百姓荒廢了農桑之業，於是詔令任尚率領官吏和士兵返回屯駐長安，解散遣返南陽郡、潁川郡、汝南郡的官吏和士兵。

二月初十日乙丑，初次在長安設立京兆虎牙都尉，在雍縣設立扶風都尉，參照西漢三輔都尉舊例。

謁者龐參勸說鄧騭，把沿邊各郡不能自己生存的百姓遷到三輔。鄧騭贊同他的意見，想放棄涼州，合力防守北邊。於是召集公卿討論，鄧騭說：「這好比衣服破了，拿一件補另一件，還有完整的。如果不這樣，將會兩件衣服都保不住。」公卿都認為是這樣。郎中陳國人虞詡對太尉張禹說：「如果按大將軍的計畫，有三點不可以：先皇帝開拓疆域，勤勞而後安定，而現在卻害怕花費一點軍費，將它們全部拋棄，這是第一點不可以。涼州既然被拋棄，就是拿三輔作為邊塞，那麼先皇帝的園陵就孤單在外，這是第二點不可以。俗諺說：『關西出將，關東出相。』烈士武臣，大多出自涼州，涼州民風雄壯勇猛，熟悉兵事。現在羌人、胡人之所以不敢進佔三輔而成為心腹之害，就是因為涼州在後面的緣故。涼州士民所以手執銳利的武器，冒著箭矢飛石衝鋒陷陣，父親戰死之後，兒子又繼續戰鬥，毫無退縮之心，是因為他們是漢朝的臣民。現在扔掉他們，割捨遺棄他們，百姓安居故土，不肯輕易遷徙，必然伸頸遠望發出怨言：『中國把我們拋棄給夷狄了！』即便是重義向善的人，也不可能沒有怨恨。如果突然起而謀叛朝廷，趁天下饑饉疲憊，海內虛弱，豪傑互相聚集，衡量才幹推立統帥，驅使氐人、羌人為前鋒，像捲席子一樣向東挺進，雖有孟賁、夏育做士兵，太公任將帥，恐怕也無法抵擋。如果是這樣，那麼函谷關以西，先帝的陵園、舊都長安都不再是漢朝所有，這是第三點不可以。議論的人用補衣尚有一件完整的衣服做譬喻，我擔心這塊瘡疽侵蝕潰爛沒有止境。」張禹說：「我考慮得還沒有如此深刻，沒有你這番話，幾乎敗壞了國家大事。」虞詡因此勸說張禹：「網羅涼州當地豪傑，引薦州牧郡守的子弟到朝廷任職，命令眾官府各自徵用幾個人，表面上是勉勵回報他們父兄的功勳，內裡實際上是控制他們，防止他們的出邪謀。」張禹贊同他的話，重新集合四府會議，全部採納了虞詡的建議。於是徵辟西州的豪傑做中央掾屬，任命州牧、郡守、高官的子弟為郎官，藉此來安慰他們。

鄧騭因此怨恨虞詡，想用官吏之法來中傷他。正逢朝歌縣盜賊甯季等幾千人攻殺縣長吏，屯聚數年，州郡無法禁止，於是委任虞詡為朝歌縣長。故友舊交都安慰他，虞詡笑著說：「遇事不迴避困難，這是臣子的職責。不遇到盤根錯節，就無法分辨鋒利的工具，這才是我立功的時機。」虞詡初到任，拜見河內太守馬稜。馬稜說：「你是儒學人士，應該在朝廷上出謀劃策，卻在朝歌縣任職，很為你擔憂。」虞詡說：「這些盜賊不過是犬羊相聚，以此謀求溫飽罷了，希望太守您不要為此憂心。」馬稜問：「為什麼這麼說？」虞詡說：「朝歌，是古代韓國、魏國的交界處，背靠太行山，面朝黃河，離敖倉不過百里。而青州、冀州百姓流亡的人以萬計，盜賊不知道打開糧倉招徠部眾，劫取武庫的兵器，據守成皋，切斷朝廷的右臂，這不值得擔憂。現在他們的部眾剛剛增多，很難和他們爭勝。兵不厭詐，希望您放寬法律尺度，不要在用人上有所拘束。」等到虞詡到任，制定三個等級來招募勇士，從掾史以下各人推舉所瞭解的人，那些打家劫舍的人為上等，傷人偷盜的人為次等，不務家業的人為下等，聚集了一百多人。虞詡擺下宴會，全部赦免了他們的罪行，派他們引誘賊人搶劫，然後埋伏軍隊等待盜賊，殺死盜賊幾百人。又暗中派能縫製衣服的窮人受雇為賊人做衣服，用彩色線縫在他們的裙上，盜賊一有人出現在街市鄉里，官吏就把他抓住。盜賊因此受驚逃散，百姓都說虞詡神明，朝歌縣全境都平定下來。

三月，何熙軍到五原曼柏❶，暴疾，不能進，遣龐雄與梁慬、耿种將步騎萬六千人攻虎澤，連營稍前。單于見諸軍並進，大恐怖，顧讓❷韓琮曰：「汝言漢人死盡，今是何等人也！」乃遣使乞降，許之。單于脫帽徒跣❸，對龐雄等拜陳❹，道死罪❺。於是赦之，遇待如初。乃還所鈔❻漢民男女，及羌所略轉賣入匈奴中者合萬餘人。會熙卒，即拜梁慬為度遼將軍。龐雄還，為大鴻臚。

先零羌復寇褒中。鄭勤欲擊之，主簿段崇諫，以為「虜乘勝，鋒不可當，宜堅守待之。」勤不從，出戰，大敗，死者三千餘人。段崇及門下史王宗、原展❼以身扞刃❽，與勤俱死。徙[1]金城郡居襄武❾。

戊子❿，杜陵園火⓫。○癸巳⓬，郡國九地震。

夏，四月，六州蝗⓭。○丁丑⓮，赦天下。

王宗、法雄與張伯路連戰，破走之。會赦到⓯，賊以軍未解甲⓰，不敢歸降。

王宗召刺史太守⑰共議，皆以為當遂擊之⑱。法雄曰：「不然。兵凶器，戰危事，勇不可恃，勝不可必。賊若乘船浮海，深入遠島，攻之未易也。及有赦令，可且罷兵以慰誘其心，勢必解散，然後圖之，可不戰而定也。」宗善其言，即罷兵。賊聞大喜，乃還所略人。而東萊郡⑲兵獨未解甲，賊復驚恐，遁走遼東，止海島上。

秋，七月乙酉⑳，三郡大水。

騎都尉任仁與羌戰累敗，而兵士放縱㉑，檻車徵詣廷尉，死。護羌校尉段禧㉒卒，復以前校尉侯霸代之，移居張掖㉓。

九月甲申㉔，益州郡地震。

皇太后母新野君㉕病，太后幸其第，連日宿止。三公上表固爭，乃還宮。冬，十月甲戌㉖，新野君薨，使司空護喪事，儀比東海恭王㉗。鄧騭等乞身行服㉘，太后欲不許，以問曹大家㉙。大家上疏曰：「妾聞謙讓之風，德莫大焉。今四舅㉚深執忠孝，引身自退。而以方垂未靜㉛，拒而不許。如後有毫毛加於今日，誠恐推讓之名不可再得㉜。」太后乃許之。及服除㉝，詔騭復還輔朝政，更授前封㉞。騭等叩頭固讓，乃止。於是並奉朝請㉟，位次三公下，特進、侯上㊱，其有大議，乃詣朝堂，與公卿參謀。

太后詔陰后家屬皆歸故郡㊲，還其資財五百餘萬。

【章旨】以上為第七段，寫漢軍大勝匈奴、海賊而敗於西羌，從金城郡治以避其鋒。

【注釋】❶曼柏　縣名，屬五原郡，縣治在今內蒙古達拉特旗東南。❷顧讓　回頭責備。顧，回頭看。讓，責備。❸單于脫帽徒跣　單于，即萬氏尸逐鞮單于檀，西元九八—一二四年在位。他脫下單于帽，赤著腳，表示請罪。❹拜陳　叩拜陳說。❺道死罪　口稱犯死罪，當死。❻鈔　擄掠。❼原展　人名，姓原，名展。❽以身扞刃　以身抵擋敵人的兵刃。為了護衛鄭勤，以自己的身體擋住敵人的兵刃。❾徙金城郡居襄武　將金城郡治所遷到襄武。襄武，縣名，屬隴西郡，縣治在今甘肅隴西縣東南。❿戊子　三月初四日。⓫杜陵園火　宣帝杜陵陵園失火。⓬癸巳　三月初九日。⓭六州蝗　六州發生蝗災。據《東觀漢記》載，六州為司隸、豫、兗、徐、青、冀。⓮丁丑　四月二十三日。⓯會赦到　遇上赦免詔書到達。⓰軍未解甲　指朝廷軍隊尚未解除戒備。解甲，脫下盔甲，指解除戒備。⓱刺史太守　青州刺史及所轄郡太守。⓲當遂擊之　應當乘機攻打他們。⓳東萊郡　轄今山東半島尖端地區，治所黃縣，在今山東龍口。⓴乙酉　七月初三日。㉑放縱　無紀律約束，恣意所為。㉒護羌校尉段禧　段禧曾任騎都尉、西域都護，安帝永初二年接替侯霸任護羌校尉。護羌校尉，主西羌事務。㉓移居張掖　護羌校尉治所西漢宣帝時在金城郡令居（在今甘肅永登西北），東漢時移居臨羌（在今青海湟源南），永初二年因金城羌人起事暫移治於隴西郡狄道縣（今甘肅臨洮），現移治河西張掖郡觻得（今甘肅張掖西北）。㉔甲申　九月初三日。㉕新野君　鄧綏太后之母，封新野君。漢制，婦人封君，儀比公主。㉖甲戌　十月二十三日。㉗東海恭王　事見本書卷四十四明帝永平元年。㉘乞身行服　辭官守三年之喪。㉙曹大家　即東漢史學家班昭（約西元四九—一二〇年），班固、班超之妹，和帝時經常入宮為后妃講學，因其夫為曹世叔，宮中尊稱為曹大家。傳見《後漢書》卷八十四。㉚四舅　指鄧騭、鄧悝、鄧弘、鄧閶。㉛方垂未靜　邊疆戰亂未寧。方垂，邊陲。垂，通「陲」。㉜如後有毫毛加於今日二句　意謂若四舅不守喪，今後有了過錯，即使很小，加上今日不守喪，更會怪罪他們，那時再想得到推讓守喪之名，也沒有第二次機會了。毫毛，喻細微之過。㉝服除　服喪期滿。㉞更授前封　重新提出封拜四舅為侯。前封，指安帝初即位封四舅為侯，皆辭不受，見本卷永初元年。㉟並

奉朝請　四舅皆享受出入宮禁的特權。奉朝請，定期進宮朝見皇帝。㊱位次三公下二句　四舅朝會時位次在三公之下，在特進及列侯之上。㊲詔陰后家屬皆歸故郡　和帝陰皇后被廢，家屬遠徙日南郡，今下詔還歸本土南陽郡。陰后家南徙事見上一卷和帝永元十四年。

【校記】①徙　張敦仁《通鑑刊本識誤》認為此字上脫「於是」二字。

【語譯】三月，何熙軍到達五原郡曼柏縣，何熙突患重病，不能前進，派龐雄和梁慬、耿种率領步兵騎兵一萬六千人攻佔虎澤，軍營相連，逐漸前移。單于看見各軍齊頭並進，非常恐懼，回頭責備韓琮說：「你說漢人都死光了，現在這些是什麼人！」於是派使者乞求歸降，何熙同意了。單于脫帽赤腳，向龐雄等人叩拜謝罪，自稱死罪。於是赦免了單于，像當初一樣對待他。單于便歸還掠去的漢族男女和羌人擄走轉賣給匈奴的共一萬多人。這時正巧何熙去世，當即任命梁慬為度遼將軍。龐雄返回京城，擔任大鴻臚。

先零羌又入侵襃中縣。鄭勤想要攻擊他們，主簿段崇勸諫，認為「敵人乘勝，勢不可擋，應該堅守等待機會。」鄭勤不聽，出戰，大敗，死了三千多人。段崇和門下史王宗、原展用身體抵擋敵人的兵刃，與鄭勤一起戰死。把金城郡治所遷到襄武縣。

三月初四日戊子，漢宣帝杜陵陵園發生火災。○初九日癸巳，有九個郡國發生地震。

夏，四月，六個州發生蝗災。○二十三日丁丑，大赦天下。

王宗、法雄與海賊張伯路連續交戰，大敗海賊，海賊逃走。遇上赦令到達，海賊因為朝廷軍隊沒有解除盔甲，不敢前來投降。王宗召集青州刺史及轄內郡太守共同商議，都認為應當乘勢追擊他們。法雄說：「不對。兵器是兇器，戰爭是危險行為，不可仗恃勇猛，不必非要戰勝。海賊如果乘船渡海，深入遠方島嶼，攻打他們就不易了。趁有赦令，可以暫且停戰以安撫誘導他們，海賊勢必會解散，然後再設法收降他們，就可以不戰而平定。」王宗贊同他的建言，立即停戰。海賊聽了很高興，於是歸還掠走的人口。只有東萊郡軍隊沒有解除戒備，海賊又受到驚嚇，逃到遼東郡，駐留在海島上。

秋，七月初三日乙酉，三個郡發生大水災。

騎都尉任仁與羌人交戰屢屢失敗，而士兵又放任妄為，朝廷用囚車徵召任仁到廷尉論罪，被處死。護羌校尉段禧去世，再次讓前任校尉侯霸接替他的職務，將校尉府移居張掖郡。

九月初三日甲申，益州郡發生地震。

鄧太后的母親新野君患病，鄧太后親臨其府第探望，連日住在那裡。三公上奏表力勸，才回宮。冬，十月二十三日甲戌，新野君去世，派司空主持喪事，儀式比照東海恭王。鄧騭等請求辭官服喪，太后不想批准，以此事詢問曹大家。曹大家上疏說：「臣妾聽說謙讓之風，是最大的美德。現在四位舅舅堅持忠孝，自行引退。太后因邊疆尚未安定，拒不批准。如果以後有絲毫差錯加在今天的事情上，臣妾真擔憂不會再有第二次獲得謙讓之名的機會。」鄧太后就批准了鄧騭等的請求。等到服喪期滿，下詔鄧騭重新輔理朝政，再次授予以前的封爵。鄧騭等人磕頭堅決推讓，這才作罷。於是讓鄧騭等四舅定期進宮參加朝會，地位僅次於三公，在特進、列侯之上，如有重大議事，就前往朝堂，與公卿共同參謀討論。

鄧太后下詔讓陰皇后的家屬都回到故鄉南陽郡，返還沒收的五百多萬財產。

五年（辛亥　西元一一一年）

春，正月庚辰朔❶，日有食之。○丙戌❷，郡國十地震。○己丑❸，太尉張禹免。甲申❹，以光祿勳潁川李脩為太尉。

先零羌寇河東，至河內，百姓相驚，多南奔度河。使北軍中候❺朱寵將五營士屯孟津❻，詔魏郡、趙國、常山、中山❼繕作塢候❽六百一十六所。羌既轉盛，而緣邊二千石、令、長多內郡人，並無守戰意，皆爭上徙郡縣以避寇難⑨。三月，詔隴西徙襄武⑩，安定徙美陽⑪，北地徙池陽⑫，上郡徙[1]衙⑬。百姓戀土，不樂去舊⑭，遂乃刈其禾稼，發徹室屋，夷營壁，破積聚⑮。時連旱蝗饑荒，而驅蹙⑯劫掠⑰，流離分散，隨道死亡⑱，或棄捐老弱⑲，或為人僕妾，喪其太半⑳。復以任尚為侍御史，擊羌於上黨羊頭山㉑，破之，乃罷孟津屯。

夫餘王寇樂浪。高句驪王宮與濊貊寇玄菟。

夏，閏四月丁酉㉒，赦涼州、河西四郡㉓。

海賊張伯路復寇東萊，青州刺史法雄擊破之。賊逃還遼東，遼東人李久等共斬之，於是州界清靜。

秋，九月，漢陽人杜琦及弟季貢、同郡王信等與羌通謀，聚眾據上邽㉔城。

冬，十二月，漢陽太守趙博遣客杜習刺殺琦，封習討姦侯。杜季貢、王信等將其眾據樗泉營㉕。

是歲，九州蝗，郡國八雨水。

【章旨】以上為第八段，寫先零羌侵擾深入內地河東。

【注　釋】❶庚辰朔　正月初一日。❷丙戌　正月初七日。❸己丑　正月初十日。❹甲申　正月初五日。❺北軍中候　官名，職掌北軍屯騎、越騎、步兵、長水、射聲五校尉營監察事。❻孟津　黃河渡口，軍事要衝地，在今河南孟州南。❼魏郡趙國常山中山　四郡國均屬冀州。❽繕作塢候　修築土堡及哨所。擔心羌人自河東、河內郡攻入冀州界內，故修築塢候進行防備。❾皆爭上徙郡縣以避寇難　邊疆郡守縣令長，都爭著上書把郡、縣政府遷移到安全地帶逃避羌人入侵之難。❿隴西徙襄武　隴西郡治所從狄道（今甘肅臨洮南）移治襄武（在今甘肅隴西縣東南）。⓫安定徙美陽　安定郡治所從臨涇（在今甘肅鎮原南）內移至右扶風美陽縣（在今陝西扶風）。⓬北地徙池陽　北地郡治所從富平（在今寧夏吳忠西南）內徙至左馮翊的池陽（在今陝西涇陽北）。⓭上郡徙衙　上郡治所從膚施（今陝西榆林南）內徙左馮翊衙縣（在今陝西白水縣）。⓮不樂去舊　不願離開故土。⓯遂乃刈其禾稼四句　指政府採取逼民禍民的措施，派出軍隊，毀壞莊稼，拆除房屋，夷平城牆營寨，燒毀糧儲。遂乃，於是就。刈，割除。發徹，拆除；毀壞。夷，平。⓰驅蹙　驅趕迫促。蹙，同「蹵」。逼迫；迫逼。⓱劫掠　搶劫搶奪。⓲隨道死亡　沿途死亡。⓳棄捐老弱　將老弱拋棄。⓴太半　大半。㉑上黨羊頭山　上黨郡（治所在今山西長子）的羊頭山。其山主峰在今山西沁源北。㉒丁酉　閏四月十九日。㉓赦涼州河西四郡　赦涼州、河西四郡不願內遷之民。㉔上邽　縣名，縣治在今甘肅天水市西南。㉕樗泉營　地名，具體所在不詳。

【校　記】1徙　原作「治」。據章鈺校，甲十六行本、乙十一行本皆作「徙」，今據改。

【語　譯】五年（辛亥　西元一一一年）

春，正月初一日庚辰，發生日蝕。〇初七日丙戌，十個郡國發生地震。〇初十日己丑，太尉張禹被罷免。初五日甲申，任命光祿勳潁川人李脩為太尉。

先零羌入侵河東，到達河內郡，百姓相互驚擾，大多向南逃跑渡過黃河。朝廷派北軍中候朱寵率領五營士卒駐守孟津，下詔魏郡、趙國、常山國、中山國修築土堡哨所六百一十六座。羌人的勢力日益壯大，而沿邊的郡二千石官員、縣令、長大多出身內地各郡，並沒有堅守奮戰的想法，都爭先上書請求把郡縣遷到內地，以逃避羌人入侵之難。三月，下詔隴西郡治遷到襄武縣，安定郡治遷到美陽縣，北地郡治遷到池陽縣，上郡治遷到衙縣。百姓眷戀故土，不願意離開故鄉，於是官兵割掉禾稼，拆毀房屋，推平營寨城牆，破壞糧儲。

當時連年發生旱災、蝗災、饑荒，而被羌人驅逐劫掠，百姓流離失散，沿途死亡，有的拋棄老弱，有的做了人家的僕妾，人口損失大半。朝廷重新任命任尚為侍御史，在上黨羊頭山攻擊羌人打敗了他們，於是解散孟津的屯兵。

夫餘王入侵樂浪郡。高句驪王宮和濊貊侵犯玄菟郡。

夏，閏四月十九日丁酉，赦免涼州、河西四郡不願內遷的民眾。

海盜張伯路再次入侵東萊郡，青州刺史法雄擊敗他們。海賊逃回遼東郡，遼東人李久等一起殺死他們，於是青州境內平靜下來。

秋，九月，漢陽郡人杜琦和弟弟杜季貢、同郡人王信等人和羌人串通謀反，聚眾佔領上邽城。冬，十二月，漢陽郡太守趙博派門客杜習刺殺杜琦，冊封杜習為討姦侯。杜季貢、王信等人率領自己的部眾佔領樗泉營。

這一年，九個州發生蝗災，八個郡國發生雨水災害。

六年（壬子　西元一一二年）

春，正月甲寅❶，詔曰：「凡供薦新味❷，多非其節❸，或鬱養彊孰❹，或穿掘萌芽❺，味無所至而夭折生長❻，豈所以順時育物❼乎！傳曰：『非其時不食。』❽自今當奉祠陵廟❾及給御者❿，皆須時乃上⓫。」凡所省二十三種。

三月，十州蝗。

夏，四月乙丑⓬，司空張敏罷。己卯⓭，以太常劉愷為司空。○詔建武元功二十八將皆紹封⓮。

五月，旱。○丙寅⓯，詔令中二千石下至黃綬，一切復秩⓰。

六月壬辰⓱，豫章員谿原山崩⓲。○辛巳⓳，赦天下。

侍御史唐喜討漢陽賊王信，破斬之。杜季貢亡，從滇零。是歲，滇零死，子零昌立，年尚少，同種狼莫為其計策，以季貢為將軍，別居丁奚城⓴。

七年（癸丑　西元一一三年）

春，二月丙午㉑，郡國十八地震。

夏，四月乙未㉒，平原懷王勝㉓薨，無子，太后立樂安夷王寵㉔子得為平原王。

○丙申晦㉕，日有食之。

秋，護羌校尉侯霸、騎都尉馬賢擊先零別部牢羌於安定，獲首虜千人。○蝗。

元初元年（甲寅　西元一一四年）

春，正月甲子㉖，改元。

二月乙卯㉗，日南地坼㉘，長百餘里。

三月癸亥㉙，日有食之。

詔遣兵屯河內通谷衝要㉚三十六[1]所，皆作塢壁，設鳴鼓，以備羌寇。

夏，四月丁酉㉛，赦天下。○京師及郡國五旱，蝗。

五月，先零羌寇雍城㉜。

秋，七月[2]，蜀郡㉝夷寇蠶陵㉞，殺縣令。

九月乙丑㉟，太尉李脩罷。

羌豪號多與諸種鈔掠武都、漢中，巴郡板楯蠻㊱救之，漢中五官掾㊲程信率郡兵與蠻共擊破之。號多走還，斷隴道㊳，與零昌㊴合。侯霸、馬賢與戰於枹罕㊵，破之。

辛未㊶，以大司農山陽司馬苞為太尉。

冬，十月戊子朔㊷，日有食之。○涼州刺史皮楊擊羌於狄道，大敗，死者八百餘人。

是歲，郡國十五地震。

【章旨】以上為第九段，寫西羌為害東漢西疆沿邊諸郡，漢陽、安定、武都、漢中並受侵擾。

【注釋】❶甲寅　正月十一日。❷供薦新味　進貢皇上新鮮食品。❸多非其節　大多不合時令；許多食品不在自然生長時節長成。❹鬱養彊孰　指建溫室，蓄火保持一定溫度，強行培植蔬果成熟。鬱，通「燠」。溫暖。孰，通「熟」。❺穿掘萌芽　人工挖掘助植物破土發芽。❻味無所至而夭折生長　還沒有滋味就提早收摘。味無所至，指未成熟。夭折生長，指提早收摘。❼順時育物　順應天時，育養萬物。❽傳曰二句　語出《論語・鄉黨》：「不時，不食。」不到正常時節的食品，不吃。❾奉

祠陵廟　供奉祭祀陵園及宗廟的食品。❿給御者　供給皇上御用的食品。⓫須時乃上　等待時節成熟再上供進獻。⓬乙丑　四月癸酉朔，無乙丑。乙丑，疑為丁丑之誤。丁丑，四月初五日。⓭己卯　四月初七日。⓮詔建武元功二十八將　下詔，對光武帝建武時的開國功臣雲臺二十八將，後裔絕國的，一律恢復封國。元功，開國功臣。明帝時追獎功臣，圖畫二十八將於南宮雲臺，史稱雲臺二十八將。有鄧禹、吳漢等人。二十八人名見《後漢書》卷二十二〈馬武傳〉後。⓯丙寅　五月二十五日。⓰詔令中二千石二句　中二千石，為九卿，青綬。四百石至二百石的低級官吏，黃綬。安帝永初四年減百官俸祿，今下詔恢復各級官員原來的俸祿。⓱壬辰　六月二十一日。⓲豫章員谿原山崩　豫章郡員谿縣的原山崩塌。員谿縣，今地不詳。豫章郡治所南昌，在今江西南昌。⓳辛巳　六月初十日。⓴丁奚城　在今寧夏靈武南。㉑丙午　二月戊辰朔，無丙午。丙午，三月初九日。㉒乙未　四月二十九日。㉓平原懷王勝　平原王劉勝，和帝劉肇長子，諡為懷王。傳見《後漢書》卷五十五。㉔樂安夷王寵　樂安王劉寵，和帝兄千乘王劉伉之子。傳見《後漢書》卷五十五。㉕丙申晦　四月三十日。㉖甲子　正月初二日。㉗乙卯　二月二十四日。㉘地坼　大地震使地裂。㉙癸亥　三月初二日。㉚通谷衝要　往來山谷要道。限隔并州與冀州的太行山與恆山，其間有許多山谷通道，在衝要之處建築哨所土堡。㉛丁酉　四月初七日。㉜雍城　即雍縣縣城，屬右扶風，在今陝西鳳翔。㉝蜀郡　郡名，治所成都，在今四川成都。㉞蠶陵　縣名，屬蜀郡，縣治在今四川茂縣西北。㉟乙丑　九月初七日。㊱巴郡板楯蠻　巴郡，轄今四川東北部地區，治所江州，在今重慶市。板楯蠻，古代巴人的一支，居於嘉陵江上游，今四川閬中市一帶。因作戰時使用木板為楯，故以為名。㊲五官掾　郡守屬吏，署理功曹及各曹事務。㊳斷隴道　切斷雍州與涼州之間的隴山通道。㊴零昌　西羌大酋長。㊵枹罕　縣名，縣治在今甘肅臨夏東北。㊶辛未　九月十三日。㊷戊子朔　十月初一日。

【校　記】1三十六　據章鈺校，甲十六行本、乙十一行本、孔天胤本皆作「三十三」。2秋七月　原無此三字。據章鈺校，甲十六行本、乙十一行本、孔天胤本皆有此三字，張敦仁《通鑑刊本識誤》、張瑛《通鑑校勘記》同，今據補。

【語　譯】六年（壬子　西元一一二年）

春，正月十一日甲寅，漢安帝下詔說：「凡進獻新鮮美味，大多不合時令，有的是在溫室中加溫培養強行使其成熟，有的是人工刨土助長提前發芽，還沒有滋味就提前收摘，這難道是順應天時養育萬物的做法嗎！古書說：『不是正常時節的食物，不吃。』從現在起，凡是要供奉祭祀陵園宗廟和供應給天子的食物，都必須到時節才進獻。」總計減少了二十三種供品。

三月，十個州發生蝗災。

夏，四月乙丑日，司空張敏被免職。初七日己卯，任命太常劉愷為司空。○下詔，對光武帝建武時的開國功臣雲臺二十八將，後裔絕國的，一律恢復封國。

五月，發生旱災。○二十五日丙寅，詔令中二千石的官員下至黃色印綬的二百石官員，一律恢復原來的俸祿。

六月二十一日壬辰，豫章郡員谿縣的原山崩塌。○初十日辛巳，赦免天下。

侍御史唐喜討伐漢陽郡盜賊王信，打敗並殺了他。杜季貢逃亡，投奔滇零。這一年，滇零去世，滇零的兒子零昌立為王，年齡還小，同族人狼莫為他出謀劃策，任命季貢為將軍，另外居住在丁奚城。

七年（癸丑　西元一一三年）

春，二月丙午日，十八個郡國發生地震。

夏，四月二十九日乙未，平原懷王劉勝去世，沒有兒子，鄧太后立樂安夷王劉寵的兒子劉得為平原王。○最後一天三十日丙申，發生日蝕。

秋，護羌校尉侯霸、騎都尉馬賢在安定郡攻擊先零羌的一支牢羌，殺死及俘虜共一千人。○發生蝗災。

元初元年（甲寅　西元一一四年）

春，正月初二日甲子，改年號。

二月二十四日乙卯，日南郡地裂，長達一百餘里。

三月初二日癸亥，發生日蝕。

下詔派軍隊屯駐河內郡山谷交通要道三十六處，全都建造碉堡，設置鳴鼓，用以防備羌人入侵。

夏，四月初七日丁酉，大赦天下。○京師及五個郡國大旱，發生蝗災。

五月，先零羌侵犯雍城。

秋，七月，蜀郡夷人侵犯蠶陵縣，殺死縣令。

九月初七日乙丑，太尉李脩被免職。

羌人酋長號多和各部族搶掠武都郡、漢中郡，巴郡的板楯蠻人援救郡民，漢中郡五官掾程信率領本郡軍隊和蠻人一起擊敗了羌人。號多逃回原地，切斷隴道，與零昌會合。侯霸、馬賢在枹罕縣和叛羌交戰，打敗他們。

九月十三日辛未，任命大司農山陽郡人司馬苞為太尉。

冬，十月初一日戊子，發生日蝕。○涼州刺史皮楊在狄道縣攻擊羌人，大敗，死了八百多人。

這年，十五個郡國發生地震。

二年（乙卯　西元一一五年）

春，護羌校尉龐參以恩信招誘諸羌，號多等帥❶眾降。參遣詣闕，賜號多侯印，遣之。參始還治令居❷，通河西道。

零昌分兵寇益州，遣中郎將尹就討之。

夏，四月丙午❸，立貴人滎陽閻氏為皇后❹。后性妬忌，後宮李氏生皇子保❺，后鴆殺李氏。

五月，京師旱，河南及郡國十九蝗。

六月丙戌❻，太尉司馬苞薨。

秋，七月辛巳❼，以太僕泰山馬英為太尉。八月，遼東鮮卑圍無慮❽。九月，又攻夫犂營❾，殺縣令。○壬午晦❿，日有食之。

尹就擊羌黨呂叔都等，蜀人陳省、羅橫應募刺殺叔都，皆封侯，賜錢。

詔屯騎校尉班雄屯三輔。雄，超之子也。以左馮翊司馬鈞行征西將軍⓫，督關中諸郡兵八千餘人。龐參將羌、胡兵七千餘人，與鈞分道並擊零昌。參兵至勇士⓬東，為杜季貢所敗，引退⓭。鈞等獨進，攻拔丁奚城，杜季貢率眾偽逃。鈞令右扶風仲光等收羌禾稼⓮。光等違鈞節度⓯，散兵⓰深入，羌乃設伏要擊⓱之。鈞在城中，怒而不救。冬，十月乙未⓲，光等兵敗，並沒⓳，死者三千餘人，鈞乃遁還⓴。龐參既失期，稱病引還㉑。皆坐徵㉒，下獄，鈞自殺。時度遼將軍梁慬亦坐事抵罪㉓。校書郎中㉔扶風馬融㉕上書稱參、慬智能，宜宥過責效㉖。詔赦參等，以馬賢代參領護羌校尉㉗，復以任尚為中郎將，代班雄屯三輔。

懷㉘令虞詡說尚曰：「兵法，弱不攻彊，走不逐飛㉙，自然之勢也。今虜皆馬騎，日行數百里，來如風雨，去如絕弦㉚。以步追之，勢不相及。所以雖屯兵二十餘萬，曠日而無功也。為使君計，莫如罷諸郡兵，各令出錢數千，二十人共市一馬㉛，以萬騎之眾，逐數千之虜，追尾㉜掩截㉝，其道自窮㉞。便民利事，大功立矣！」尚即上言，用其計，遣輕騎擊杜季貢於丁奚城，破之。

太后聞虞詡有將帥之略，以為武都太守。羌眾數千遮㉟詡於陳倉崤谷㊱，詡即停軍㊲不進，而宣言「上書請兵，須到當發。」羌聞之，乃分鈔傍縣㊳。詡因其兵散，日夜進道，兼行百餘里㊴。令吏士各作兩竈，日增倍之㊵，羌不敢逼。或問㊶曰：「孫臏減竈㊷而君增之；兵法日行不過三十里，以戒不虞㊸，而今日且二百里㊹，何也？」詡曰：「虜眾多，吾兵少，徐行㊺則易為所及，速進則彼所不測。虜見吾竈日增，必謂郡兵來迎，眾多行速，必憚追我。孫臏見弱㊻，吾今示彊，勢有不同故也。」既到郡，兵不滿三千，而羌眾萬餘，攻圍赤亭㊼數十日。詡乃令軍中，彊弩勿發，而潛發小弩㊽。羌以為矢力弱，不能至，并兵急攻㊾。詡於是使二十彊弩共射一人㊿，發無不中。羌大震，退。詡因出城奮擊(51)，多所傷殺。明日，悉陳其兵眾(52)，令從東郭門出，北郭門入，貿易衣服(53)，回轉數周(54)。羌不知其數，更相恐動(55)。詡計賊當退，乃潛遣(56)五百餘人於淺水設伏(57)，候其走路(58)。虜果大奔(59)，因掩擊，大破之，斬獲甚眾，賊由是敗散。詡乃占相地勢(60)，築營壁百八十所，招還流亡，假賑(61)貧民，開通水運(62)。詡始到郡，穀石千，鹽石八千，見戶[63]萬三千。視事三年，米石八十，鹽石四百，民增至四萬餘戶，人足家給，一郡遂安。

十一月庚申[64]，郡國十地震。

十二月，武陵[65]澧中蠻[66]反，州郡討平之。○己酉[67]，司徒夏勤罷。○庚戌[68]，以司空劉愷為司徒，光祿勳袁敞[69]為司空。敞，安之子也。

前虎賁中郎將鄧弘[70]卒。弘性儉素[71]，治歐陽尚書[72]，授帝禁中[73]。有司奏贈弘驃騎將軍，位特進，封西平侯[74]。太后追弘雅意[75]，不加贈位、衣服，但賜錢千萬，布萬匹，兄騭等復辭不受。詔封弘子廣德[76]為西平侯。將葬，有司復奏發五營輕車騎士[77]，禮儀如霍光故事[78]。太后皆不聽，但白蓋雙騎[79]，門生輓送。後以帝師之重，分西平之都鄉，封廣德弟甫德為都鄉侯。

【章旨】以上為第十段，寫西羌叛亂，為害日益猖獗，三輔告警。虞詡赴任武都太守，用增灶法騙誘羌人，神速到任，大破羌人，安定一方。

【注釋】❶帥　通「率」。率領。❷還治令居　護羌校尉治所，從張掖遷回令居。參見本卷前永初四年移治事。❸丙午　四月二十一日。❹立貴人滎陽閻氏為皇后　貴人，位次於皇后。閻貴人滎陽縣（在今河南滎陽東北）人，因其母與鄧太后兄弟鄧弘之妻為親姐妹，故得鄧太后之力為皇后，即安思閻皇后，名閻姬。傳見《後漢書》卷十下〈皇后紀〉。❺保　即順帝劉保。❻丙戌　六月初二日。❼辛巳　七月二十八日。❽無慮　縣名，遼東屬國屬縣，縣治在今遼寧北鎮南。❾夫犂營　駐鎮於夫犂縣的政府軍。夫犂縣，屬遼東屬國，治在今遼寧義縣東。不常置。❿壬午晦　九月三十日。⓫行征西將軍　兼職征西將軍。征西將軍，討西羌軍總指揮。⓬勇士　縣名，漢陽郡屬縣，縣治在今甘肅榆中縣北。⓭引退　領兵撤退。此役龐參先為杜季貢所敗，後司馬鈞部亦敗。⓮收羌禾稼　收割羌人莊稼，一斷其糧餉，二誘其出戰。⓯違鈞節度　仲光等違背司馬鈞的調度，擅自分兵深入。⓰散兵　分散兵力。⓱要擊　攔腰截擊。要，通「腰」。⓲乙未　十月十三日。⓳並沒　同時戰死。指仲光等將領同時戰死，所率三千人全軍覆沒。據《後漢書》卷八十七〈西羌傳〉載，此役右扶風太守仲光、安定太守杜恢、北地太守盛包三將同時戰死。⓴遁還　逃回。㉑引還　率兵撤回。㉒坐徵　以罪徵還。㉓坐事抵罪　因他事（非軍事失職）被控而判罪。㉔校書郎中　官名，以郎中職在蘭臺校書。㉕馬融　（西元七九—一六六年）東漢著名經學家、文學家，字季長，右扶風茂陵（今陝西興平東北）人，遍注群經，有門生千餘人，鄭玄、盧植皆出其門。傳見《後漢書》卷六十上。㉖宥過責效　寬赦罪過，責其後效，即責其戴罪立功。㉗馬賢代參領護羌校尉　馬賢代龐參任護羌校尉。馬賢兩為護羌校尉，此為第一次，後永和元年再任。㉘懷　縣名，為河內郡治所，縣治在今河南武陟西南。㉙走不逐飛　地下跑的不追逐天上飛的。㉚來如風雨二句　指羌騎來時如暴風驟雨，去時像離弦的箭。㉛二十人共市一馬　讓二十個人共同購買一匹馬。意為免除郡國步兵的兵役，讓他們出錢共同買馬，一人出數千錢，二十人合計約數萬錢，可買一匹馬，供騎兵用。㉜追尾　尾隨追擊。㉝掩截　出其不意地攔擊。㉞其道自窮　羌人寇掠之路自然就斷了。窮，盡；完。㉟遮　攔截。㊱陳倉崤谷　陳倉，縣名，縣治在今陝西寶雞陳倉鎮。崤谷，陳倉境內的山谷，即大散關。㊲停軍　軍隊停止不前，即駐軍於陳倉。㊳分鈔傍縣　羌人分兵擄掠陳倉周圍之縣。㊴兼行百餘里　加倍趕路，行軍一百餘里。㊵日增倍之　每天增加一倍。即第一天每個戰士做兩個爐灶，第二天每個戰士加倍做四個爐灶。㊶或問　有人問。㊷孫臏減竈　西元前三四一年齊魏馬陵之戰，齊軍師孫臏用減灶退兵之計誘使魏將龐涓追擊，在馬陵中伏被擒。事見本書卷二周顯王二十八年。㊸日行不過三十里二句　進軍日行不過三十里，目的是保持戰鬥力用以防備預料不到的情況發生。㊹今日且二百里　現今每天行軍將近二百里。㊺徐行　緩慢進軍。㊻見弱　示人以弱。㊼赤亭　亭名，在下辨縣境。下辨為武都郡治所，在今甘肅成縣西北。㊽潛發小弩　偷偷發射小弩箭。潛發，射暗箭。㊾并兵急攻　合兵猛攻。㊿使二十彊弩共射一人　用二十張強勁的弩弓合射一人。(51)奮擊　奮勇攻擊。(52)悉陳其兵眾　悉數陳列他的軍隊。(53)貿易衣服　指兵士從東城郭門出去，從北城郭門進入，入城後改換服裝。貿易，變易；更換。(54)回轉數周　指全軍出城又進城，回轉了幾圈，造成疑兵，讓羌人誤以為有幾倍兵力。(55)更相恐動　互相恐慌擾動。(56)潛遣　指暗中派出伏兵。(57)於淺水設伏　指在羌人撤退渡河的水淺處設埋伏。虞詡知道羌人撤退時，一定會從水淺處渡河，故預先在此設伏。58候其走路　在其退路上等候。59大奔　大批逃跑。60占相地勢　觀察地形。61假賑　借貸周濟。62開通水運　開鑿水運道路。虞詡從沮縣（今陝西勉縣）到下辨開通一條供漕運的水路。63見戶　現存之戶。見，通「現」。64庚申　十一月初九日。65武陵　郡名，治所臨沅，在今湖南常德。66澧中蠻　居於澧水流域的蠻族。澧水，在常德北，流經澧縣注入洞庭湖。67己酉　十二月二十八日。68庚戌　十二月二十九日。69袁敞　字叔平，章帝時司徒袁安之子，官至司空。父子同傳，見《後漢書》卷四十五。70鄧弘　鄧騭之弟，為虎賁中郎將，因遭母喪辭官，故稱「前虎賁中郎將」。71儉素　節儉樸素。72治歐陽尚書　研習歐陽氏今文《尚書》。西漢歐陽生所傳伏生《尚書》，故稱歐陽《尚書》。73授帝禁中　在宮中教授安帝歐陽《尚書》學。74西平侯　西平縣侯。西平縣屬汝南郡，治今河南西平。75雅意　素志；一向堅守的志節。76廣德　鄧弘長子。77五營輕車騎士　五營，即北軍五校尉營。意在動員北軍五營的輕車騎兵護送鄧弘靈柩。78禮儀如霍光故事　西漢輔政昭帝、宣帝的大將軍霍光，死後舉行隆重葬禮，宣帝派太中大夫、侍御史持節主辦喪事，中二千石官修建墳冢，賜黃腸題湊，用禁衛軍五校送葬。79白蓋雙騎　用白蓋喪車，兩匹馬駕車。

【語　譯】二年（乙卯　西元一一五年）

春，護羌校尉龐參用恩惠、信義招徠勸誘各部羌人，號多等率部眾歸降。龐參派人護送他們到京城，安帝賜給號多侯爵印綬，遣送號多返回。龐參始將治所從張掖遷回令居，打通河西道。

零昌分兵寇掠益州郡，朝廷派中郎將尹就征討他們。

夏，四月二十一日丙午，冊立貴人滎陽人閻氏為皇后。閻皇后生性妒嫉，後宮李氏生了皇子劉保，閻皇后用鴆酒毒死李氏。

五月，京城發生旱災，河南郡和十九個郡國發生蝗災。

六月初二日丙戌，太尉司馬苞去世。

秋，七月二十八日辛巳，任命太僕泰山郡人馬英為太尉。

八月，遼東郡的鮮卑人包圍無慮縣。九月，又攻打夫犁營，殺死縣令。〇最後一天三十日壬午，發生日蝕。

尹就攻打羌族的呂叔都等人，蜀郡人陳省、羅橫應徵刺殺叔都，兩人都被封為侯，賞賜錢幣。

漢安帝下詔令屯騎校尉班雄駐防三輔。班雄是班超的兒子。任命左馮翊人司馬鈞代理征西將軍，督領關中各郡軍隊八千多人。龐參率領羌人、胡人士兵七千多人，與司馬鈞分路一起進攻零昌。龐參的軍隊到達勇士縣以東，被杜季貢打敗，率軍後退。司馬鈞等人獨自進軍，攻下丁奚城，杜季貢率部眾假裝逃跑。司馬鈞命令右扶風人仲光等收割羌人的莊稼。仲光等人違反司馬鈞的調度，分兵深入，羌人就設伏兵截擊他們。司馬鈞在城中，生仲光的氣，不去援救。冬，十月十三日乙未，仲光等人兵敗，同時戰死，死了三千多人，司馬鈞便逃了回來。龐參既未趕上約定日期，藉口有病率兵撤回。司馬鈞、龐參兩人都因罪被徵回，下獄，司馬鈞自殺。當時度遼將軍梁慬也因他事被判罪。校書郎中扶風人馬融上書說龐參、梁慬有智慧有能力，應當寬赦兩人的罪過，責成他們戴罪立功。漢安帝下詔赦免龐參等人，任命馬賢代替龐參兼領護羌校尉，又任命任尚為中郎將，代替班雄屯駐三輔。

懷縣縣令虞詡勸任尚說：「根據兵法，弱者不攻打強者，地上跑的不追逐天上飛的，這是自然的情勢。現在敵人都騎著馬，日行數百里，來如風雨，去如離弦的箭。用步兵追逐他們，形勢上肯定追不上。所以雖然駐兵二十多萬，曠日持久，沒有功績。替使君考慮，不如遣散各郡的軍隊，命令他們各出幾千錢，二十人共買一匹馬，以一萬騎兵之眾追趕幾千敵人，尾隨追擊，出其不意地攔擊，他們的寇掠之路自然就斷了。這既方便百姓又有利殺敵，大功即可告成了！」任尚隨即上報，採用虞詡的計策，派輕騎在丁奚城攻打杜季貢，打敗了他。

鄧太后聽說虞詡有將帥的謀略，任命他為武都郡太守。幾千羌人在陳倉縣崤谷截擊虞詡，虞詡當即停軍不前，並揚言「上書請朝廷派兵，必須等到援兵才出發。」羌人聽到這個消息，就分散開來搶劫旁邊的縣。虞詡乘羌人兵力分散，日夜不停進軍，兼程行軍一百多里。命令吏士各造兩個灶，每天增加一倍，羌人不敢靠近。有人問他說：「孫臏減灶而您增灶；兵法說每天行軍不超過三十里，以備不測，而現在每日行軍將近二百里，是什麼緣故？」虞詡說：「敵人數量多，我兵力少，慢走就容易被他們趕上，快速行進是他們沒有料到的。羌人看到我軍的灶每天增加，一定認為是各郡的軍隊來迎接，軍隊多，行動快，必然不敢追擊我們。孫臏示弱，我現在示強，這是形勢有所不同的緣故。」虞詡到達武都郡，士兵不滿三千人，而羌人一萬多，攻打包圍赤亭幾十天。虞詡於是下令軍中，不准發射強弩，只暗中發射小弩箭。羌人認為箭力道弱小，射不到，聯兵急速進攻。虞詡於是命二十個強弩共同射一個人，發射沒有不命中的。羌人極為震驚，敗退。虞詡就勢出城奮力攻擊，殺傷許多敵人。第二天，把全部士兵排列好，命令他們從東門出去，由北門進來，更換衣服，來回轉幾圈。羌人不知漢軍的數量，互相驚恐擾動。虞詡估計羌人要撤走，就暗中派五百多人在淺水處埋伏，守候羌人的退路。羌人果然大批逃走，漢軍突襲，大敗羌人，斬殺並俘虜了許多人，敵人於是潰敗逃散。虞詡便觀察地形，建造了一百八十多個營壘，招回流亡的百姓，借貸救濟貧民，開鑿水道運輸。虞詡剛到郡時，穀一石一千錢，鹽一石八千錢，現存戶口有一萬三千戶。任職三年，米每石八十錢，鹽每石四百錢，百姓戶口增加到四萬多戶，人人富足，家家豐裕，全郡從此安定。

十一月初九日庚申，十個郡國發生地震。

十二月，武陵郡的澧中蠻反叛，州郡征討平定了他們。〇二十八日己酉，司徒夏勤被免官。〇二十九日庚戌，任命司空劉愷為司徒，光祿勳袁敞為司空。袁敞是袁安的兒子。

前任虎賁中郎將鄧弘去世。鄧弘生性節儉樸素，研治歐陽《尚書》，在宮中教授皇上。主管官員上奏請追贈鄧弘為驃騎將軍，位居特進，封為西平侯。鄧太后追念鄧弘平素志向，不加贈官位、衣服，只是賜給一千萬錢、一萬匹布，鄧弘的哥哥鄧騭等人又推辭不受。下詔封鄧弘的兒子鄧廣德為西平侯。要埋葬鄧弘時，主管官員又上奏請求派五校營輕車騎士護送靈柩，禮儀參照霍光慣例。鄧太后都未採納，只是用白蓋喪車，兩匹馬駕車，門生輓車護送。後來因鄧弘身為安帝老師的貴重身分，分出西平侯國的都鄉，冊封鄧廣德的弟弟鄧甫德為都鄉侯。

【研　析】本卷史事研析下列四事：

一、東漢裁撤西域都護。班超在西域和睦各國，聯防抗擊北匈奴，人民安居樂業，依附漢朝沒有賦稅。西域各國臣民視班超為父母，親愛如家人。西元一〇二年，班超回國，任尚繼任為西域都護，違背班超和睦政策，崇尚嚴苛，加上貪汙、大國沙文主義，數年間西域人民憤怨不已，紛紛起來反抗，中西交通阻斷，漢朝官兵的屯田區域成了幾個孤島。安帝永初元年（西元一〇七年）六月，東漢政府決定撤銷西域都護以及伊吾盧、柳中等屯田戰士，全部回國。班超和數萬將士，歷時三十年的慘淡經營，被一個不稱職的任尚先生一旦毀棄，教訓是極為深刻的。

二、南匈奴反叛。南匈奴自西漢宣帝時呼韓邪單于歸附以來，受到漢朝保護，安置內地沿邊諸郡。東漢政府每年撫御物資財幣一億多，恩不可謂不重，情不可謂不厚。一個投靠南匈奴的漢奸叫韓琮，在安帝永初三年六月隨南匈奴欒提檀單于入朝。韓琮沿途察看，看到中國大雨成災，人民飢困，東漢朝廷被西羌之亂鬧得焦頭爛額。韓琮和欒提檀朝見安帝回去後，韓琮勸說單于反叛，欒提檀覺得確實是個好時機，於是起兵反漢。在南匈奴煽動下，雁門郡的烏桓部落也造了反。烏桓與南匈奴聯兵在五原郡高渠谷大敗漢軍。這一年，東漢有九個郡國發生地震，京師及四十一個郡大雨成災，并州、涼州大災荒，人吃人。南匈奴的反叛，使陷入困境的東漢政府雪上加霜。南匈奴恩將仇報，未脫野蠻習俗，匈奴人不但沒有復興，日漸衰微終被歷史抹去。當然最可恨的還是漢奸韓琮。他和西漢時的中行說是一類人，背叛民族，唆使外族人殺戮同胞，只不過是從異族人嘴裡分一些餘棄。凡是漢奸都是民族的罪人，將永遠的釘在歷史的恥辱柱上。

三、仲長統著《昌言》。仲長統，東漢政論家。他看到東漢朝廷孱弱不堪，國家武備不能討平小小的西羌叛亂，滿朝文武極少賢才，憂心如焚，寫作《昌言》告訴人民原因，大聲疾呼改善政治。仲長統認為光武帝過度集權，三公高位虛設，皇帝大權旁落，小人當道，政治體制被扭曲。禍亂根源，就是皇帝過度集權之弊。仲長統說，西漢文帝時申屠嘉，對於漢文帝的嬖寵鄧通敢於傳訊，滅了得勢小人的威風，得到漢文帝的支持。如此，皇帝身邊的親信不敢為非。東漢建立，三公即司徒、司空、太尉沒有權力，三公在位只是擺擺樣子，而發生災變，卻要三公承擔責任。三公無權，皇帝一人管不過來，大權不是旁落外戚，就是旁落宦豎，於是東漢朝廷外戚與宦豎控制了朝政。外戚與宦豎，又引進自己的親戚賓友，成為私黨，充斥於京師，布滿於州郡，這些人只知貪殘，逼迫人民，觸怒四方外族，引起叛亂，致使國家癱瘓。於是怨憤之氣，一時並發，陰陽三光，失去秩序，怪異事情，不斷出現，地震、水旱、蟲害不斷，這都是皇后家族和宦官擅權引發的警告。糾弊的辦法，把權力還給三公，那時再出現天譴的警告，懲罰三公才是合理的啊。仲長統看到了國家的積弊，他利用古時人們的信仰，用天變、災害來抨擊時政，用心良苦，用意純正，目的是想喚醒朝廷，重用朝官，抑制外戚和宦官。鄧太后雖然賢明，哪肯放下手中的權力。鄧太后臨終前，堂弟鄧康進言太后歸權皇帝，立即遭罷免。仲長統的呼喊，只不過是發發言論而已。

四、虞詡增灶惑敵。虞詡字升卿，陳國武平人。虞詡為人剛正不阿，仕安帝、順帝兩朝，九次被降職，三次入獄，剛正之氣，終老不改，是一個錚錚鐵骨的大丈夫。安帝永初四年，大將軍鄧騭沒有能力靖亂西羌，竟然採納謁者龐參建議，收縮力量，放棄涼州，全力對付南匈奴。虞詡當時只是一個初級禁衛官郎中，沒有資格參加朝議，就進言太尉張禹，提出涼州不可放棄的三大理由：第一，先帝流血流汗開拓的疆土不可丟棄；第二，棄了涼州，三輔關中地方成了邊塞，西漢皇室祖宗墳墓沒有保護；第三，關西出將，關東出相。關西人民擅長征戰，丟棄關西，就是丟了捍衛國家的長城之士。再說，關西人民多少年來與敵人戰鬥，保衛了國家，怎麼能因為省幾個軍費就丟棄他們呢？張禹認為虞詡說得對，重新舉行四府會議，否定了鄧騭的主張，保有了河西。鄧騭覺得沒面子，就惡毒地想借刀殺人。當時朝歌盜賊群起，朝廷派兵征剿都沒有取勝，虞詡一個文士，哪有能力制服慣匪。鄧騭於是推薦虞詡任朝歌縣長，冠冕堂皇公報私仇。虞詡面對鄧騭設下的陷阱，不怨天，不尤人，勇敢地接受挑戰，正好發揮他的才幹，實現人生最大的價值。虞詡到任，很快就平定了慣匪，他使用的巧計方法，被盜賊認為有神靈相助。虞詡的聲譽上達朝廷。鄧太后認為他有將帥之才，在安帝元初二年（西元一一五年），調任虞詡為武都郡太守。西羌痛恨虞詡，集合了幾千人在陳倉崤谷伏擊虞詡。虞詡到了谷口，宣稱等待援軍再行進，用以麻痺羌人。趁羌人放鬆戒備，虞詡日夜兼程推進，第一天奔馳一百餘里，虞詡命戰士每人造兩個灶。第二天加倍，每人造四個灶。連續幾天行軍，每天二百里。羌人尾追，看到炊灶倍增，認為官軍援軍源源不斷增加，不敢發動進攻。虞詡甩掉羌人，從容抵達武都下辨，官軍只有三千人，羌虜數萬人來進攻，虞詡用計破敵，一郡平安。戰國時孫臏用減灶方法，示敵以弱，大破魏軍，虞詡用增灶方法，示敵以強，兵法說，部隊行軍每日不能超過三十里，保持戰鬥力，虞詡每天行軍二百里，為的是迅速甩掉羌人的追擊。形勢不同，兵法活用，虞詡是一代人傑。虞詡不僅有才，更有節操，敢於對抗炙手可熱的大將軍皇親國戚。虞詡的大勇，來自於對國家的忠誠，公而忘私，著實令人敬佩。

卷第五十

漢紀四十二

起柔兆執徐（丙辰 西元一一六年），盡閼逢困敦（甲子 西元一二四年），凡九年。

【題解】本卷記事起西元一一六年，迄西元一二四年，凡九年。當安帝元初三年至延光三年，載安帝一朝後期史事。這一時期災害嚴重。十三個郡國地震，三十三個郡國大水，二十七個郡國大雨，又三十五個郡國地震，四十一個郡國冰雹。當時的思想觀念，認為朝政陰盛陽衰，外戚勢重，上天示警。德高望重的大臣司空袁敞不阿附鄧氏，以他事策免逼迫袁敞自殺。鄧太后堂弟越騎校尉鄧康建言太后歸政皇帝被罷官。鄧太后臨終戀權不放，等到駕崩，安帝親政，鄧氏外戚立即遭到報復，鄧騭等諸舅被貶殺。安帝乳母王聖、親信宦官江京等一群奸佞得勢，讒害太子劉保，劉保被廢為濟陰王。群小又陷害太尉楊震。西元一一七年羌人大叛，羌禍導致國庫空虛，十餘年間軍費支出達二百四十億。班勇受命重新開通西域。匈奴入侵車師，朝廷主張閉玉門關棄西域之聲再起，尚書令陳忠嚴厲駁斥，詔令班勇為長史駐屯柳中。

孝安皇帝中

元初三年（丙辰 西元一一六年）

春，正月，蒼梧、鬱林、合浦❶蠻夷反。二月，遣侍御史任逴督州郡兵討之。

○郡國十地震。

三月辛亥❷，日有食之。

夏，四月，京師旱。

五月，武陵蠻反，州郡討破之。○癸酉❸，度遼將軍鄧遵❹率南單于擊零昌❺於靈州❻，斬首八百餘級。○越巂❼徼外夷舉種內屬❽。

六月，中郎將任尚遣兵擊破先零羌於丁奚城❾。

秋，七月，武陵蠻復反，州郡討平之。

九月，築馮翊北界❿候塢⓫五百所以備羌。

冬，十一月，蒼梧、鬱林、合浦蠻夷降。

舊制：公卿、二千石、刺史不得行三年喪⓬。司徒劉愷⓭以為「非所以師表百姓，宣美風俗。」丙戌⓮，初聽大臣行三年喪。

癸卯⓯，郡國九地震。

十二月丁巳⓰，任尚遣兵擊零昌於北地⓱，殺其妻子，燒其廬落[1]，斬首七百餘級。

四年（丁巳 西元一一七年）

春，二月乙巳朔⑱，日有食之。○乙卯⑲，赦天下。○壬戌⑳，武庫災㉑。

任尚遣當闐種羌榆鬼等刺殺杜季貢㉒，封榆鬼為破羌侯。

司空袁敞㉓廉勁不阿權貴，失鄧氏㉔旨。尚書郎張俊有私書與敞子俊，怨家封上之㉕。夏，四月戊申㉖，敞坐策免，自殺。俊等下獄當死。俊上書自訟㉗，臨刑，太后詔以減死論㉘。

己巳㉙，遼西㉚鮮卑連休等入寇，郡兵與烏桓大人於秩居等共擊，大破之，斬首千三百級。

六月戊辰㉛，三郡雨雹。

尹就坐不能定益州㉜，徵抵罪，以益州刺史張喬領其軍屯，招誘叛羌，稍稍降散。

秋，七月，京師及郡國十雨水。

九月，護羌校尉任尚㉝復募效功種羌號封刺殺零昌，封號封為羌王。

冬，十一月己卯㉞，彭城靖王恭㉟薨。

越巂夷以郡縣賦斂煩數，十二月，大牛種封離等反，殺遂久㊱令。

甲子㊲，任尚與騎都尉馬賢共擊先零羌狼莫，追至北地，相持六十餘日，戰於富平河上㊳，大破之，斬首五千級，狼莫逃去。於是西河㊴虔人種羌萬人詣鄧遵降，隴右㊵平。

是歲，郡國十三地震。

【章旨】以上為第一段，寫東漢十三個郡國發生地震、冰雹災害，西疆羌禍仍在繼續，漢軍疲於征戰。

【注釋】❶蒼梧鬱林合浦　皆郡名，三郡同屬交州。蒼梧郡治所廣信，在今廣西梧州；鬱林郡治所布山，在今廣西桂平西；合浦郡治所合浦，在今廣西合浦東北。❷辛亥　三月初二日。❸癸酉　五月二十五日。❹度遼將軍鄧遵　據《後漢書・匈奴傳》，自置度遼將軍以來，皆權行其事，只有鄧遵因是鄧太后堂弟，為真將軍，即實職。❺零昌　人名，先零羌酋長。❻靈州　縣名，屬北地郡，縣治在今寧夏靈武西北。❼越巂　郡名，治所邛都，在今四川西昌。❽徼外夷舉種內屬　邊塞外蠻夷，整個部落歸附中國。內屬，內附；歸附。❾丁奚城　邊城名，屬北地郡，在今寧夏靈武南。❿馮翊北界　左馮翊北邊郡界，與安定郡、北地郡接壤。⓫候塢　哨所、土堡。⓬舊制二句　文帝時遺詔大臣守喪，以日易月，此後遂形成大臣守喪一月之制。所謂「舊制」，即指此。⓭劉愷　字伯豫，漢宣帝庶子楚孝王劉囂之玄孫，居巢侯劉般少子，官至太尉。傳見《後漢書》卷三十九。⓮丙戌　十一月十一日。⓯癸卯　十一月二十八日。⓰丁巳　十二月十二日。⓱北地　郡名，治所富平，在今寧夏吳忠。⓲乙巳朔　二月初一日。⓳乙卯　二月十一日。⓴壬戌　二月十八日。㉑武庫災　京師洛陽兵器庫失火。㉒杜季貢　漢陽（今甘肅甘谷東）人，永初五年（西元一一一年）反叛，戰敗後亡入先零羌中為將軍，屯據丁奚城。㉓袁敞　（？—西元一一七年）字叔平，袁安之子。精通《易經》，歷仕和帝、安帝兩朝，官至司空。傳見《後漢書》卷四十五。㉔鄧氏　指鄧太后鄧綏以及鄧騭兄弟。㉕封上之　即上封事，直接上奏皇帝的祕密奏疏。漢制，臣民舉報重大事件才上封事。這裡指揭發尚書郎張俊與袁敞之子袁俊通私信。㉖戊申　四月初五日。㉗自訟　自我分辨、訴冤。㉘減死論　改判減死刑一等，免死罪。

㉙己巳　四月二十六日。㉚遼西　郡名，治所陽樂，在今遼寧義縣西。㉛戊辰　六月二十六日。㉜益州　州名，轄境在今四川及雲南、貴州及陝西漢中市地區。治所廣漢郡雒縣，在今四川廣漢北。㉝護羌校尉任尚　據《後漢書・西羌傳》，安帝元初二年至順帝永建四年護羌校尉為馬賢；安帝元初二年至五年，任尚為中郎將，與馬賢並肩作戰。㉞己卯　十一月初九日。㉟彭城靖王恭　彭城王劉恭，明帝子，死後諡為靖王。傳見《後漢書》卷五十。㊱遂久　縣名，屬越巂郡，縣治在今雲南麗江縣。㊲甲子　十二月二十五日。㊳富平河上　指流經富平（今寧夏吳忠）的黃河岸上。㊴西河　郡名，治所平定，在今內蒙古鄂爾多斯東南。羌人出沒於西河郡北界，當今內蒙古準噶爾旗一帶。㊵隴右　指隴山以西，涼州東部，即今甘肅東部地區。隴，隴山。古人以西為右。

【校　記】①落　原作「舍」。據章鈺校，甲十六行本、乙十一行本、孔天胤本皆作「落」，張敦仁《通鑑刊本識誤》同，今據改。

【語　譯】孝安皇帝中

元初三年（丙辰　西元一一六年）

春，正月，蒼梧郡、鬱林郡、合浦郡的蠻夷反叛。二月，派遣侍御史任逴督領州郡的軍隊征討叛夷。〇十個郡國發生地震。

三月初二日辛亥，發生日蝕。

夏，四月，京城發生旱災。

五月，武陵郡的蠻人反叛，州郡征討，打敗了叛蠻。〇二十五日癸酉，度遼將軍鄧遵率領南單于在靈州攻打零昌，殺敵八百多人。〇越巂郡界外的夷人舉族歸附。

六月，中郎將任尚派遣軍隊在丁奚城打敗先零羌。

秋，七月，武陵郡蠻人再次反叛，州郡征討，平定了叛蠻。

九月，在左馮翊北界建築五百處哨所土堡，用以防備羌人。

冬，十一月，蒼梧郡、鬱林郡、合浦郡蠻夷投降。

過去的制度：公卿、二千石官員、刺史不許守三年喪。司徒劉愷認為「這不是做百姓表率，宣揚美化風俗的做法。」十一月十一日丙戌，開始准許大臣守三年喪。

十一月二十八日癸卯，九個郡國發生地震。

十二月十二日丁巳，任尚派遣軍隊在北地郡攻擊零昌，殺死零昌的妻子兒女，燒毀他們的房舍村落，殺死七百多人。

四年（丁巳　西元一一七年）

春，二月初一日乙巳，發生日蝕。○十一日乙卯，赦免天下。○十八日壬戌，兵器庫發生火災。

任尚派當闐族羌人榆鬼等刺殺杜季貢，冊封榆鬼為破羌侯。

司空袁敞廉潔剛正，不逢迎權貴，違失鄧氏心意。尚書郎張俊寫私信給袁敞的兒子袁俊，仇家用密封奏疏把這件事上奏漢安帝。夏，四月初五日戊申，袁敞獲罪被策書免職，自殺。袁俊等人下獄，按罪當處死。袁俊上奏為自己訴冤，臨刑時，鄧太后下詔改判減死刑一等。

四月二十六日己巳，遼西郡鮮卑人連休等入侵，遼西郡兵與烏桓酋長於秩居等人共同抗擊，大敗鮮卑人，殺死一千三百人。

六月二十六日戊辰，三個郡下冰雹。

尹就因不能平定益州獲罪，徵回京師論罪，任命益州刺史張喬兼領尹就的駐軍，張喬招徠勸導反叛的羌人，羌人逐漸投降散去。

秋，七月，京師和十個郡國降雨發水。

九月，護羌校尉任尚又徵募効功種羌人號封刺殺零昌，冊封號封為羌王。

冬，十一月初九日己卯，彭城靖王劉恭去世。

越巂郡的夷人因為郡縣賦稅徵斂煩多，十二月，大牛族人封離等反叛，殺死遂久縣令。

十二月二十五日甲子，任尚與騎都尉馬賢共同攻擊先零羌人狼莫，追趕到北地郡，對峙六十多天，在富平黃河邊交戰，大敗狼莫，殺敵五千人，狼莫逃走。於是西河郡虔人種羌一萬人前往鄧遵處歸降，隴右平定。

這一年，十三個郡國發生地震。

五年（戊午　西元一一八年）

春，三月，京師及郡國五旱。

夏，六月，高句驪❶與濊貊❷寇玄菟❸。

永昌、益州、蜀郡❹夷皆叛應封離，眾至十餘萬，破壞二十餘縣，殺長吏，焚掠百姓，骸骨委積，千里無人。

秋，八月丙申朔❺，日有食之。

代郡❻鮮卑入寇，殺長吏。發緣邊甲卒、黎陽營兵❼屯上谷❽以備之。冬，十月，鮮卑寇上谷，攻居庸關❾。復發緣邊諸郡黎陽營兵、積射士❿步騎二萬人屯列⓫衝要⓬。

鄧遵募上郡⓭全無種羌雕何刺殺狼莫，封雕何為羌侯。自羌叛十餘年間，軍旅之費，凡用二百四十餘億，府帑⓮空竭，邊民及內郡死者不可勝數，并、涼二州⓯，遂至虛耗。及零昌、狼莫死，諸羌瓦解，三輔⓰、益州無復寇警。詔封鄧遵為武陽⑰侯，邑三千戶。遵以太后從弟，故爵封優大⑱。任尚與遵爭功，又坐詐增首級、受賕枉法贓千萬已上，十二月，檻車⑲徵尚，棄市⑳，沒入財物。鄧騭子侍中鳳嘗受尚馬，騭髡㉑妻及鳳以謝罪。

是歲，郡國十四地震。

太后弟悝、閶皆卒，封悝子廣宗為葉㉒侯，閶子忠為西華㉓侯。

【章旨】以上為第二段，寫羌禍導致東漢政府國庫空虛，十餘年間耗費二百四十億。

【注釋】❶高句驪　古國名，也作「高句麗」，在今東北地區長白山一帶和朝鮮半島北部。❷濊貊　部族名，在今東北地區和朝鮮半島，又稱「貉」、「貉貊」等。❸玄菟　郡名，治所在今遼寧瀋陽東。❹永昌益州蜀郡　皆郡名，屬益州。永昌郡治所不韋，在今雲南保山縣東北；益州郡治所滇池，在今雲南晉寧；蜀郡治所成都，在今四川成都。❺丙申朔　八月初一日。❻代郡　郡名，治所高柳，在今山西陽高西北。❼黎陽營兵　屯駐黎陽（今河南浚縣）營地的政府軍。❽上谷　郡名，治所沮陽，在今河北懷來東南。❾居庸關　關名，設於居庸縣的關隘，屬上谷郡，在今北京市昌平西北。❿積射士　漢代兵種之一。積，通「迹」。尋跡而射的兵士，亦省稱「積射」。⓫屯列　駐屯布防。⓬衝要　軍事或交通要地。⓭上郡　郡名，治所膚施，在今陝西榆林南。⓮府帑　指國庫。府，聚物之處。帑，藏金帛之所。⓯并涼二州　東漢西北疆。并州當今山西大部及陝北、內蒙古西部地區，涼州當今甘肅、寧夏兩省地區。⓰三輔　即京兆尹、左馮翊、右扶風，在今陝西關中地區。⓱武陽　東郡有東武陽，泰山郡有南武陽，《後漢書・鄧騭傳》又作「舞陽」。不知此為何處。⓲優大　優厚，封地廣大。⓳檻車　有柵欄的囚車。⓴棄市　刑名，死刑，在市場殺死，暴屍街頭，令民眾共棄。㉑髡　刑名，剃光頭髮，三年刑。這裡指自剃頭髮，象徵服刑以求寬赦。㉒葉　縣名，屬南陽郡，治所在今河南葉縣。㉓西華　縣名，屬汝南郡，治所在今河南西華。

【語譯】五年（戊午　西元一一八年）

春，三月，京師和五個郡國發生旱災。

夏，六月，高句驪和濊貊入侵玄菟郡。

永昌郡、益州郡、蜀郡的夷人全都反叛響應封離，部眾達十多萬人，攻破毀壞了二十多個縣，殺死縣裡高官，放火搶劫百姓，屍骨堆積，千里無人。

秋，八月初一日丙申，發生日蝕。

代郡的鮮卑人入侵，殺死郡縣高官。徵發緣邊精銳軍隊、黎陽營士兵駐紮上谷郡用來防備鮮卑。冬，十月，鮮卑人入侵上谷郡，攻打居庸關。朝廷再次徵發緣邊各郡黎陽營士兵、積射士步兵騎兵二萬人，駐守邊塞軍事要地。

鄧遵召募上郡全無種羌人雕何刺殺狼莫，冊封雕何為羌侯。自從羌人叛亂的十幾年時間，軍隊的費用，總計支出二百四十多億，國庫枯竭，邊地的人民及內地各郡死去的人不計其數，并州、涼州兩州，乃至耗盡。等到零昌、狼莫死了，各羌族瓦解，三輔、益州不再有外敵入侵的警報。下詔封鄧遵為武陽侯，食邑三千戶。鄧遵因為是鄧太后的堂弟，所以封爵優厚，封地廣大。任尚與鄧遵爭功，又因虛報殺敵人數、受賄違法的贓款達千萬以上而被論罪，十二月，用囚車召回任尚，判處棄市死刑，沒收所有財物。鄧騭的兒子侍中鄧鳳曾接受任尚的馬匹，鄧騭剃去妻子和鄧鳳的頭髮來謝罪。

這年，十四個郡國發生地震。

鄧太后的弟弟鄧悝、鄧閶均去世，冊封鄧悝的兒子鄧廣宗為葉侯，鄧閶的兒子鄧忠為西華侯。

六年（己未　西元一一九年）

春，二月乙巳❶，京師及郡國四十二地震。

夏，四月，沛國❷、勃海❸大風，雨雹❹。

五月，京師旱。

六月丙戌❺，平原哀王得❻薨，無子。

秋，七月，鮮卑寇馬城塞❼，殺長吏。度遼將軍鄧遵及中郎將馬續率南單于追擊，大破之。

九月癸巳❽，陳懷王竦❾薨，無子，國除。

冬，十二月戊午朔❿，日有食之，既。○郡國八地震。

是歲，太后徵和帝弟濟北王壽、河間王開⓫子男女年五歲以上四十餘人，及鄧氏近親子孫三十餘人，並為開邸第⓬，教學經書，躬自監試。詔從兄河南尹豹、越騎校尉康⓭等曰：「末世⓮貴戚食祿之家，溫衣美飯⓯，乘堅驅良⓰，而面牆術學⓱，不識臧否⓲，斯故禍敗之[1]所從來也。」

豫章⓳有芝草生，太守劉祗欲上之，以問郡人唐檀。檀曰：「方今外戚豪盛，君道微弱，斯豈嘉瑞乎！」祗乃止。

益州刺史張喬遣從事楊竦將兵至楪榆⓴，擊封離等，大破之，斬首三萬餘級，獲生口千五百人。封離等惶怖，斬其同謀渠帥，詣竦乞降。竦厚加慰納，其餘三十六種皆來降附。竦因奏長吏姦猾，侵犯蠻夷者九十人，皆減死論。

初，西域諸國既絕於漢㉑，北匈奴復以兵威役屬之㉒，與共為邊寇。敦煌㉓太守曹宗患之，乃上遣㉔行長史㉕索班將千餘人屯伊吾㉖以招撫之，於是車師㉗前王及鄯善㉘王復來降。

初，疏勒王安國死，無子，國人立其舅子遺腹為王。遺腹叔父臣磐在月氏，月氏納而立之。後莎車畔于窴，屬疏勒，疏勒遂彊，與龜茲、于窴㉙為敵國焉。

【章旨】以上為第三段，寫鄧太后注重教育宗室子弟和外戚子弟。益州刺史張喬大破亂羌。

【注釋】❶乙巳　二月十二日。❷沛國　封國名，治所相縣，在今安徽濉溪縣西。❸勃海　郡名，治所南皮，在今河北南皮東北。❹雨雹　下冰雹。❺丙戌　六月二十六日。❻平原哀王得　平原王劉得，本樂安王劉寵之子，繼嗣平原王劉勝，死諡哀王。劉寵，章帝孫，千乘王劉伉之子。劉勝，和帝之長子，與劉寵為從兄弟。諸王傳見《後漢書》卷五十五。❼馬城塞　關塞名，置於馬城縣。馬城縣屬代郡，治所在今河北懷安西北。❽癸巳　九月初四日。❾陳懷王竦　陳王劉竦，明帝子陳王劉羨之孫，死諡懷王。傳附《後漢書》卷五十〈陳敬王羨傳〉。❿戊午朔　十二月初一日。⓫濟北王壽河間王開　二王劉壽、劉開，皆章帝子，和帝弟。二王傳見《後漢書》卷五十五。⓬開邸第　建造府舍。邸第，達官貴人的府舍。⓭河南尹豹越騎校尉康　鄧豹、鄧康，鄧太后堂兄。⓮末世　指一個朝代衰亡時期。⓯溫衣美飯　穿輕暖之衣，吃美味之食。⓰乘堅驅良　坐堅固的車，騎千里良馬。堅，指好車。良，指善馬。⓱面牆術學　面對學術如同面對牆壁，什麼也看不見。面牆，喻不學無術。語出《尚書》「弗學牆面」。⓲不識臧否　不懂善惡得失。臧，美；善。否，壞；惡。⓳豫章　郡名，治所南昌，在今江西南昌。⓴楪榆　縣名，屬永昌郡，縣治在今雲南大理東北洱海西岸。㉑西域諸國句　事見本書卷四十九永初元年。㉒以兵威役屬之　用兵力威逼，使他們臣屬自己加以役使。㉓敦煌　郡名，治所敦煌，在今甘肅敦煌西。㉔上遣　上書奏請派遣。

㉕行長史　代理長史。長史，邊郡太守助理，掌領郡兵。內郡置丞，邊郡設長史，敦煌為邊郡，有長史。㉖伊吾　宜禾都尉城，在今新疆哈密西。㉗車師　西域國名，漢宣帝時分為前、後兩部。車師前王治交河城，在今新疆吐魯番西。車師後王治務塗谷城，在今新疆吉木薩爾南。㉘鄯善　西域國名，國王治所在扜泥城，在今新疆若羌。㉙于窴　與上述之疏勒、莎車，皆西域國名，三國皆在今南疆。疏勒王城在今新疆喀什，莎車王城在今新疆莎車，于窴王城在今新疆和田。

【校　記】①之　據章鈺校，甲十六行本、乙十一行本皆無此字。

【語　譯】六年（己未　西元一一九年）

春，二月十二日乙巳，京城和四十二個郡國發生地震。

夏，四月，沛國、勃海郡颳大風，下冰雹。

五月，京師發生旱災。

六月二十六日丙戌，平原哀王劉得去世，沒有兒子。

秋，七月，鮮卑人入侵馬城塞，殺死縣裡高官。度遼將軍鄧遵和中郎將馬續率領南單于追擊，把他們打得大敗。

九月初四日癸巳，陳懷王劉竦去世，沒有兒子，封國被廢除。

冬，十二月初一日戊午，發生日蝕，日全蝕。○八個郡國發生地震。

這一年，鄧太后徵召和帝弟弟濟北王劉壽、河間王劉開子女年齡在五歲以上者四十多人，以及鄧氏近親子孫三十多人，為他們一起建造府邸，教授學習經書，親自監督考試。下詔堂兄河南尹鄧豹、越騎校尉鄧康等人說：「末世貴戚吃俸祿的家庭，穿暖衣，吃美食，乘堅固的車子，駕良馬，卻不學無術如同面壁而立，不懂善惡得失，這是產生禍患的根源啊。」

豫章郡發現靈芝草生長，太守劉祗想要獻給朝廷，拿此事詢問本郡人唐檀。唐檀說：「現在外戚勢力強大，君主權力弱小，這難道是祥瑞嗎！」劉祗才作罷。

益州刺史張喬派從事楊竦率領軍隊到楪榆縣，攻擊封離等人，大敗他們，殺了三萬多人，俘虜一千五百人。封離等人惶恐，殺死他的同謀首領，前往楊竦處乞求投降。楊竦對他厚加安撫，其餘三十六族都來投降歸附。楊竦乘此上奏揭發九十名奸詐狡猾、侵犯蠻夷的地方高官，全都判處減死一等罪。

當初，西域各國和漢朝已斷絕關係，北匈奴又以兵力威嚇，使他們臣屬自己加以役使，和北匈奴一起侵略邊界。敦煌郡太守曹宗憂心此事，便上書請朝廷派代理長史索班率領一千多人屯駐伊吾來招降安撫他們，於是車師前王和鄯善王又來投降。

當初，疏勒王安國去世，沒有兒子，國人立他舅舅的兒子遺腹為王。遺腹的叔父臣磐在月氏國，月氏護送臣磐回國，立為王。後來莎車國背叛于窴國，臣屬於疏勒國，疏勒國由此強盛，成為和龜茲國、于窴國勢力相當的國家。

永寧元年（庚申　西元一二〇年）

春，三月丁酉，濟北惠王壽❶薨。

北匈奴率車師後王軍就共殺後部司馬❷及敦煌長史索班等，遂擊走其前王，略有北道❸。鄯善逼急，求救於曹宗。宗因此請出兵五千人擊匈奴，以報索班之恥，因復取西域。公卿多以為宜閉玉門關，絕西域。太后聞軍司馬班勇❹有父風，召詣朝堂❺問之。勇上議曰：「昔孝武皇帝患匈奴彊盛，於是開通西域。論者以為奪匈奴府藏❻，斷其右臂。光武中興，未遑外事。故匈奴負彊❼，驅率諸國。及至永平，再攻敦煌，河西諸郡，城門晝閉。孝明皇帝深惟❽廟策❾，乃命虎臣❿

出征西域，故匈奴遠遁，邊境得安。及至永元，莫不內屬。會間者羌亂，西域復絕，北虜遂遣責諸國，備⑪其逋租⑫，高其價直，嚴以期會⑬。鄯善、車師皆懷憤怨，思樂事漢，其路無從。前所以時有叛者，皆由牧養失宜，還為其害故也。今曹宗徒恥於前負⑭，欲報雪⑮匈奴，而不尋出兵故事，未度⑯當時之宜也。夫要功⑰荒外⑱，萬無一成。若兵連禍結⑲，悔無所及。況今府藏未充，師無後繼，是示弱⑳於遠夷，暴短㉑於海內，臣愚以為不可許也。舊敦煌郡有營兵三百人，今宜復之，復置護西域副校尉，居於敦煌，如永元故事㉒。又宜遣西域長史將五百人屯樓蘭㉓，西當焉耆、龜茲㉔徑路㉕，南彊鄯善、于窴心膽，北扞㉖匈奴，東近敦煌，如此誠便。」

尚書復問勇：「利害云何㉗？」勇對曰：「昔永平之末，始通西域，初遣中郎將居敦煌㉘，後置副校尉於車師㉙，既為胡虜節度，又禁漢人不得有所侵擾，故外夷歸心，匈奴畏威。今鄯善王尤還㉚，漢人外孫，若匈奴得志，則尤還必死。此等雖同鳥獸，亦知避害。若出屯樓蘭，足以招附其心，愚以為便。」

長樂衛尉㉛鐔顯、廷尉綦毋參㉜、司隸校尉㉝崔據難曰：「朝廷前所以棄西域者，以其無益於中國而費難供㉞也。今車師已屬匈奴，鄯善不可保信㉟，一旦反覆，班將㊱能保北虜㊲不為邊害乎？」勇對曰：「今中國置州牧㊳者，以禁郡縣姦猾盜賊也。若州牧能保盜賊不起者，臣亦願以要斬㊴保匈奴之不為邊害也。今通西域則虜勢必弱，虜勢弱則為患微矣，孰與歸其府藏，續其斷臂哉㊵？今置校尉以扞撫西域，設長史以招懷諸國。若棄而不立，則西域望絕，望絕之後，屈就北虜，緣邊之郡將受困害，恐河西城門必須復有晝閉之儆㊶矣！今不廓開㊷朝廷之德而拘屯戍之費，若此，北虜遂熾，豈安邊久長之策哉！」

太尉屬㊸毛軫難曰：「今若置校尉，則西域駱驛遣使㊹，求索無厭㊺。與之則費難供，不與則失其心。一旦為匈奴所迫，當復求救，則為役大矣。」勇對曰：「今設以西域歸匈奴，而使其恩德大漢，不為鈔盜，則可矣。如其不然，則因西域租入之饒，兵馬之眾，以擾動緣邊，是為富仇讎之財，增暴夷之勢也。置校尉者，宣威布德㊻，以繫諸國內向之心，而疑匈奴覬覦之情，而無費財耗國之慮也。且西域之人，無他求索，其來入者不過稟食而已。今若拒絕，勢歸北屬夷虜㊼，并力以寇并、涼，則中國之費不止十億。置之誠便。」於是從勇議，復敦煌郡營兵三百人，置西域副校尉居敦煌，雖復羈縻㊽西域，然亦未能出屯。其後匈奴果數與車師共入寇鈔㊾，河西大被其害。

沈氏羌㊿寇張掖(51)。

夏，四月丙寅(52)，立皇子保為太子，改元，赦天下。

【章旨】以上為第四段，寫班勇受命，重新開拓西域。

【注釋】❶濟北惠王壽　濟北王劉壽，章帝子，死謚惠王。傳見《後漢書》卷五十五。❷後部司馬　戊己校尉部屬軍司馬。和帝永元三年復置戊己校尉，居車師前部，又置戊部候，居車師後部候城，此即戊部候司馬。❸略有北道　攻佔控制了北道。北道，指新疆天山以北通往中亞的道路。❹班勇　班超之子，字宜僚，少有父風，安帝延光二年為西域長史，屯田柳中，立功西域。傳見《後漢書》卷四十七。❺朝堂　大殿左右百官議政之處。❻府藏　府庫財物。❼負彊　恃強。❽惟　思。❾廟策　朝廷對國家大事的謀略。❿虎臣　勇武之臣。指班勇之父班超。⓫備　償還。⓬逋租　積欠的貢賦。此指匈奴追索西域各國屬漢以後歷年停貢匈奴的貢賦。逋，欠。⓭嚴以期會　嚴格地限定時間交納。⓮負　敗；失敗。⓯報雪　指報伊吾役之仇，雪索班被殺之恥。⓰度　揣測。謂審時度勢。⓱要功　希求建功。要，通「邀」。⓲荒外　荒服之外。古五服之一。此指邊遠的西域。⓳兵連禍結　戰事綿延，禍患不止。⓴示弱　顯示出弱點。㉑暴短　暴露出短處。㉒如永元故事　依照和帝時舊制。永元，漢和帝第一個年號。和帝永元三年（西元九一年）復置西域都護、騎都尉、戊己校尉官。㉓樓蘭　即鄯善。㉔焉耆龜茲　西域國名，焉耆王城南河城，在今新疆焉耆；龜茲王城延城，在今新疆庫車。㉕徑路　要道。㉖扞　抵抗。㉗利害云何　利弊是怎樣的。示意班勇詳細陳說利害。㉘遣中郎將居敦煌　鄭眾明帝時為中郎將，鎮敦煌。㉙置副校尉於車師　指耿恭、關寵。事詳本書卷三十七明帝永平十八年。㉚尤還　鄯善王名。㉛長樂衛尉　官名，長樂宮警衛長，列卿。㉜綦毋參　人名，綦毋，複姓。亦作綦母。㉝司隸校尉　官名，職掌京師近郡治安，並監察百官。㉞費難供　耗費難以供給。㉟不可保信　不能擔保守信用。㊱班將　對班勇的尊稱。班勇為軍司馬，故稱將。㊲北虜　指北匈奴。㊳州牧　一州的行政長官。此泛指各級地方行政長官。㊴要斬　腰斬。要，通「腰」。漢代最重的死刑。㊵歸其府藏二句　謂棄西域，等於是把府庫財物還給匈奴，把已斷斷的右臂重新接起來。歸，還。續，接。㊶儆　與「警」字通。明帝永平中，北匈奴脅迫西域諸國一起侵犯漢邊，河西郡縣城門白天也不得不關閉，以防入侵。㊷廓開　開闢；推廣。㊸太尉屬　太尉府屬吏，比二百石以下小吏。

㊹駱驛遣使　指西域諸國不斷地派遣使者前來中國。㊺厭　滿足。㊻宣威布德　宣揚聲威，布施恩德。㊼勢歸北屬夷虜　勢必北向歸屬匈奴。㊽羈縻　籠絡維繫。㊾寇鈔　入侵劫掠。㊿沈氐羌　居於上郡、西河郡一帶羌人的稱號。(51)張掖　郡名，治所觻得，在今甘肅張掖西北。(52)丙寅　四月十一日。

【語　譯】永寧元年（庚申　西元一二〇年）

春，三月十一日丁酉，濟北惠王劉壽去世。

北匈奴率領車師後王軍就一起殺害後部司馬和敦煌郡長史索班等人，趁勢攻擊趕走車師前王，佔領控制了北道。鄯善國危急，向曹宗求救。曹宗因此請求出兵五千人進攻匈奴，以報復索班被殺的恥辱，就此再次奪取西域。多數公卿認為應當關閉玉門關，與西域斷絕關係。鄧太后聽說軍司馬班勇有他父親的風範，召他到朝堂詢問。班勇上言說：「從前孝武皇帝擔心匈奴強盛，於是開通西域。議論的人認為這是奪取匈奴的府庫，切斷了匈奴的右臂。光武帝中興，來不及關注國外的事情。所以匈奴自恃強大，驅使統率西域各國。等到了永平年間，一再攻擊敦煌，河西各郡城門在白天都要關閉。孝明皇帝深思國策，於是命令虎臣出征西域，所以匈奴遠遠逃走，邊境得以安寧。等到了永元年間，西域各國沒有不臣服漢朝的。時逢羌人作亂，西域再次斷絕往來，北匈奴於是派使者到各國索取，讓償還積欠的貢賦，提升價值，嚴格規定期限。鄯善國、車師國都心懷怨憤，樂意侍奉漢朝，卻不知道這條路怎麼走。以前之所以時常有背叛的，都因為管理不當，反受其害的緣故。現在曹宗只是因為前次戰敗感到恥辱，想要報復匈奴以雪恥辱，卻不探究過去出兵的原委，不揣度當時戰略的需要。在蠻荒之地求取戰功，一萬次難有一次成功。如果兵連禍結，後悔也來不及了。何況現在國庫尚不充足，軍隊沒有後援，這是向遠方夷族顯示弱點，向海內暴露短處，臣愚見認為不能答應。過去敦煌郡有三百名營兵，現在應當恢復，重新設立護西域副校尉，駐紮在敦煌，如同永元舊例。還應該派西域長史率領五百人駐守樓蘭，西邊堵住焉耆國、龜茲國的要道，南邊增強鄯善國、于寘國的信心和膽識，北邊抵禦匈奴，東邊靠近敦煌，這樣是最可行的。」

尚書又問班勇：「這事的利弊如何？」班勇回答說：「從前在永平末年，開始打通西域，起初派中郎將駐在敦煌，後來在車師國設副校尉，既為控制胡人，又禁止漢人不得侵擾外族，所以外族誠心歸順，匈奴畏懼漢朝的威嚴。現在鄯善王尤還，是漢人的外孫，如果匈奴得志，那麼尤還一定被殺。這些胡人雖同於鳥獸，卻也知道躲避禍害。如果出兵屯守樓蘭，足以招撫他們歸順朝廷，愚見認為這樣有利。」

長樂衛尉鐔顯、廷尉綦毋參、司隸校尉崔據責難說：「朝廷以前之所以拋棄西域，是因它對中國無益而費用難以供應。現在車師國已經臣屬匈奴，鄯善國不能保證守信用，一旦反悔背叛，班將軍能確保北匈奴不成為邊界的禍害嗎？」班勇回答說：「現今中國之所以設立州牧地方官，就是要禁止郡縣的奸猾盜賊。如果州牧能夠保證盜賊不起來作亂，臣也願意接受腰斬刑來保證匈奴不為邊害。現在和西域通好，那麼匈奴的勢力必然削弱，敵人勢力削弱，那麼為害就小了，這與把府庫歸還給匈奴，把已斬斷的右臂重新接起來相比，哪一種有利呢？現在設置校尉用來捍衛安撫西域，設置長史用來招致各國歸順。如果拋棄而不置校尉，那麼西域的期望就會斷絕，絕望之後，就會屈服於北匈奴，沿邊各郡將會遭受困擾和傷害，恐怕河西的城門一定會再次有白天關閉的警報了！現在不拓展朝廷的恩德而受屯兵戍守費用的限制，如果是這樣，北匈奴就會迅速壯大，這難道是安定邊疆的長久之計嗎！」

太尉屬毛軫責難說：「現在如果設立校尉，那麼西域就會絡繹不絕地派來使者，索取不知滿足。給他們，費用就會難以供應，不給他們，就會失去他們的誠心。一旦被匈奴所逼迫，應當會再向朝廷求助，那麼發動的戰役就大了。」班勇回答說：「現在假設把西域棄歸匈奴，讓匈奴感恩大漢，不劫掠為盜，那就可以了。如果不是這樣，那麼匈奴就會依靠西域的豐富租稅、眾多兵馬，以此侵擾沿邊各郡，這是增加仇人的財富，增強殘暴異族的勢力。設立校尉，是為了宣揚聲威，布施恩德，以維繫各國歸附漢朝之心，而使匈奴窺伺漢朝的心意動搖，沒有花費錢財、虛耗國力的憂慮。況且西域之人，沒有其他要求，他們前來入塞的人不過是想得到食物而已。現在如果拒絕他們，他們勢必北向歸屬匈奴，合力來侵擾并州、涼州，那麼中國的費用就不只十億了。設置校尉確實有利。」於是朝廷聽從班勇的建議，恢復敦煌郡的三百名營兵，設置西域副校尉駐守敦煌，雖然再度維繫西域，然而也未能出兵屯戍。後來匈奴果然數次與車師國一起入侵劫掠，河西大受其害。

沈氏羌入侵張掖郡。

夏，四月十一日丙寅，立皇子劉保為太子，改換年號，赦免天下。

己巳❶，紹封陳敬王子崇為陳王，濟北惠王子萇為樂成王，河間孝王子翼為平原王❷。

六月，護羌校尉馬賢將萬人討沈氏羌於張掖，破之，斬首千八百級，獲生口千餘人，餘虜悉降。時當煎❸種[1]大豪飢五等，以賢兵在張掖，乃乘虛寇金城❹。賢還軍追之[2]，出塞，斬首數千級而還。燒當、燒何種聞賢軍還，復寇張掖，殺長吏。

秋，七月乙酉朔❺，日有食之。

冬，十月己巳❻，司空李郃❼免。癸酉❽，以衛尉盧江❾陳褒為司空。〇京師及郡國三十三大水。

十二月，永昌徼外撣國王雍由調❿遣使者獻樂及幻人⓫。戊辰⓬，司徒劉愷請致仕⓭，許之，以千石祿歸養。〇遼西鮮卑大人烏倫、其至鞬⓮各以其眾詣度遼將軍鄧遵降。〇癸酉⓯，以太常⓰楊震為司徒。

是歲，郡國二十三地震。

太后從弟越騎校尉康⑰，以太后久臨朝政，宗門盛滿，數上書太后，以為宜崇公室⑱，自損私權⑲，言甚切至⑳，太后不從。康謝病不朝，太后使內侍者問之。所使者乃康家先婢㉑，自通「中大人」㉒，康聞而詬㉓之。婢怨恚，還，白康詐疾而言不遜。太后大怒，免康官，遣歸國㉔，絕屬籍㉕。

初，當煎種飢五同種大豪盧忽、忍良等千餘戶別留允街㉖，而首施㉗兩端。

【章旨】以上為第五段，寫馬賢征討西羌。二十三郡國大水。鄧太后堂弟越騎校尉鄧康建言太后歸政皇帝被罷官。

【注釋】❶己巳　四月十四日。❷紹封三句　紹封，下詔策封宗室三王。紹，承繼。陳王劉崇，明帝劉莊之孫，陳敬王劉羨之子。樂成王劉萇，章帝子濟北惠王劉壽庶子，繼嗣明帝子樂成王劉黨一系為後嗣，故紹封為王。平原王劉翼，章帝孫，河間孝王劉開庶子。劉崇、劉萇傳見《後漢書》卷五十〈孝明八王列傳〉，劉翼傳見《後漢書》卷五十五〈章帝八王列傳〉。❸當煎　西羌種落名。❹金城　郡名，治所允吾，在今青海民和。❺乙酉朔　七月初一日。❻己巳　十月十六日。❼李郃　見上卷注。❽癸酉　十月二十日。❾廬江　郡名，治所舒縣，在今安徽廬江縣西。❿雍由調　撣國國王名。⓫幻人　魔術師。據《後漢書·西南夷傳》，幻人能變化、吐火、自我肢解、易牛馬頭，自稱海西即大秦人。大秦即古羅馬及近東地區。⓬戊辰　十二月十六日。⓭致仕　辭官退休。⓮烏倫其至鞬　皆遼西鮮卑酋長名。⓯癸酉　十二月二十一日。⓰太常　官名，九卿之一，掌宗廟祭祀。⓱太后從弟越騎校尉康　鄧康，鄧珍之子，鄧禹之孫。據胡注，當為鄧太后堂兄。事附《後漢書》卷十六〈鄧禹傳〉。⓲崇公室　尊重皇權。公室，指皇室。⓳自損私權　勸喻鄧太后自己放棄權力，抑制鄧氏勢力。⓴切至　極為懇切。㉑康家先婢　原先是鄧康家的奴婢。㉒自通中大人　自我通報稱為「中大人」。宮中宦者或侍婢年長者，宮中皆尊稱「中大人」。㉓詬　斥罵。㉔遣歸國　遣回封國。鄧康在永初六年封夷安侯。㉕絕屬籍　斷絕血親關係，從宗譜中除名。㉖允街　縣名，縣治在今甘肅永登東南。㉗首施　即首鼠。像老鼠一樣瞻前顧後，觀望遲疑。

【校記】①種　原作「等」。據章鈺校，甲十六行本、乙十一行本皆作「種」，張敦仁《通鑑刊本識誤》同，今據改。②追之　原無此二字。據章鈺校，甲十六行本、乙十一行本、孔天胤本皆有此二字，張敦仁《通鑑刊本識誤》、張瑛《通鑑校勘記》同，今據補。

【語譯】四月十四日己巳，續封陳敬王的兒子劉崇為陳王，濟北惠王的兒子劉萇為樂成王，河間孝王的兒子劉翼為平原王。

六月，護羌校尉馬賢率領一萬人在張掖郡征討沈氐羌，打敗他們，殺死一千八百人，俘獲一千多人，其餘敵人全部投降。當時當煎族大酋長飢五等人，因馬賢的軍隊在張掖郡，就乘虛入侵金城郡。馬賢回師追擊，出了邊塞，殺了幾千人後返回。燒當羌、燒何羌聽說馬賢的軍隊撤回，又侵犯張掖郡，殺死地方官吏。

秋，七月初一日乙酉，發生日蝕。

冬，十月十六日己巳，司空李郃被免職。二十日癸酉，任命衛尉廬江郡人陳褒為司空。〇京師以及三十三個郡國發大水。

十二月，永昌郡境外的撣國王雍曲調派使者進獻樂工和魔術師。十六日戊辰，司徒劉愷請求退休，太后批准他，享受千石俸祿回家養老。〇遼西郡鮮卑酋長烏倫、其至鞬各自率領部眾前往度遼將軍鄧遵處投降。〇二十一日癸酉，任命太常楊震為司徒。

這一年，二十三個郡國發生地震。

鄧太后的堂兄越騎校尉鄧康，認為鄧太后長期臨朝執政，宗族強盛至極，多次上書鄧太后，建議尊崇皇室，自己減損鄧氏私權，言辭極為誠懇，鄧太后不聽從。鄧康稱病不上朝，鄧太后派宮內侍者問候鄧康。派去的侍者是鄧康家原來的婢女，自我通報稱「中大人」，鄧康聽了就斥責她。婢女怨恨，回宮，報告說鄧康假裝有病而且出言不善。鄧太后大怒，免去鄧康官職，遣送回封國，削除宗族屬籍。

當初，當煎族飢五的同族大酋長盧忽、忍良等一千多戶另外留居在允街縣，像老鼠來回張望一般遲疑不決。

建光元年❶（辛酉　西元一二一年）

春，護羌校尉馬賢召盧忽，斬之，因放兵❷擊其種人，獲首虜二千餘。忍良等皆亡出塞。

幽州❸刺史巴郡馮煥❹、玄菟太守姚光、遼東❺太守蔡諷等將兵擊高句驪，高句麗王宮遣嗣[1]子遂成詐降而襲玄菟、遼東，殺傷二千餘人。

二月，皇太后寢疾❻。癸亥❼，赦天下。三月癸巳❽，皇太后鄧氏崩。未及大斂❾，帝復申前命❿，封鄧騭為上蔡侯，位特進⓫。○丙午⓬，葬和熹皇后。

太后自臨朝以來，水旱十載，四夷外侵，盜賊內起。每聞民饑，或達旦不寐⓭，躬自減徹⓮，以救災戹⓯。故天下復平，歲還豐穰。

上始親政事，尚書陳忠薦隱逸⓰及直道之士⓱潁川⓲杜根、平原⓳成翊世之徒，上皆納用之。忠⓴，寵之子也。初，鄧太后臨朝，根為郎中，與同時郎上書言：「帝年長㉑，宜親政事。」太后大怒，皆令盛以縑囊㉒，於殿上撲殺㉓之，既而載出城外，根得蘇㉔。太后使人檢視㉕，根遂詐死㉖，三日，目中生蛆，因得逃竄，為宜城㉗山中酒家保㉘積十五年。成翊世以郡吏亦坐諫太后不歸政抵罪㉙。帝皆徵詣公車，拜根侍御史，翊世尚書郎。或問根曰：「往者遇禍，天下同義㉚，知故㉛不少，何至自苦如此？」根曰：「周旋㉜民間，非絕跡之處，邂逅發露㉝，禍及親知，故不為也。」

戊申㉞，追尊清河孝王㉟曰孝德皇，皇妣左氏㊱曰孝德后，祖妣宋貴人㊲曰敬隱后。初，長樂太僕㊳蔡倫㊴受竇后諷旨誣陷宋貴人，帝敕使自致廷尉㊵，倫飲藥死。

夏，四月，高句麗復與鮮卑入寇遼東。蔡諷追擊於新昌㊶，戰歿。功曹掾㊷龍端、兵馬掾㊸公孫酺以身扞諷，俱歿於陳㊹。

丁巳㊺，尊帝嫡母耿姬㊻為甘陵㊼大貴人。○甲子㊽，樂成王萇㊾坐驕淫不法，貶為蕪湖侯。

己巳㊿，令公卿下至郡國守相各舉有道之士(51)一人。尚書陳忠以詔書既開諫爭(52)，慮言事者必多激切(53)，或致不能容(54)，乃上疏豫通廣帝意(55)曰：「臣聞仁君廣山藪之大(56)，納切直之謀，忠臣盡謇諤之節(57)，不畏逆耳之害(58)。是以高祖舍周昌桀、紂之譬(59)，孝文喜袁盎人豕之譏(60)，武帝納東方朔宣室之正(61)，元帝容薛廣德自刎之切(62)。今明詔崇高宗(63)之德，推宋景(64)之誠，引咎克躬，諮訪羣吏。言事者見杜根、成翊世等新蒙表錄，顯列二臺(65)，必承風響應(66)，爭為切直。若嘉謀(67)異策，宜輒納用。如其管穴(68)，妄有譏刺，雖苦口逆耳，不得事實，且優游寬容(69)，以示聖朝無諱(70)之美。若有道之士對問高者，宜垂省覽，特遷一等(71)，以廣直言之路。」書御(72)，有詔拜有道高第(73)士沛國施延為侍中。

初，汝南薛包少有至行(74)，父娶後妻而憎包，分出之。包日夜號泣，不能去(75)，至被毆扑(76)。不得已，廬於舍外(77)，旦入洒掃。父怒，又逐之，乃廬於里門(78)，晨昏不廢(79)。積歲餘，父母慚而還(80)之。及父母亡，弟子(81)求分財異居。包不能止，乃中分(82)其財，奴婢引(83)其老者，曰：「與我共事久，若(84)不能使也。」田廬取其荒頓(85)者，曰：「吾少時所治，意所戀也。」器物取朽敗者，曰：「我素所服食，身口所安也。」弟子數破其產，輒復賑給(86)。帝聞其名，令公車特徵(87)，至，拜侍中。包以死自乞，有詔賜告歸，加禮如毛義(88)。

【章　旨】以上為第六段，寫鄧太后駕崩，漢安帝親政，下詔求賢。

【注釋】❶建光元年　永寧二年七月改元。❷放兵　縱兵。❸幽州　東漢十三州之一，轄境當今河北北部及遼寧地區。治所廣陽郡薊縣，在今北京市。❹馮煥　幽州刺史，巴郡（治所在今重慶市）人。❺遼東　與玄菟皆郡名，為幽州東北邊郡。玄菟郡治所在今遼寧瀋陽東，遼東郡治所襄平，在今遼寧遼陽。❻寢疾　臥病；病重臥床不起。❼癸亥　二月十二日。❽癸巳　二月十三日。❾大斂　屍首入棺。❿帝復申前命　安帝重又發布先前的任命。永初元年（西元一〇七年），安帝初即位，封鄧騭上蔡侯，騭堅辭，故此重申前命。⓫特進　加官名，授予列侯中有特殊地位的人。朝會時，特進位在三公之下，百官之上。⓬丙午　三月二十六日。⓭達旦不寐　通宵不能睡覺。達旦，直到第二天早晨。⓮減徹　指減少膳食種類，撤除飲食時的樂隊伴奏。⓯救災戹　賑濟災荒。戹，窮困；災難。⓰隱逸　隱居的士人。⓱直道之士　正直的士人。⓲潁川　郡名，治所陽翟，在今河南禹州。⓳平原　郡名，治所平原縣，在今山東平原縣南。⓴忠　陳忠（？—西元一二五年），安帝時直臣，官至司隸校尉、尚書令，陳寵之子。陳寵，和帝時官至司空。父子同傳，見《後漢書》卷四十六。㉑帝年長　年齡長大了。㉒盛以縑囊　裝入細絹口袋中。縑，雙絲織的淺黃色細絹。㉓撲殺　將人裝入口袋中捶打至死。㉔蘇　蘇醒。㉕檢視　檢驗查看。此指驗屍，看是否死亡。㉖詐死　裝死。㉗宜城　縣名，屬南郡，縣治在今湖北宜城市南。㉘保　雇工。此指酒家招待。㉙抵罪　因犯罪而判刑。㉚天下同義　全天下的人都敬重杜根的行為。㉛知故　知交故舊。㉜周旋　輾轉隱藏。㉝邂逅發露　萬一碰到熟人認出，則隱藏的形跡就要暴露。㉞戊申　三月二十八日。㉟清河孝王　即章帝子、和帝同父異母兄、安帝之父劉慶。傳見《後漢書》卷五十五。㊱皇妣左氏　安帝之母左姬，清河王劉慶小妻。㊲祖妣宋貴人　安帝祖母，章帝之妃宋貴人。㊳長樂太僕　官名，掌皇太后長樂宮車馬。㊴蔡倫　即東漢發明造紙術的宦官蔡倫，封龍亭侯。傳見《後漢書》卷七十八。章帝時蔡倫為小黃門，迫害宋貴人事見本書卷四十六章帝建初七年。㊵自致廷尉　自己到廷尉府自首。㊶新昌　縣名，屬遼東郡，縣治在今遼寧海城市。㊷功曹掾　郡太守屬吏，掌選舉任用功勞等。㊸兵馬掾　郡太守屬吏，掌軍事事務。㊹陳　通「陣」。㊺丁巳　四月初七日。㊻嫡母耿姬　安帝大母，清河王劉慶正妻耿夫人。㊼甘陵　清河孝王即孝德皇劉慶之陵，在清河郡厝縣，即今河北清河縣，安帝改名甘陵縣。㊽甲子　四月十四日。㊾樂成王萇　劉萇，安帝堂兄弟，濟北王劉壽庶子，繼嗣劉黨後裔為樂成王。劉黨，明帝之子，傳國兩次絕嗣，以劉萇繼嗣。傳見《後漢書》卷五十。㊿己巳　四月十九日。(51)舉有道之士　推舉有德行之士。此為舉賢良臨時所擬的科名。(52)諫爭　直言規勸。爭，通「諍」。(53)激切　指賢良對策的政論文，言論激烈而切直，批評切中要害而無隱飾。(54)不能容　指安帝不能忍受。(55)上疏豫通廣帝意　上奏事先提請安帝開闊胸襟。豫，事先。(56)仁君廣山藪之大　賢明的君主心胸開闊如高山大澤。語出《左傳》：「川澤納汙，山藪藏疾，瑾瑜匿瑕，國君含垢，天之道也。」(57)謇諤之節　正直敢言的操守。謇，又作蹇，正直。諤，直言。《易經》卷四〈蹇卦〉：「王臣蹇蹇。」《史記》卷四十三〈趙世家〉載趙簡子贊其直臣周舍曰：「吾聞千羊之皮，不如一狐之腋；諸大夫朝，徒聞唯唯，不聞周舍之鄂鄂，是以憂也。」(58)不畏逆耳之害　忠臣諫君，不怕觸怒君主的禍患。典出《孔子家語》孔子之言：「忠言逆耳而利於行。」(59)高祖舍周昌桀紂之譬　漢高祖時直臣周昌曾比譬劉邦好色如桀、紂之主，高祖捨而不罪。(60)人豕之譏　袁盎以呂太后迫害戚夫人為人豕的故事諫漢文帝不宜尊寵慎夫人。事詳本書卷十三文帝二年。(61)宣室之正　宣室，未央宮前正殿，漢武帝在這裡舉行家宴，讓其姑母竇太主的姘夫董偃入殿，東方朔諫之。事詳本書卷十八武帝元光五年。(62)自刎之切　薛廣德，漢元帝時御史大夫，諫說元帝不宜乘船，以自殺相迫。事詳本書卷二十八元帝永光元年。(63)高宗　商王武丁，商代中興之主，號高宗。(64)宋景　春秋時宋景公，天象變異，反躬自省而不罪大臣。(65)二臺　指御史臺、尚書臺。杜根、成翊世平反升遷，杜根為侍御史，成翊世為尚書郎，被目為顯任。(66)承風響應　聞風響應。(67)嘉謀　善謀。(68)管穴　喻見解淺陋之言，如從管中看天，從小孔中讀文。(69)優游寬容　大度包容。優游，從容灑脫。(70)無諱　沒有禁忌。諱，避諱。(71)特遷一等　越級一等任用。(72)書御　奏章進呈皇帝。(73)高第　成績優秀，名列前茅。(74)至行　卓絕的品行。此指孝行。(75)不能去　不願離開父母。(76)敺扑　毆打捶扑。(77)廬於舍外　在房屋外面建草舍。廬，作動詞用，建廬舍。(78)里門　指鄉村的里巷口。當時聚落稱里。(79)晨昏不廢　早晚請安，從不間斷。(80)還　讓其回家。(81)弟子　兄弟子姪。(82)中分　平分。(83)引　領。(84)若　你們。指兄弟子姪們。(85)荒頓　荒蕪；荒廢。(86)賑給　救助供給。(87)特徵　專門徵召。(88)加禮如毛義　比照毛義的待遇加於薛包。即賜穀千斛，每年八月地方官慰問，加賜羊酒。毛義事見本書卷四十六章帝元和元年。

【校　記】[1]嗣　原無此字。據章鈺校，甲十六行本、乙十一行本皆有此字，張瑛《通鑑校勘記》同，今據補。

【語　譯】建光元年（辛酉　西元一二一年）

春，護羌校尉馬賢召來盧忽，殺了他，就勢派兵攻擊盧忽的族人，俘虜殺死二千多人。忍良等人都逃出邊塞。

幽州刺史巴郡人馮煥、玄菟郡太守姚光、遼東郡太守蔡諷等人率領軍隊攻擊高句驪，高句麗王宮派兒子遂成詐稱投降而襲擊玄菟郡、遼東郡，殺傷二千多人。

二月，鄧太后臥病不起。十二日癸亥，赦免天下。三月十三日癸巳，皇太后鄧氏去世。尚未等到入棺大斂，漢安帝重申以前的詔令，冊封鄧騭為上蔡侯，位居特進。〇二十六日丙午，安葬和熹鄧皇后。

鄧太后自臨朝執政以來，有十年發生水旱災害，四周蠻夷入侵，國內盜賊興起。鄧太后每次聽說百姓飢餓，有時到天亮也睡不著，親自減膳撤樂，以救助災難。所以天下再度太平，年成恢復豐收。

漢安帝開始親自治理政務，尚書陳忠推薦隱逸和正直有德的士人潁川人杜根、平原人成翊世等人，漢安帝全都接納任用。陳忠是陳寵的兒子。當初，鄧太后臨朝聽政，杜根任郎中，與同時的郎官上奏說：「皇帝長大了，應親理政事。」鄧太后大怒，下令把杜根等人都裝進細絹袋，在殿上捶打殺死他們，然後用車把他們扔到城外，杜根得以蘇醒。太后派人查看屍體，杜根便裝死，過了三天，眼裡生蛆，才得以逃跑，在宜城縣山中做酒家酒保，歷經十五年。成翊世以郡吏身分，也因諫諍太后不還政而被論罪。漢安帝都徵召他們到公車府，任命杜根為侍御史，成翊世為尚書郎。有人問杜根說：「以前碰到禍患，天下人都敬重你，有不少的知己至交，何至於使自己苦到這等地步？」杜根說：「輾轉隱藏在民間，並不是人跡不到之地，萬一碰上熟人認出，行跡暴露，禍及親友知己，所以不肯這麼做。」

三月二十八日戊申，追尊父親清河孝王為孝德皇，母親左氏為孝德后，祖母宋貴人為敬隱后。當初，長樂宮太僕蔡倫受竇皇后諷喻之旨，誣陷宋貴人致死，漢安帝敕令蔡倫自己到廷尉自首，蔡倫飲毒藥而死。

夏，四月，高句麗又和鮮卑人一起入侵遼東郡。蔡諷追擊至新昌縣，戰死。功曹掾龍端、兵馬掾公孫酺用身體護衛蔡諷，一同陣亡。

四月初七日丁巳，尊漢安帝的嫡母耿姬為甘陵大貴人。〇十四日甲子，樂成王劉萇因驕奢淫逸不遵法律被論罪，貶為蕪湖侯。

四月十九日己巳，命令公卿以下到郡太守、王國相各推舉一名有德行的士人。尚書陳忠認為詔書既然徵求直諫，擔心進言的人必定有許多激烈嚴厲之辭，有的以至於皇上不能容忍，於是上書預先開闊漢安帝的心胸說：「臣聽說仁君敞開高山大湖一樣博大的心胸，採納懇切正直的謀議，忠臣盡正直敢言的節操，不怕忤逆皇上惹來的災禍。所以漢高祖不追究周昌把自己比作桀、紂的譬喻，孝文帝高興聽到袁盎關於人豕的譏諷，漢武帝採納東方朔在宣室的勸告之辭，漢元帝容忍薛廣德以自殺強諫的切直。現在皇上頒下賢明的詔書遵崇殷高宗武丁的品德，宣揚宋景公的誠心，承認錯誤，克制自己，向群臣詢問意見。諫言國事的人看見杜根、成翊世等人新近受到表彰錄用，顯耀任職尚書臺、御史臺，必然會聞風響應，爭相進獻誠懇正直之言。如果是善謀奇策，就應當採納。如果是管窺淺陋之言，隨意譏諷，雖然苦口逆耳，不符合事實，也姑且大度包容，以顯示朝廷無所隱諱的美德。如果有道之士回答皇上的見解高深，陛下應當親自審閱，特別晉升一等，以此廣開直言進諫之路。」奏書呈上，漢安帝下詔任命有道義而成績優異的沛國人施延為侍中。

當初，汝南人薛包從小就有至高的品行，父親娶了後妻而憎恨薛包，讓他分家出去。薛包日夜哭泣，不願離開，以致被毆打。不得已，薛包只好在屋外蓋了一間廬舍，早晨回家灑掃。父親很生氣，又趕他走，於是在里門外蓋廬舍居住，早晚請安從不間斷。一年有餘，父母羞愧而讓薛包回家。等到父母去世，兄弟子姪要求分財產另外居住。薛包不能制止，於是平分家財，奴婢領走年紀大的，說：「和我共同生活久了，你們差使不動他們。」田地房舍挑選荒廢的，說：「這是我年輕時經營的，有留戀之情。」器物挑選腐朽破爛的，說：「這些是我一向穿的吃的，身體口味都習慣了。」兄弟子姪多次破敗家產，薛包又救濟他們。漢安帝聽到薛包的事跡，命令公車專門徵召他。薛包到了京師，任命為侍中。薛包以死請求不做官，安帝下詔書准許他辭官回家，像漢章帝對待毛義一樣特別加以禮待。

帝少號聰明，故鄧太后立之。及長，多不德，稍不可太后意❶。帝乳母王聖知之。太后徵濟北、河間王子❷詣京師。河間王子翼，美容儀，太后奇之，以為平原懷王後❸，留京師。王聖見太后久不歸政，慮有廢置，常與中黃門❹李閏、江京候伺左右，共毀短❺太后於帝，帝每懷忿懼❻。及太后崩，宮人先有受罰者❼

懷怨恚，因誣告太后兄弟悝、弘、閶先從尚書鄧訪取廢帝故事，謀立平原王❽。帝聞，追怒，令有司奏悝等大逆無道，遂廢西平侯廣宗、葉侯廣德、西華侯忠❾、陽安侯珍❿、都鄉侯甫德皆為庶人⓫。鄧騭以不與謀，但免特進，遣就國。宗族免官歸故郡⓬，沒入騭等貲財田宅。徙鄧訪及家屬於遠郡，郡縣迫逼，廣宗及忠皆自殺。又徙封騭為羅侯⓭。五月庚辰⓮，騭與子鳳並不食⓯而死。騭從弟河南尹豹、度遼將軍舞陽侯遵、將作大匠暢皆自殺。唯廣德兄弟以母與閻后⓰同產⓱，得留京師。復以耿夔為度遼將軍，徵樂安侯鄧康⓲為太僕。丙申⓳，貶平原王翼為都鄉侯，遣歸河閒⓴。翼謝絕賓客，閉門自守，由是得免。

初，鄧后之立也㉑，太尉張禹、司徒徐防欲與司空陳寵共奏追封后父訓。寵以先世無奏請故事㉒，爭之，連日不能奪㉓。及訓追加封謚，禹、防復約寵俱遣子奉[1]禮於虎賁中郎將騭，寵不從，故寵子忠不得志于鄧氏。騭等敗，忠為尚書，數上疏陷成其惡㉔。

大司農京兆㉕朱寵痛騭無罪遇禍，乃肉袒輿櫬㉖上疏曰：「伏惟和熹皇后聖善之德，為漢文母㉗。兄弟忠孝，同心憂國，宗廟有主[2]，王室[3]是賴㉘。功成身退，讓國遜位，歷世貴[4]戚，無與為比，當享積善履謙㉙之祐。而橫為宮人單辭㉚

所陷，利口傾險，反亂國家㉛，罪無申證㉜，獄不訊鞫㉝，遂令騭等罹此酷濫㉞[5]，一門七人，並不以命㉟，屍骸流離㊱，冤魂不反㊲，逆天感人㊳，率土喪氣㊴。宜收還冢次㊵，寵樹遺孤㊶，奉承血祀㊷，以謝亡靈。」寵知其言切㊸，自致廷尉。陳忠復劾奏寵，詔免官歸田里。眾庶多為騭稱枉者，帝意頗悟㊹，乃譴讓州郡㊺，還葬騭等於北芒㊻，諸從兄[6]弟皆得歸京師。

帝以耿貴人兄牟平侯寶監羽林左軍車騎㊼，封宋楊㊽四子皆為列侯，宋氏為卿、校㊾、侍中、大夫、謁者、郎吏十餘人。閻皇后兄弟顯、景、耀，並為卿、校，典禁兵。於是內寵始盛。

帝以江京嘗迎帝於邸㊿，以為京功，封都鄉侯，封李閏為雍鄉侯，閏、京並遷中常侍。京兼大長秋(51)，與中常侍(52)樊豐、黃門令(53)劉安、鉤盾令(54)陳達及王聖、聖女伯榮扇動(55)內外，競為侈虐。伯榮出入宮掖，傳通姦賂。司徒楊震上疏曰：「臣聞政以得賢為本，治以去穢(56)為務。是以唐、虞(57)俊乂(58)在官，四凶(59)流放，天下咸服，以致雍熙(60)。方今九德(61)未事，嬖倖(62)充庭。阿母(63)王聖，出自賤微，得遭千載(64)，奉養聖躬，雖有推燥居溼(65)之勤，前後賞惠，過報勞苦(66)。而無厭之心(67)，不知紀極(68)，外交屬託(69)，擾亂天下，損辱清朝(70)，塵點(71)日月。夫女子、小人，近之喜，遠之怨，實為難養[72]。宜速出阿母，令居外舍，斷絕伯榮，莫使往來，令恩德兩隆[73]，上下俱美。」奏御，帝以示阿母等，內倖皆懷忿恚。

而伯榮驕淫尤甚，通[74]於故朝陽侯劉護從兄瓌，瓌遂以為妻，官至侍中，得襲護爵。震上疏曰：「經制[75]，父死子繼，兄亡弟及，以防篡[76]也。伏見詔書封故朝陽[77]侯劉護再從兄瓌襲護爵為侯，護同產弟威，今猶見在。臣聞天子專封[78]，封有功；諸侯專爵，爵有德。今瓌無它功行[79]，但以配阿母女[80]，一時之間，既位侍中，又至封侯，不稽舊制[81]，不合經義，行人喧譁[82]，百姓不安。陛下宜鑒鏡既往，順帝之則[83]。」尚書廣陵翟酺[84]上疏曰：「昔竇、鄧之寵，傾動四方，兼官重紱[85]，盈金積貨，至使議弄神器[86]，改更社稷[87]，豈不以勢尊威廣[88]以致斯患乎！及其破壞[89]，頭顙墮地[90]，願為孤豚[91]，豈可得哉！夫致貴無漸，失必暴[92]；受爵非道，殃必疾[93]。今外戚寵幸，功均造化[94]，漢元[95]以來未有等比。陛下誠仁恩周洽[96]，以親九族；然祿去公室，政移私門[97]，覆車重尋，寧無摧折[98]！此最安危之極戒[99]，社稷之深計也。昔文帝愛百金於露臺[100]，飾帷帳於皁囊[101]。或有譏其儉者，上曰：『朕為天下守財耳，豈得妄用之哉！』今自初政[102]以來，日月未久，費用賞賜，已不可筭。斂天下之財，積無功之家[103]，帑藏單盡[104]，民物彫傷[105]，卒有不虞⑯，復當重賦，百姓怨叛既生，危亂可待也。願陛下勉求⑰忠貞之臣，誅遠⑱佞諂之黨，割情欲之歡，罷宴私之好，心存亡國所以失之，鑒觀興王⑲所以得之，庶⑩災害可息，豐年可招矣。」書奏，皆不省⑪。

【章　旨】以上為第七段，寫漢安帝報復諸舅，貶殺鄧氏兄弟，漢安帝乳母王聖、親信宦官江京等一幫貪婪小人得勢。

【注　釋】❶稍不可太后意　漸漸不稱鄧太后心意。❷濟北河間王子　濟北王劉壽之子劉懿，河間王劉開之子劉翼，皆安帝劉祜的從兄弟。❸以為平原懷王後　以劉翼為平原懷王劉勝的後嗣。劉勝，和帝長子，早夭，無後。❹中黃門　宦官名，在黃門內給事，位次中常侍。❺毀短　說鄧太后的壞話。❻忿懼　又忿恨又恐懼。❼先有受罰者　早先曾受過鄧太后處罰的宮女。❽平原王　指平原王劉翼。❾西華侯忠　鄧忠，和熹鄧皇后弟鄧閶子，嗣文爵為西華侯。西華，縣名，屬汝南郡，在今河南西華。❿陽安侯珍　鄧珍，和熹鄧皇后兄鄧京子，嗣文爵為陽安侯。陽安，縣名，屬汝南郡，在今河南駐馬店。⓫皆為庶人　一律免職奪爵為平民。庶人，平民。⓬故郡　故里所在之郡。鄧氏故里在南陽郡新野縣（今屬河南南陽）。⓭羅侯　羅縣侯。羅縣屬長沙郡，在今湖南汨羅，漢時為荒遠之地。鄧騭原為上蔡侯。上蔡縣屬富庶的汝南郡。⓮庚辰　五月初一日。⓯不食　絕食。⓰閻后　安帝皇后閻姬。⓱同產　同胞兄弟姐妹。此指同胞姐妹。⓲樂安侯鄧康　樂安侯，應為夷安侯。夷安，縣名，屬北海國，在今山東高密。鄧禹三子為侯，第三子鄧珍為夷安侯。鄧康，鄧珍之子，因諫鄧太后還政讓權被從族譜中除名，故不及禍。⓳丙申　五月十七日。⓴河間　劉翼父劉開的封國。治所樂成，在今河北獻縣東。㉑鄧后之立也　鄧綏立為和帝皇后見本書卷四十八和帝永元十四年。㉒先世無奏請故事　指漢代和帝以前沒有大臣上奏請求追封皇后生父的先例。㉓奪　說服；改變。㉔陷成其惡　通過誣陷構成了鄧家罪行。㉕京兆　三輔之一，即西漢京師長安地區，治所在今西安。㉖肉袒輿櫬　露出臂膀，車拉著棺材。以示死諫。櫬，內棺。㉗文母　周文王之母太任，有賢德之名。以鄧太后比擬為漢代的文母。㉘王室是賴　王室依賴他們得以安定。指鄧太后與鄧騭謀立安帝，使皇室有了皇帝。㉙積善履謙　積累善德，踐行謙虛。謙，謙遜。典出《易經・坤卦・文言》：「積善之家，必有餘慶。」㉚單辭　單方面的指控，片面之辭。㉛利口傾險

二句　能言善辯用心險惡，反而會禍亂國家。利口，巧言利舌。這兩句出自《論語．陽貨》：「惡利口之覆邦家者。」㉜申證　明證；確鑿證據。㉝獄不訊鞫　獄案不審訊，不調查。訊，審問。鞫，查證。㉞羅此酷濫　遭受這樣隨意地殘酷陷害。㉟一門七人二句　一家七口，全部死於非命。七人，指鄧騭，鄧騭堂弟鄧豹、鄧遵、鄧暢，鄧暢之子鄧鳳，鄧鳳的堂弟鄧廣宗、鄧忠，共七人。㊱屍骸流離　屍首流散各地。㊲冤魂不反　冤魂不能返回祖先墓地。指被貶死的鄧氏不得安葬故土。㊳逆天感人　違背天理，觸動了百姓。㊴率土喪氣　天下沮喪。㊵收還冢次　收屍還歸故土安葬。㊶寵樹遺孤　寵愛扶持遺留下來的孤兒。㊷奉承血祀　祀奉家族香火。血祀，指祭祖時殺牲取血以降神。㊸言切　言論過激。㊹頗悟　稍有醒悟。㊺譴讓州郡　譴責州郡逼迫鄧氏太甚，導致鄧廣宗、鄧忠自殺。㊻北芒　山名，在洛陽城北臨黃河之土山。㊼監羽林左軍車騎　掌領羽林軍的左軍車騎。羽林軍，皇宮禁衛軍，分左、右監，各掌左、右車騎。耿寶為羽林左監。㊽宋楊　安帝祖母宋貴人之父。㊾卿校　卿，指九卿。校，指禁軍諸校衛官。㊿迎帝於邸　迎立安帝於清河邸。清河邸，清河王在京師的官邸。事在延平元年。(51)大長秋　官名，職掌皇后事務，或用宦官，或用士人。(52)中常侍　宮中官名，皇帝的貼身近臣，和帝以後皆用宦官，授以重任。(53)黃門令　諸黃門宦官之長。(54)鉤盾令　宦官，掌管京師及周邊皇帝苑囿遊觀之處。(55)扇動　鼓動；煽動。扇，同「煽」。(56)去穢　剷除奸人。穢，汙穢，喻奸人。(57)唐虞　唐堯、虞舜。(58)俊乂　俊德能治之士。(59)四凶　傳說中唐虞時代的四大奸惡，即渾敦、窮奇、檮杌、饕餮，被虞舜所流放。(60)雍熙　和睦。(61)九德　九種高尚品德。《尚書．皋陶謨》所載九德為：「寬而栗（寬厚而謹慎）、柔而立（溫和而自立）、愿而恭（有理想而恭敬）、亂而敬（善治理而又慎重）、擾而毅（柔順而果斷）、直而溫（正直而溫和）、簡而廉（識大體而不輕細節）、剛而塞（剛健而篤實）、強而義（堅強而正義）。」(62)嬖倖　得寵小人。(63)阿母　保姆。(64)得遭千載　能夠遇到千載難逢的機會。指王聖為安帝保姆。(65)推燥居溼　讓出乾地，自居溼地。喻母親養育子女的克己侍奉精神。此指王聖侍奉安帝的辛勞。語出《孝經援神契》，曰：「母之於子也，鞠養殷勤，推燥居濕，絕少分甘。」(66)過報勞苦　報答已超過了奉獻勞苦而應得的回報。(67)無厭之心　貪得無厭之心。厭，滿足。(68)紀極　終極；限度。(69)外交屬託　交接於外朝，以私事請託。(70)損辱清朝　損害汙辱清明的朝廷。(71)塵點　玷汙。(72)夫女子小人四句　典出《論語．陽貨》孔子之言：「唯女子與小人為難養也，近之則不遜，遠之則怨。」養，對待；侍奉。(73)恩德兩隆　恩惠與道義兩方面都厚重。(74)通　通姦。(75)經制　常則；通常的制度。(76)防篡　防止篡奪。(77)朝陽　縣名，在今河南鄧州東南。(78)專封　獨自掌握封賞的權力。(79)功行　功勞品行。(80)配阿母女　娶了皇帝保姆的女兒。(81)不稽舊制　不符合原有制度。稽，相合。(82)喧譁　議論紛紛。(83)順帝之則　遵從帝王的原則。(84)翟酺　字子超，廣漢雒（今四川廣漢）人，歷仕安帝、順帝兩朝，官至將作大匠。傳見《後漢書》卷四十八。廣陵，郡名，治所在今揚州。(85)兼官重紱　身兼數職，掌握幾顆印。紱，繫官印的絲帶，也代指官印。(86)議弄神器　議政弄權。神器，指皇位、皇權。(87)改更社稷　更換皇帝。(88)勢尊威廣　勢力太重，威權太大。(89)破壞　破敗；垮臺。(90)頭顙墮地　人頭落地。顙，額頭。(91)願為孤豚　想當一隻豬仔。孤豚，小豬。孤，小；特。(92)致貴無漸二句　富貴不是逐漸積累而得，必定會突然喪失。暴，突然。(93)受爵非道二句　官爵不是正道得來，禍殃必然迅速來臨。疾，速。(94)功均造化　外戚所受之爵祿與創造國家的皇室相等。功，指爵祿。造化，造物主，此指國家的締造者皇室。(95)漢元　漢初。(96)仁恩周洽　仁愛恩德普施。洽，浸潤。(97)祿去公室二句　皇帝已不能掌握祿位任命權，國家政權落入私人手中。(98)覆車重尋二句　重陷覆車之路，怎能不遭挫敗。(99)極戒　最高的警戒線。(100)文帝愛百金於露臺　漢文帝愛惜一百金修建露臺。愛，吝惜；捨不得。一百金，等於十家中產人家的家產。一金，即一鎰，為二十四兩黃金。露臺，露天臺榭。(101)飾帷帳於皁囊　搜集臣下送奏章的黑色綢袋拼合製作帷帳。飾，裝飾。皁囊，黑色的綢袋。皁，黑色。(102)初政　指安帝剛剛親政。(103)積無功之家　聚集於無功的人家。(104)帑藏單盡　國庫枯竭。單，通「殫」。(105)民物彫傷　民生凋敝。(106)卒有不虞　突然發生變故。卒，通「猝」。虞，度；料想。不虞，指未料到的變故。(107)勉求　努力尋求。(108)誅遠　誅殺或疏遠。(109)興王　創業之君主。(110)庶　庶幾；差不多。(111)皆不省　都不予理會。

【校　記】[1]奉　原作「奏」。據章鈺校，甲十六行本、乙十一行本皆作「奉」，今據改。[2]宗廟有主　原無此四字。據章鈺校，甲十六行本、乙十一行本皆有此四字，張敦仁《通鑑刊本識誤》、張瑛《通鑑校勘記》同，今據補。[3]王室　原作「社稷」。據章鈺校，甲十六行本、乙十一行本皆作「王室」，張瑛《通鑑校勘記》同，今據改。[4]貴　據章鈺校，甲十六行本、乙十一行本皆作「外」，張敦仁《通鑑刊本識誤》同。[5]濫　原作「陷」。據章鈺校，甲十六行本、乙十一行本皆作「濫」，今據改。[6]兄　據章鈺校，甲十六行本、乙十一行本皆作「昆」。

【語　譯】漢安帝小時號稱聰明，所以鄧太后立他做了皇帝。等到長大，有很多不道德的言行，漸漸不稱鄧太后的心意。漢安帝的奶媽王聖知道這事。鄧太后徵召濟北王、河間王的兒子到京城。河間王的兒子劉翼容貌儀止俊美，鄧太后賞識他，作為平原懷王的後嗣，把他留在京師。王聖見太后很久不把朝政歸還安帝，擔憂有廢置皇帝之舉，常常與中黃門李閏、江京在漢安帝左右窺探，都向漢安帝說鄧太后的壞話，漢安帝常常心懷憤恨和恐懼。等到鄧太后去世，先前受到太后懲罰而心懷怨恨的宮人，趁機誣告鄧太后的兄弟鄧悝、鄧弘、鄧閶先從尚書鄧訪那兒獲取廢掉皇帝的舊事，謀議改立平原王。漢安帝聽了，更加憤怒，命令有關官員奏劾鄧悝等人大逆無道，於是廢除西平侯鄧廣宗、葉侯鄧廣德、西華侯鄧忠、陽安侯鄧珍、都鄉侯鄧甫德的爵位，都貶為庶人。鄧騭因為沒有參與議謀，只免除特進，派遣回封國。鄧氏宗族被免官回故鄉，沒收鄧騭等人的資產田宅。將鄧訪和他的親屬遷到邊遠郡縣，郡縣官吏逼迫他們，鄧廣宗和鄧忠都自殺。又改封鄧騭為羅侯。五月初一日庚辰，鄧騭和兒子鄧鳳都絕食而死。鄧騭的堂弟河南尹鄧豹、度遼將軍舞陽侯鄧遵、將作大匠鄧暢全都自殺。唯有鄧廣德兄弟因為母親和閻后是姐妹，得以留在京師。重新任命耿夔為度遼將軍，徵召樂安侯鄧康為太僕。十七日丙申，貶平原王劉翼為都鄉侯，派遣回到河間。劉翼謝絕賓客，閉門自保，因此得以免禍。

當初，鄧太后被立為皇后，太尉張禹、司徒徐防想和司空陳寵共同奏請追封鄧皇后的父親鄧訓。陳寵因為前代沒有奏請的慣例，反對追封，連續爭議幾天都不能說服他。等到鄧訓追加封謚，張禹、徐防又約陳寵都派兒子向虎賁中郎將鄧騭送禮祝賀，陳寵沒有聽從，所以陳寵的兒子陳忠不為鄧氏所器重。鄧騭等人失勢，陳忠為尚書，屢次上疏，通過誣陷構成了他們的罪惡。

大司農京兆人朱寵痛惜鄧騭無罪卻遭遇災禍，於是裸露上身，用車拉著棺材，上書說：「臣私下認為和熹皇后有聖善的美德，是漢朝的文母。她的兄弟忠孝，同心憂慮國家，宗廟社稷有了依靠，皇室有了依靠。功成身退，辭讓封國爵位，歷代的貴戚，沒有可以與之相比的，應當享有積善謙讓的福佑。然而，他們橫遭宮人片面之辭的陷害，能言善辯用心險惡，反而會禍亂國家，罪行沒有確切證據，獄案不調查審訊，就使鄧騭等人遭受這樣隨意地殘酷陷害，一門七人，都死於非命，屍骨流散在外，冤魂沒有返回祖先墓地，違背天理，觸動了百姓，天下沮喪。應當收屍還歸祖墳安葬，寵愛扶持遺留下來的孤兒，奉祀宗族香火，以慰亡靈。」朱寵知道他的言辭過於激烈，自己到廷尉等待處罰。陳忠又上奏彈劾朱寵，下詔免了朱寵的官回歸家鄉。百姓大多認為鄧騭冤枉，漢安帝心裡稍有悔悟，於是譴責州郡，把鄧騭等人歸葬到北芒山，鄧氏的堂兄弟都得以回到京城。

漢安帝任命耿貴人的哥哥牟平侯耿寶監領羽林左軍車騎，冊封外曾祖父宋楊的四個兒子均為列侯，宋氏一族做卿、校尉、侍中、大夫、謁者、郎吏的有十幾人。閻皇后的兄弟閻顯、閻景、閻耀，都做了卿、校尉，掌管禁衛軍。於是，漢安帝的內寵開始興盛。

漢安帝因為江京曾經到清河王邸迎接自己，認為江京有功，封為都鄉侯，封李閏為雍鄉侯，李閏、江京都升遷為中常侍。江京兼任大長秋，和中常侍樊豐、黃門令劉安、鉤盾令陳達，以及王聖、王聖的女兒王伯榮鼓動朝廷內外，爭相奢華暴虐。王伯榮出入後宮，傳遞奸情賄賂。司徒楊震上疏說：「臣聽說朝政以得到賢才為根本，治國以剷除奸人為要務。因此唐堯、虞舜時俊德能治之士擔任官職，流放了四個奸惡之人，天下都服從，達到天下和樂。現在九類有高尚品德的人沒有被任用，佞幸小人卻充滿朝廷。乳母王聖出身低賤，能夠遇到千載難逢的機會，奉養聖上，雖有克己侍奉的殷勤，前後的賞賜恩惠，已超過她的勞苦。但她貪得無厭之心，不知限度，交接外朝，請託說項，擾亂天下，損害侮辱清明的朝廷，玷汙日月。女子和小人，接近她們，她們就得意；疏遠她們，她們就抱怨，實在難以伺候。應趕快讓乳母王聖出宮，命她住到宮外房舍，斷絕與王伯榮的往來，使皇上的恩惠與道義兩方面都隆盛，上下都和美。」奏章呈上，漢安帝拿給乳母王聖等人看，內寵們都心懷憤恨。

而王伯榮最為驕奢淫逸，和已故朝陽侯劉護的堂兄劉瓌通姦，劉瓌就娶了她為妻，官做到侍中，得以繼承劉護的爵位。楊震上疏說：「常規的制度，父死子繼，兄終弟及，以預防篡位。臣私下看到詔書冊封已故朝陽侯劉護的再堂兄劉瓌承襲劉護的爵位為侯，而劉護的同胞弟弟劉威，現在還健在。臣聽說天子專斷封爵，分封有功之人；諸侯專有爵位，賜爵給有德之人。現在劉瓌沒有其他功勞品行，只是因為娶了皇上保姆的女兒，一時之間，他不僅位至侍中，而且得以封侯，不符合原有制度，不合乎經典大義，路上行人議論紛紛，百姓不安。陛下應當以過往為鑑鏡，遵從帝王的法則。」尚書廣陵人翟酺上疏說：「從前竇氏、鄧氏的恩寵，震動天下，身兼數職，握有數印，財貨盈積，甚至議政弄權，廢立皇帝，難道不是因為權勢太重、威望太高而導致了這些禍害嗎！等到他們破敗，人頭落地，想做一隻豬仔，難道可能實現嗎！大凡達到富貴不是循序漸進，失去的必然很快；得到官爵不是通過正道，禍殃必然迅速來臨。現在外戚得寵貴幸，爵祿與創建國家的皇室相等，漢初以來還沒有誰能和他們相比。陛下實在是仁愛恩德普施，親近九族；然而朝廷已經不能控制祿位，政權移到私人手上，重陷前人覆轍，怎能不挫敗！這已是最高的警戒線，是國家的深遠大計。過去，漢文帝捨不得用一百斤黃金修建露臺，用送奏章的黑色綢袋做成帷帳。有人批評他太節約，漢文帝說：『朕為天下守住錢財啊，豈能隨便使用！』現在，自從皇上剛剛親政以來，時間不長，花費和賞賜已無法計算。斂取天下的財富，聚積於無功的人家，國庫枯竭，民生凋敝，突然發生未料到的變故，又要加重賦稅，百姓怨恨背叛的情緒已經產生，危險亂象指日可待。但願陛下努力訪求忠貞的大臣，誅殺疏遠奸邪諂媚之流，割捨情欲之歡，罷除宴樂之好，內心想著亡國的原因，觀察借鑑創業君主取得天下的道理，差不多可以消災除害，導致豐年了。」奏章呈上，漢安帝概不理會。

秋，七月己卯❶，改元❷，赦天下。○壬寅❸，太尉馬英薨。

燒當羌忍良等以麻奴❹兄弟本燒當世嫡❺，而校尉馬賢❻撫恤不至，常有怨心，遂相結，共脅將諸種寇湟中❼，攻金城❽諸縣。八月，賢將先零種擊之，戰於牧苑❾，不利。麻奴等又敗武威、張掖郡兵於令居❿，因脅將先零、沈氐諸種四千餘戶緣山西走，寇武威。賢追到鸞鳥⓫，招引之，諸種降者數千，麻奴南還湟中。

甲子⓬，以前司徒劉愷為太尉。初，清河相叔孫光坐臧抵罪⓭，遂增禁錮二世⑭。至是，居延都尉⑮范邠復犯臧罪，朝廷欲依光比。劉愷獨以為[1]「春秋之義⑯，善善及子孫，惡惡止其身，所以進人於善也。如今使臧吏禁錮子孫，以輕從重⑰，懼及善人⑱，非先王詳刑⑲之意也。」尚書[2]陳忠亦以為然。有詔：「太尉議是。」

鮮卑其至鞬寇居庸關⑳。九月，雲中太守成嚴擊之，兵敗，功曹楊穆以身扞嚴㉑，與之俱歿㉒，鮮卑於是圍烏桓校尉徐常於馬城㉓。度遼將軍耿夔與幽州刺史龐參發廣陽、漁陽、涿郡㉔甲卒救之，鮮卑解去。

戊子㉕，帝幸衛尉馮石府，留飲十餘日，賞賜甚厚，拜其子世為黃門侍郎㉖，世弟二人皆為郎中。石，陽邑侯魴㉗之孫也，父柱尚顯宗女獲嘉公主，石襲公主爵，為獲嘉㉘侯，能取悅當世，故為帝所寵。◯京師及郡國二十七雨水。

冬，十一月己丑㉙，郡國三十五地震。◯鮮卑寇玄菟。

尚書令祋諷㉚等奏，以為：「孝文皇帝[3]定約禮之制㉛，光武皇帝絕告寧之典㉜，貽則萬世㉝，誠不可改，宜復斷大臣行三年喪。」尚書陳忠上疏曰：「高祖受命，蕭何創制，大臣有寧告之科㉞，合於致憂之義㉟。建武之初，新承大亂，凡諸國政，多趣簡易，大臣既不得告寧，而群司㊱營祿念私㊲，鮮循㊳三年之喪以報顧復之恩㊴者，禮義之方，實為彫損㊵。陛下聽大臣終喪，聖功美業㊶，靡以尚茲㊷。

孟子有言④：『老吾老以及人之老，幼吾幼以及人之幼，天下可運於掌。』㊸臣願陛下登高北望，以甘陵之思㊹揆度臣子之心，則海內咸得其所。」時宦官不便之，竟寢忠奏。庚子㊺，復斷二千石以上行三年喪。

袁宏論曰：「古之帝王所以篤化美俗，率民㊻為善，因其自然而不奪其情，民猶有不及者，而況毀禮止哀，滅其天性乎！」

十二月，高句驪王宮㊼率馬韓㊽、濊貊數千騎圍玄菟㊾，夫餘王㊿遣子尉仇台將二萬餘人與州郡并力討破之。是歲，宮死，子遂成立。玄菟太守姚光上言，欲因其喪，發兵擊之。議者皆以為可許。陳忠曰：「宮前桀黠51，光不能討，死而擊之，非義也。宜遣使弔問，因責讓前罪，赦不加誅，取其後善。」帝從之。

【章旨】以上為第八段，寫二十七郡國大雨，三十五郡國地震，西羌、鮮卑、高句驪侵擾，國家多事。

【注釋】❶己卯　七月初一日。❷改元　改年號。改永寧二年為建光元年。❸壬寅　七月二十四日。❹麻奴　燒當羌首領東號之子，和帝永元元年隨父降，永初元年叛出塞。事見《後漢書》卷八十七〈西羌傳〉。❺世嫡　嫡親後裔。❻校尉馬賢　馬賢時任護羌校尉。❼湟中　湟水流域。地屬金城郡。❽金城　郡名，治所在今甘肅蘭州西固城。❾牧苑　馬場。漢代西北邊郡沒有牧苑，用以養馬，供軍國之用。此指金城郡界內的馬場。❿令居　縣名，縣治在今甘肅永登西北。⓫鸞鳥　縣名，武威郡屬縣，在今甘肅永昌境。⓬甲子　八月十六日。⓭坐臧抵罪　被控貪汙判刑。臧，古「贓」字。⓮增禁錮二世　禁止父子兩代不得做官。增，加刑。禁錮，猶今之剝奪政治權利，禁錮在家，不得出仕。⓯居延都尉　官名，即居延屬國都尉，掌護居延城及內附的胡人。居延城，在今內蒙古額濟納旗北居延海邊。⓰春秋之義　依據《春秋》的大義。下文「善善及子孫，惡惡止其身，所以進人於善也」，意謂對美好德行的報償，應延及子孫，對罪惡的懲處只限於本身，為的是鼓勵人們向善。春秋，指《春秋公羊傳》，昭公二十年云：「君子之善善也長，惡惡也短。惡惡止其身，善善及子孫。」⑰以輕從重　將輕罪從重判罰。⑱懼及善人　刑太濫，恐怕會殃及善良。⑲詳刑　詳察用刑。詳，審察。⑳居庸關　關隘名，在上谷郡界，今北京市昌平。鮮卑先寇居庸關，從上谷進入雲中郡。㉑以身扞嚴　用身體遮護成嚴。扞，護衛。㉒歿　戰死。㉓馬城　在今河北懷安。㉔廣陽漁陽涿郡　三郡皆屬幽州。廣陽郡治所薊縣，在今北京市；漁陽郡治所漁陽，在今北京市密雲西南；涿郡治所涿縣，在今河北涿州。㉕戊子　九月十日。㉖黃門侍郎　郎官名，皇帝近侍，給事黃門（宮門）之內。㉗陽邑侯鮪　馮鮪，歷仕中興三朝，光武時官至司空。封陽邑鄉侯。陽邑，縣名，屬太原郡，在今山西太谷。傳見《後漢書》卷三十三。㉘獲嘉　縣名，屬河內郡，在今河南獲嘉，漢武帝時置。㉙己丑　十一月十二日。㉚祋諷　人名。㉛孝文皇帝定約禮之制　漢文帝遺詔，三年之喪，以日代月，規定三十六日即可釋服。㉜光武皇帝絕告寧之典　光武帝規定臣僚因父母之喪不得長期告假。絕，禁止。告寧，告假歸家。寧，官吏親喪，歸家服喪。㉝貽則萬世　留下萬世遵守的規矩。㉞寧告之科　指大臣守喪三年的法規。㉟致憂之義　充分哀傷的大義。語出《論語・子張》：「人未有自致者也，必也親喪乎！」㊱羣司　百官。㊲營祿念私　追求功名利祿。㊳鮮循　很少遵行。㊴報顧復之恩　報答父母顧我復我的養育恩。典出《詩經・蓼莪》云：「父兮生我，……顧我復我，……欲報之德，昊天罔極。」㊵彫損　衰敝、損害。㊶聖功美業　聖美的事情。㊷靡以尚茲　沒有可以超過這個的。㊸孟子有言四句　引語見《孟子・梁惠王上》。㊹甘陵之思　指安帝對其生父劉慶的懷念之情。甘陵，劉慶之墓，在今河北清河縣南，位於洛陽西北，故前文說「北望」。㊺庚子　十一月二十三日。㊻率民　導民。㊼宮　高宮。㊽馬韓　當時朝鮮半島南部三韓之一。三韓成品字形，中部是辰韓國，西南是馬韓國，東南是弁辰國。㊾玄菟　郡名，其時郡治已北移至高句驪縣，在今遼寧瀋陽東南。㊿夫餘王　居地在今遼寧昌圖以北至黑龍江雙城以南。(51)桀黠　桀驁狡猾。

【校　記】①為　原無此字。據章鈺校，甲十六行本、乙十一行本皆有此字，今據補。②尚書　原無此二字。據章鈺校，甲十六行本、乙十一行本皆有此二字，張瑛《通鑑校勘記》同，今據補。③皇帝　原無此二字。據章鈺校，甲十六行本、乙十一行本、孔天胤本皆有此二字，今據補。④有言　原作「曰」。據章鈺校，甲十六行本、乙十一行本皆作「有言」，今據改。

【語　譯】秋，七月初一日己卯，改年號，赦免天下。〇二十四日壬寅，太尉馬英去世。

燒當羌忍良等人認為麻奴兄弟本是燒當酋長的嫡親後代，而校尉馬賢不加以撫慰救助，常有怨恨之心，於是互相勾結，共同脅迫率領羌人各部入侵湟中，進攻金城郡各縣。八月，馬賢率領先零羌攻擊他們，在牧苑交戰，戰鬥失利。麻奴等人又在令居縣擊敗武威郡、張掖郡的軍隊，於是裹脅先零、沈氏各族四千多戶，率領他們沿著祁連山西行，入侵武威郡。馬賢追擊到鸞鳥縣，招降引誘他們，各族歸降的有幾千人，麻奴向南退回湟中。

八月十六日甲子，任命前任司徒劉愷為太尉。當初，清河國相叔孫光犯貪贓罪被判刑，便加刑令父子兩代不得做官。現在，居延都尉范邠又犯貪贓罪，朝廷想要比照叔孫光加以處分。唯獨劉愷認為「《春秋》大義，報賞善行應延及子孫，懲罰罪行只限於他本人，是為了鼓勵人們向善。如今讓貪贓官吏的子孫也不得為官，將輕罪重判，使善人也害怕，這不是先王詳察用刑的本意。」尚書陳忠也認為是這樣。漢安帝下詔：「太尉說的有道理。」

鮮卑酋長其至鞬入侵居庸關。九月，雲中郡太守成嚴攻擊他們，軍隊失敗，功曹楊穆用身體護衛成嚴，和他一起戰死，鮮卑人於是包圍了馬城縣的烏桓校尉徐常。度遼將軍耿夔和幽州刺史龐參徵發廣陽郡、漁陽郡、涿郡的甲卒援助徐常，鮮卑人解圍退去。

九月十日戊子，漢安帝親自到衛尉馮石府上，停留宴飲十幾天，賞賜極為豐厚，任命馮石的兒子馮世為黃門侍郎，馮世的兩個弟弟都任命為郎中。馮石是陽邑侯馮魴的孫子，父親馮柱娶顯宗的女兒獲嘉公主為妻，馮石繼承公主爵位，為獲嘉侯，能取得當世人的喜歡，所以被皇帝所寵幸。○京師及二十七個郡國降雨成災。

冬，十一月十二日己丑，三十五個郡國發生地震。○鮮卑人侵犯玄菟郡。

尚書令祋諷等人上奏，認為：「孝文皇帝定下喪禮從簡的制度，光武皇帝撤銷了大臣告假奔喪的制度，留下萬世遵守的法則，實在不可改變，應該重新禁止大臣守三年喪。」尚書陳忠上疏說：「高祖接受天命，蕭何創立制度，大臣有守喪告假的規定，合乎表達哀傷的大義。建武初年，剛剛遭遇大亂，各種國政，大多趨於簡約，大臣既不能告假奔喪，而百官又追求功名利祿，很少有人遵守三年的喪儀以報答父母養育之恩，禮義的原則，實際上受到損害。陛下聽任大臣服完喪期，這是聖美的事情，沒有可以超過這個的。《孟子》說：

『尊敬自己的老人並推廣到尊敬別人的老人，愛護自己的孩子並推廣到愛護別人的孩子，天下就可以掌控在手掌之中了。』臣希望陛下登高北望，以懷念甘陵的心思揣度臣子的心意，那麼天下人就都能得其所了。」當時宦官認為這對他們不利，竟然擱置了陳忠的奏章。十一月二十三日庚子，重新禁止二千石以上的官員守三年喪。

袁宏評論說：「古代的帝王之所以重視教化，使風俗善美，引導百姓行善，是為了順其自然而不剝奪他們的情感，但百姓還有達不到的地方，何況是毀壞禮制，禁止哀悼，滅絕天性呢！」

十二月，高句驪王宮率領馬韓、濊貊數千騎兵圍攻玄菟郡。夫餘王派兒子尉仇台率領二萬多人和州郡合力征討打敗了他們。這一年，宮死，兒子遂成繼位。玄菟郡太守姚光上言，想趁其大喪，發兵攻擊他們。議事的人都認為可以。陳忠說：「宮以前桀驁狡猾，姚光不能討伐，現在宮死了卻去攻擊高句驪，不是義舉。應該派使者弔唁慰問，趁此斥責高句驪以前的罪過，赦免不加誅罰，求取日後的善報。」漢安帝採納了他的意見。

延光元年（壬戌　西元一二二年）

春，三月丙午❶，改元，赦天下。○護羌校尉馬賢追擊麻奴，到湟中，破之，種眾散遁。

夏，四月癸未❷[1]，京師、郡國二十一[2]雨雹❸，河西❹雹大者如斗。

幽州刺史馮煥、玄菟太守姚光數糾發❺姦惡，怨者詐作璽書❻，譴責煥、光，賜以歐刀❼；又下遼東都尉龐奮，使速行刑。奮即斬光，收煥❽。煥欲自殺，其子緄疑詔文有異，止煥曰：「大人在州，志欲去惡，實無他故。必是凶人妄詐，規肆姦毒⑨。願以事自上，甘罪無晚。」煥從其言，上書自訟。果詐者所為，徵奮，抵罪。

癸巳⑩，司空陳褒免。五月庚戌⑪，宗正彭城劉授為司空。◯己巳⑫，封河間孝王子德⑬為安平王，嗣樂成靖王⑭後。

六月，郡國蝗。

秋，七月癸卯⑮，京師及郡國十三地震。◯高句驪王遂成還漢生口，詣玄菟降。其後濊貊率服，東垂⑯少事。◯虔人羌與上郡胡反，度遼將軍耿夔擊破之。

八月，陽陵⑰[3]園寢火。

九月甲戌⑱，郡國二十七地震。

鮮卑既累殺郡守，膽[4]氣轉盛⑲，控弦⑳數萬騎。冬，十月，復寇鴈門、定襄。

十一月，寇太原㉑。◯燒當羌麻奴飢困，將種眾詣漢陽㉒太守耿种降。

是歲，京師及郡國二十七雨水。

帝數遣黃門常侍及中使伯榮往來甘陵。尚書僕射陳忠上疏曰：「今天心未得㉓，隔并屢臻㉔，青、冀㉕之域，淫雨漏河㉖，徐、岱㉗之濱㉘，海水盆溢㉙，兗、豫㉚蝗蝝滋生㉛，荊、揚㉜稻收儉薄㉝，并、涼㉞二州羌戎叛戾，加以百姓不足，府帑虛匱。陛下以不得親奉孝德皇園廟，比遣中使致敬甘陵，朱軒㉟駢㊱馬，相望道路，可謂孝至矣。然臣竊聞使者所過，威權翕赫㊲，震動郡縣，王、侯、二千石至為伯榮獨拜車下，發民修道，繕理㊳亭傳㊴，多設儲偫㊵，徵役無度，老弱相隨，動有萬計，賂遺僕從，人數百匹㊶，頓踣呼嗟㊷，莫不叩心㊸。河間託叔父之屬，清河有陵廟之尊，及剖符大臣，皆猥為伯榮屈節車下。陛下不問，必以為陛下欲其然也㊹。伯榮之威，重於陛下，陛下之柄，在於臣妾，水災之發，必起於此。昔韓嫣託副車之乘，受馳視之使，江都誤為一拜，而嫣受歐刀之誅㊺。臣願明主嚴天元之尊㊻，正乾剛之位㊼，不宜復令女使干錯萬機㊽。重察左右，得無石顯㊾漏泄[5]之姦；尚書納言㊿，得無趙昌譖崇之詐(51)；公卿大臣，得無朱博阿傅之援(52)；外屬近戚，得無王鳳害商之謀(53)。若國政一由帝命，王事每決於己，則下不得偪上，臣不得干君，常雨大水必當霽止，四方眾異不能為害。」書奏，不省。

時三府(54)任輕，機事專委尚書。而災眚變咎(55)，輒切(56)免三公。陳忠上疏曰：「漢典[6]舊事(57)，丞相所請，靡有不聽。今之三公，雖當其名而無其實，選舉誅賞，一由尚書，尚書見任，重於三公，陵遲(58)以來，其漸久矣。臣忠心常獨不安。近以地震，策免司空陳褒，今者災異，復欲切讓三公。昔孝成皇帝以妖星守心(59)，移咎丞相，卒不蒙上天之福，徒乖宋景之誠(60)。故知是非之分，較然(61)有歸矣。又尚書決事，多違故典，罪法無例(62)，詆欺為先(63)，文慘言醜(64)，有乖章憲(65)。宜責求其意，割而勿聽，上順國典，下防威福(66)，置方員於規矩，審輕重於衡石(67)，誠國家之典，萬世之法也。」

【章旨】以上為第九段，寫四十一郡國冰雹。尚書僕射陳忠上奏漢安帝抑制群小，尊重三公九卿大臣以息災害。

【注釋】❶丙午　三月初二日。❷癸未　四月初九日。❸郡國二十一雨雹　二十一個郡國下冰雹。❹河西　地區名，今甘肅河西走廊地區，當時為武威、張掖、酒泉、敦煌四郡。❺糾發　糾察舉發。❻璽書　蓋皇帝印的詔書。❼歐刀　刑刀。一說，古人以歐冶子善作劍，故稱劍為歐刀。❽收煥　拘捕馮煥。❾規肆姦毒　肆意奸害。❿癸巳　四月十九日。⓫庚戌　五月初七日。⓬己巳　五月二十六日。⓭河間孝王子德　河間王劉開，章帝之子，死謚孝王。其子劉德，過繼樂成王劉萇為後嗣，封為安平王。即改樂成國為安平國。⓮樂成靖王　明帝子劉黨，封樂成王，死謚為靖王，兩傳以後，兩度絕嗣。傳見《後漢書》卷五十〈孝明八王列傳〉。⓯癸卯　七月初一日。⓰東垂　東部邊疆。⓱陽陵　漢景帝陵。⓲甲戌　九月壬寅朔，無甲戌。甲戌，十月初三日。⓳膽氣轉盛　膽量越來越大。⓴控弦　彎弓射箭的騎士。㉑太原　郡名，治所晉陽，在今山西太原西南。與雁門、定襄皆東漢北方沿邊諸郡。雁門郡，治所陰館，在今山西朔州東南。定襄郡，治所善無，在今山西右玉東南。㉒漢陽　郡名，治所冀縣，在今甘肅甘谷東。㉓天心未得　尚未得到上天的心。㉔隔并屢臻　水旱災交替發生。隔并，指水旱災交替。㉕青冀　青州，今山東半島。冀州，今河北中部。㉖淫雨漏河　過度下雨，黃河堤壩決漏。㉗徐岱　徐州、泰山。㉘濱 沿海地區。㉙海水盆溢 海水上漲倒灌。盆，通「溢」。水湧溢。㉚兗豫 兗州，約當今山東西部地區。豫州，約當今河南。㉛蝗蝝滋生 蝗蟲繁衍。蝝，蝗子。㉜荊揚 荊州，約當今兩湖地區。揚州，約當今安徽、江西、江蘇等地區。㉝稻收儉薄 稻穀歉收。㉞并涼 并州，約當今山西。涼州，約當今甘肅。㉟朱軒 朱紅色的馬車，使者所乘。㊱駢 並。㊲翕赫 隆盛；顯赫。㊳繕理 修治。㊴亭傳 亭舍驛傳。㊵多設儲偫 多多儲備物資。偫，儲備；積蓄。㊶賂遺僕從二句 民眾給中使及伯榮的隨從行賄，以求自保，就要花費幾百匹絹帛。㊷頓踣呼嗟 跌倒在地呼號歎息。㊸叩心 捶心悲痛。㊹陛下欲其然也 皇帝想讓他這樣。指縱容伯榮作威作福。㊺昔韓嫣四句 韓嫣，漢武帝寵臣，經常與漢武帝一起出入、休息，權勢炙手可熱。江都王劉非入朝，隨從漢武帝到上林苑打獵。韓嫣乘坐皇帝副車，受武帝指派先驅視察野獸情況，江都王誤認為是漢武帝，拜倒路旁，韓嫣不為禮，江都王向竇太后哭訴，韓嫣最終被誅。㊻嚴天元之尊 嚴肅天子的尊貴。天元，至高無上，指皇帝。㊼正乾剛之位 端正君權的地位。㊽干錯萬機 干預國家大事。㊾石顯 漢元帝時弄權宦官，常漏洩機密以謀利作奸。事見本書卷二十九元帝建昭元年。㊿納言 進言。(51)趙昌譖崇之詐 趙昌，哀帝時尚書令。鄭崇為尚書僕射，諫言哀帝寵幸董賢過度。趙昌陷害鄭崇有奸謀，死獄中。事見本書卷三十四哀帝建平二年。(52)朱博阿傅之援 朱博，哀帝時丞相，阿諛外戚傅氏以為黨援。事詳本書卷三十四哀帝建平二年。(53)王鳳害商之謀 成帝時外戚王鳳謀害丞相王商。事詳本書卷三十成帝河平四年。(54)三府 司徒、司空、太尉三府。三府長官稱三公。(55)災眚變咎 災異過誤。(56)切 責讓；責備。(57)漢典舊事 指漢朝法律成例。(58)陵遲 衰敗。指三公權力逐漸喪失。(59)妖星守心 火星徘徊於心宿附近。成帝時熒惑守心，切讓丞相翟方進，使之自殺。妖，變異；反常。事見本書卷三十三成帝綏和二年。(60)徒乖宋景之誠 漢家以災變追究三公的做法，徒然背離了宋景公的真誠美德。春秋時宋景公頭曼不肯將天災轉嫁大臣，終於蒙受上天之福。(61)較然 鮮明。較，明顯；顯著。(62)罪法無例 定刑判罪不依照慣例。(63)詆欺為先 首先是詆毀欺騙。(64)文慘言醜 文字慘酷，信口雌黃。(65)有乖章憲 違背法典。(66)下防威福 對下防止作威作福。(67)置方員於規矩二句 運用方矩和圓規去畫方和圓，用衡石去稱量輕重。喻辦事應依規矩法典。衡石，秤衡，三十斤為鈞，四鈞為石。

【校 記】[1]癸未 原無此二字。據章鈺校，甲十六行本、乙十一行本、孔天胤本皆有此二字，張瑛《通鑑校勘記》同，今據補。[2]二十一 原作「四十一」。據章鈺校，甲十六行本、乙十一行本皆作「二十一」，今據改。[3]陽陵 原作「楊陵」。據章鈺校，甲十六行本、乙十一行本皆作「陽陵」，今據改。[4]膽 據章鈺校，甲十六行本、乙十一行本皆作「意」。[5]漏泄據章鈺校，甲十六行本、乙十一行本二字互乙。⑥典 原作「興」。據章鈺校，乙十一行本、孔天胤本皆作「典」，今據改。

【語 譯】延光元年（壬戌 西元一二二年）

春，三月初二日丙午，改年號，赦免天下。〇護羌校尉馬賢追擊麻奴，到達湟中，打敗他們，其部眾四處逃走。

夏，四月初九日癸未，京師和二十一個郡國下冰雹，河西地區的冰雹大得像斗一樣。

幽州刺史馮煥、玄菟太守姚光多次檢舉揭發奸惡，怨恨他們的人偽造蓋皇帝印璽的詔書，斥責馮煥、姚光，賜予刑刀；又下書遼東都尉龐奮，讓他迅速執行刑法。龐奮當即斬殺姚光，拘捕馮煥。馮煥想自殺，他的兒子馮緄懷疑詔書文字奇怪，阻止馮煥說：「大人您在州府時，立志要除去惡人，肯定沒有其他緣故。一定是惡人妄自造假，肆意奸害。希望把這件事親自上書，甘願受罰不晚。」馮煥聽從了兒子的話，上書為自己訴冤。果然是偽造者所為，徵召龐奮，判處罪刑。

四月十九日癸巳，司空陳褒被免職。五月初七日庚戌，任命宗正彭城人劉授為司空。〇二十六日己巳，冊封河間孝王的兒子劉德為安平王，以為樂成靖王的後嗣。

六月，郡國發生蝗災。

秋，七月初一日癸卯，京師以及十三個郡國發生地震。〇高句驪王遂成送還漢人和牲畜，到玄菟郡歸降。此後濊貊跟著也歸附了，東面邊境少有戰事。〇虔人羌和上郡胡人反叛，度遼將軍耿夔打敗了他們。

八月，陽陵陵園寢廟失火。

九月甲戌日，二十七個郡國發生地震。

鮮卑已經多次殺害郡守，膽量越來越大，挽弓射箭的騎兵有幾萬人。冬，十月，再次侵犯雁門郡、定襄郡。十一月，入侵太原郡。〇燒當羌麻奴饑荒困乏，率領部眾到漢陽太守耿种處投降。

這一年，京師及二十七個郡國降雨成災。

漢安帝幾次派黃門常侍和中使伯榮往來甘陵。尚書僕射陳忠上疏說：「現在尚未得到上天的歡心，水旱災害交替發生；青州、冀州地方，連降雨水，堤防決漏；徐州、泰山沿海地區，海水上漲倒灌；兗州、豫州蝗蟲繁生；荊州、揚州稻穀歉收；并州、涼州二州羌戎反叛肆虐，加上百姓窮困，國庫空虛。陛下因為不能親自侍奉孝德皇的園陵寢廟，接連派中使到甘陵禮敬，朱紅色的車輛、並駕的馬匹，在道路上前後相望，可以說盡孝到了極點。但臣私下聽說使者所過之處，威權顯赫，震動郡縣，王、侯、二千石官甚至都要單獨在車下拜見伯榮，徵發百姓修路，整修亭舍驛站，多多置辦儲備物資，徵發勞役沒有限度，老弱前後相繼，動輒以萬計，賄賂送禮給伯榮的僕人隨從，每人幾百匹絲帛，百姓跌倒在地上呼號歎息，沒有不捶胸哀痛的。河間王身為陛下叔父的親屬，清河王國尊有陛下父母陵廟，和那些與陛下剖符立信的功臣，他們都委屈地在伯榮車下屈尊問候。陛下不過問，必定以為是陛下想讓他如此。伯榮的威嚴，比陛下還重，陛下的大權，在臣妾手上，水災的發生，必定是這個原因造成的。過去韓嫣越格乘坐天子的副車，接受指使馳車察看有無野獸，江都王誤以為是天子，向他下拜，而韓嫣受到刑刀的誅殺。臣希望聖明的君王嚴肅天子的尊貴，擺正君權的地位，不應再命令女使干預國家大事。仔細審察左右親信，有沒有石顯洩漏機密那樣的奸情；尚書進言，有沒有趙昌毀謗鄭崇那樣的奸詐；公卿大臣，有沒有朱博阿附傅喜那樣的援黨；外戚近親，有沒有王鳳傷害王商那樣的陰謀。如果朝政一概出自皇帝詔命，皇帝的事都由自己決定，那麼下臣就不能脅迫皇上，臣子就不能干預君主，久雨大水必會停止，四方的各種災異就不能為害。」奏章呈上，漢安帝不理睬。

這時三府沒有實權，機要事務專門委任尚書。而災異過失，卻責讓罷免三公。陳忠上疏說：「漢朝法律舊例，丞相的請命，沒有不聽的。現在的三公，雖然有三公的名號卻沒有實際的職權，選拔舉薦誅殺獎賞，全部由尚書決定，尚書被任用，職權超過三公，三公衰弱以來，發展過程已經很久了。臣陳忠心裡時常獨自不安。近來因為地震，下令免掉司空陳褒，現在出現災變，又想嚴厲責怪三公。以前，孝成皇帝因為火星徘徊在心宿附近，把過錯轉移給丞相，最終還是不能蒙受上天的賜福，徒然違背了宋景公的誠心。所以知道是非的區別，顯然是有界線的。而且尚書決斷大事，大多違反舊典，判刑不遵守前例，以詆毀欺騙為要務，文字慘毒，信口雌黃，違背法典。應當探求其原意，割棄不聽，對上可依從國家法典，對下可預防奸臣作威作福，用方矩和圓規去畫方和圓，用衡石去稱量輕重，這才是國家的典章，萬代的法則。」

汝南太守山陽王龔❶政崇寬[1]和，好才愛士。以袁閬❷為功曹，引進郡人黃憲❸、陳蕃❹等。憲雖不屈，蕃遂就吏❺。閬不修異操，而致名當時，蕃性氣高明，龔皆禮之，由是羣士莫不歸心。

憲世貧賤，父為牛醫。潁川荀淑❻至慎陽，遇憲於逆旅❼，時年十四，淑竦然❽異之，揖與語，移日❾不能去。謂憲曰：「子，吾之師表也。」既而前至袁閬所，未及勞問，逆曰：「子國有顏子❿，寧識之乎？」閬曰：「見吾叔度耶？」是時同郡戴良⓫，才高倨傲⓬，而見憲未嘗不正容，及歸，罔然⓭若有失也。其母問曰：「汝復從牛醫兒來邪？」對曰：「良不見叔度，自以為無不及。既覩其人，則瞻之在前，忽焉[2]在後⓮，固難得而測矣。」陳蕃及同郡周舉嘗相謂曰：「時月之間⓯，不見黃生，則鄙吝之萌⓰復存乎心矣。」太原郭泰⓱少遊汝南，先過袁閬，不宿而退⓲；進，往從憲，累日⓳方還。或以問泰，曰：「奉高⓴之器㉑，譬諸氿濫㉒，雖清而易挹㉓。叔度汪汪若千頃陂㉔，澄之不清，淆㉕之不濁，不可量也。」憲初舉孝廉，又辟公府㉖。友人勸其仕，憲亦不拒之。暫到京師㉗，即還，竟無所就，年四十八終。

范曄論曰：「黃憲言論風旨㉘，無所傳聞。然士君子見之者，靡不服深遠，去玼[3]吝㉙，將以道周性全㉚，無德而稱㉛乎！余曾祖穆侯㉜以為：『憲，隤然㉝其處順，淵乎其似道㉞，淺深莫臻其分㉟，清濁未議其方㊱，若及門於孔氏，其殆庶乎㊲！』」

【章　旨】以上為第十段，寫名士黃憲器量風采。

【注　釋】❶王龔　字伯宗，山陽郡高平縣（今山東微山縣）人，仕安帝、和帝兩朝，歷官郡守、司隸校尉、太僕、太常、司空，官至太尉。傳見《後漢書》卷五十六。❷袁閬　字奉高，汝南郡汝陽縣（今河南商水縣西北）人。❸黃憲　字叔度，汝南慎陽縣（在今河南正陽）人，東漢名士，不受徵辟，年四十八卒，天下號為「徵君」。傳見《後漢書》卷五十三。❹陳蕃　字仲舉，汝南平輿縣（在今河南汝南縣東南）人，仕桓、靈二帝，為黨人領袖，官至太尉、太傅，與大將軍竇武謀誅宦官，事洩，被宦官王甫所害。傳見《後漢書》卷六十六。❺就吏　就職為吏。❻荀淑　字季和，潁川郡潁陰縣（今河南許昌）人，東漢經學家。傳見《後漢書》卷六十二。❼逆旅　旅店。逆，迎。❽竦然　驚異的樣子。❾移日　日景移晷，比喻很長的時間。❿顏子　即孔子弟子顏回。荀淑以黃憲比顏子。⓫戴良　字叔鸞，與黃憲同縣人，生性高傲，自比當世孔子，大禹轉世，終身不仕。傳見《後漢書》卷八十三〈逸民列傳〉。⓬倨傲　高傲看不起人。⓭罔然　失意的樣子。⓮瞻之在前二句　看看好像在前面，忽然又到後面去了。這兩句話是顏回讚頌孔子的學問高深莫測，見《論語・子罕》。⓯時月之間　三月之間。三月為一時。⓰鄙吝之萌　卑鄙可恥的念頭。⓱郭泰　《後漢書》作郭太，字林宗，太原郡介休（今山西介休）人，東漢末名士，太學生領袖，經學家，門徒數千人。傳見《後漢書》卷六十八。⓲退　告退；返還。⓳累日　連著幾天。⓴奉高　袁閬之字。㉑器　器量；才能。㉒氿濫　泉水支流。㉓挹　舀取。㉔千頃陂　千頃大湖。㉕淆　混雜；攪亂。㉖辟公府　被三公府徵召。㉗暫到京師　只在京師作短暫停留。㉘風旨　見解。㉙去玼吝　掃除了頭腦中的汙穢念頭。玼，通「疵」。㉚道周性全　道德周備，心性完美。㉛無德而稱　道德至大無可比擬，故無法稱名。㉜曾祖穆侯　范曄曾祖穆侯范汪，字玄平，西晉安北將軍。汪生寧，寧生泰，泰生曄。㉝隤然　柔順的樣子。㉞淵乎其似道　所具道義如同深淵，不可測量。㉟淺深莫臻其分　深淺無法估計。㊱清濁未議其方　清濁不能干擾他的思想。方，指思想、方法。㊲若及門於孔氏二句　若果黃憲趕上給孔子做學生，那就差不多了。殆，近，近於為聖人。語出《易・繫辭下》：「顏氏之子，其殆庶幾乎！」

【校　記】[1]寬　據章鈺校，甲十六行本、乙十一行本皆作「溫」。[2]焉　原作「然」。據章鈺校，甲十六行本、乙十一行本皆作「焉」，今據改。[3]玼　原誤作「玭」。據章鈺校，甲十六行本、乙十一行本皆作「玼」，當是，今據校正。

【語　譯】汝南太守山陽人王龔理政崇尚寬和，喜愛人才賢士。任命袁閬為功曹，引進郡中人士黃憲、陳蕃等人。黃憲雖不屈從，陳蕃最終前往就任為吏。袁閬不做標新立異的事，但在當世頗有名氣，陳蕃品行器識高遠，王龔對他們都以禮相待，因此，這些士人沒有不傾心於王龔的。

黃憲家世貧賤，父親是牛醫。潁川人荀淑到了慎陽，在旅館遇見黃憲，黃憲當時十四歲，荀淑十分驚異他的才能，向他作揖交談，久久不願離開。對黃憲說：「你是我的師表。」不久前往袁閬的住所，來不及寒暄，就問：「你的國家有顏回，你認識麼？」袁閬說：「看到了我們的叔度嗎？」當時同郡的戴良，才高倨傲，但見到黃憲從來沒有不端正容貌，等到回來，悵然若有所失。戴良的母親問他說：「你又從牛醫的兒子那裡來嗎？」戴良回答說：「我沒有見到叔度以前，自認為無人能比得上我。見到他以後，看著他在前面，忽然又出現在後面，實在難以猜測啊。」陳蕃和同郡人周舉曾經互相說：「三個月時間看不到黃生，那麼卑鄙可恥的苗頭就會再次萌發於心中了。」太原人郭泰年輕時遊歷汝南，先去拜訪袁閬，沒留宿就離開了；繼續前行，去拜訪黃憲，好幾天才返回。有人問郭泰緣由，郭泰說：「奉高的器量好像是泉水支流，雖然清澈，但容易舀取。叔度磅礴好像千頃湖水，無法使它澄清，但也無法使它混濁，不可度量。」黃憲最初被推薦為孝廉，又被三公府徵召。朋友勸黃憲做官，黃憲也不拒絕他。到京師作短暫停留，隨即就回來了，最終沒有擔任任何職務，四十八歲去世。

范曄評論說：「黃憲的言論和見解，沒有流傳下來什麼。但是士人君子見到他的，無不佩服他的高深，去除了頭腦中的汙穢念頭，以求道德周備、心性完美，道德至大無法稱名！我的曾祖父穆侯范汪認為：『黃憲，以柔和順應時代，所具道義如同深淵，深淺無法估量，清濁都不能干擾他的思想。如果趕上做孔子門下學生，那就差不多近於完美了！』」

二年（癸亥　西元一二三年）

春，正月，旄牛夷❶反，益州刺史張喬擊破之。

夏，四月戊子❷，爵乳母王聖為野王君。

北匈奴連與車師入寇河西，議者欲復閉玉門、陽關❸以絕其患。敦煌太守張璫上書曰：「臣在京師，亦以為西域宜棄。今親踐其土地，乃知棄西域則河西不能自存。謹陳西域三策：北虜呼衍王常展轉蒲類、秦海之間❹，專制❺西域，共為寇鈔。今以酒泉屬國吏士二千餘人集昆侖塞❻，先擊呼衍王，絕其根本，因發鄯善兵五千人脅車師後部，此上計也。若不能出兵，可置軍司馬，將士五百人，四郡❼供其犁牛、穀食❽，出據柳中❾，此中計也。如又不能，則宜棄交河城❿，收鄯善等，悉使入塞，此下計也。」朝廷下其議。陳忠⓫上疏曰：「西域內附日久，區區東望扣關者數矣，此其不樂匈奴、慕漢之效也。今北虜已破車師，勢必南攻鄯善，棄而不救，則諸國從⑫矣。若然，則虜財賄⑬益增，膽勢益殖⑭，威臨南羌⑮，與之交通，如此，河西四郡危矣。河西既危，不可不救，則百倍之役興，不訾之費⑯發矣。議者但念西域絕遠，卹之煩費，不見孝武苦心勤勞之意也。方今敦煌孤危，遠來告急，復不輔助，內無以慰勞吏民⑰，外無以威示百蠻，蹙國減土⑱，非良計也。臣以為敦煌宜置校尉，按舊增四郡屯兵，以西撫諸國。」帝納之。於是復以班勇為西域長史⑲，將兵五百人出屯柳中。

秋，七月，丹陽⑳山崩。

九月，郡國五雨水。

冬，十月辛未㉑，太尉劉愷罷。甲戌㉒，以司徒楊震為太尉，光祿勳東萊㉓劉熹為司徒。大鴻臚耿寶自候㉔震，薦中常侍李閏兄於震曰：「李常侍國家所重，欲令公辟其兄。寶唯傳上意耳㉕。」震曰：「如朝廷欲令三府辟召，故宜有尚書敕。」寶大恨而去。執金吾㉖閻顯亦薦所親於震，震又不從。司空劉授聞之，即辟此二人，由是震益見怨。時詔遣使者大為王聖修第㉗，中常侍樊豐及侍中周廣、謝惲等更相扇動，傾搖朝廷。震上疏曰：「臣伏念方今災害滋甚，百姓空虛，三邊㉘震擾，帑藏匱乏，殆非社稷安寧之時。詔書為阿母興起第舍，合兩為一㉙，連里竟街㉚，雕修繕飾㉛，窮極巧伎㉜[1]，攻山採石㉝，轉相迫促，為費巨億。周廣、謝惲兄弟與國無肺府枝葉之屬㉞，依倚㉟近倖姦佞之人，與之分威共權，屬託㊱州郡，傾動大臣，宰司辟召，承望旨意，招來海內貪汙之人，受其貨賂，至有臧錮棄世之徒㊲，復得顯用，白黑渾淆，清濁同源，天下讙譁，為朝結譏㊳。臣聞師言，上之所取，財盡則怨，力盡則叛，怨叛之人，不可復使㊴，惟陛下度之。」上不聽。

鮮卑其至鞬自將萬餘騎攻南匈奴於曼柏㊵，薁鞬日逐王戰死，殺千餘人。

十二月戊辰㊶，京師及郡國三地震。

陳忠薦汝南周燮㊷、南陽馮良㊸學行深純，隱居不仕，名重於世，帝以玄纁羔幣㊹聘之。燮宗族更勸之曰：「夫修德立行，所以為國，君獨何為守東岡之陂㊺乎？」燮曰：「夫修道者度其時而動，動而不時，焉得亨乎㊻！」與良皆自載至近縣㊼，稱病而還。

【章旨】以上為第十一段，寫匈奴入侵車師，朝廷主張閉玉門關棄西域之聲再度鵲起，尚書令陳忠嚴厲駁斥，詔令班勇為西域長史，駐屯柳中。

【注　釋】❶旄牛夷　居於旄牛縣的夷人。旄牛屬蜀郡，在今四川漢源。❷戊子　四月二十日。❸玉門陽關　二關名，玉門關，在今甘肅敦煌西北，陽關，在敦煌西南。❹展轉蒲類秦海之間　往來放牧於蒲類海與秦海之間。蒲類海，指今新疆東部巴里坤湖。秦海，李賢注認為指大秦國之海，即地中海。以當時地望形勢來看，秦海應為中亞的巴爾喀什湖。❺專制　控制。❻昆侖塞　亭障名，即敦煌郡廣至縣昆侖障，為宜禾都尉治所，在今甘肅瓜州西南。❼四郡　指河西四郡，武威、酒泉、張掖、敦煌。❽供其犂牛穀食　提供犁、牛、糧食等屯墾物資。❾柳中　城名，在今新疆鄯善西南魯克沁，班勇為西域長史駐屯於此。❿交河城　在吐魯番西北。⓫陳忠　字伯始，司空陳寵之子。精通刑律，主張緩刑，疾惡群小，禮待大臣，疏奏多言時務。歷官尚書、尚書令、司隸校尉、江夏太守。陳忠言西域事，時任尚書令。傳附《後漢書》卷四十六〈陳寵傳〉。⓬諸國從　指西域各國順從北匈奴。⓭財賄　財富貢賦。賄，西域各國之貢賦。⓮殖　生；增長。⓯南羌　南山羌，即居於祁連山以及山南湟中羌。⓰不訾之費　無法估量的費用。訾，計量。⓱慰勞吏民　慰問犒勞敦煌官吏百姓。⓲蹙國減土　傷害國家，削減領土。蹙，困迫。⓳西域長史　官名，西域都護長史，為都護的參謀官。不置都護時，長史為全權軍政官。⓴丹陽　郡名，治所宛陵，在今安徽宣城。㉑辛未　十月初六日。㉒甲戌　十月初九日。㉓東萊　郡名，治所黃縣，在今山東龍口東。㉔候　晉見。㉕寶唯傳上意耳　耿寶我只是傳達皇上的意旨罷了，表示不是自己的本心。㉖執金吾　官名，九卿之一，督巡京師的治安長官。㉗大為王聖修第　大規模地為安帝奶娘王聖修建住宅。㉘三邊　東、西、北三面邊疆。其時，東有鮮卑、烏桓，西有西羌，北有匈奴。㉙合兩為一　合兩個府第建成一個住宅。㉚連里竟街　指給王聖建的第舍使兩里巷相連，佔了一整條街。㉛雕修繕飾　雕刻裝飾。㉜窮極巧伎　窮盡人間工藝。形容極盡奢華。㉝攻山採石　鑿山採石。㉞與國無肺府枝葉之屬　跟皇室沒有至親關係，甚至不是遠親的親屬。府，通「腑」。㉟依倚　依靠。㊱屬託　請託。㊲臧錮棄世之徒　因貪贓而被禁錮為吏受世人唾棄之徒。㊳為朝結譏　給朝廷引來譏刺。㊴不可復使　不可以再驅使。㊵曼柏　城名，南匈奴內附後的安置治所，在今內蒙古東勝西北。㊶戊辰　十二月初四日。㊷周燮　字彥祖，汝南郡安城縣（在今河南汝南縣東南七十里）人，精通《禮》、《易》，品行廉正，為鄉里所稱，稱病不受徵召，終老田園。傳見《後漢書》卷五十三。㊸馮良　字君郎，南陽郡（治所在今河南南陽）人，志行高潔，逃隱不受徵召。與周燮同傳。㊹玄纁羔幣　黑色的幣帛及羔皮作為幣帛。玄，黑色。纁，黃赤色。玄纁，色雜玄、纁，帝王常用作聘請賢士的贄禮。羔幣，用羔皮作幣帛，亦為徵聘賢士的禮品。㊺東岡之陂　周燮住汝南安城，有先人草廬在城東山坡上，下有陂田，周燮常種田自給。㊻夫修道者三句　修治道的人估計時勢而行動，行動得不是時候，怎能行得通呢。語出《尚書．說命中》：「慮善以動，動惟厥時。」亨，通。㊼自載至近縣　自己主動坐私車到附近的縣府。

【校 記】①巧伎 據章鈺校，甲十六行本二字互乙。

【語 譯】二年（癸亥 西元一二三年）

春，正月，旄牛夷反叛，益州刺史張喬打敗他們。

夏，四月二十日戊子，爵封乳母王聖為野王君。

北匈奴聯合車師入侵河西，有人議論要再次關閉玉門關、陽關來斷絕外患。敦煌太守張璫上書說：「臣在京城時，也認為應當拋棄西域。現在親自到了這塊土地，才知道拋棄西域就不能自保河西。謹呈獻關於西域的三個計策：北方敵人呼衍王常輾轉於蒲類海、秦海之間，控制著西域，一起寇掠。現在派酒泉屬國吏士二千多人聚集昆侖塞，先進攻呼衍王，斷絕他們的根基，然後徵發鄯善軍隊五千人威脅車師後部，這是上計。如果不能出兵，可以設立軍司馬，率領五百士兵，四個郡供給他們犁、牛和糧食，出關佔領柳中，這是中計。如果還是不行，就應當拋棄交河城，聚集鄯善等，讓他們全部遷入塞內，這是下計。」朝廷討論他的計策。陳忠上疏說：「西域內附時間已久，真心盼望東歸，多次請求進關，這是他們不喜歡匈奴、敬慕漢朝的明證。現在北匈奴已經攻破車師，勢必向南攻打鄯善，如果拋棄而不救，那麼各國就會順服北匈奴了。如果是這樣，敵人的財物貢賦就會日益增多，膽量勢力日益發展，威勢臨駕於南部羌人，和他們交通往來，這樣，河西四郡就危險了。河西要有危險，不能不救，勢必發動百倍的勞役，徵發無法估量的費用。發表議論的人只想到西域非常遙遠，擔心經營會耗費很多，卻未看到孝武帝苦心經營的用意。現在敦煌孤獨危險，從遠方前來告急，又不幫助，對內無法安撫守邊的吏民，對外無法向各族顯示威信，困迫國家減少國土，不是好計策。臣認為敦煌應當設置校尉，按慣例增加四郡屯墾軍隊，用以安撫西域各國。」漢安帝接受了他的建議。於是再次任命班勇為西域長史，率領五百人出塞駐守柳中。

秋，七月，丹陽郡發生山崩。

九月，五個郡國降雨成災。

冬，十月初六日辛未，太尉劉愷被免職。初九日甲戌，任命司徒楊震為太尉，光祿勳東萊人劉熹為司徒。大鴻臚耿寶親自拜見楊震，向楊震推薦中常侍李閏的哥哥說：「李常侍為國家所重視，想讓公府徵辟他的哥哥。耿寶我只是傳達皇上的意思罷了。」楊震說：「如果朝廷想要命令三公府辟除徵召，按制應當有尚書敕令。」耿寶大為憤恨，離去。執金吾閻顯也向楊震推薦他親近的人，楊震又不聽從。司空劉授聽說這些事，立即徵辟了這二人，於是楊震更被怨恨。當時下詔派使者為王聖大修宅第，中常侍樊豐和侍中周廣、謝惲等人互相煽動，傾動朝廷。楊震上疏說：「臣私下想到當今災害日益嚴重，百姓貧窮，三面邊境驚擾，國庫空虛，恐怕不是國家安寧的時候。皇上下詔書為皇上的乳母興建府第，合併兩個府第建成一個，把兩個里巷連起來，佔了一整條街，雕刻裝飾，窮盡人間技術工藝，鑿山採石，輾轉催促，耗費巨億。周廣、謝惲兄弟與皇家沒有至親關係，甚至連遠親都拉不上，依仗皇上身邊寵幸的奸佞小人，和他們分享威權，請託州郡，動搖大臣，三公府辟除徵召，承順上面的旨意，招來天下貪婪汙穢之人，接受他們的賄賂，甚至那些因貪贓而被禁錮為吏受世人唾棄之徒，再次得以重用，黑白顛倒，清濁同源，天下議論紛紛，給朝廷引來譏諷。臣聽先師說，上面所取，財貨取盡了民眾就怨恨，民力取盡了民眾就背叛，心懷怨恨背叛的人，不可以再驅使，希望陛下思考這件事。」漢安帝不聽。

鮮卑人其至鞬親自率領一萬多騎兵到曼柏攻打南匈奴，薁鞬日逐王戰死，殺死一千多人。

十二月初四日戊辰，京師和三個郡國發生地震。

陳忠推薦汝南人周燮、南陽人馮良學識高深，品行端正，隱居不仕，在當世很有名，皇帝用黑色幣帛、羔皮幣帛禮聘他們。周燮的宗族更相勸告他說：「修德立行，是為了國家，您為什麼要獨守東山的坡田呢？」周燮說：「修行道德的人審度時勢而行動，行動得不是時候，怎麼能行得通呢！」周燮和馮良都自己坐車到附近縣府，推託有病，然後回家。

三年（甲子　西元一二四年）

春，正月，班勇至樓蘭，以鄯善歸附，特加三綬❶。而龜茲王白英猶自疑未下，勇開以恩信，白英乃率姑墨、溫宿❷，自縛詣勇，因發其兵步騎萬餘人到車師前王庭❸，擊走匈奴伊蠡王於伊和谷，收得前部五千餘人，於是前部始復開通。還，屯田柳中。

二月丙子❹，車駕東巡。辛卯❺，幸泰山。三月戊戌❻，幸魯❼。還，幸東平❽，至東郡❾，歷魏郡、河內❿而還。

初，樊豐、周廣、謝惲等見楊震連諫不從，無所顧忌，遂詐作詔書，調發司農錢穀⓫、大匠見徒材木⓬，各起冢舍、園池、廬觀⓭，役費無數。震復上疏曰：「臣備台輔⓮，不能調和陰陽，去年十二月四日，京師地動，其日戊辰⓯，三者皆土⓰，位在中宮，此中臣、近官持權用事之象也。臣伏惟陛下以邊境未寧，躬自菲薄⓱，宮殿垣屋傾倚⓲，枝拄而已⓳。而親近倖臣，未崇斷金⓴，驕溢㉑踰法㉒，多請徒士㉓，盛修第舍㉔，賣弄威福，道路讙譁，地動之變，殆為此發。又冬無宿雪㉕，春節未雨㉖，百僚焦心，而繕修不止，誠致旱之徵也。惟陛下奮乾剛之德㉗，棄驕奢之臣，以承皇天之戒。」震前後所言轉切㉘，帝既不平之，而樊豐等皆側目㉙憤怨，以其名儒，未敢加害。會河間男子趙騰上書指陳得失，帝發怒，遂收考詔獄，結㉚以罔上不道㉛。震上疏救之，曰：「臣聞殷、周哲王㉜，小人怨詈，則還自敬德㉝。今趙騰所坐，激訐謗語㉞，為罪與手刃犯法有差，乞為虧除㉟，全騰之命，以誘芻蕘輿人之言㊱。」帝不聽，騰竟伏尸都市。及帝東巡，樊豐等因乘輿在外，競修第宅。太尉部掾高舒召大匠令史㊲考校㊳之，得豐等所詐下詔書，具奏，須行還上之㊴。豐等惶怖。會太史言星變逆行，遂共譖震云：「自趙騰死後，深用怨懟㊵，且鄧氏故吏㊶，有恚恨之心。」壬戌㊷，車駕還京師，便時太學㊸。夜，遣使者策收震太尉印綬，震於是柴門㊹絕賓客。豐等復惡之，令大鴻臚㊺耿寶奏：「震大臣，不服罪，懷恚望。」有詔，遣歸本郡㊻。震行至城西夕陽亭㊼[1]，乃慷慨謂其諸子、門人曰：「死者，士之常分。吾蒙恩居上司，疾姦臣狡猾而不能誅，惡嬖女㊽傾亂而不能禁，何面目復見日月！身死之日，以雜木為棺，布單被㊾，裁㊿足蓋形，勿歸冢次(51)，勿設祭祀！」因飲酖(52)而卒。弘農太守移良承樊豐等旨，遣吏於陝縣(53)留停震喪，露棺道側，謫(54)震諸子代郵行書(55)，道路皆為隕涕(56)。

【章 旨】以上為第十二段，寫群小陷害太尉楊震。

【注 釋】❶特加三綬 特別賜贈鄯善王有三條繡帶的王印。胡注認為「三綬」應作「王綬」。❷姑墨溫宿 與龜茲皆西域國名，龜茲王城在今新疆庫車，姑墨王城在今新疆拜城，溫宿王城在今新疆溫宿。❸車師前王庭 治交河城。在今新疆吐魯番東南。❹丙子 二月十三日。❺辛卯 二月二十八日。❻戊戌 三月初五日。❼魯 封國名，治所魯縣，在今山東曲阜。❽東平 封國名，治所無鹽，在今山東東平。❾東郡 郡名，治所濮陽，在今河南濮陽南。❿魏郡河內 兩郡名。魏郡治所鄴縣，在今河北臨漳西南；河內郡治所懷縣，在今河南武陟西。⓫司農錢穀 大司農掌管的錢和糧食。⓬大匠見徒材木 將作大匠目前所掌管的工徒及木材。將作大匠，掌修宮室。⓭冢舍園池廬觀 冢廬、園池、樓觀。⓮台輔 指三公。⓯其日戊辰 去年十二月初四日為戊辰。⓰三者皆土 地震有土。戊辰日，戊與辰為天干、地支序數之五，五屬土，故曰三者皆為土。⓱躬自菲薄 親自節儉。⓲傾倚 傾斜。⓳枝拄而已 僅僅是加固支撐而已。⓴未崇斷金 不遵尚斷金之義，即不與主上同心。斷金，典出《易經·繫辭》，曰：「二人同心，其利斷金。」㉑驕溢 驕奢淫逸。㉒踰法 超越禮制法度。㉓多請徒士 大量徵調役徒士兵。㉔盛修第舍 大修宅第。㉕宿雪 越冬的積雪。㉖春節未雨 春天節氣已過，仍未下雨。㉗奮乾剛之德 振奮起朝廷的獨斷精神。乾剛，指朝廷、君權。㉘轉切 越來越急切激烈。㉙側目 斜目而視，表示憤怒。㉚結 定罪。㉛罔上不道 欺騙君上犯大逆不道之罪。㉜哲王 賢明的君王。㉝小人怨詈二句 小民怨恨咒罵，就反躬自省，培養恩德。語出《尚書·無逸》：「小人怨汝詈汝，則皇自敬德。」㉞激訐謗語 言詞激烈，誹謗政府。㉟虧除 減除；赦免。㊱以誘芻蕘輿人之言 用以勸導小民為國獻言進策。芻蕘，樵夫。《詩經·板》：「詢于芻蕘。」輿人，趕車人。《左傳》僖公二十八年，晉文公與楚戰於城濮，「聽輿人之謀」云云。㊲大匠令史 將作大匠屬吏。令史，掌管具體事務。㊳考校 核查。㊴須行還上之 等待皇上車駕出行回來上報此事。須，等待。㊵怨懟 怨恨。㊶鄧氏故吏 楊震最初為鄧騭辟除為吏，故云「故吏」。㊷壬戌 三月二十九日。㊸便時太學 車駕停留太學，待吉時入宮。便時，取時辰吉利之時。㊹柴門 塞門謝客。㊺大鴻臚 九卿之一，職掌典禮及少數民族事務。㊻本郡 故鄉本郡。楊震故鄉在弘農郡華陰縣。㊼夕陽亭 洛陽城西之亭，送行人餞行分別之地。㊽嬖女 寵幸的女子。此指伯榮。㊾布單被 用單層麻布遮蓋屍身。㊿裁 通「才」。僅僅。(51)勿歸冢次 不要歸葬祖宗墓地。(52)酖 毒酒。(53)陝縣 縣名，縣治在今河南三門峽市。(54)譴 貶謫；處罰。(55)代郵行書 代驛吏當差，傳送文書。(56)隕涕 落淚。

【校　記】①夕陽亭　據章鈺校，甲十六行本、乙十一行本、孔天胤本皆作「几陽亭」，熊羅宿《胡刻資治通鑑校字記》同。按，《後漢書》卷五十四〈楊震傳〉亦作「几陽亭」。

【語　譯】三年（甲子　西元一二四年）

春，正月，班勇到樓蘭，因為鄯善歸附，特別賜贈鄯善王有三條繡帶的王印。而龜茲王白英仍然猶豫不決未歸附，班勇用恩德信義引導，白英才率領姑墨、溫宿的國王，把自己捆綁著，向班勇歸降，於是班勇調遣龜茲等國的一萬多步兵騎兵到車師前王庭，在伊和谷打跑了匈奴伊蠡王，收編了車師前部的五千多人，於是前部才再度開通。班勇回師，在柳中屯田。

二月十三日丙子，漢安帝車駕東巡。二十八日辛卯，巡幸泰山。三月初五日戊戌，巡幸魯國。返回時，巡幸東平國，到達東郡，經過魏郡、河內回到京城。

當初，樊豐、周廣、謝惲等人見楊震接連上諫，漢安帝都不聽從，於是無所顧忌，偽造詔書，調發司農掌管的錢糧、將作大匠現時掌管的工徒和木材，各自興建冢廬、園池、樓觀，工役耗費無數。楊震又上疏說：「臣備位三公，不能協調陰陽，去年十二月四日，京城地震，這一天是戊辰日，地震與干支三者都屬土，位在中宮，這是內臣、近侍掌權用事的徵兆。臣私下考慮到陛下因為邊境尚不安寧，親自節約，宮殿牆屋傾斜了，僅僅用柱子支撐而已。而親近寵幸的大臣，卻不尊崇斷金之義，不與主上同心，驕奢淫逸，踰越法度，大量徵調役徒士兵，大修宅第，炫耀權勢，百姓在道路上議論紛紛，地震的災異恐怕就是因此發生。還有，冬天沒有越冬的積雪，春天沒有下雨，百官心急如焚，而修繕興建不止，實在是造成旱災的徵兆。唯望陛下振奮朝廷的獨斷精神，拋棄驕奢的寵臣，用來回應上天的警告。」楊震前後上奏的言辭變得越來越激烈，漢安帝已經感到不高興，而樊豐等人全都對楊震側目憤怒，但因為他是有名的儒者，不敢傷害。時逢河間男子趙騰上書陳述朝廷政治得失，漢安帝大怒，於是收捕他到詔獄審訊，以欺君罔上大逆不道定罪。楊震上疏拯救趙騰，說道：「臣聽說殷周賢明的君主，如果小民怨恨咒罵，就反躬自省，培養恩德。現在趙騰所犯之罪，是言辭激烈，誹謗朝廷，作為罪行與親手持刀殺人的犯法有所差別，乞求減免罪行，保全趙騰的性命，以勸導小民進言獻策。」漢安帝不聽，趙騰終被處死，橫屍街頭。等到漢安帝東巡，樊豐等人趁皇上在外，爭相修建宅第。太尉部掾高舒召來將作大匠的令史核查此事，得到了樊豐等人偽造下達的詔書，全部寫好奏章，等待漢安帝回來呈上。樊豐等人害怕了。正好太史說星辰變化逆行，於是共同毀謗楊震說：「自從趙騰死後，楊震非常怨恨，況且楊震是鄧氏以前的屬吏，有憤怒仇恨之心。」三月二十九日壬戌，漢安帝回到京城，在太學停留，以待吉利時辰入宮。晚上，派使者以策書沒收了楊震的太尉印綬，楊震於是閉門謝絕賓客。樊豐等人又陷害他，讓大鴻臚耿寶上奏：「楊震身為大臣，不服罪過，心懷怨恨。」安帝頒下詔書，遣送楊震回故鄉本郡。楊震行至城西的夕陽亭，便悲憤地對兒子、門徒說：「死，是士人的正常本分。我蒙受皇恩位居高官，痛恨奸臣狡猾卻不能誅殺，厭惡寵幸的女子作亂卻不能禁止，有什麼面目再見日月！我死之日，用雜木做棺材，用單層麻布遮蓋屍身，只要能夠蓋住屍身就行了，不要歸葬祖宗墓地，不要設立祭祀！」於是飲毒酒而死。弘農太守移良承奉樊豐等人的意旨，派官吏在陝縣停留楊震的喪柩，棺木露天擺在道路旁邊，貶謫楊震的兒子代替驛吏傳遞文書，路上的人都為他們流淚悲傷。

太僕征羌侯來歷❶曰：「耿寶託元舅之親，榮寵過厚，不念報國恩，而傾側❷姦臣，傷害忠良，其天禍亦將至矣！」歷，歙之曾孫也。

夏，四月乙丑❸，車駕入宮。◯戊辰❹，以光祿勳馮石為太尉。

南單于檀死，弟拔立，為烏稽侯尸逐鞮單于。時鮮卑數寇邊，度遼將軍耿夔與溫禺犢王呼尤徽將新降者連年出塞擊之，還使屯列衝要❺。耿夔徵發煩劇❻，新降者皆怨恨，大人阿族❼等遂反，脅呼尤徽欲與俱去。呼尤徽曰：「我老矣，受漢家恩，寧死，不能相隨！」眾欲殺之，有救者，得免。阿族等遂將其眾亡去。中郎將馬翼與胡騎追擊，破之，斬獲殆盡❽。○日南❾徼外蠻夷內屬。

六月，鮮卑寇玄菟。○庚午❿，閬中⓫山崩。

秋，八月辛巳⓬[1]，以大鴻臚耿寶為大將軍。

【章旨】以上為第十三段，寫南匈奴叛離。

【注釋】❶來歷　字伯珍，東漢開國功臣來歙之曾孫。仕和帝、安帝、順帝三朝，官至車騎將軍、大鴻臚。襲封征羌侯，侯國在今河南漯河。傳附《後漢書》卷十五〈來歙傳〉。❷傾側　偏向；投靠。❸乙丑　四月初二日。❹戊辰　四月初五日。❺衝要　軍事或交通要地。❻徵發煩劇　徵調的人力物力頻繁而量大。❼阿族　人名，投降的鮮卑一部落酋長。❽殆盡　幾乎全沒了。殆，近乎；幾乎。❾日南　郡名，在今越南中部地區。❿庚午　六月初八日。⓫閬中　縣名，屬巴郡，縣治在今四川閬中市。⓬辛巳　八月二十日。

【校記】[1]八月辛巳　原作「七月辛巳」。據章鈺校，甲十六行本、乙十一行本皆作「八月辛巳」，張敦仁《通鑑刊本識誤》同，今據改。按，七月壬辰朔，是月無辛巳。

【語譯】太僕征羌侯來歷說：「耿寶身為皇上舅父之親，榮耀寵幸過分深厚，不想著報答國恩，而投靠奸臣，傷害忠臣良士，上天降給他的災禍就要來到了！」來歷是來歙的曾孫。

夏，四月初二日乙丑，漢安帝車駕回宮。○初五日戊辰，任命光祿勳馮石為太尉。

南匈奴單于檀去世，弟弟拔繼位，是為烏稽侯尸逐鞮單于。當時鮮卑屢屢侵犯邊境，度遼將軍耿夔與溫禺犢王呼尤徽率領剛歸降的匈奴人，連年出塞攻打鮮卑，回來後，安置呼尤徽的部落在要衝屯防。耿夔徵調頻繁而量大，剛歸降的部落都很怨恨，酋長阿族等人便反叛了，脅迫呼尤徽和他們一起離開。呼尤徽說：「我老了，受漢室恩惠，寧願死，也不能跟隨你們！」大家想殺掉他，有人相救，得以免死。阿族等人於是率領他們的部眾逃走。中郎將馬翼和胡人騎兵追擊，打敗了他們，把他們幾乎全部殺光。○日南郡境外的蠻夷歸附朝廷。

六月，鮮卑人侵犯玄菟郡。○初八日庚午，閬中縣發生山崩。

秋，八月二十日辛巳，任命大鴻臚耿寶為大將軍。

王聖、江京、樊豐等譖太子乳母王男、廚監❶邴吉等，殺之，家屬徙比景❷。太子思男、吉，數為歎息。京、豐懼有後害❸，乃與閻后妄造虛無❹，構讒太子及東宮官屬。帝怒，召公卿以下議廢太子。耿寶等承旨，皆以為當廢。太僕來歷與太常桓焉❺、廷尉犍為張皓議曰：「經說，年未滿十五，過惡不在其身。且男、吉之謀，皇[1]太子容有不知。宜選忠良保傅❻，輔以禮義。廢置事重，此誠聖恩所宜宿留❼。」帝不從。焉，郁之子也。張皓退，復上書曰：「昔賊臣江充造構讒逆，傾覆戾園，孝武久乃覺寤，雖追前失，悔之何及❽。今皇太子方十歲，未習保傅之教，可遽責❾乎！」書奏，不省。九月丁酉❿，廢皇太子保為濟陰王，居於德陽殿⓫西鍾下⓬。來歷乃要結⓭光祿勳祋諷、宗正⓮劉瑋、將作大匠薛皓、侍中閭丘弘⑮、陳光、趙代、施延、太中大夫九江⑯朱倀等十餘人，俱詣鴻都⑰門證太子無過。帝與左右患之，乃使中常侍奉詔脅⑱羣臣曰：「父子一體，天性自然⑲，以義割恩⑳，為天下也。歷、諷等不識大典㉑，而與羣小共為讙譁，外見忠直，而內希後福㉒，飾邪違義㉓，豈事君之禮！朝廷廣開言事之[2]路，故且一切假貸㉔。若懷迷不反㉕，當顯明刑書㉖。」諫者莫不失色。薛皓先頓首曰：「固宜如明詔。」歷怫然㉗，廷詰皓曰：「屬通諫何言㉘，而今復背之？大臣乘朝車，處國事，固得輾轉若此㉙乎！」乃各稍自引起㉚。歷獨守闕㉛，連日不肯去㉜，帝大怒。尚書令陳忠與諸尚書遂共劾奏歷等，帝乃免歷兄弟官，削國租㉝，黜歷母武安公主㉞不得會見。

隴西郡始還狄道㉟。○燒當羌豪麻奴死，弟犀苦立。

庚申晦㊱，日有食之。

冬，十月，上行幸長安。十一月乙丑㊲，還雒陽。

是歲，京師及諸郡國二十三地震，三十六大水、雨雹㊳。

【章旨】以上為第十四段，寫王聖、江京集團讒害太子劉保，太子被廢為濟陰王。

【注　釋】❶廚監　後宮掌管飲食的官吏。❷比景　縣名，屬日南郡，在今越南廣平省宋河下游高牢下村。❸後害　後患。❹妄造虛無　捏造虛假證據。❺桓焉　字叔元，明帝師桓榮之孫，和帝時太常桓郁之子。祖孫三代修明經學，同傳。見《後漢書》卷三十七。❻保傅　少保、少傅。太子師傅。❼宿留　停留。❽昔賊臣江充造構讒逆五句　江充誣陷戾太子事，見本書卷二十三漢武帝征和二年、三年。造構，捏造。讒逆，進讒言謀叛逆。傾覆，推倒。戾園，指戾太子劉據。孝武，漢武帝。覺寤，醒悟。❾遽責　重加責備。遽，通「劇」。❿丁酉　九月初七日。⓫德陽殿　洛陽宮中大殿，每年元旦舉行朝會之殿，可容納萬人。⓬西鍾下　殿西廂鐘樓下。⓭要結　聯合。⓮宗正　九卿之一，掌皇室事務。⓯閭丘弘　人名，閭丘為複姓。⓰九江　郡名，治所陰陵，在今安徽定遠西北。⓱鴻都　皇宮藏書之所。⓲脅　威脅。⓳父子一體二句　語出《孝經・聖治章》：「父子之道，天性也。」⓴以義割恩　用大義割斷父子之情。㉑不識大典　不識大體。㉒內希後福　內心希望謀求未來的福祉。㉓飾邪違義　掩飾邪惡，違背大義。㉔一切假貸　一概寬大。㉕懷迷不反　執迷不悟。反，通「返」。回心轉意。㉖顯明刑書　鮮明地按國法懲治。㉗怫然　憤怒的樣子。㉘屬通諫何言　剛剛一起進諫時說的什麼。屬，剛；新近。通，共；一起。㉙輾轉若此　反覆無常竟至如此。㉚乃各稍自引起　但是其他官員也陸續地站起來退出朝去。㉛守闕　守在鴻都門下。㉜連日不肯去　接連幾天不肯離去。㉝削國租　削除來歷封國征羌侯國的租稅。㉞武安公主　明帝之女，安帝的祖姑，來歷之母，來稜妻。食邑武安縣，屬魏郡，在今河北武安。㉟隴西郡始還狄道　隴西郡治所遷回狄道縣。安帝永初五年（西元一一一年），隴西郡徙治襄武，在今甘肅漳縣。狄道，在今甘肅臨洮南。㊱庚申晦　九月三十日。㊲乙丑　十一月初六日。㊳雨雹　下冰雹。

【校　記】①皇　原無此字。據章鈺校，甲十六行本、乙十一行本皆有此字，今據補。②事之　原無此二字。據章鈺校，甲十六行本、乙十一行本、孔天胤本皆有此二字，張敦仁《通鑑刊本識誤》同，今據補。

【語　譯】王聖、江京、樊豐等人誣陷太子乳母王男、廚監邴吉等，殺死了他們，家屬流放比景。太子思念王男、邴吉，屢次為他們歎息。江京、樊豐害怕有後患，就與閻皇后捏造虛假證據，陷害太子和東宮官吏。漢安帝很生氣，召集公卿以下官員商議廢除太子。耿寶等人奉承旨意，都認為應當廢除。太僕來歷和太常桓焉、廷尉犍為人張皓建議說：「經書說，年齡不滿十五歲，有過錯不在他自己。況且王男、邴吉的計謀，皇太子或許不知道。應當選擇忠誠賢良的師傅，以禮義輔導他。廢立太子事關重大，這應是聖上恩德所應留意的。」

漢安帝不聽從。桓焉是桓郁的兒子。張皓退朝，又上書說：「從前賊臣江充捏造虛假證據，進讒謀逆，廢除了戾太子，孝武帝過了很久才覺悟，雖然追悔以前的過失，但後悔來不及了。現在皇太子才十歲，沒有受過師傅的教導，怎能重加責備呢！」奏章呈上，漢安帝不理睬。九月初七日丁酉，廢除皇太子劉保為濟陰王，居住在德陽殿西側鐘樓下。來歷就集合光祿勳祋諷、宗正劉瑋、將作大匠薛皓、侍中閭丘弘、陳光、趙代、施延、太中大夫九江人朱倀等十幾人，一起到鴻都門證明太子沒有過錯。漢安帝和左右近臣憂慮此事，就派中常侍捧著詔書，威嚇群臣說：「父子一體，是自然本性，用大義割斷恩情，是為了天下。來歷、祋諷等人不識大體，卻和一群小人一起吵嚷，表面上顯示忠誠耿直，內心不過是希望謀求未來的福祉，掩飾邪惡，違反大義，這難道是侍奉君主的禮法嗎！朝廷廣開言事之路，所以暫且一概寬恕。如果執迷不改，就要明正刑典。」進諫的人沒有不大驚失色的。薛皓先磕頭說：「本來就應當按照聖明詔書去做。」來歷怒形於色，當廷責問薛皓說：「剛剛一起進諫時是怎麼說的，而現在又違背諾言？大臣乘坐朝車，處理國家大事，竟然能像這樣反覆無常嗎！」其他官員陸續起身退出朝外。來歷獨自守在鴻都門下，接連幾天不肯離去，漢安帝大怒。尚書令陳忠和各尚書就一起彈劾來歷等人，漢安帝於是免去來歷兄弟的官職，削除封國的租稅，貶黜來歷的母親武安公主不准入宮晉見。

隴西郡治所開始遷回狄道縣。○燒當羌酋長麻奴去世，弟弟犀苦立為酋長。

九月最後一天三十日庚申，發生日蝕。

冬，十月，漢安帝出行巡視長安。十一月初六日乙丑回到洛陽。

這一年，京師和二十三個郡國發生地震，三十六個郡國發大水，下冰雹。

【研　析】本卷研析下列四事。

一、袁敞蒙冤。袁敞字叔平，汝南郡汝陽縣人。漢汝陽在今河南商水縣西南。汝南袁氏是東漢著名經學傳世的世家大族。袁敞父袁安，袁敞兄子袁湯，袁湯子袁逢、袁隗，五人皆位三公，史稱四世三公。袁敞精通《易經》，歷官將軍、大夫、侍中，出為東郡太守，徵拜太僕、光祿勳，元初三年（西元一一七年）為司空。袁敞仕和帝、安帝兩朝，德高望重，國之干城。品性剛正廉潔，不阿權貴，大將軍鄧騭深為不滿，想方設法抓袁敞的辮子。一個偶然事件使袁敞落入陷阱。原來是尚書郎張俊要舉奏兩位同僚尚書郎朱濟、丁盛品行不修，兩人抓住張俊與袁敞兒子袁俊有私交通信，朱濟、丁盛惡人先告狀，誣陷張俊洩漏國家機密，把張俊、袁俊一併打入死囚牢中。袁敞被罷官，自殺。張俊上疏申辯，鄧太后下詔減死一等。鄧太后為了維護外戚權勢，容不下賢士立於朝。鄧太后臨朝，在位三公，張禹、尹勤、梁鮪、徐防、張敏、李脩、司馬苞、馬英等，都是庸才。斷送西域、征討西羌屢敗的任尚，因趨附鄧氏而不被罷黜。鄧太后所得賢名，無非是提倡儉約，平反幾樁冤案，有謙讓之風而已。袁敞蒙冤，彰顯了鄧氏外戚的跋扈，也預示了鄧氏的滅亡。

二、杜根避禍有智慧。尚書郎杜根因上書鄧太后勸其歸政皇帝，遭到撲殺拋屍城外，杜根只是休克昏死，復蘇後詐死，三天三夜不吃不喝不動，乃至眼中生蛆，這才躲過了檢查人員的眼睛，得以逃亡山中在一家邊遠的酒店做雜活。杜根艱苦生活了十五年，直至鄧太后死，安帝親政才出山，安帝徵用為侍御史。有人問杜根，天下的人都願意保護你，為何跑到山中吃苦？杜根回答說：「躲藏在民間親友中，一旦暴露，株連親友，我杜根不做這樣的事。」杜根的選擇是絕佳的避禍方法。一個被通緝的逃亡犯，親友本身是被追查的線索，或者親友害怕而揭發報案，所以往往投親靠友的逃亡犯沒有不是悲劇告終的。秦始皇通緝張耳、陳餘，張耳、陳餘兩人逃到誰也不認識的外黃縣，找了一個村莊當看門人，躲過了劫難。東漢末張儉逃亡，禍及萬家。杜根躲到深山，藏身酒家，智慧高人一等。這智慧來源於杜根不願株連親友的高尚品德。智慧是一種人生境界，杜根給我們提供了榜樣。

三、名士黃憲器量風采。黃憲，字叔度，汝南郡慎陽縣人。漢慎陽縣治在今河南正陽北。黃憲出生在一個貧困的牛醫之家，沒有條件入名門大師受教。年十四就知名當時，汝南太守王龔徵召當地名士為郡吏，袁閬、陳蕃應召為郡功曹，黃憲不就徵，於是名氣越來越大。當代的學問泰斗，潁川荀淑稱讚黃憲是當代顏淵，可以當他的老師，太原郭林宗造訪稱讚黃憲的學問氣度如同汪洋大海，深不可測。同郡戴良，恃才傲物，自比是當世孔子，大禹轉世，誰也看不起，可是見了黃憲，甘拜下風，失魂落魄，稱讚黃憲高不可攀。但是黃憲沒有留下一言一行可為後世效法的事跡。黃憲何以有如此大的名聲呢，一是他不苟言笑，使人莫測高深。二是他安貧樂道，一輩子絕不做官。假名士做不到，真名士也很少有這等境界。郭林宗有學問，但不做官，與天下士子交遊被奉為領袖。名士們需要互相標榜，還需要樹立一尊雕像供人膜拜，黃憲就是這樣應運而生的。

四、安帝廢太子。安帝長子劉保，李妃所生。安帝皇后閻氏無子，妒嫉李氏，殺之。安帝永寧元年（西元一二〇年），劉保六歲，立為皇太子。安帝為清河王劉慶妃耿氏所生，耿氏兄耿寶，牟平侯耿舒之孫。安帝入繼大統即位為皇帝，耿寶為帝舅，任大將軍。耿寶趨附皇后，與中常侍樊豐、江京、安帝乳母王聖、皇后兄閻顯等結為同黨，藉故害死太子乳母王男、太子廚監邴吉。然後稱太子怨恨，請安帝廢太子。這是皇后閻氏在背後策劃的一場不流血的宮廷政變，廢儲君太子為自己的未來清除障礙。安帝延光三年（西元一二四年），安帝不顧大臣諫阻，強行廢太子劉保為濟陰王。第二年安帝崩，閻皇后與閻顯兄弟及中常侍江京、樊豐等冊立濟北王劉壽之幼子北鄉侯為皇帝，史稱少帝。閻皇后被尊為太后，臨朝。閻顯兄弟妒嫉大將軍耿寶，以耿寶與樊豐、王聖結黨為名，予以誅殺，亂了自己同盟，為廢太子濟陰王復辟開了道路。少帝立，半年後夭亡，閻太后與閻顯兄弟，還想如法炮製，徵濟北王、河間王幼子入京，還沒到達，中黃門孫程等搶先發動宮廷政變，擁立濟陰王劉保即位，是為順帝，閻顯一黨伏誅。

光武帝廢嫡立賢，但亂了宗法。明帝劉莊為光武帝第四子，此後章帝劉炟為明帝第五子，和帝劉肇為章帝第四子，而安帝則是諸侯王子入繼大統，故安帝不費力氣就廢了太子。閻皇后又開了諸侯王子入繼大統的先例，導致宮廷政變，宦官得勢的局面。東漢一朝有五位諸侯王子入繼大統：一、安帝劉祜，二、北鄉侯劉懿，三、質帝劉纘，四、桓帝劉志，五、靈帝劉宏。東漢一朝七位太后臨朝：一、明德馬皇后，二、章德竇皇后，三、和熹鄧皇后，四、安思閻皇后，五、順烈梁皇后，六、桓思竇皇后，七、靈思何皇后。以上七位皇后，尊為皇太后皆臨朝，其中鄧太后、閻太后、梁太后、竇太后四位太后均貪權立幼，外戚勢盛。幼君年長，依靠宦官奪權，宦官勢盛。於是東漢宮廷政變，流血的與不流血的不斷發生，中央政局動盪不寧。究其所以，光武帝亂宗法，開了惡例；三公權輕，無法制衡內宮，此為光武帝過度集權之弊。安帝廢太子及其後果，把光武帝開端的兩大政治積弊彰顯無遺。

古籍今注新譯叢書

哲學類

新譯四書讀本	謝冰瑩等編譯
新譯學庸讀本	王澤應注譯
新譯論語新編解義	胡楚生編著
新譯孝經讀本	賴炎元等注譯
新譯易經讀本	郭建勳注譯
新譯乾坤經傳通釋	黃慶萱著
新譯易經繫辭傳解義	吳　怡著
新譯禮記讀本	姜義華注譯
新譯儀禮讀本	顧寶田等注譯
新譯孔子家語	羊春秋注譯
新譯老子讀本	余培林注譯
新譯老子解義	吳　怡著
新譯莊子讀本	黃錦鋐注譯
新譯莊子讀本	張松輝注譯
新譯莊子本義	水渭松注譯
新譯莊子內篇解義	吳　怡著
新譯列子讀本	莊萬壽注譯
新譯管子讀本	湯孝純注譯
新譯墨子讀本	李生龍注譯
新譯公孫龍子	丁成泉注譯
新譯晏子春秋	陶梅生注譯
新譯鄧析子	徐忠良注譯
新譯荀子讀本	王忠林注譯
新譯尹文子	徐忠良注譯
新譯尸子讀本	水渭松注譯
新譯鬼谷子	王德華等注譯
新譯韓非子	傅武光等注譯
新譯呂氏春秋	朱永嘉等注譯
新譯韓詩外傳	孫立堯注譯
新譯淮南子	熊禮匯注譯
新譯春秋繁露	朱永嘉等注譯
新譯新書讀本	饒東原注譯
新譯新語讀本	王　毅注譯
新譯潛夫論	彭丙成注譯
新譯論衡讀本	蔡鎮楚注譯
新譯申鑒讀本	林家驪等注譯
新譯人物志	吳家駒注譯
新譯張載文選	張金泉注譯
新譯近思錄	張京華注譯
新譯傳習錄	李生龍注譯
新譯呻吟語摘	鄧子勉注譯
新譯明夷待訪錄	李廣柏注譯

文學類

新譯詩經讀本	滕志賢注譯
新譯楚辭讀本	傅錫壬注譯
新譯文心雕龍	羅立乾注譯
新譯世說新語	劉正浩等注譯
新譯昭明文選	周啟成等注譯
新譯古文觀止	謝冰瑩等注譯
新譯古文辭類纂	黃　鈞等注譯
新譯樂府詩選	溫洪隆注譯
新譯古詩源	馮保善注譯
新譯千家詩	邱燮友等注譯
新譯詩品讀本	成　林等注譯
新譯花間集	朱恒夫注譯
新譯南唐詞	劉慶雲注譯
新譯唐詩三百首	邱燮友注譯
新譯宋詞三百首	汪　中注譯
新譯宋詞三百首	劉慶雲注譯
新譯元曲三百首	賴橋本等注譯
新譯明詩三百首	趙伯陶注譯
新譯清詩三百首	王英志注譯
新譯清詞三百首	陳水雲等注譯
新譯唐人絕句選	卞孝萱等注譯
新譯唐才子傳	戴揚本注譯
新譯拾遺記	石　磊注譯
新譯搜神記	黃　鈞注譯
新譯唐傳奇選	束　忱等注譯
新譯宋傳奇小說選	束　忱注譯
新譯明傳奇小說選	陳美林等注譯
新譯容齋隨筆選	朱永嘉等注譯
新譯明散文選	周明初注譯
新譯人間詞話	馬自毅注譯
新譯白香詞譜	劉慶雲注譯
新譯幽夢影	馮保善注譯

新譯菜根譚　吳家駒注譯
新譯小窗幽記　馬美信注譯
新譯圍爐夜話　馬美信注譯
新譯郁離子　吳家駒注譯
新譯歷代寓言選　黃瑞雲注譯
新譯賈長沙集　林家驪注譯
新譯揚子雲集　葉幼明注譯
新譯諸葛亮集　朱永嘉等注譯
新譯曹子建集　曹海東注譯
新譯建安七子詩文集　韓格平注譯
新譯阮籍詩文集　林家驪注譯
新譯嵇中散集　崔富章注譯
新譯陸機詩文集　王德華注譯
新譯陶淵明集　溫洪隆注譯
新譯江淹集　羅立乾等注譯
新譯庾信詩文選　歸　青注譯
新譯初唐四傑詩集　李福標注譯
新譯駱賓王文集　黃清泉注譯
新譯王維詩文集　陳鐵民注譯
新譯孟浩然詩集　楊　軍注譯
新譯李白詩全集　郁賢皓注譯
新譯李白文集　郁賢皓注譯
新譯杜甫詩選　張忠綱等注譯
新譯杜詩菁華　林繼中注譯
新譯高適岑參詩選　孫欽善等注譯
新譯昌黎先生文集　周啟成等注譯
新譯劉禹錫詩文選　閻　琦注譯

新譯柳宗元文選　卞孝萱等注譯
新譯白居易詩文選　陶　敏等注譯
新譯元稹詩文選　郭自虎注譯
新譯李賀詩集　彭國忠注譯
新譯杜牧詩文集　張松輝注譯
新譯李商隱詩選　朱恒夫等注譯
新譯范文正公選集　王興華等注譯
新譯蘇洵文選　羅立剛注譯
新譯蘇軾文選　滕志賢注譯
新譯蘇軾詞選　鄧子勉注譯
新譯蘇轍文選　朱　剛注譯
新譯曾鞏文選　高克勤注譯
新譯王安石文選　沈松勤注譯
新譯柳永詞集　侯孝瓊注譯
新譯李清照集　姜漢椿等注譯
新譯陸游詩文選　韓立平注譯
新譯辛棄疾詞選　聶安福注譯
新譯歸有光文選　鄔國平注譯
新譯徐渭詩文選　周　群等注譯
新譯薑齋文集　平慧善注譯
新譯顧亭林文集　劉九洲注譯
新譯方苞文選　鄔國平等注譯
新譯袁枚詩文選　王英志注譯
新譯聊齋誌異全集　袁世碩等注譯
新譯聊齋誌異選　任篤行等注譯
新譯閱微草堂筆記　嚴文儒注譯
新譯浮生六記　馬美信注譯

新譯弘一大師詩詞全編　徐正綸編著

歷史類

新譯史記　韓兆琦注譯
新譯漢書　吳榮曾等注譯
新譯後漢書　魏連科等注譯
新譯三國志　吳樹平等注譯
新譯資治通鑑　韓兆琦等注譯
新譯史記—名篇精選　韓兆琦注譯
新譯尚書讀本　吳　璵注譯
新譯尚書讀本　郭建勳注譯
新譯周禮讀本　賀友齡注譯
新譯逸周書　牛鴻恩注譯
新譯左傳讀本　郁賢皓等注譯
新譯公羊傳　雪　克注譯
新譯穀梁傳　顧寶田注譯
新譯春秋穀梁傳　周　何注譯
新譯戰國策　溫洪隆注譯
新譯國語讀本　易中天注譯
新譯說苑讀本　左松超注譯
新譯說苑讀本　羅少卿注譯
新譯新序讀本　葉幼明注譯
新譯吳越春秋　黃仁生注譯
新譯西京雜記　曹海東注譯
新譯列女傳　黃清泉注譯
新譯越絕書　劉建國注譯
新譯燕丹子　曹海東注譯

新譯東萊博議　李振興等注譯
新譯唐六典　朱永嘉等注譯
新譯唐摭言　姜漢椿注譯

宗教類

新譯金剛經　徐興無注譯
新譯高僧傳　朱恒夫等注譯
新譯碧巖集　吳　平注譯
新譯百喻經　顧寶田注譯
新譯楞嚴經　賴永海等注譯
新譯梵網經　王建光注譯
新譯法句經　劉學軍注譯
新譯六祖壇經　李中華注譯
新譯禪林寶訓　李中華注譯
新譯維摩詰經　陳引馳等注譯
新譯經律異相　顏洽茂注譯
新譯阿彌陀經　蘇樹華等注譯
新譯無量壽經　邱高興注譯
新譯妙法蓮華經　張松輝注譯
新譯景德傳燈錄　顧宏義注譯
新譯大乘起信論　韓廷傑注譯
新譯釋禪波羅蜜　蘇樹華注譯
新譯八識規矩頌　倪梁康注譯
新譯永嘉大師證道歌　蔣九愚注譯
新譯華嚴經入法界品　楊維中注譯
新譯地藏菩薩本願經　李承貴注譯
新譯悟真篇　劉國樑等注譯
新譯无能子　張松輝注譯
新譯坐忘論　張松輝注譯
新譯列仙傳　張金嶺注譯
新譯抱朴子　李中華注譯
新譯神仙傳　周啟成注譯
新譯性命圭旨　傅鳳英注譯
新譯老子想爾注　顧寶田等注譯
新譯周易參同契　劉國樑注譯
新譯道門觀心經　王　卡注譯
新譯養性延命錄　曾召南注譯
新譯樂育堂語錄　戈國龍注譯
新譯冲虛至德真經　張松輝注譯
新譯長春真人西遊記　顧寶田等注譯
新譯黃庭經・陰符經　劉連朋等注譯

軍事類

新譯司馬法　王雲路注譯
新譯尉繚子　張金泉注譯
新譯三略讀本　傅　傑注譯
新譯六韜讀本　鄔錫非注譯
新譯吳子讀本　王雲路注譯
新譯孫子讀本　吳仁傑注譯
新譯李衛公問對　鄔錫非注譯

教育類

新譯爾雅讀本　陳建初等注譯
新譯顏氏家訓　李振興等注譯
新譯聰訓齋語　馮保善注譯
新譯曾文正公家書　湯孝純注譯
新譯三字經　黃沛榮注譯
新譯百家姓　馬自毅等注譯
新譯幼學瓊林　馬自毅注譯
新譯增廣賢文・千字文　馬自毅注譯
新譯格言聯璧　馬自毅注譯

政事類

新譯商君書　貝遠辰注譯
新譯鹽鐵論　盧烈紅注譯
新譯貞觀政要　許道勳注譯

地志類

新譯山海經　楊錫彭注譯
新譯水經注　陳橋驛等注譯
新譯佛國記　楊維中注譯
新譯大唐西域記　陳　飛等注譯
新譯洛陽伽藍記　劉九洲注譯
新譯徐霞客遊記　黃　珅注譯
新譯東京夢華錄　嚴文儒注譯

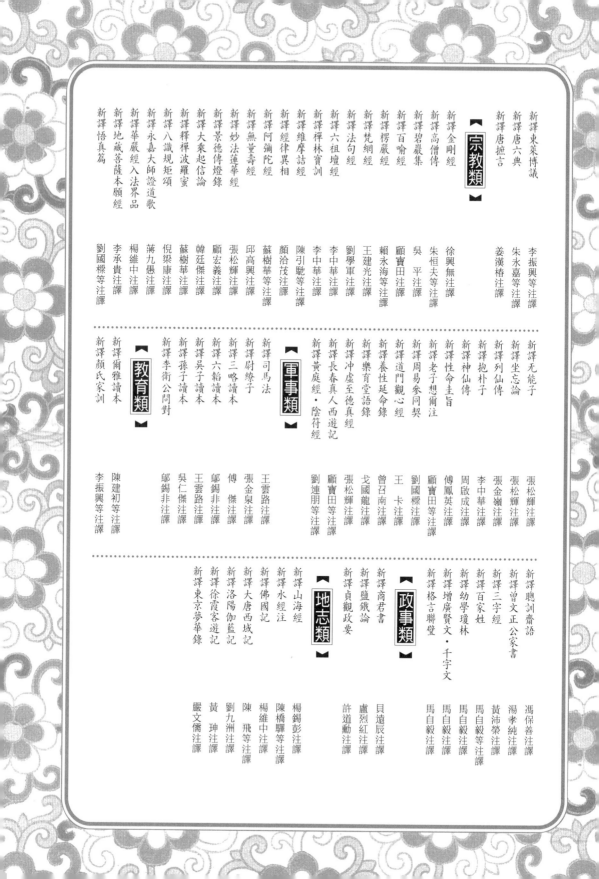

◎新譯左傳讀本

郁賢皓、周福昌等／注譯　傅武光／校閱

《左傳》又稱《春秋左氏傳》，是寫於先秦時期的一部編年體史書，儒家的重要經典之一。它不僅是部偉大的史學著作，也是一部富有文學價值的散文傑作，更是研究先秦時期社會歷史發展和文化思想不可或缺的重要參考。本書在汲取前人的研究成果上，進行全面精確而詳盡的注釋和翻譯。文中每一「公」前皆有題解，總述該時期之主要局勢，每一「年」後都有說明，分析特定事件的歷史意義，書前並有完整導讀，是讀者研習《左傳》的最佳讀本。